U0085590

說史

大業風雲

——隋唐之際的英雄們

徐連達 著

三民書局

國家圖書館出版品預行編目資料

大業風雲：隋唐之際的英雄們 / 徐連達著.－－初版一
刷.－－臺北市: 三民, 2015
　　面；　公分.－－(說史)

　ISBN 978–957–14–6004–8　（平裝）
　1.隋唐史 2.傳記 3.通俗史話

623.8　　　　　　　　　　　　　　　104004398

© 　大業風雲
　　　　　──隋唐之際的英雄們

著 作 人	徐連達
責任編輯	邱建智
美術設計	黃宥慈
發 行 人	劉振強
發 行 所	三民書局股份有限公司
	地址　臺北市復興北路386號
	電話　(02)25006600
	郵撥帳號　0009998-5
門 市 部	(復北店)臺北市復興北路386號
	(重南店)臺北市重慶南路一段61號
出版日期	初版一刷　2015年6月
編　　號	S 620700

行政院新聞局登記證局版臺業字第○二○○號

有著作權·不准侵害

ISBN　978–957–14–6004–8　（平裝）

http://www.sanmin.com.tw　三民網路書店

前　言

　　本書不是傳奇小說，而是一本通俗的歷史讀物。寫歷史通常是記敘式地講述事件的發生、發展、消亡的過程；或是依照年月先後記錄人物和事件發展的具體經過；或是進行專題式的研究，搜集一些史料來論證某些結論的正確性；或是議論式地以史為鑑，用古為今用的眼光發揮微言大義，為現實的政治服務。總之，歷史學是擺事實、講道理，探索人類社會的發展過程及演變過程中的規律，具有理論性的科學。而小說則是文學的一個類別，它是以人物形象的塑造為主要內容，通過比較完整的故事情節和對具體環境的描寫，廣泛地、細微地從多方面、多角度地去反映社會生活中的種種場景和人情世故。對人物描寫可以突出性格、心理狀態、身軀狀貌、衣冠服飾，以及語言談吐的雅俗和人們相互間的種種微妙複雜的關係，由此來表現人物的特點，使人物典型化。因此，它可以不受具體的歷史條件所約束，可以虛構，可以誇大，可以虛實結合，可以夢筆生花編造出一些光怪陸離、變化莫測的故事出來。由此之故，古代的神話傳說，社會上的街談巷語、瑣事細聞，靈異志怪、傳奇講史都可以被小說所容納。

　　把寫歷史和小說進行比較可以看出：歷史講究學術性，據事實說話，據事實推演理論，但由於歷史材料的局限和學術框架的束縛，歷史書中的人物敘述顯得平直、枯燥乏味；而小說則主觀性強，嬉笑怒罵、好惡美醜均可，由作者發揮其如椽之筆，故其敘人敘事生動活潑，人物可愛可憎，情節曲折離奇、觸人情感，引人喜怒憤怨，好的小說甚至能使讀者手不釋卷，樂此而忘寢食。

　　舉例來說，晉人陳壽所寫的《三國志》，敘述魏、蜀、吳三國歷史，被列為「正史」之一，可是除研究歷史的學者外，通常人們讀它就不多了，

至於為《三國志》作注的南朝人裴松之，人們所知道的就更少了。而從《三國志》演化出來的歷史小說《三國演義》中的故事，經說書人及小說作者的改編後，則無論黃童白叟、工農兵學皆能娓娓道來。三國的故事諸如桃園三結義、群英會、借東風、古城會、走麥城、失街亭、斬馬謖等，則通過各種傳奇小說、戲劇、評書以及電視、電影的宣揚而深入人心，可說是達到了家喻戶曉的地步。這就是通俗小說的巨大作用，它的功用是歷史著作無法與之相比的。

再以隋唐之際的歷史來說，記載這一階段的歷史材料主要是《隋書》、新舊《唐書》和《資治通鑑》，其餘史料則是零星的、細碎的，可以略而不談。通常搞歷史的學者只注意到隋亡唐興的歷史變遷，或者只注意到上層統治人物如隋煬帝、唐高祖、唐太宗等著名人物的興亡事蹟，諸如隋煬帝奪嫡，李淵太原起兵，李世民玄武門之變等。通常人們所知道的故事內容大體僅限於此而已，可是有關這時期的歷史小說諸如《隋唐演義》、《說唐》、《響馬傳》、《隋煬帝豔史》等則普遍流行於社會各階層中，成為人們喜愛的通俗讀物。近來，關於隋唐之際英雄人物的電視連續劇如「新隋唐演義」、「隋唐英雄傳」等，配以聲、光、電、技，繽紛奪目，膾炙人口，成為街頭巷尾的談論熱點。可是什麼十八條好漢、四十八路煙塵、十六院夫人吟詩唱和、蕭美娘狐媚惑主、靠山王楊林鏖兵擺陣，諸此人物故事多是子虛烏有。即使是對於歷史上確有其人者如羅藝、秦叔寶、尉遲敬德、程咬金（知節）、徐茂公（世勣）、李靖、李密等，則是僅借其名，行虛構之實，其所編故事多是附會誇張，甚至荒誕無稽。諸如程咬金即歷史上的程知節，故事中把他說成是三斧頭半的瓦崗混世魔王，其行動舉止滑稽可笑，完全背離歷史事實；徐茂公即歷史上的徐世勣，是瓦崗軍中頭領之一，後成為唐朝大將，故事中卻把他描寫成一個搖鵝毛扇，料事如神、未卜先知的妖道式人物。諸此等等，可說是舉不勝舉。據稱「隋唐英雄傳」卻一路走飆，火紅得很，其收視率之高為諸片中的上乘，其原因即是由於它是大眾化、娛樂化、市場化的產品，適合人們的好奇需要而深受人們的喜好，

其社會效應可以起著歷史書所不能起的作用，這就是它的功能和魅力所在。但是它卻有極易使人誤會的缺點，即是使人們把任意編造的東西誤認為真實的歷史。「假作真時真亦假」，結果使歷史真相錯雜混淆在信口雌黃之中，真假不分、雌雄莫辨，會誤導人們把歷史小說看作歷史真相了。

《隋唐之際的英雄們》是一本通俗歷史讀物，著者在這裡只是把歷史通俗化、大眾化，把平直的、碎片式的、記賬式的歷史記錄整體化、故事化，把少數人閱讀的艱深歷史原著轉變為現代流行的語言文字，使人們易於閱讀而已。它不敢說是創新，只是繼承著司馬遷以來的史學傳統，以及參考了章回體小說的寫作體例而已。我相信：這本書歷史專家定能接受，廣大讀者也會歡迎。當然這並不是由我個人主觀所能決定，或只能是從對此書的評價以及從出版量多少中反映和顯示出來而已。我須說明的是：寫此書的目的，只是想提供給人們以真實而可讀的歷史知識，使歷史能走出小圈子，為社會上更多的人所關注、所喜愛，這樣我辛勞寫作的心願也就滿足了。

隋唐之際是封建社會中期的一個特殊時代。大略言之，它的斷代可以從隋煬帝大業元年（605 年）開始，到唐太宗即位、實行「貞觀之治」為止。這是一個社會由治到亂、復由極亂到大治的歷史大轉變的時代。從時間來說，先後只不過經歷短短的數十年時間，但若從空間來說，則是天翻地覆，人際關係複雜到極點，世事變幻莫測，社會上出現歷史從未有過的大動盪局面。適應著時代潮流，各階級、各階層的人物紛紛出世，並隨著時代的變異轉化，不斷改換角色。他們或以其聰明睿智，或以其濟世才幹，或以其驍勇善戰，或以其武略過人，或以其善弄技巧，或以其籌謀帷幄，或以其擅於用人、團結群眾，在刀光劍影和血與火的爭鬥中兼併廝殺，逐鹿中原，稱王稱帝，追求著政治上的最大利益。他們各逞己能，用自己獨特的行為方式書寫著歷史的進程，從而匯組成這一時代轟轟烈烈、淒淒慘慘的特殊面貌。

這是一個魚龍混雜、大浪淘沙的英雄時代。英雄，用今天的話來說，

似可作為社會菁英來解釋。此辭在古代早已有之，《淮南子‧泰族訓》稱：
「故智過萬人者謂之英，千人者謂之俊，百人者謂之豪，十人者謂之傑。」
如此看來則英、俊、豪、傑還各有級別，不過這僅是一家之言，不必拘泥。
大凡英雄豪傑確是凡人所不及，是時代中的潮流人物。漢劉劭《人物志‧
中》解釋英雄說：「聰明秀出謂之英，膽力過人謂之雄。」則又對英雄作了
簡明的概括。

　　英雄歷代皆有其人，但處在社會矛盾尖銳、階級鬥爭劇烈的戰爭年代，
或社會動盪不定、混亂相仍的轉折期中，英雄人物群起輩出則顯得尤為突
出。他們通常是領袖人物，名聲大、威望高，能領導、指揮、命令群眾；
他們的勢力或雄長於一鄉一縣、一郡一州，乃至影響到全國各地，成為指
點江山、引領時代前進的大英雄。《後漢書‧許劭傳》載許劭評價曹操為
「清平之奸賊，亂世之英雄」。同書〈李膺傳〉稱：「天下英雄無過曹操。」
又《三國志》記曹操與劉備青梅煮酒論英雄時則彼此讚揚，稱道：「天下英
雄唯使君（指劉備）與操耳！」《三國志‧吳書‧魯肅傳》載魯肅評論劉備是
「天下之梟雄」。梟雄即驍勇絕倫者，亦是英雄之類的別稱。又班彪〈王命
論〉說：「英雄陳力、群策畢舉，此高祖（指劉邦）所以成帝業者也。」則無
疑把劉邦看作能領導英雄、使之「陳力」並終成帝業的大英雄了。所以，
漢初三傑張良、韓信、蕭何是英雄，西楚霸王項羽、漢高祖劉邦、曹操、
劉備、孫權也都是英雄。他們的區別之處是扮演著不同的時代角色，以及
不同的地位和成敗得失而已。

　　把英雄作為主要內容來記敘，歷代早已有之，所謂《英雄志》、《英雄
記》之類即是。如《三國志‧武帝紀》裴注中就引有《英雄記》的文字，
《新唐書‧藝文志》雜傳記中有唐人所撰的《英雄錄》一卷，司馬光《資
治通鑑‧隋紀》中便有摘引專記隋末唐初英雄人物事蹟的《英雄記》等。
可見人們對英雄的事蹟是懷著眷戀、欽佩、仰慕、讚揚的眼光去看待的。

　　英雄非常人、凡人、庸人，而是出人頭地的社會菁英分子，由於他們
出身、門第、性格、環境、教養、人緣關係等等又構成各自不同的風格面

貌和集體組合。大體說來，英雄有著如下的多種特點：一是仗義濟難；二是輕財好施；三是廣交賓朋；四是遊俠不羈；五是不遵法度；六是才能過人；七是剛毅壯勇；八是看重名節、愛惜名譽，一諾千金，能急人之所急；九是不計成敗，能沖決網羅；十是能反潮流，不顧生死，能為常人所不能為者。

　　當然，一個英雄人物不可能包括以上所列的全部內容，但能具有其中幾個，且具有其個人獨特風格也就算可以了。還應指出：英雄人物在風雲際會、魚龍混雜的時代中，由於人際分化組合，並不是個個都功成名就，成為各領風騷的時代寵兒，他們之中有些成為大英雄，有些也可能是落了毛的鳳凰、下了山崗的老虎，成為時代的棄兒。其成與敗、得與失，既有其偶然因素，更有其必然的道理。楚漢之際人物如「力拔山兮氣蓋世」的西楚霸王項羽，風雲叱吒，但最後落得個烏江自刎的結局；兵謀戰略出眾的漢初三傑之一韓信，最後隻身束手就擒於未央宮，身首異處；劉備是天下英雄，久歷疆場，但大敗於猇亭，被指斥為「老兵」，最後在白帝城託孤，帶著遺恨而亡。再以隋唐之際的英雄人物來看：楊玄感名門之後，揭開反對隋煬帝殘暴統治的鐵幕，呼嘯之間聚眾數十萬，未隔數月便兵敗皇天原，刎頸而死；叱吒風雲的李密，初期亡命瓦崗，繼之則名震中原，成為各路英雄盟主，一朝失利投唐而後悔，出走熊耳山中伏，亂箭穿身而死；統領河北義軍，名震燕、趙、魏諸地的竇建德，汜水之戰一敗塗地，身受重創，遭擒於一夫之手；起於綠林、稱霸江南的杜伏威雖聽命於唐，而一夕暴死；輔公祏繼之再起，亦不免失敗而亡，身首異處。反過來看，李淵在烽火漫天中能選擇時機、後發制人，終於開創大唐帝業；李世民驍勇善戰，英略過人，且能團結文武人才，終成貞觀之治。李靖、魏徵、徐世勣、秦叔寶、尉遲敬德等人，或為隋世舊官，或為綠林英豪，或為魏王府幕客，或為割據者驍將，他們來自四面八方，風雲際會聚集在大唐旗幟之下，為大唐王朝的開創奠基和發展作出了傑出的貢獻，從而馳名千古、流芳百世。

　　英雄人物不僅是鬚眉丈夫所獨有，在婦女中亦有巾幗英雄。隋唐之際

李淵之女後封平陽公主者，當李淵在太原起兵時，她與家丁們一起在關中占山自立、獨領一軍，連結周圍群豪，聚眾數萬，在渭水之濱與唐軍會師，威風凜凜、英姿颯爽，獨領時代風流。夏王竇建德之妻與竇建德起自草莽，夫妻同患難、共生死，她為人豪爽，武勇有謀略，又能識大體，建德議事多與她商量籌劃。建德之救洛陽王世充，她就曾提出過不同意見，建議行「圍魏救趙」之計，出兵河內以搗關中，以此解洛陽之圍，惜此計未行而建德成擒。

英雄的成與敗是一對辯證關係，它是與時代的社會環境、人際關係以及個人的性格、操守、智略、器局分不開的。尤其是在真偽難分、雌雄不辨、魚龍混雜的群雄逐鹿時代，英雄們都有各自的生存條件，面對著錯綜複雜的環境，艱難曲折、良緣機遇，得失之間，差之毫釐，失之千里，關鍵是如何處置得宜，化風險於機遇之中。因此，英雄還需認識社會，看清時勢，對形勢要有正確的判斷。古語說：「順之者昌，逆之者亡。」順著潮流而動，前途是光明的，這是具有相當道理的見解。在亂世時代，英雄人物的人際關係也十分重要。英雄是一個群體概念，而不是一個個單獨的、孤立的孤家寡人，千百萬的群眾是他們行動背後的推手。英雄惜英雄，他們要彼此攜手、互相幫助，才能聚集力量，產生巨大的效應。他們彼此之間有著互動關係，有矛盾就會有相互碰撞，有共同利益便會彼此吸引。這在封建君臣時代亦毫無例外，他們不單是臣擇君，所謂「良禽擇木而棲」，也是君擇臣，所謂明主選擇良才。因此，君臣契合，識才、選才、薦才、用才，在亂世的紛爭中便顯得十分重要，能否用人往往成為勝敗的關鍵。「成者為王，敗者為寇」，歷史經驗難道不是如此嗎？

《隋唐之際的英雄們》便是寫這個治亂相仍的大變動時代中，各個大大小小英雄人物的活動事蹟，並從中引出歷史的經驗，探討歷史演進的規律。「樂山樂水」、「見仁見智」，在於讀者心中。

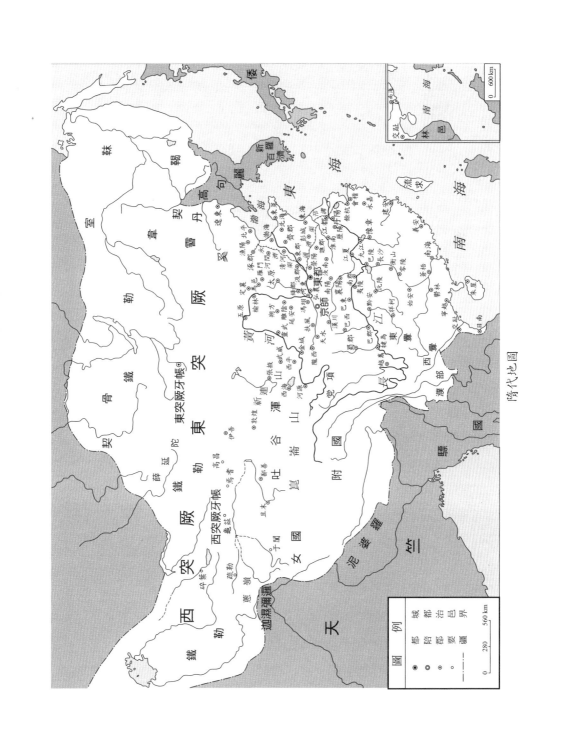

隋代地圖

隋唐之際的英雄們

大業風雲

目次

第一回

下江南四海歸一統　文中子河東論世事

　　南北朝時，創建北周（557～581年）的宇文氏，在周武帝時，出兵消滅了荒淫無道的北齊（550～577年）政權，統一了北方。宣帝繼嗣，自號天元皇帝，恣意聲色，在位二年，便壯年而亡。其子靜帝宇文闡繼位，年僅八歲，無力理政。宣帝皇后楊氏，出自勳貴家庭，自思孤兒寡母，不欲權落外臣，便想起了父親隋國公楊堅乃國之懿親，可以佐助政事，乃召他入宮，授以權柄。楊堅既託椒房之勢，又獲得大臣劉昉、鄭譯的推波助瀾，遂親秉朝權，以假黃鉞、左大丞相之名，總百官以聽己，未幾，升為大丞相，在朝臣推戴下，不多時間便奪取北周政權為己有。

　　楊堅司馬昭之心，路人皆知，與其同輩負有時名的北周將相大臣，紛起反對楊堅的所作所為。於是地方上擁有軍權的相州尉遲迥、滎州宇文冑、鄖州司馬消難、益州王謙等先後舉旗發難，反對楊堅轉移鼎祚。諸人名為勤王，實為爭權，兵勢雖盛於一時，但終因師出無名，且彼此缺乏緊密聯繫，未隔多時便被楊堅發兵先後削平。北周宇文氏宗室諸王對楊堅的行徑更為不滿，陰謀復辟周室，但分散各方，勢寡力弱。畢王賢、趙王招、越王盛、陳王純、代王達、滕王逌等謀劃未成，卻被楊堅召到長安，先後以陰謀執政奪權的罪名被誅殺殆盡。

　　內外反隋勢力均被誅翦，改朝換代水到渠成。北周大定元年（581年）二月，楊堅登朝即位，建國為隋，是為隋文帝。「隋」是楊堅稱帝前的封爵之名，「開皇」則意為開啟皇業。他要革除舊俗，建立新制。

　　楊堅既移隋祚，志得意滿，思欲統一天下。開皇八年（588年）下詔伐陳（557～589年），以晉王楊廣、秦王楊俊、清河公楊素為行軍元帥，大臣

高熲為行軍長史，其餘大將有韓擒虎、賀若弼、王世積、劉仁恩等，計有總管九十，各統所部，合大軍五十餘萬，沿江東西千里分道合進，浩浩蕩蕩，齊向江南殺奔而來。

自古以來，長江之險稱為天塹，但沿江陳軍不堪一擊，未及三月，韓擒虎軍自采石（今安徽馬鞍山市當塗縣）渡江，賀若弼軍自廣陵（今江蘇揚州市廣陵區）濟京口（今江蘇鎮江市京口區），兩軍勢如虎狼，形成鉗形攻勢，直搗陳都建康（今江蘇南京市秦淮區）。陳軍將無鬥志，士兵無決死之心，抵抗了數陣，便節節敗退，棄戈投降。開皇九年（589 年）二月，韓擒虎軍率先攻入建康臺城，生俘躲藏在景陽宮井中的陳後主叔寶及其寵姬張麗華，一紙降書既出，鎮守各地及前來勤王的陳軍均紛紛舉起白旗，奉地歸附。至此陳亡，紛亂擾攘數百年之久的山河大地重歸統一。於是君臣共慶、軍民歡樂，希望著自此以後共過太平安康的日子。

文帝在位能自強不息、孜孜圖治，他親行節儉，均平賦役，法令嚴峻，由此戶口滋長，社會安定，國家倉庫積貯的布帛粟米充盈。二十年間，天下無事，四民各安其業，可謂是個勤政求治的君主。可是他出身於北邊將家，胸中無多少文墨，學術素養不佳。其取得帝位雖快，但遭內外反抗激烈，故性好猜忌、擅弄權術，不信任大臣，其開國的元勳及有功諸將，或誅殺，或貶退，能全身保命享有福祿的很少。又刻薄寡恩，不行寬仁之政，法令苛刻，犯有小罪即行處死；對官吏賄賂受贓的處置尤為厲害，有時且親臨處決。因此，保祿圖存、苟且偷安的官場作風蔓延，能盡忠竭力、正言直諫、維護朝廷利益的忠臣義士也就罕有其人了。文帝對文化事業亦不重視，所謂重教興文，徒有虛文。學校不設，禮樂不講，雅好符瑞，迷信佛教。及其末年，廢地方學校，京都僅存國子學，所存留僅弟子七十二人而已。故所用地方刺史縣令，率多武人出身，地方政績出色、廉潔正直有為者罕有，而殘暴酷虐的官吏不少。這些既是前代留下的遺產，也是隋文帝個人性格及其治國的環境所致。

文帝在位二十四年。繼開皇二十年之後改元仁壽（601～604 年），凡四

年。在開皇、仁壽之際，河東郡龍門縣（今山西運城市河津市）出現了一位學問淵博、聚徒千數的有名學者，可惜他生不逢時，壯年而逝，其門人弟子視其為孔孟之後的聖賢，謚號「文中子」。他就是享名河汾、三河一帶的王通。

王通家世為累代名門仕宦。自王通祖父開始，亦官亦民，素抱儒業，以《詩》、《禮》傳家。王通父親王隆，字伯高，得祖上家學淵源，貫通經史，在家鄉以儒學教授學生，弟子千餘人，名聲大盛於河汾之間。文帝開皇之初便以國子博士待詔於雲龍門，文帝親自召見，詢問時政得失。王隆應對得體，辭退後撰成《興衰要論》七篇，略論歷代帝王治國興衰的道理，進呈給文帝披覽。哪知文帝崇尚吏治，不重儒學，王隆所說未獲賞識，僅由吏部銓選錄用為昌樂縣令，又遷猗氏縣令，再遷銅川縣令。他在境治績卓著，然因官小才高，未獲升用。數年秩滿，王隆便辭官退歸鄉里，不再出仕，以傳道授業、教授生徒、著書立說為樂事。

王通誕生才三歲便能識字讀書，幼年生性聰慧，悟性極高，十歲時能誦讀五經，又親聆父親教誨，對時政亦能議論而有所指歸，大為其父親讚賞。此後遂從名師受業：受《書》於東海李育，學《詩》於會稽夏琠，問《禮》於河東關子明，正《樂》於北平霍汲，考《易》於族父王仲華。他夙興夜寐，衣不解帶，專心致志，勤學苦研，積年而六經俱通，遂有四方之志。

文帝仁壽三年（603 年），王通年已及冠，思欲以生平所學貢獻於國家，他在這年金風送爽的秋天，西遊京都長安，覲見隋文帝於太極殿，奏上〈太平策〉十二條，切指時世之弊，提出了尊王道、推霸略、重儒統、合三教等主張。他年少氣盛，認為汲取歷史經驗、改良政治便可以運天下於指掌。哪知此時正逢文帝行廢立太子之事，朝廷權貴明爭暗鬥不息，宰相楊素位居高位，頗以文武才略自傲，無心提拔後進新人，對王通也就未能青眼相看。王通知道自己所上條策不被重視，且在京耳聞目睹，亦略知朝廷風波不停，便產生了回歸鄉里的念頭。由此他寫了一首〈東征之歌〉，抒發他慷

慨而又抑鬱的情緒，其詩曰：「我思國家兮，遠遊京畿。忽逢帝王兮，降禮布衣。遂懷古人之心兮，將興太平之基。時異事變兮，志乖願違。吁嗟道之不行兮，垂翅東歸。皇之不斷兮，勞身西飛。」後文帝察其意氣不凡，下詔再徵，但不久文帝駕崩。煬帝即位，再下徵召之命，這時適遭煬帝、楊諒兄弟爭奪權位，河東成為雙方戰場，社會亂象已經萌生，王通已無心仕進，決計退隱，乃在龍門故地經營祖業，自歎道：「道之不行，欲安之乎？」意思是指當今政治走向已不是行道的時候了。

王通決計繼承其父，著書立說、教授生徒，效法孔子以行其道，即所謂傳道授業。他先後續《詩》《書》、正《禮》《樂》、修《元經》、贊《易》道，九年而通曉六經要旨，著作積案盈箱，其成就使他的名聲遠揚，四方前來請益求教的門人弟子紛紛接踵而至。其中有河南董常、太山姚義、京兆杜淹、趙郡李靖、南陽程元、扶風竇威、河東薛收、中山賈瓊、清河房玄齡、鉅鹿魏徵、太原溫大雅、潁川陳叔達等都慕名前來謁見，或拜王通為師，或叩請受教經邦治國的道理。在這些人中，杜淹、李靖、竇威、薛收、房玄齡、魏徵、溫大雅、陳叔達等人都是活躍在隋末唐初的英雄俊傑之士，對李唐的建國創業都做出了一定的貢獻。

王通在河汾講學，先後收授門徒有千餘人之多。他講學與山東老儒們講經、注經不同，著重在貫通古今、經世致用，教學不拘一格，因才而教。故人們稱讚王通之教興於河汾，雍雍如也。

煬帝大業十年（614年），朝廷久聞他的名聲，徵他入京，署為蜀郡司戶，王通推辭不就；次年，朝廷又以著作郎、國子博士徵召。這可見朝廷對他重視的程度。可是此時天下雲擾、英雄豪傑四起，勢力大的逐鹿中原，實力弱小的占山為王，有的割據一方，有的據地自保。寰宇之內，到處是烽火漫天、刀兵不息。學校生徒四散，門庭滋長莠草，學子已無心學業，各奔生計、各找前程去了。有些名儒大家、士子學人，或避難鄉野，托庇豪門，有些甚至窮途潦倒，凍死在饑寒交迫的溝壑之中。王通眼見天下大亂，有不可收拾之勢，對朝廷已全失去了信心，故對做官一途，絲毫不感

興趣，他只是閉門著書立說，用這樣的方式來表達自己的思想和意志。

王通專心致意於經世之學，對《詩》、《書》、《易》、《禮》、《樂》、《春秋》都作了系統的整理，他通經是為了治世，考古是為了驗今，到了隋末，他先後寫就了《禮論》、《樂論》、《元經》、《贊易》、《續書》、《續詩》等書八十卷。他自命極高，以為其道可以治國經邦，其書能使國家歸於太平、臻於富強，可以上繼孔子、周公，他的弟子們也認為他是當代孔夫子，是沒有官位的素王。大業十四年（618年）初煬帝在揚州被弒，噩耗傳到北方時，博古通今的王通在家由於積勞成疾，一病不起，臨死前他召喚門人薛收等人，對他們說：「我做了一場夢，夢見顏回稱孔子之命說道：『休息吧！恐怕是夫子召我去見他。何必人生長命百歲！』」隔了七日，遂駕鶴西去。其門弟子數百人聽聞訃告，不問遠近齊集在龍門王宅悼念。他們悲號痛哭之餘，共同商量著說道：「我們老師的道德學問已達到最高境界，成為至人了。」他們根據禮制所謂「男子生有字所以昭德，死有諡所以易名」，乃私議其諡號曰「文中子」。門人又仿效孔門弟子錄其先師的語錄《論語》的體裁，各記其親身所聞、所問、所事、所答，整理記錄成《文中子》一書，該書所記有十篇，題為〈王道〉、〈天地〉、〈事君〉、〈周公〉、〈問易〉、〈禮樂〉、〈述史〉、〈魏相〉、〈立命〉、〈關朗〉，囊括六經要旨，敘述古今之變及王道之難行，書成後交給王通的家人以作紀念，垂之後世，此即後世所傳的《文中子》，亦名《中說》。其歷史著作，即仿孔子《春秋》褒貶之義而成的《元經》，始於晉世，終於隋開皇九年平陳，就是以史為鑑、宣揚漢文化傳統的力作，可惜的是《元經》以及《續書》、《贊易》等書皆由於戰亂不息而被束之高閣，有些則散失亡佚於世了。他的生平事蹟本已載入史傳，後來其後裔陷入一場政治風波，其傳文也就被刪除。後人對王通了解不多，反倒是王通的弟弟王績及其孫王勃以文學成就為後人所熟知，特別是王勃為文學史上「初唐四傑」之首。

王通生不逢時，抱著其深邃的思想和願望遺憾地離開了人世。但他盛名不朽，他的思想有後人傳承，唐初的將相大臣多出其門下，他們各懷著

王道治世的理想，躬行政治實踐，終於開創了唐初的貞觀之治。

　　亂世出英雄。隋唐之際的英雄豪傑們，他們都有些什麼夢呢？他們的統治者又如何去尋夢，如何去面對大好河山，如何去對待這一由治到亂、復由亂而治的局面呢？

第二回
承大寶楊廣登帝位　成猜疑楊諒反并州

　　文帝開皇九年（589 年）平陳，統一江南。自此之後，王朝統治穩定，出現區宇一家、煙火萬里、百姓粗安、四夷賓服的局面，可算得天下太平無事。這是數百年來難得見到的事業。

　　可是事不經久，到了開皇二十年（600 年）的十月間，朝廷上卻發生了驚天動地的大事：太子楊勇被廢，太子的位置由楊勇之弟楊廣接替。這件事撼動著大隋江山，嚴重地影響到歷史進程。十餘年後，終於導致隋王朝的覆亡。其興也勃，其亡也速。它的潰亡猶如江河直瀉，奔向大海，不可抑止。這話說來自有緣由，還得從文帝及其妻獨孤皇后說起。

　　文帝楊堅之妻獨孤皇后的身世背景十分顯貴。她的父親乃是北周赫赫有名的開國功臣獨孤信。她有個姐姐，嫁給了北周明帝宇文毓為皇后，她的身分是北周皇帝的小姨。她的女兒則嫁給了北周宣帝宇文贇為皇后，她又是宣帝的丈母，是兩朝聯姻的皇親國戚。這就是她給文帝帶來政治上不可多得的寶貴資源。

　　北周大象二年（580 年），周宣帝即位不到二年就病死，他的兒子靜帝宇文闡年齡幼小，與楊皇后成為孤兒寡母。她懼怕權柄外落，會遭到宇文氏家族的壓制和欺凌，乃與其母獨孤氏密議，引父親楊堅入居禁中，聯絡掌典機密的近臣鄭譯、劉昉，假稱受遺詔輔政，使楊堅掌握中樞政要。一日，獨孤氏對著楊堅說：「大事已經到如此地步，形勢猶如騎在虎背上，只能往前騎行，不能中途停下來。」她要楊堅抓緊時機剷除宇文氏皇族及異己勢力。楊堅照著做了，終於在靜帝大定元年（581 年）廢去小皇帝，自己登上了大隋的龍椅，是為隋文帝。獨孤氏也就成為文皇后，亦稱獨孤皇后。

　　獨孤皇后在政治上的強勢，使文帝對她既寵愛，又敬畏。她倚仗著權柄和威望，既專制後宮，又干預外朝政事。文帝上朝，皇后常乘輦伴隨著直至閣下才停，還派遣心腹宦官，密察文帝動靜，大小之事都要向她稟告。若朝政有所失誤，她會立即進諫；若文帝處理得當，合她心意，則置酒相賀，枕席相歡。兩人恩愛相好，宮中上下皆稱為「二聖」。

　　然而皇后性格倔強，兇狠妒忌。後宮美人無數，未經她許可，文帝不敢公開進御，只好偷偷摸摸。時宮中有一美女貌若天仙，文帝十分寵愛，常瞞著皇后私幸她的寢處。這事被皇后發覺，妒忌之心油然而生。她背著文帝，命宮人把這美人活活打死。這件事大大地激怒了文帝，他怒不可言，憤憤出宮，跨著匹馬，走向苑中。不知不覺間騎到山谷之中二十餘里處，獨自沉吟默思。皇后見文帝出走不回，心慌意亂，召來高熲和楊素兩位宰相說明情由，要他們把文帝請回。兩人奉命，四處找尋，總算找到了文帝。面對兩位宰相，文帝叔然，唉聲歎氣地對著他們說道：「我貴為天子，事事卻由她擺布，不得自由！」言語之間大為懊惱。後經二人勸解，才悻悻回宮。到這時，獨孤皇后才放下心來，流涕拜謝，賠罪說自己的不是，文帝有了下臺的面子，才轉怒為喜。

　　文帝既畏懼獨孤皇后，無論內事外政每每多聽從皇后之言。

　　文帝有五個兒子：長子楊勇，次子楊廣，三子楊俊，四子楊秀，幼子楊諒。這五個兒子都是他與獨孤皇后所生育。這是因為後宮若有妾姬生育，母子都會被處死不留宮中。文帝一日對侍臣說：「前世帝王，常溺愛嬖幸，太子的廢立，常常由此而發生。我旁無姬妾侍伺，五個兒子為同一個母親所生，古來很少，可稱為真兄弟！豈若前代帝王多有內寵，導致孽子紛爭，無休無止，這實在是亡國之道啊！」

　　文帝這話說得太輕巧、太獨斷、太自信了。就在他生前死後，父子兄弟互相猜疑，彼此相鬥。五個兒子沒有一個能享壽天年，善始善終。

　　文帝長子楊勇，小字睍地伐。文帝受禪登位，依傳統立長立嫡習俗，凡軍國政事及尚書上奏死罪以下等政事，皆令他參決。楊勇對時政得失，

有時也提出建議。「時政不便，多所損益」。他亦頗好學，能解讀詩賦，為人寬仁和厚，性格豪放。但缺點也多：性好奢侈，率意任情，不會自我約束，不做作，不矯飾，辦事大而忽之，不顧及後果。娶元氏女為妃，夫妻不睦。元妃在新婚後不到二年，便得心病而死。楊勇好色，多內寵，寵妾有十餘人，皆似花如玉，其中雲昭訓最受寵愛。他養育有兒子十個，其私生活不檢點為獨孤皇后所厭恨，且頗懷疑由自己作主婚配的元妃是楊勇有意用毒藥害死的。一日，獨孤皇后狠狠地斥罵楊勇是個好色之徒，產下諸子就像豬狗一樣多。因此她頗鍾愛於次子楊廣。

楊廣，相貌俊美，儀表堂堂。他少年時便顯露出聰慧明敏的樣子，在諸子中最受父母寵愛。文帝即位時，他被封為晉王、并州總管，年齡只有十三歲。他好學能文，會詩賦文章，為人深沉嚴毅，不苟談笑，擅於矯情，內心喜怒不形於色。他能揣摩父母心意：他知道父母尚節儉，恨奢華；喜閨房整飭，無內寵，恨妾姬成群。因此他很注意第宅居處，力求簡樸實用。文帝到他住地，見到樂器多斷了弦，上面布滿塵埃；左右侍從妾婢，人數甚少，亦不是個個都妖嬈美媚。文帝夫婦以為他不喜好聲伎歌舞，能簡樸自愛，表示欣喜。他矯情做作的表象，被當時的外朝官僚視為仁孝的表現。

開皇六年（586 年），楊廣出任淮南道行臺尚書令，不久，調回京都，出任雍州牧、內史令，這時他年僅十八歲，地位已是出將入相。八年（588年）底，大軍伐陳，他又出任行軍元帥。及平定陳國，他封存府庫財物，不私取；收捕奸佞，斬於闕下示眾，當時稱為賢王。突厥寇邊，他奉命調任并州總管，鎮守太原（今山西太原市晉源區），防禦北邊安全。不久，江南發生叛亂，他又自并州總管移任揚州總管，鎮守江都（今江蘇揚州市江都區），控馭南方。他身繫文武重任，行事又謙虛謹慎，故在諸兄弟中最受到父母寄託。他每年都要到長安朝見父母，面告政情，述說親情。來朝之日，身邊所攜帶車馬侍從，一律從簡，人們又讚揚他身為顯貴親王能躬履節儉，實是難能可貴。

楊廣愛妻蕭氏，係後梁明帝蕭巋之女，出身江南帝室名門，為人賢淑

婉順，早聆庭訓，具備女德，頗有知識，曉解詩文，還能知曉些占候望氣之術。她與楊廣恩恩愛愛，雙出雙歸，同車共輦。她育有二子，長名楊昭，次名楊暕。獨孤皇后專制內庭，脾氣剛強，內懷妒忌。她認為太子楊勇好聲色，雲昭訓狐媚惑人；楊廣作風正派，不近淫樂，蕭妃賢順，是個好媳婦。因此愈加愛憐楊廣，與文帝枕席之間時常提起。文帝亦以獨孤皇后的話為是。

隋東宮體制承襲著北周舊制。太子官屬人員眾多，兵衛上萬，廄馬成千，是一個龐大的東宮集團。冬至節日，按照習慣，群臣百官皆紛紛來到東宮朝賀，太子儼然端坐殿上，張樂受賀。文帝是個猜疑之主，聞之不樂，有意問朝臣說：「近來聽到冬至節日，內外百官紛紛都去東宮朝見，這是什麼禮節？」太常官對答道：「於東宮稱賀，不可稱朝。」文帝道：「改節稱賀，正可三數十人，由少數人酌情去拜賀即可，為什麼有司徵召，一時間群臣畢至，而且太子還服法服、設聲樂以相待。東宮如此作法，乃是違背朝廷禮制。」文帝還聯想到早在開皇六年，洛陽有個男子上書，請求文帝退位為太上皇，傳位給皇太子的事，心中更是不滿，認為太子有政治野心，無君臣之禮。憤慨之下，頒下了一道詔文。詔文說：「禮有等差，君臣不雜。爰自近代，聖教漸虧，俯仰逐情，因循成俗。皇太子雖居上嗣，義兼臣子，而諸方岳牧，正冬朝賀，任土作貢，別上東宮。事非典則，宜悉停斷。」這一段話，明白無誤地把父子、君臣之間的矛盾在朝臣中公開化。其政治影響很不好，使一些攀附權力的政治投機分子有隙可鑽，也給楊廣窺伺太子權位打開了通道。

楊廣是個頗有心計的人。他自忖要搶班奪權沒有母后獨孤皇后的支持是達不到目的的。因此，他決定利用朝覲的機會去見母后，進行試探。

楊廣奪權的首招便是離間獨孤皇后與楊勇的關係，爭取母后對自己的支持。他向母后哭訴道：「我不知犯了什麼罪，失愛於東宮。太子時常盛氣凌人，蓄怒要加害於我。我每恐讒言會不斷而來，母子之間將會有投杼之痛。我害怕有朝一日會在酒席筵上遭到毒藥的暗害，也不知死亡之日哪天

就會到來。」

這是多麼地危言聳聽！獨孤皇后聽罷，氣憤憤地說道：「睍地伐（指楊勇）實在不可忍耐，我為他娶元家女兒，指望隆崇基業，竟不料他夫妻不睦，專寵阿雲（指雲昭訓），還有這麼多豬狗兒子。以前新媳婦並無病痛，突然暴死，乃是遭人投放毒藥所致。事已如此，我亦不能窮治，為何又對你生暗害惡意？我在世他尚且如此，我死後，他必把你當作姐上的魚肉，任意砍斫。每想到東宮至今沒有正嫡，至尊千秋萬歲之後，要你們兄弟向阿雲的兒子再拜問訊，這是一件多麼痛苦的事呀！」楊廣聽罷，心中歡喜母后有此坦腹疼愛的話，又流露出淚涕滿面、嗚咽不止的樣子，表示自己的無可奈何。獨孤皇后面對楊廣可憐樣子也悲傷不已。

探得母后的真實心意，楊廣緊鑼密鼓安排奪宗之謀。他引心腹宮臣張衡定計，派親信宇文述去結交宰相楊素的弟弟楊約，要他把皇后所講的話說給楊素聽，藉以取得楊素支持。楊素為證實皇后的話，親自入宮見皇后，用試探的口氣，微微露出晉王孝敬父母、友愛兄弟、恭儉節約，行為有如文帝。用這些動聽的話揣度皇后的心意，皇后亦借機訴說心事。她對楊素說道：「你說晉王行為和表現類似至尊，這話很對。我兒是個大大孝順的人，每次聽到至尊和我遣內侍到來，必親自在入境處迎接。說到遠離父母，未嘗不悲痛哭泣。又他的新婦蕭妃亦大可憐愛，我使宮婢去她家問事，她常與宮婢同寢共食，這怎能如睍地伐與阿雲那樣相對而坐，終日宴飲不息，又親近小人，猜疑骨肉。我所以愈加愛憐阿𡡉（楊廣小名），就常怕他會被暗地裡殺害。」聽了這話，楊素心裡踏實了。便扯篷轉舵，火上澆油，痛說太子的種種壞事。

宮內宮外既相串通，廢立太子的事也就定謀了。

太子楊勇覺察到自己的地位已開始動搖了，他心生憂懼，採取種種自安之計。哪知這種種安排適成為打擊他自己的口實。這是因為皇后暗中派人伺察楊勇的行動，而楊素也設計買通東宮幸臣姬威，把太子的一舉一動、一言一行都打聽得清清楚楚、明明白白。於是，太子目無君父、縱容私幸、

亂用公帑、假公濟私等不軌行為都一一被揭發出來。

言語上的多次重複可以亂真，枕席上的不斷吹風更能煽動情緒。文帝也就相信楊勇種種錯誤行為已鑄成大錯，不可救藥。他終於做出了廢掉太子楊勇，改立晉王楊廣的決定。他召集皇親國戚、文武大臣，自己特地穿上軍服，登上武德殿，神色凝重地宣布楊勇罪狀，廢為庶人，其子女以前受封王、公主名號一律取消，其親信及左右宮僚七人處斬，妻妾子女沒入宮中為奴婢，與其交往親密受到牽連的人或處以自盡，或免死受杖，本人及妻子資產田宅沒官。這件太子廢立移位的宮廷大案到此宣告結束，但朝廷間統治層的權力鬥爭卻由此引發，愈演愈烈。楊勇被廢後，囚禁於東宮舊地，交由楊廣管束，楊勇由天上跌落到地下，生不如死，以致瘋瘋發狂。他和十個兒子在楊廣登上皇位後都一一被殺害。楊勇一支也就斷子絕孫了。

開皇二十年是文帝誕生的六十周年。耳順之年人已進入老境，文帝自覺精力衰退。現在新舊太子廢立之事已處置定當，事業有了繼承，文帝遂把日常政務的處理交給了楊廣，自己退居幕後，除重大政務須作最後裁定外，一概不聞不問。他還改定年號為仁壽。仁者有壽。這表明他最關心的事是自己的健康長壽，頤養天年。

仁壽宮是文帝在京城西面所建築的別墅群。文帝常年在此休養。仁壽二年（602年）八月間，陪伴他一生的獨孤皇后撒手人寰、駕鶴西去了。文帝在性生活上解脫了皇后的羈絆，獲得自由了。他要補償過去的不足。後宮中有宣華夫人陳氏、容華夫人蔡氏都是絕色美貌的佳麗，文帝很迷戀她倆，日夜顛鸞倒鳳，尋歡作樂。年邁之人，精力衰退，哪經得起如此作踐，過不多久，文帝精虛神耗，發病在床。他自知不起，對侍從在旁的女使說道：「若使皇后不死，我也就不會落到如此地步！」看來，他對自己尋花問柳、貪戀女色的放縱行為有點自責了。

仁壽四年（604年）七月，文帝剛過完他六十四歲的生日不久，在仁壽宮病危不起。臨終三天前，他與百官握手歔欷，進行訣別。遺詔令內外群官，同心戮力，共輔太子楊廣即位。

　　有一種說法：文帝病危時，楊素與兵部尚書柳述、黃門侍郎元巖等入閣侍候文帝疾病。此時楊廣以皇太子身分入居大寶殿，為了對文帝身後之事預作準備，寫了條子問楊素該如何辦理。楊素作出具體事狀回覆太子。宮人誤送到躺在臥榻上文帝的手中。文帝看後大為惱恨，所寵陳貴人（即宣華夫人陳氏）又說太子對她有不禮貌的舉動。文帝發怒，欲召廢太子勇。楊廣把此事告訴楊素。楊素假傳詔旨召東宮兵士入仁壽宮宿衛，凡門禁出入交由宇文述、郭衍處置，又令張衡入宮侍疾。此日文帝遂駕崩。這是說文帝懊惱廢立太子之事做錯，而楊素與楊廣有陰謀矯旨的嫌疑，並暗指張衡侍疾與文帝暴崩有關。此說事涉曖昧，實不足為憑。疑是出於唐初史官因政治上的需要而添加給隋煬帝的莫須有之罪。

　　文帝在世時，政治上對諸子是有著要求的。他鑑於北周的失敗，以為宗枝太弱是一個重要原因，故在即位之初，便分封諸子為王，到全國緊要之處，綰轄軍政大權，依靠他們作為支柱，拱衛國家政權。他對諸子的私生活也有嚴格的要求。他要諸子效法自己，躬履節儉，遵守朝廷國法，不要假公濟私，不要縱欲求奢，貪迷酒色。當然這些考慮有其充分理由，但在具體實踐中，文帝的要求是落空了。

　　就在太子楊勇被廢的同年，他的三弟楊俊被廢得疾身亡。

　　楊俊在開皇二年（582 年）年僅十二歲時便封王領兵了。九年平陳之役，他年方弱冠，便以秦王、山南道行臺尚書令，領行軍元帥，督三十總管，水陸十餘萬人，屯漢口，節度長江上流軍事事宜。如果說這只是戰時需要，那麼在平陳之後，他還出任過揚州總管，都督四十四州諸軍事，鎮守廣陵。復又北調任并州總管，都督二十四州諸軍事，鎮守太原。楊俊少年得勢，出人頭地，生當盛世，未歷艱辛，皇室宗枝的身分使他不求奢而奢自至。他揮金如土，用錢不遵常規，違犯制度，出錢放高利貸，剝削境內吏民。文帝派法官按問其事，他所委用的官吏有罪相連坐就達一百餘人。楊俊此時還不思改過，又廣治宮室，窮奢極麗，為妃子製作七寶裝飾的罩身面幕，興築水殿，用香粉塗牆壁，用金、玉砌地磚，梁柱楣棟四周用明

鏡、珠寶嵌綴，極盡裝飾的美妙，還逐日與賓客美伎鶯歌燕舞，在殿庭之上聚筵作樂。妃崔氏，性好妒忌。秦王好色似癡似狂，逞欲無度。妃崔氏愛竭恨生，乃在瓜中進毒，不料秦王由此得病。文帝得知，把他召回長安居住，以其不勝官任，免去官職，又詔責楊俊道：「我戮力關塞，創茲大業，作訓垂範，希望臣下守之而不失。你為我兒子而欲要毀敗事業，我不知道用什麼辦法來責備你呢？」楊俊既被免去職位，復又受到嚴厲的約束，病情日重，終於在楊勇被廢的前四個月，病重身亡。

楊勇被廢後兩年，他的四弟蜀王楊秀亦命運乖蹇，遭廢黜禁囚，失去王位。早在開皇初，楊秀便被封為蜀王，拜柱國、益州刺史，總管二十四州諸軍事。開皇十二年（592 年），又拜內史令、右領軍大將軍，此後復又出鎮巴蜀，掌控西南面的軍政大權。

楊秀容貌俊偉，是一個有膽氣、多武藝、喜歡揮霍無度而又有野心的人。他鎮蜀之日，便結交兵部侍郎元衡，觸犯了藩王不得交通朝廷大臣的法律；征西南夷時，又以心腹嬖幸為行軍司馬，插手軍隊的人事權。這些均有密報到朝廷中來，文帝時有所聞。文帝對群臣說：「壞我法者，必在子孫乎？」以其不遵守法規，削其部分權力。開皇二十年，太子楊勇遭廢黜，楊秀對廢立之事大為不平，口吐怨言，又漸行奢侈，屢屢違犯制度，不自我約束。在蜀地又有搞獨立王國的嫌疑。

楊廣疑懼楊秀將成為政治上的敵對勢力，對自己不利。到了仁壽二年，暗中命楊素搜集楊秀不法行為向文帝告發，又暗中命人刻木偶人，上寫文帝及五弟漢王諒姓名，各畫其圖像，披枷帶鎖，縛手釘心，令人埋於華山腳下，又假作楊秀清君側的檄文，說楊素架空了文帝，其中有「逆臣賊子，專弄威柄，陛下唯守虛器，一無所知」，又說自己將「盛陳甲兵，指期問罪」。製造出楊秀搞迷信，行巫蠱，詛咒父、弟早死，以及楊秀要造反的大逆不道的罪證。

文帝聽受讒言，信以為真，大怒不已，以「苞藏凶慝，圖謀不軌」的罪名，下令把楊秀廢為庶人，幽禁在內侍省中。此案，朝廷群臣被牽連定

罪的又達一百餘人。再次揭開了統治階層的矛盾。

　　文帝既死，煬帝即位。他祕不發喪，急召弟弟漢王楊諒回京。因為在諸兄弟間，唯一有力量在政治上與其相抗衡的只有楊諒一人了。煬帝恐怕他會受左右心腹的慫恿，鋌而走險，發兵反抗朝廷，這在政治上是會使自己陷於被動的。

　　再說漢王楊諒，早在開皇初封王。開皇十二年，拜官為雍州牧、右衛大將軍。十七年為并州總管，自太行山以東至於滄海，南據黃河，五十二州都歸他管轄，所居為天下勁兵處，轄地幾占全國的四分之一。自太子楊勇被廢之後，他危懼自己會在政治上遭到不測之禍，便開始招兵養馬，蓄養自己的勢力，以便一朝有用；又招納南朝梁、陳舊將，統帶兵馬。他以梁名將王僧辯之子王頍為諮議參軍，參謀軍事方略，陳叔寶舊將蕭摩訶練兵作戰。他們這些作為，當然為其屬下的幕僚所發覺，對他進行諫諍，勸說不要妄動，鑄成大錯。這事朝廷也已探知一二，故煬帝祕不發喪，命專使急召楊諒到京述職。

　　文帝與楊諒生前就有約定，若要相召，文書上除用璽外，還需用祕記標點。楊諒發書，未見祕記標點，心中疑慮，恐一去不返，遂與其左右心腹計議，決定舉兵反叛，佯言楊素反叛朝廷，自己要起兵清君側，乃部署諸將：大將軍余公理出太谷，向河陽挺進；大將軍綦良出滏口，向黎陽挺進；大將軍劉建出井陘，以經略燕、趙；柱國喬鐘葵出雁門。主力大軍由柱國、并州總管府兵曹裴文安統率，沿汾水河南下，進據入京交通要衝的蒲州（即河東郡，今山西運城市永濟市蒲州鎮）。

　　謊言很快被戳穿。楊諒的反訊傳到了長安，煬帝急命久經疆場的楊素掛帥出征。楊素戰爭經驗豐富，辦事老練。他以五千騎北上，迅速從蒲津渡河東進。很快攻取蒲州。此時徵召的官軍約期趕到。楊素乃擁步騎四萬大舉北上，向晉、絳一帶攻擊前進。

　　楊諒反叛朝廷，師出無名，所署各軍失去戰鬥力，節節敗退。楊諒見戰事不利，親率精銳趕到前方，欲扭轉局面。於是官軍與楊諒軍在清源（約

於太原郡城西南十五公里處，今山西太原市清徐縣）展開一場激烈的戰鬥。楊諒軍頑強抵抗，終於不敵，軍隊戰死達一萬八千人。楊諒揮軍退保并州。楊素進兵圍城。楊諒兵窮勢蹙，眼見大勢已去，不得不素衣乞降。楊素把他押解到京師，煬帝責備他違命反叛之罪，但饒他一命，除名為民，削去皇室屬籍，終身幽禁。楊諒從出師反抗到被消滅，只經歷了短短的三個月。

解決了楊諒的反叛之後，煬帝眼前明顯的敵對勢力已經掃清。他要用自己的意志和權力去開創一個美夢：萬國拜冕旒的大隋天子。

第三回
營建東都控馭四方　廣修運河暢通物流

正當全國統一不久，人人盼望著過太平日子，發展教育、文化事業。新即位的隋煬帝卻存心要效法秦始皇、漢武帝大搞開疆拓土、耀武邊庭的事業。他即位之初，建年號大業（605～617 年），意思很清楚：他要在在位時期努力把帝業張大起來。

即位之初，首務內政，隋煬帝下詔在洛陽營建東都新城，以便控馭四方。營建東都在當時看來是很有必要的。一來洛陽在地理位置上居全國之中，有三河四塞之險，交通便利，運輸適中。長安雖為京都，但僻處西北，離東方的山東河北、南方的江表嶺外實在是太遙遠，其間多有山河之險，水陸轉運很不方便。自周代以來，執政者就已經認識到這一點了，故周有宗周、成周之營建。自此之後，東漢居洛陽為都，北魏孝文帝由代北遷都洛陽，北周宣帝詔修洛陽宮，無不以洛陽為古都所在，「水陸通、貢賦等」而留意於此。隋文帝在世時，即已有建洛陽為東都之議。二來是作為統治中心，長安雖可以北拒突厥、西防吐谷渾，有利於守衛西北邊疆。但中華幅員廣大，北齊舊地、南陳歸疆，統一未久，人心未安；且東北有契丹、靺鞨萌動，遼東有高麗（高句麗）窺邊，遙控指揮則有鞭長莫及的局限，而營建東都則可以居中以馭四方。煬帝在修建洛陽宮的詔文中就說到：「南服遐遠，東夏殷大，因機順動，今也其時」、「關河重阻，無由自達，朕故建立東京，躬親存問。」便是他在政治上、軍事上控馭四方的意圖。

營建東都是國家大事。煬帝在仁壽四年（604 年）底即鑾輿東幸，駕臨洛陽。他率領著宰相及具體規劃洛陽營建的臣僚們，登上了北邙山（今河南洛陽市孟津縣有邙山，約於洛陽城東北十公里處）高處，考察洛陽四周地形。

煬帝在邙山上俯觀伊闕龍門時，不覺意氣風發，指點江山，規劃未來。他顧對侍臣們說：「此非龍門耶？自古何以不建都於此？」僕射蘇威接話說：「自古君臣未嘗不知道，只是等待著陛下創制立意。」煬帝聽罷，不覺心花怒放，點著頭，輕輕說了一句話：「規模要宏大壯麗，具有帝都的模樣。」煬帝昔日為諸王時，親定江南，目見梁、陳宮闕樓觀的華麗，當然有所心動，而都城大興城的巍巍宮闕更是君臣們心中的樣板。對於洛陽宮城的建置設計，他們是胸有成竹的。

一萬年太久，只爭朝夕。主意已定，立即執行。首先是掘塹，即圈定洛陽都城宮苑的大體範圍，以此作為設置關防、查察人員出入的界限。塹的範圍極寬長，起自陝西、山西交界黃河直流的龍門縣，東向接今山西高平市西北的長平關，再到今河南衛輝市，從新鄉（今河南新鄉市城區）東北的臨清關渡過黃河至浚儀（今河南開封市祥符區），復折回西向，行經襄城（今河南平頂山市汝州市）一直到上洛（今陝西商洛市商州區），形成了一道長度幾達一千餘里的長塹。掘長塹的用意是使塹與長安以東關河連接起來，以拱衛長安和洛陽兩都；就東都而言則又是為擴大洛陽周邊的防禦地帶，以保衛都城的安全。城塹的結合是中國京都州郡縣邑傳統的防衛體系。

大業元年（605年）初春，由楊素、楊達兩位宰相牽頭，由將作大匠宇文愷負責主管督導工程進行。由於舊洛陽都城久經戰火，又規制狹小，不符合當前大一統形勢需要，乃重新選擇新址，在舊洛陽城西十八里地方營建新城。這裡前直伊闕，後據邙山，左瀍水，右澗水，洛水橫貫其中。宮城、皇城在洛水之北，居民區則環衛在東、西、南三面，洛水之南為居民聚居區，其規制大體仿照西京大興城的設計。

洛陽新城的建造，需要發動大批的民工。朝廷命令河南郡縣各徵集民工，每月徵發青壯年的夫役達二百萬人。經過一年二個月時間強度勞作，洛陽新城便初步建成，一個金門象闕、咸竦飛觀、頹巖塞川、構成雲綺，浮橋跨洛以象天漢，包山河以為宮苑的洛陽新城拔地而起。但是這個新城乃是數百萬勞動群眾以血汗凝結而成的，由於期限緊急，工程品質要求過

高，官府督迫、工頭鞭打，服役的丁壯日以繼夜地操勞，故不堪負荷的民工日日都有死亡。死得多了，連載屍的車子都相望於道途之中。

　　為了充實新都人口，煬帝效法古代周營洛邑遷殷頑民於成周、秦始皇遷百姓以實京都咸陽的傳統，下詔就近移徙豫州城內居民入住，還下詔遷移各州富商大賈約數萬戶，通令他們全家動遷，移居新城，又令江南大戶人家分出戶口移居東都。平定漢王諒的反叛之後，煬帝又遷移山西、河北等地權貴、富豪以及具有技藝之長的工藝戶到東京。這些被遷徙的人口大多是失敗了的權勢之家以及各行各業的菁英分子，把他們聚集到新都來乃是歷代統治者所實行的強幹弱枝政策。這是一個由權力造就而成的政治新城。

　　洛陽宮城是窮極富麗奢華的建築群。宮城正殿為乾元大殿，這裡是皇帝在舉行重大典禮活動時，接受全國臣民及四方邦國賓客朝賀觀見的莊嚴地方。大殿所用的木材多數是從江南採伐搬運而來的上好木材，一根大殿所用的木柱重達好幾噸，搬運時需要發動民夫二千人才能拖拉得動，只能一路上緩慢推行前進。為了便於轉運，還在大木底座架設鐵製車轂；若用木輪，由於份量過重，移動時便會磨出火花，以致停頓。據估計一根木柱運到洛陽所耗費的費用就達數十萬錢。宮內所建觀文殿是備煬帝瀏覽圖籍書畫等精品的書室，內部裝飾得十分精巧。書室有多間，每隔三間都開闢有四向的移門，緊挨門內垂掛著錦彩幔幕，在其上端設置有二個迴翔的飛仙。戶外地中暗設機栝，用於啟閉。若煬帝進入內殿觀書，手執香爐的宮婢移步緩行，只要用腳輕踏機栝，飛仙便會自動由下而上緩緩地收起帳幔，冉冉升空，其中門扉、書櫥都能自動旋轉，不需人力操勞；若觀賞完畢出殿，則機關轉動，櫥櫃、人物等物件皆恢復常態。其工藝的精巧達到如此的地步，實令人歎為觀止。

　　又在宮城之西南建顯仁宮作聽政餘暇的遊賞別殿。這裡所有的裝飾物件樣樣精巧名貴，凡珍禽奇獸都從海內外搜集而來，宮內外散綴著草、木、竹、石等物也都來自四面八方。凡此種種物類，皆是用來增加形勝觀覽，

令人賞心悅目。宮的周邊又修築有占地廣袤的西苑，其周回寬廣修長達二百里，極目無際，種植著榆、柳、櫻桃、石榴等各色樹木花卉。苑內挖土為湖，堆土為山。湖周圍十餘里，有蓬萊、方丈、瀛洲三山，象徵傳說中海上三神山，山的高度高出水面一百餘尺，新築的臺觀殿閣羅絡山上，海之北有龍鱗渠，縈迂曲折注入海內。沿著水渠又起造十六院，這是一座座精巧的小院落，院門皆面臨著水渠，每院住著四品以上的貴婦人及服侍她們的宮婢。其中的殿堂樓觀，皆窮極華麗，所種植宮樹宮花，使之四季常新。每到秋後，花落凋謝，便命宮女用彩錦裁剪出各色各樣的宮花，或縛縈在樹枝梢頭上，或散綴在池邊水岸上，其形狀有荷、芰、菱、芡等。煬帝又好夜遊，乘著月色明亮之際，由妃嬪簇擁、宮女陪侍，前前後後夾道魚貫而行，一行粉黛有上千人之多。隊伍中樂隊邊走邊唱邊舞，有簫、笙、琵琶、弦琴伴奏，煬帝在美女陪伴下則邊飲酒，邊談笑，邊欣賞良辰美景，消遣時光在這猶如夢幻般的仙境之中。有時煬帝興之所至，便提筆揮毫、吟詩作賦。有一次他詩興大發，聯想起了三國時曹植所作的〈清夜遊西園〉之詩，便改作新辭，譜成〈清夜遊曲〉，由騎在馬上的宮女歌伎吹奏彈唱，他則在月光如洗的夜色中遊賞，盡情享受著這美妙的瑯嬛之聲。

在建築洛陽宮殿及西苑的同時，煬帝又詔命開鑿通濟渠。此渠自洛陽西苑引導穀、洛二水達於洛口的黃河，又自板渚引黃河水流，疏通已阻塞的莨蕩渠故道入於淮河，到達山陽（今江蘇淮安市淮安區）舊邗溝，再引淮河水經揚子（今江蘇揚州市邗江區）達於長江。這是溝通洛陽到江都的南北水道，因其便於交通運輸，均衡物流，故名曰「通濟渠」，亦泛稱運河、汴河，又因其為供皇帝所用，故亦稱御河。御河的設計亦極考究。河渠水面闊四十步，沿河岸邊為供車馬行進，築有大道，亦稱御道，夾岸栽種榆、柳，自洛陽到江都二千餘里間，樹蔭交映，極目籠蔥。

為了便於路上停頓，又在所經行的沿河處，大體上每隔兩驛之間的距離設置一個行宮，作為大駕臨時住頓之所，稱為離宮。自長安到江都間，新築的離宮就達四十餘所，但是多數修築後備而未用。通濟渠及行宮係徵

發沿河諸郡縣的民夫百餘萬修建，由於工期緊迫，丁男供應不足，連婦女也要拉去參加。體弱力虛者日夜操勞，疲累而死的人很多，據說車載死丁，相望於道路之中。百姓感到不勝其擾，頗有怨言。

為了便於從御河直達江都，煬帝又派特使於士澄往江南採木造船，各種規格的龍舟、鳳䴏、黃龍、赤艦、樓船等約數萬艘限期交用，由此江南百姓亦大受其累。

為了配備大駕出行的儀仗，煬帝命太府少卿何稠、太府丞雲定興廣造儀仗，力求華美莊麗。由此州縣向城鄉百姓課徵皮革、羽毛、齒、牙、骨、角之屬的苛捐雜稅。百姓們被逼上山下水，遍地網羅捕捉水陸禽獸，取其骨角、皮革、羽毛等物，作為一切儀仗所用。由於官吏的強迫榨取、無窮搜索，百姓怨恨嗟歎之心也開始萌生了。

自大業元年春天下詔營建東京後，到了八月間，煬帝便沿著新修的通濟渠南巡江都。他所乘龍舟，船身高大，有三層重樓，高四丈五尺，長二十丈，高層設有正殿以接見侍從之官，有內殿以供備寢臥食宿，中間二層闢有一百二十個小房，以金玉作為裝飾，下層則為內侍所居。皇后所乘舟船名為「翔螭」，規制比龍舟稍低些，但裝飾精巧華美過於龍舟。別有「浮景」九艘，係三重水殿的娛樂場所，供飲酒作樂時所用。此外，又有漾彩、朱鳥、蒼螭、白虎、玄武、飛羽、青鳧、凌波、玉樓、道場、玄壇、板艘、黃篾等各種船隻共計千艘，分別為隨行的後宮妃嬪、諸王、公主、百官、蠻夷君長以及僧人、道士、值衛軍兵等各色人員所起居。又有大小船隻裝載著內外百司供奉的各種雜物及軍器帳幕等，共用挽船夫達八萬人，一路上緩緩而行。為龍舟牽繩攬船的有成千上萬的殿腳士和殿腳女，殿腳士個個是錦繡衣裝，殿腳女則是粉妝玉琢、千姿百媚的妙齡女郎，一律穿著錦繡織成的華麗衣裳。龍舟以下大小船隻頭尾相銜接，沿河長達二百餘里，帆檣如雲，填滿了御河的空間。龍舟所到之處，悉令所經州縣長官各具鮮美食品供應，長吏們為討好上司和皇帝，千方百計搜羅山珍海味，一餐之費無異百姓千家萬戶所食用。各種南北水陸食品儘量豐給，宮人們食用不

完，一路上就不斷丟棄，被填埋在當路土中不計其數，真是驚人的暴殄天物！至於煬帝及其后妃貴戚大臣們的飲食則更是精挑細選，十分講究。其尚食直長謝諷專門辦理飲食供奉，著有《淮南玉食經》，專門臚列出淮水以南各地精美土特產的烹調製作的食單，以供皇帝挑選食用。

御河的開浚通航，固然是為皇帝巡遊享樂，但主要是為了利商通漕，使貨物運輸通暢，有利於各地政治、經濟、文化的交流。運河的開通減輕了繁重勞費的陸運，使南方交、廣、荊、揚、吳、越等地的物資和食糧可以源源不斷地通過水運以達東京和西都，這就可供給大都市中各個階層人員及千萬庶民日常各種生活的需求。然而煬帝一味追求奢華，不顧百姓生活艱辛，予取予求、揮霍民脂民膏，也給適應時代需要的運河開鑿蒙上了灰暗的陰影。

有一本小說《開河記》，據稱是唐朝人韓偓所作，記隋煬帝為遊幸江都、命麻叔謀等開鑿汴河以通黃河與淮水的故事，後多被一些小說家所採用，然其內容荒誕誇大，不足為信。

秦韜玉有〈隋堤〉詩：「種柳開河為勝遊，堤前常使路人愁。」隋堤之役，萬民操勞，使之觸景生情。又唐皮日休《皮子文藪》卷四〈汴河銘〉指出隋煬帝疏通汴河，「北通涿郡之漁商，南運江都之轉輸，其為利也博哉！」則是指出其積極有利的方面。

第四回
立三臺加強皇帝權　行獨斷起用五貴臣

自楊素討平據并州反叛的楊諒後，煬帝的帝業看來已獲得了穩定。皇室、兄弟間已經無人與之相抗爭了。廢太子楊勇被煬帝用文帝遺詔的名義賜死，他的十個兒子中長子長寧王楊儼先被廢黜後遭毒酒鴆死；諸弟九人被分別徙往嶺南後，亦被陸續處死。楊勇一脈至此斷絕，無一保全。

煬帝次弟秦王俊在文帝時，即因窮奢極欲，過度揮霍，貪戀聲色而得病，被徵回京師後，常受到文帝責備，早在開皇二十年（600 年），便鬱鬱久病身亡。他留有二個兒子：長子楊浩、次子楊湛。煬帝即位，以浩繼嗣為秦王。大業九年（613 年），楊浩因交結諸侯被免去官職。煬帝巡狩在外，常帶在身邊，對他防範很嚴。後來，宇文化及弒煬帝篡位稱帝時，浩與湛兄弟兩人皆被宇文化及部下殺害。楊俊一脈亦至此絕子絕孫。

煬帝三弟越王秀自封王後，懷有政治野心，對父母廢太子勇、立晉王楊廣為太子心懷不滿，口出怨言，被文帝廢為庶人，幽禁在內侍省。煬帝即位後，仍被禁錮終身。宇文化及弒逆，初議欲立為帝，為群議所不許，遂與其諸子皆慘遭毒手，殺害致死。楊秀一脈至此亦斷種絕代。

煬帝為了集權一身，對楊氏宗室也是猜忌成性，無骨肉之情。河間王楊弘是文帝從祖弟，任蒲州刺史，領揚州總管。煬帝唯恐他染指權力，防範備至。大業初，徵拜他為太子太保，實奪其權。楊弘鬱鬱不得志，不久即病死。觀德王楊雄（一作楊惠）是文帝族子，能寬容下士，文帝時即遭猜忌。楊雄為避嫌，閉門不通賓客。遇事小心謹慎。煬帝即位以他恭謹拜為懷州刺史、京兆尹。遼東之役時，楊雄已年老多病，煬帝還是要脅持他隨軍東征，不久病死於前線瀘河鎮（今遼寧錦州市境內）。楊雄子楊綝官拜司隸

大夫，遼東之役，亦隨駕督軍於臨海頓（今遼寧錦州市境內大凌河出海口處）。
後來，楊玄感反叛，煬帝懷疑他與玄感弟玄縱通謀，對他嚴加看管。楊綝
惶惶終日，恐懼不安，不久就得病而死。楊雄弟楊達有才識，百事討好煬
帝。得到煬帝信任，拜為納言，領營東都副監，後亦遭猜忌。遼東之役，
煬帝不放心他留在兩京，亦挾持他出軍遼東，結果死於前線。

滕王楊瓚是文帝同母弟，娶周武帝妹妹宇文氏為妻，宣帝時官拜吏部
尚書，因不贊同文帝攝政代周，彼此政治理念不同，妯娌間亦尋隙不和。
開皇十一年（591年），楊瓚夫婦因犯有咒詛犯上、行為不端，被文帝賜死，
飲鴆而亡。楊瓚子楊綸亦遭煬帝猜忌，被人告發「怨望咒詛」，與其諸弟
坦、猛、溫、詵等人被除名遠徙到始安、長沙、衡山、零陵、朱崖等蠻荒
邊遠之地，求為編戶齊民亦不可得。

衛王楊師仁，一名楊爽，是文帝的異母弟。他年幼時為獨孤皇后養育
於宮中，故為文帝寵愛，獨異於其他宗親。但他不到而立之年便早早去世。
其子楊集襲封衛王。煬帝對諸侯王恩禮薄、猜忌深。楊集憂懼，不知所為，
又為人告發他與滕王綸相好，均有咒詛犯上之罪，由此除名為民，被遠徙
到邊郡。隋末天下大亂，不知所終。

蔡王智積是文帝弟楊整之子。楊整與文帝兄弟不睦，政治上異趣，其
妻尉氏又與獨孤皇后有隙恨。由此智積早在文帝時即遭猜忌，心中常懷危
懼，唯恐被殺害。他有五個兒子，僅教他們讀《論語》、《孝經》二部書而
已，亦不令他們交通賓客。他眼見滕王綸、衛王集並以讒言構罪，唯恐兒
子們懷有才能，交遊非類而導致政治上受禍。但是智積防患仍是逃不脫災
禍，他遭到煬帝猜疑奪爵，其弟智明亦以交遊被罷去官爵。大業末年，智
明從駕江都，日懷畏懼。及遭到廢黜，不求醫，不問藥。臨終，對家屬說
道：「我今日才知道能保全頭顱而去黃泉之路了。」這是多麼傷心哀痛的遺
言啊！

煬帝對宗室子弟雖有賜以茅土，封王拜爵，號稱磐石之固，但實際上
猜疑有加，寡恩絕情。他們名為皇親，實際上不及官家子弟。他們或被黜

廢流放，或被毒殺誅死，即使不殺不戮，日日懷著畏懼之心而不自安。失去自由的人，其心境還比不上齊民百姓的自由自在呢！若逢到國家多難之秋，又怎能使之守望相助？煬帝為使自己專制獨裁，其所得所失，何待明言！

煬帝愛惜名位，不輕易授官。在人事錄用上，重功能才幹，輕資歷門第。他在即位次年即規定百官不得按照年資計考增級，必須身有德行及功能顯著的人員才可以升遷敘官。群官若按資歷例當進職授官的則令兼、假，即使兼職，也以代理為名，不再另派專官。吏部雖有缺額亦留而不補。而且在用人上，煬帝還不專任吏部，另選他人來分參其事。大業二年（606年），牛弘任吏部尚書，煬帝在選官時，卻又有別敕：由納言蘇威、左翊衛大將軍宇文述、左驍衛大將軍張瑾、內史侍郎虞世基、御史大夫裴蘊、黃門侍郎裴矩共同參掌文武官員的選拔之事，當時人稱為選曹七貴。煬帝如此作法，實際上是把用人大權牢牢地拴在自己手中。

在官制上，煬帝亦多有改革。精簡門下省的一般事務機構，從其中剝離出城門、殿內（後改稱為尚舍局）、尚食、尚藥、御府（後改稱為尚衣局）等五局，使之隸屬於新設立的殿內省中。殿內省置監、少監為正副長官，分別為正、從四品官，專掌殿廷內供奉諸事。又設有奉車都尉十二人，掌進御車輿、御馬之事。殿內省設尚食、尚藥、尚衣、尚舍、尚乘、尚輦六局。六局各置奉御、直長以主其事。尚乘局置左右六閑，統左右飛黃、左右吉良、左右龍媒、左右駒騄、左右駃騠、左右天苑等十二閑御馬之進御，下設有直長、奉乘等人員。殿內省與尚書、門下、內史、祕書合稱為五省，規格提高了。其設置則是專為帝王日常生活服務，其機構規模、職權、事務以及人員諸方面都擴大了。這與煬帝追求獨一無二、奢華完美的場面分不開的。

為了暢通君臣上下關係，加強對百官的監督、考察、聯絡和控制，煬帝又增設謁者、司隸二臺，與御史臺合稱為「三臺」。

御史臺係繼承秦漢以來職掌執法、監察、糾彈百官的傳統機構。御史

大夫為其長官，下有治書侍御史、侍御史、殿中侍御史、監察御史等員。御史由吏部進敘、皇帝選用。開皇時曾入值禁廷之中。煬帝即位後，罷其制，御史不入內殿，唯掌侍從糾察。煬帝舉措頻繁，軍國多事，凡是興師動眾，京都留守，與諸蕃通商互市等皆令御史監察。御史臺的職權大大地擴張了。為防範百官犯法違禁所增加的監察御史就有一百餘人之多。舉國上下，無不在皇權的監控之內。

　　煬帝所新置的謁者臺，是傳達皇命、溝通上下君臣之間的重要管道。謁者臺以謁者大夫為主官，下置有司朝謁者為副職，又設有通事謁者、議郎、通直、將事謁者、謁者等人員。其正員人數有一百八十餘人之多，皆掌出使傳命。此後又置有散騎郎、承議郎、通直郎、宣德郎、宣義郎、徵事郎、將仕郎、常從郎、奉信郎等散員，人數多達三百餘人，比之前設謁者等員增多近一倍。此等人員層次頗多，品級亦不高，但都是奉命出使，傳達皇命的欽差，是官卑權大的特殊人物。普通官員是得罪不起的，拍馬奉承唯恐不及，鞍前馬後，送往迎來不息。謁者臺機構龐大，人員冗雜眾多。他們均得祿當品，領著官俸官薪，做的多是為虎作倀之事，枉費國庫的支出，造成地方官員送往迎來、鑽營取巧的不正之風。當然其中亦有少數正直的官員，遇事不苟，有直諫之風，但畢竟是鳳毛麟角，其絕大多數則是尸位素餐，附著於腐肉上的蒼蠅而已。

　　煬帝又增設司隸臺，以分御史臺的權責。司隸臺設大夫一人以掌畿內外巡察，設別駕二人分察兩京，置刺史分察畿外。諸郡從事，為刺史副職。刺史以「六條」考察官吏政績。所謂「六條」，一條是考察品官以上治理政事是否能幹有為；二條是考察官吏貪汙殘暴妨害官政；三條是考察豪強奸猾之徒侵害百姓、田宅屋舍超過規定，治官不能禁止的人；四條是考察水旱蟲災上報不確實，枉徵賦役及無災而謊稱有災而冒取減免；五條是考察郡內盜賊不能捕逐或隱瞞不報；六條是考察具有德行孝悌，茂才異行的人，是否有意隱瞞不上報。這六條所察範圍廣，幾乎包括地方的政治、經濟、財政、人文、治安及水旱災荒等。司隸刺史、從事每年二月出行郡縣察訪，

十月回京入奏。煬帝通過刺史的巡察把皇權伸張到全國各個角落。

　　通過三臺的設置，煬帝大大地加強了控制政權機構的能量。他的專制、獨裁達到了數百年所未有過的高度。他的話一句頂一萬句，他的行為成為正確榜樣，並成為御用文人們所鼓吹的絕好題材。他們把修洛陽宮、築長城、浚運河、遊江都以及東討、西征、北巡、南撫都一一列為震爍古今的偉大事業。

　　煬帝實行專制獨裁，一方面罷斥先朝的舊臣、功臣，即使是扶他上臺的親信如楊素，在即位之初，便罷去他的相位，使之賦閒在家，把他的權力掛空，還不時地問左右：「楊素是否快死了？」楊素不死總是他心上的疙瘩。煬帝的另一面則是任用對他百般恭順的新貴。其中參預朝政決策的有虞世基、蘇威、宇文述、裴矩、裴蘊，人們稱之為朝中「五貴」。

　　虞世基是會稽餘姚人，早年便文名藉藉，有江南才子潘、陸的美稱。隋滅陳，虞世基被徵入值內史省為舍人，因他博學有才，應對敏捷，深為煬帝所賞識，使他典掌機密。煬帝口授諭旨，世基起草詔敕，頃刻而就。每日處理表章多達百紙亦從不積滯。他還能鑑貌辨色，機敏地迎合煬帝意旨。由此成為煬帝所信賴的筆桿子和「傳聲筒」。

　　裴蘊祖先是河東聞喜人氏，後僑居江南，其祖父在梁時任將軍，父親在陳時為都官尚書。隋平陳，裴蘊以江南世家衣冠子弟被徵召，先後官拜洋、直、棣三州刺史，頗有能名。大業初，煬帝以他辦事明敏，有行政才幹，提拔為太常少卿。裴蘊觀察到煬帝喜好聲色音樂，為投合煬帝所好，奏括天下樂家子弟為樂戶，自六品以下至民間百姓，凡擅長一藝一技的音樂倡優百戲之人都一律掛名樂籍，入值太常，又置博士弟子教授技藝，使之傳習。在全國大搜索下，音樂聲伎人員多達三萬餘人。裴蘊又探知民間戶口虛報不實，多有詐老詐小，虛報年齡高低，或漏登人口數目，以逃避賦役。他奏准凡地方諸郡縣長官一律親自檢查審定戶口，登記在籍，如果有一人登記不實，則要解除官職。基層的鄉長、里正要發配遠徙；又允許百姓互相揭發告糾，如果能糾查得一丁，即令被糾之家代輸賦役。如此嚴

格「看樣定籍」的工作成效顯著。大業五年（609 年），一年之間政府就增加丁口二十四萬三千人，新附戶口六十四萬餘，煬帝對著百官極口稱讚裴蘊說：「前代沒有好人，以致有這樣冒冒之事。今日所進民間戶口皆從實際，全是由裴蘊用心盡力。古話說：『得賢而治』，驗之信矣！」遂提拔他為御史大夫，參掌機密，又命處理刑獄之事。裴蘊善於揣摩煬帝心意。煬帝欲加重罪，他就曲法順情，鍛煉以成其罪；煬帝欲加寬宥，他則附從輕典而釋免其罪。他能隨機應變，所論法理，口若懸河，或重或輕，皆出其口。其剖析的明決，人們是沒法辯難倒他。有這樣的人才，為之仗劍執法，煬帝才能恣意而為，唯我獨尊。

至於裴矩，他出身河東世家，祖父以來，歷仕魏、齊、周、隋。文帝為相時，他便以文學侍從之臣為相府記室。煬帝為晉王伐陳，他為元帥府記室。由此與煬帝日漸親密，曾奉命與高熲一起收陳圖書文籍，又奉詔巡撫嶺南，以三千名士卒綏集嶺南北二十餘州，功不可沒。他博學多才，通曉蕃夷之情。煬帝撫突厥，招西域諸國互市通商，西征吐谷渾，東討高麗等重大外交事務的決策，多出於他所謀劃。由此煬帝對他十分倚重。甚至每日接見他詢問蕃夷之事。裴矩則剖析解說，十分詳明，深獲煬帝讚揚。凡通西域及四夷外交事務，煬帝都委任他處理。

宇文述是煬帝東宮舊臣。早在隋平陳，宇文述以右衛大將軍統軍渡江作戰時便與晉王楊廣結交在一起。後曾參預煬帝奪嫡之謀。煬帝即位後，拜述左衛大將軍，以女兒南陽公主下嫁給宇文述之子宇文士及為妻，述有擁立之功及姻親關係，在群臣中最獲煬帝的寵任。其委任與蘇威大略相等而親愛則過之。他的威勢可說是言無不從，勢傾朝廷。由於他的忠心匡助，煬帝對他在政治上十分放心。

再說蘇威，他可說是歷事兩朝的著名大臣。他係京兆人氏，父親蘇綽是西魏北周開國時的名臣。蘇威青年時娶周執政宇文護的女兒為妻。身為名門貴戚，但淡泊名利，不慕榮華，不趨炎附勢。隋文帝時，宰相高熲以其負才抱藝，屢次向文帝推薦。文帝乃提拔蘇威為納言、民部尚書，與高

潁一起參掌朝政。不久，又兼大理卿、京兆尹、御史大夫，一身兼領五個職務，菆事繁重，都能應付裕如。他重視農業，上奏減輕過重的賦役，盛陳節儉省用的美德。諫說文帝去除重刑殺人的苛法，實行寬仁之政。在位修定律令格式，使法律制度得以完備。文帝喜悅得人，稱自從得到蘇威施政，自己可以高枕無憂。又說：「蘇威朝夕孜孜求治，志存遠大。」文帝對蘇威的評價，在群臣中可算是很高。史稱他與高潁「同心協贊，政刑大小，無不籌之，故革運數年，天下稱治」，文帝「開皇之治」與高潁、蘇威的相互協調，盡力輔弼佐助是分不開的。

煬帝即位後，以蘇威先朝老臣，辦事謹慎而又幹練，故仍留用，使之參預朝政。但他只能說是煬帝的同路人。他對煬帝耀武邊庭、濫用民力是抱有非議的，故煬帝對他的信任文不及虞世基，武不及宇文述。

在朝執政的五貴，各有其專長和才能，若煬帝有自知之明，用之得體，君臣之間鼎鼐調和，國家可享太平。可是煬帝驕橫專恣，好為自用。輔佐者伺察人主意圖，意欲固位常寵，則不免俯仰其間，周旋左右，甚至為煬帝過度的行為辯護，效犬馬之勞，則又走向反面了。煬帝君臣之間的得失，實可引為鑑戒。

第五回
訪異俗遣使東南海　耀威武巡視啟民帳

　　隋煬帝繼位，正當隋代全盛之日，府庫充積，國力強大，便自我感覺特好，自以為文武才略，當今無人與比。又遠慕秦始皇、漢武帝開疆拓土的盛業，他不僅要使自己成為全國臣民所敬仰的承運皇帝，還要使自己成為異邦屬國所擁戴的真命天子。因此，他不斷派遣使臣，四出異域，宣揚國威。順服者撫慰；不服者出兵征討；歸附者恩賜有加；用拓土開疆的方略來張大其帝業。

　　隋朝在南方最遠的州是交州，其地自兩漢以來一直在中原或南方王朝控轄之下。交州治所即今日越南的河內，其南方有林邑國，地在今越南中南部，國境延廣數千里，物產豐饒，地多香木、金寶。林邑王名梵志，頭戴金花冠，形狀如章甫帽，衣裳服朝霞布，身上掛珠璣瓔珞，足躡革履，有時亦服錦袍。其民人深目高鼻，髮卷烏黑。土俗皆赤腳徒跣，以幅布纏衣身上。開皇十五年（595年），林邑曾一度派遣使者遠道到長安貢獻方物。

　　文帝仁壽二年（602年），交州俚族酋帥李佛子作亂，據越王故城，朝廷派原瓜州刺史劉方為交州道行軍總管，統二十七營南下征討。劉方軍令嚴肅，有犯必斬，又能愛撫士卒，若有疾病必親臨看視，由此士卒用命。大軍越都隆嶺，擊敗李佛子軍。佛子大懼，請降。劉方把他送往長安。時群臣中有人進說林邑多產奇寶，引起文帝注意，故命令劉方為驩州道行軍總管，率領欽州（即寧越郡，今廣西欽州市欽南區）刺史甯長真、驩州（即日南郡，今越南義安省榮市）刺史李暈等步騎一萬餘人繼續南進，攻擊林邑。林邑王梵志派兵守險，被劉方擊敗。隋師渡闍黎江，林邑軍在南岸立柵防守。其王親率壯勇，乘著大象，從四面包抄而來。劉方初遇象陣，指揮失措，

接戰不利，後採取多挖掘小坑、用草覆蓋地面的陷阱戰術，派兵挑戰。既戰，詐敗往後撤退。林邑軍乘勝追擊，果然中計。象多陷在陷阱中。象陣驚擾奔散，追軍遂亂而不整。劉方命弓箭手以大弩射象，象回頭踩踏其陣。劉方復以精銳騎兵進擊，林邑軍隊大敗，斬首萬計。劉方揮兵追擊，屢戰屢捷，大軍越過東漢時馬援所立的銅柱界表。至此，隋軍離交州已有五千里之遙。隋軍復行八日，至林邑國都。此時已是煬帝大業元年（605年）四月。林邑王無法再戰，棄城逃入海中。劉方入城，獲取其金鑄的十八尊廟主，佛經五百六十四夾，一千三百五十餘部，及用占婆文寫成的「昆命書」，回軍時並刻石紀功而返。隋乃於其地置比景、海陰、林邑三郡。但隋軍這次遠征，得不償失，士卒除戰死外，由於水土不服，手足發腫，及至回師時，死者達十分之四五。劉方亦在歸途中得病身亡。林邑王在隋軍撤退後回到國都，逐步收復了失地。為避免戰爭，林邑王遣使到京師謝罪。煬帝有了臺階可下，也就罷兵歇戰了。

　　煬帝早有經略異域、志求珍異的心思。他在剛即帝位之初，便下詔募能通絕域的人出使四方。大業三年（607年），有屯田主事常駿、虞部主事王君政兩人應募請求出使赤土國（其地據近人的研究，乃是南海之西南，今中印半島南端的馬來半島）。煬帝龍心大悅，即命他們攜帶帛物五千段，出使賜赤土國王，以示恩惠友好。

　　赤土國在南海中，據稱是扶南的別種，水行須經三、四個月才能到達其國都。因其地土壤多赤色，故以赤土為號。其地北拒大海，地方有數千里。其王姓瞿曇氏，居僧祇城。城有三重門，相去各約百餘步。門上圖畫有飛仙、仙人、菩薩之像，懸掛著翠羽毛編織成的金花鈴毦，王宮諸屋全是層樓重閣。國王坐三重之榻，衣朝霞布，頭戴金花冠，垂掛著珠寶瓔珞。王的座榻後面，有大木龕，用金銀及五香木雜鈿製成。龕後懸掛一座金光焰，夾榻兩旁又立有二枚金鏡，金鏡前陳列著金甕，金甕前各有金香爐。前面又置有一金裝伏牛，伏牛之前樹寶蓋，寶蓋左右皆有寶扇。其朝堂金碧輝煌，瑰瑋壯麗又頗具異國情調。其風俗土人皆穿耳剪髮，無跪拜之禮。

以香油塗身。崇敬佛教，重婆羅門祭師。男女通常以朝霞朝雲雜色布為衣。死則水葬，先就水上構木為棚，棚內積柴薪，置屍其上，然後，燒香建幡，吹蠡擊鼓，縱火焚燒柴薪，落於水中而止。

大業三年十月初冬，常駿等自南海郡（今廣東廣州市越秀區）乘舟船出發，舟行入海，只見大海茫茫，島嶼連接，不多日，舟至赤土國界的雞籠島，此地即今日的馬來亞之吉隆坡。赤土國王聞報大隋使臣到來，禮遇十分隆重，先派遣婆羅門以船三十艘遠來迎接，臨近，吹蠡擊鼓，用金鎖纜船。水行經一月有餘，才到其國都。王子那邪迦奉命來見，送上金盤，上貯香花、鏡鑷；金盒二枚內置香油；金瓶八枚內貯香水；白疊布四條，給使者盥洗之用。然後，王子又率大象二頭，持孔雀蓋來迎接隋使，送上金花、金盤，以接隋帝的詔命。歡迎隊伍由男女百人奏樂擊鼓，婆羅門二人導行至王宮。國王接受詔書。宣詔完畢，使臣回館休息。使臣將回，國王設席招待餞行，此時，王前供設兩床，床上擺有由草葉製成方一丈五尺的大盤，上有黃、白、紫、赤四色餅；牛、羊、魚、鱉、豬、海鮮中的蟚蜞肉等菜肴一百餘品，然後乃請大使升床就席，從使則席地而坐。各人席前以金鍾置酒，女樂依次吹奏，盡禮而罷。及臨行，國王表示仰慕大國，遣王子隨常駿向大隋皇帝進貢方物，獻上金芙蓉冠、龍腦香。又以金鑄成的多羅葉上寫國書為表文，用金函封緘，再由婆羅門一行送隋使到水岸邊。

常駿一行，浮海約十餘日，到達林邑東南，沿山而行，循海北岸，直達交趾（今越南河內市）。入隋境後一路緩緩行來，逢州過縣，觀風瀏覽，直到大業六年（610年）的春天，煬帝巡行駐蹕在弘農宮時才接見赤土國王子及其隨從。煬帝大悅，各賜其官位及賞賜之物，禮遣回國。

再說東海之濱有流求國。此流求國並非今日的琉球群島中的琉球，乃是今日的臺灣島。在福建的建安郡（今福建福州市鼓樓區）東，舟行五日即可到達，若天氣清明，春秋二時，佇立東望，依稀間似有煙霧之所，亦不知有多遙遠。沿海出航的舟師何蠻等曾經告訴過他人：在東海離岸處約二日程有海島，上有土人居住。這事被羽騎尉朱寬打聽到了。他上書朝廷請

求入海求訪異俗。煬帝大喜，即命他徵發沿海船隻去海島看一究竟。

臺灣土人是很遠以前從東南亞移民過來的。其人深目長鼻，相貌頗類似於胡人。國中有王，姓歡斯，名渴剌兜，所居名曰「波羅檀洞」，塹柵三重，四周環以流水，樹棘作為藩籬，嚴防重禁，深居簡出。居室內多雕刻禽獸；王外出時則騎乘在用樹木刻成野獸形狀的木獸上，由左右侍從抬著前行，導從的護衛人員不過數十人而已。國有四、五個帥，統洞，洞有小王。村有「鳥了帥」，各相樹立，管理一村之事。男女皆用白紵繩繞纏頭髮，從後面頭頸盤繞到額頭。男子用鳥的羽毛作冠，裝以珠貝，飾以赤毛。婦女以羅紋白布為方帽，裁織各色皮、毛、紵布為衣，裝綴羽毛或垂掛著螺殼為飾，各色相雜，下垂小貝，發出聲音如珮。懸珠於頭頸。織藤為笠，也用毛羽作裝飾。其風俗歌唱呼喊，齊步踏腳，一人唱，眾人皆和。男子扶著女子肩膊，搖手而舞蹈。又崇信鬼神，殺俘祭祀山海之神，或有依傍茂密樹木起造小屋；或有懸掛骷髏於樹上，以箭射；或者壘土石、繫幡旗為神主。王居牆壁之下，以堆聚骷髏多為最佳。民戶上必安裝著獸頭骨角以示神武。

大業三年的春天，朱寬攜帶舟師何蠻作嚮導，東航至流求登岸探訪，由於語言不通，無法交流，只帶著一個土人回到大陸。四年（608 年），煬帝復令朱寬再次入海探訪，慰撫其國民。朱寬到達流求後，其王避不應命。當地土民見隋人遠來，驚駭異常，也有大膽好客的土人用布甲進行交易。朱寬帶回布甲上交朝廷，但沒有達到目的，無果而回。

煬帝喜聞奇異之說，又好大喜功，決定派遣軍隊前往耀威拓土。他命虎賁郎將陳稜、朝請大夫張鎮州（一本「州」作「周」）率領東陽（今浙江金華市婺城區、金東區）兵一萬餘人乘舟船再一次出航。陳稜等從今廣東潮州出海，幾經風浪顛簸，經三日夜過高華嶼、句鼊嶼，然後到達流求岸邊。土民見舟船到來，以為是隋人到此來做買賣，個個雀躍，紛紛抱著、挑著、肩著土產物品來到停泊的舟船上，與隋軍進行以貨易貨的交換活動。隋軍中有南海島嶼的崑崙人，能通曉華語與土語，進行翻譯和交流。陳稜攜帶

著詔書來招撫流求國王。國王孤陋寡聞，識見不明，以為隋軍前來不懷好意，拒絕接見。陳稜等見軟的不行，便來硬的，即時發動軍隊攻打。流求國小兵寡，哪裡是隋軍的敵手，結果屢戰屢敗，國王戰死。陳稜乘勝進據其都城，焚燒其宮室，俘虜男女數千人，載著戰利品入海西歸。

陳稜在大業六年二月，才回到洛陽。他向朝廷報告了舟行的經過，並獻上了俘民。煬帝在滿足了好奇心之後，再也沒有對流求作出任何行動。不過，這次海上求異俗的活動卻使得南方沿海居民擴大了海洋的知識和需求，開拓了此後民間的交往和商業活動。陳稜有功晉升官位到正二品散官右光祿大夫，張鎮州由原來的正五品散官進位為從二品金紫光祿大夫。

早在大業三年春，有日本國使臣小野妹子前來朝見，對接待的鴻臚寺官員說：「聽說海西菩薩天子重興佛法，故遣使朝拜，兼沙門數十人來學佛法。」這時，隋代佛法大盛，各宗並興，其東傳日本尚淺，故日本統治者派遣求學僧人來隋取經。同時奉上國書。其國書上寫著：「日出處天子致書日沒處天子無恙」等語。煬帝看了國書，心中不悅。他知道：日本國早在漢光武帝時就曾遣使入朝，安帝時又遣使朝貢，稱為「倭奴國」。光武帝時即曾授以「漢委奴國王」蛇紐金印。後來在三國魏明帝時，也曾封倭國女皇為「親魏倭王」。南朝劉宋時，倭王還自擬「使持節、都督倭·百濟·新羅·任那·秦韓·慕韓六國諸軍事、安東大將軍、倭國王」，請求劉宋王朝承認加以委任。如今致書既改倭為日本，又說「日出處天子致書日沒處天子」，擺出雙方平等姿態，要與隋平起平坐。這就引起了驕傲自大的隋煬帝的不滿。他為此對鴻臚卿說：「蠻夷書有無禮者，勿復以聞。」意思是說：「日本文書若再無禮，就沒有必要上奏。」

但是這僅僅是說說而已，煬帝好求異俗的心理促使他要與遠在海外的日本打交道。大業四年（608 年）四月，當日本使者要回國時，煬帝除了賜給日本女皇禮物外，還派遣文林郎裴世清為大使，率領一行十三人的代表團，隨使臣去見日本女皇，察看彼國的風土人情。

裴世清一行，取道經百濟，航行至竹島，經過海島中的都斯麻國，又

東行至一支國，又至竹斯國、秦王國，先後經歷十餘島國，六月間，才到達日本口岸的筑紫（其地在今日本北九州）。隋使到來的消息震動了日本朝野。女皇的攝政大臣聖德太子是一位仰慕漢文化的人，他派遣使臣率領著數百人的隊伍，設儀仗、鳴鼓角，前來迎接，又命人在難波（今日本大坂市）為隋使修建迎賓館。新館修成，朝廷派出彩船三十五艘把隋使迎入安頓。大約過了一月有餘，女皇下命令召隋使入京，特地遣專使大禮官率二百餘騎郊勞迎候。及入朝拜見女皇，聖德太子及諸王大臣服錦繡綾羅禮服，戴金花恭迎，禮節十分隆重。裴世清入宮呈交國書，其文云：「知皇介居海表，撫寧民庶，境為安樂，風俗融和，深感至誠，遠修朝貢，丹款之美，朕有嘉焉。」這詔文口氣既讚美女皇撫民有方，合境安樂融和，也帶有大國對小國的一種高傲氣概，仍把兩國關係看作是進貢關係。

女皇似乎對此不很介意。她對隋使來訪心悅情服，在答詞中說道：「我聞海西有大隋，禮義之國，故遣朝貢。我夷人，僻在海隅，不聞禮義，是以稽留境內，不即相見。今故清道飾館，以待大使，冀聞大國惟新文化。」對於隋使在日本停留時間稍長表示歉意外，也表達了對汲取隋國政治文化的希望。裴世清復又答話道：「皇帝德並二儀，澤流四海，以王慕化，故遣行人來此宣諭。」把日本的遣使交好說成是「慕化」，把煬帝說成是「德並二儀」；把派遣隋使說成是「澤流四海」。這些話，當然是唐初史臣修史書時所增飾的誇大用詞而已。

接見既罷，隋使就館，擇日回程。定九月啟航。先前，日本設宴餞行，又命小野妹子為陪伴，再次出使於隋，貢獻方物。隨行的還有副使、通事，以及留學生、學問僧等人。次年三月間，一行人到了隋都洛陽。日本使臣獻上國書及貢物。煬帝命鴻臚寺安排接待，供給膳宿，又命高僧數人，為日本僧人講解佛法，為他們創造了生活及學習的安定條件。

在大業三年到四年間，正是煬帝訪求異俗，耀武邊庭大顯身手的時期。他要「觀風問俗，安集遠荒」；他要「恢夷宇宙，混壹車書」；他要「東漸西被，無思不服」；他要「南征北怨，俱荷來蘇」；他要「駕黿乘風，歷代

所弗至，辮髮左袵，聲教所罕及，莫不厥角關塞，頓顙闕庭」。他要做唐堯虞舜以來，千百年所未能做的事。他相信：他的「志包宇宙」的雄心壯志必定能完成，即使要啟動干戈也在所不惜！

在煬帝大力開展遠航，尋求異方奇寶的同時，他更加注意到北方邊防上的整固與開拓。

隋代北疆有強大的突厥汗國，地跨漠南北，以游牧為生，控弦之士有數十萬。當其勢力強大時，憑著騎射的特長時常侵掠鄰國。隋初，其可汗沙缽略，英武過人，藉著騎兵的力量，出入長城內外，在今甘肅六盤山以北的木硤及石門一帶進入隋境。地處陝、甘的武威、天水、金城、上郡、弘化、延安六郡都受到嚴重威脅，牛羊牲畜被其掠奪殆盡。

隋文帝時為了加強對突厥的防禦，在沿北邊地區修建堡壘城塹，增修長城。大體上自今寧夏靈武至陝西朔方郡（今陝西榆中市靖邊縣統萬城遺址）境，橫跨黃河河套中部築起了一條綿延七百里的長城，以阻擋突厥的來襲。此後又從朔方郡東北至榆林郡增築了一條數百里長的長塹。這城、塹結合的防線是保障長安安全的前沿。

隋文帝時，除了出動大軍抗擊突厥外，又採取了分化突厥內部勢力的策略。突厥自沙缽略可汗死後，由其弟處羅侯繼立，是為葉護可汗，亦稱莫何可汗。但即位不久，他在西征西突厥時陣亡。其汗位被沙缽略之子都藍所繼承（大可汗），而葉護之子染干則成為小可汗，即突利可汗。文帝即利用了他們兄弟子侄間的權力競爭，疏遠都藍，拉攏染干，拒絕了都藍的求婚而把宗女安義公主嫁給染干，且贈送染干大量錦帛米糧等物資。都藍大怒，引軍攻打染干。染干戰敗，向隋投降求救。文帝以染干為啟民可汗，使居大利城（今內蒙古呼和浩特市和林格爾縣），時安義公主已死，文帝復嫁以宗女義成公主，後又遷移其民至河套內的夏、勝二州之間，即今陝西橫山縣西往東北至榆林，亦即今鄂爾多斯草原一帶駐牧。此地帶東西拒黃河數百里，所有土地均劃歸為突厥畜牧之地。

隋廷招撫啟民可汗有政治、軍事雙重意義。在政治上，培養親善友好

關係；在軍事上化敵為友，消除突厥侵擾的威脅，且可藉此為北方屏障，以抵禦其他游牧民族的入侵。但隋朝廷也付出了很重的代價，即給予游牧的土地及大量生活上的經濟援助。

大業三年，煬帝在過完了新年之後，考慮到北部邊防和考察啟民的活動，決定親自北巡，震懾突厥，耀威邊庭，並示慰撫。四月間，他自長安出發，渡渭水，至赤岸澤（今陝西渭南市大荔縣境內渭河沿岸）。啟民得到訊息，煬帝要大駕親來，接連派遣子侄前來朝謁，又請求親自入塞來迎駕以表示忠忱，煬帝未准。六月間，煬帝一行駕至連谷（今陝西榆林市神木縣西北），在這裡煬帝與侍臣們行獵打圍，盡興之後，車駕迤邐而行到達榆林郡。此榆林郡，郡治在今內蒙古準格爾旗東北十二連城，地臨黃河之濱，黃河自此直瀉南下，分隔陝晉，為邊防咽喉之地。煬帝駐蹕於此。啟民可汗攜其妻義成公主前來行宮朝謁，煬帝大悅。過不數日，煬帝攜皇后登榆林北門樓上觀賞軍民在黃河打魚的場面。觀畢又設宴招待啟民及從駕百官，其熱鬧場面無須細表。

為保障出塞的安全，太府卿元壽獻言：「從前漢武帝出關，旌旗千里。今可安排隊列，除御營之外，分為二十四軍，每日發遣一軍，相隔三十里，旗幟相望，鉦鼓相聞，首尾相接，千里不絕，這才是盛世出師啊！」這一建議是要搞得很熱鬧，搞得有氣派。定襄太守周法尚則不贊同如此大講排場、耗錢財、尚形式、無實效的作法。他認為：「軍隊前後綿延，長亙千里，動搖山川，若突然有變，定會四分五裂。腹心有事，頭尾互不能相知。道路阻長，難以相救。雖有以前故事，但不足取法。」煬帝問道：「以卿之意如何布置？」周法尚道：「軍隊結成方陣，四面向外拒守，六宮及百官家口並安置在內，若有變故，所當的一面即令抗拒，內引奇兵，外出奮擊，以車轅為壁壘，重設方弩、鉤陣以拒敵。這與據城拒守的道理一樣。若戰鬥勝利，就抽出騎兵奔襲。萬一不捷，也能屯營自守。這才是萬全之策。」煬帝以周法尚的建議可取，並立即提拔他為左武衛將軍，統領宿衛兵。

早在大業二年（606 年）末，啟民可汗即曾到京都朝見，賀歲正旦。他

看到隋王朝制度文物之美，心中十分仰慕。為了表忠心，他率領其臣屬上表請求改換胡服，服漢人裝束。煬帝大悅，對侍臣牛弘等人說道：「今衣冠大備，致單于解辮，乃是卿等功勞！」不過對啟民的要求，並未允許。至是，煬帝駕幸榆林。啟民復又上表說：「先前文皇帝憐愛於臣，賜我安義公主，種種生活之資都不缺乏；臣兄弟嫉妒，起意要殺死臣。臣當時走投無路，無所歸依。先帝憐臣，養而生之，以臣為大可汗，還撫突厥民眾。至尊今御馭天下，還如先帝一樣生養臣及突厥民眾，種種無缺。臣荷載聖恩，言不能盡。臣非昔日突厥可汗，乃是至尊臣民，願率部落，改變衣服，一如華夏。」煬帝以突厥新附不久，華夷風俗不同，以為暫不可改變，乃以璽書親諭啟民，大意說道：「大漠以北尚未安寧，還需要備戰應對，你的忠心我已知道，只要存心恭順，何必定要變服？」接詔後，啟民也就無話可說。

在榆林，煬帝擺起大國天子的威風和慷慨。他命將作大匠宇文愷造千人大帳於郡東，設宴招待啟民及其所率的大小部落酋長共三千餘人，禮儀隆重，鼓樂齊奏。諸胡酋長驚喜過望，紛紛爭獻牛、羊、駝、馬成千上萬頭。其中，由啟民夫婦先後所獻就有馬三千匹。煬帝也以二十萬段絲帛織品回贈給啟民及其部落，附庸於突厥的東方部族奚、霫、室韋、韃靼等部落酋長們也都得到高額的回賜物品。煬帝還特地賜給啟民輅車、乘馬、鼓吹、幡旗等王者的儀仗，朝見時可贊拜不名，地位在諸侯王之上。煬帝把啟民的威望抬得高高地，並給予大量的絲織品，就是要立一個標準，給異邦屬國的君長們示範，要他們保持和睦相處，聽命臣服於隋天子。

在榆林停頓了約一個月。八月初，煬帝大駕從榆林出塞，北渡黃河，沿著金水河向東北前往啟民可汗所居的大利城進發。此時宇文愷又別出心裁，專門設計製作出一路上能移動的朝廷行殿，名為「觀風行殿」。其上可容納侍衛數百人，能離合啟閉，下設輪軸轉動。又作「行城」，四周有二千步，用木板構築，外設布幕，繪以丹青，樓櫓齊備，這也是用輪軸推動的。胡人們從未看見過這樣龐大的行殿、行城，驚駭以為神奇。他們在十里之外，遙望御營不覺屈膝稽顙，不敢乘馬。啟民則親自在盧帳前恭候煬帝車

駕的到來。

　　煬帝來到啟民的廬帳，啟民奉觴上壽，祝煬帝萬壽無疆。跪伏叩拜，執禮甚恭，其王侯以下，行突厥的「袒割」之禮。所謂袒割，乃是赤裸著上身，用佩刀割身上之肉出血，此乃是突厥表示恭順效忠的一種禮儀。

　　此時，煬帝心花怒放，志得意滿，不禁開懷暢飲，高歌賦詩道：

鹿塞鴻旗駐，龍庭翠輦回。
氈帳望風舉，穹廬向日開。
呼韓頓顙至，屠耆接踵來。
索辮擎氈肉，韋鞲獻酒杯。
何如漢天子，空上單于臺。

此詩的大意是說：駐紮在塞外山麓之下的隋軍大旗迎風招展，帝王帝后在儀仗隊簇擁下駕坐羽翠花車來到了突厥汗庭大帳的居地。突厥臣民空幕出迎，氈帳都向東開，猶如向日葵朝向太陽。啟民可汗及其酋長大臣們都先後接踵而來迎候，叩頭跪拜，辮髮纏頭的突厥牧民們紛紛獻上牛羊肉，穿著緊袖臂套戎服的酋長們獻上慶賀的酒醴，這等盛大的禮會連漢武帝那樣英明的君主也不如今日宏壯，他只是空登上單于臺而已。

　　這裡有幾個典故須述說。詩中所指「呼韓頓顙至，屠耆接踵來」是指西漢宣帝時，呼韓邪單于為其兄郅支單于所敗，南奔塞下，臣服於漢廷。後來漢元帝把宗女王昭君嫁給呼韓邪，彼此通姻結好。自此之後，漢與南匈奴和好、邊境寧靜達六十餘年之久的故事。屠耆指匈奴單于左、右大臣屠耆王的簡稱。匈奴領地通常由其子弟分領東西兩部，稱左、右屠耆王，漢人俗稱左、右賢王。這裡借此典故說明突厥自啟民可汗以下諸酋長皆紛紛來降，稱臣獻禮，為隋臣屬。「何如漢天子，空上單于臺」此典故是指西漢武帝元封元年（西元前110年）自雲陽北巡，歷上郡、西河、五原出長城，北登單于臺，至朔方，臨北河，勒兵十八萬騎，旌旗逶迤相接，前後千餘里，規模盛大，威震匈奴。但此時匈奴已遠遁大漠以北，故漢武帝是得不

償失，沒有得到實際戰果，空登上單于臺而已。單于臺在今內蒙古呼和浩特市西。這裡，煬帝賦詩自比於漢武帝還要了得，可見其壯志凌雲，目空一切、志吞山河的氣概！

此時，蕭皇后為表示親睦，亦駕臨義成公主氈帳。煬帝又賜啟民及公主金甕一對，衣服被褥錦綵。諸小王以下亦各賜物有差。

煬帝這次北巡，先後約經歷了近半年，到了八月中旬，秋風吹來了涼意。煬帝可能已感到行途勞累了，才有了打算回京的念頭。啟民為表示恭敬，一直親送煬帝入塞才返回穹帳。此後，煬帝一行踰長城，入樓煩關（今山西忻州市寧武縣北）至太原，略作停留，又登上新開闢的太行山直道九十里至河內濟源（今河南濟源市）張衡舊宅，在他的家中留宴三日後啟駕，一直至九月底才回到了東都洛陽。

這次北巡，當隋煬帝親臨啟民可汗牙帳的時候，恰好高麗國的使節正在那裡。啟民不敢隱瞞，便和他一起面見皇上。這時黃門侍郎裴矩對隋煬帝說：「高麗本是商紂王時代的忠臣箕子的封地，漢、晉時代一直是中國的郡縣，當今卻不臣服朝廷，獨立成了異國。先皇帝準備討伐高麗已經很久了，只是由於楊諒無能，以至於師出無功。當今陛下君臨天下，怎能不奪取回來？今日高麗的使節親眼見到了啟民可汗舉國服從大隋的情景，可以趁他們恐懼之時，脅迫高麗王進京朝見。」隋煬帝此時已躊躇滿志，裴矩獻言正中他的心懷，遂聽從了裴矩的建議，命令牛弘向高麗使者宣布旨意說：「朕因為啟民可汗誠心誠意地尊奉朝廷，所以才親臨他的牙帳。明年朕將去涿郡（今北京市大興區）巡視，你回去報告爾國王，應當及早前來朝見，不要自生疑惑和恐懼。所有存育教化的禮儀，將像對待啟民可汗一樣。假如不來朝見，朕將率領啟民可汗去巡視你們那裡。」高麗王高元得報後驚懼不已，一面整軍講武，積極備戰，一面裝模作樣，備藩臣的禮節。此時隋煬帝已有征伐高麗之心。他在回到東都後的次年（大業四年）初春，發布了一條詔令，徵發河北諸郡男女百餘萬人開通永濟渠，引沁水南達於黃河，北向直通到涿郡。這是打通由洛陽向東北到達涿郡的水上運輸線，以便輸

送征討高麗的軍械物資。此外又下令向全國富戶徵收軍賦，讓他們購買戰馬，倉促間嚴令徵求，以致一匹馬價值高達十萬錢。又派使臣檢查兵器，務求精製新造，如果發現粗製濫造品質低劣，就立即處斬使臣。嚴急的政令使山東河南各郡縣的守令軍民擾攘不安起來。

　　煬帝此次北巡曾下令調集「丁男百餘萬築長城，西距榆林，東至紫河」，考察了長城修築的情況。次年，煬帝又來到五原，再次巡視新修的長城。他眺望長城千里內外，唯見莽莽草原，群山起伏，長城依山勢高低逶迤而走，氣勢十分雄偉。煬帝思潮起伏，想起了古往今來之事，不覺興從中來，提筆賦〈飲馬長城窟行示從征群臣〉詩一首，以示從行群臣。詩云：

> 肅肅秋風起，悠悠行萬里。
> 萬里何所行，橫漠築長城。
> 豈臺小子智，先聖之所營。
> 樹茲萬世策，安此億兆生。
> 詎敢憚焦思，高枕於上京。
> 北河秉武節，千里卷戎旌。
> 山川互出沒，原野窮超忽。
> 撞金止行陣，鳴鼓興士卒。
> 千乘萬騎動，飲馬長城窟。
> 秋昏塞外雲，霧暗關山月。
> 緣岩驛馬上，乘空烽火發。
> 借問長城侯，單于入朝謁。
> 濁氣靜天山，晨光照高闕。
> 釋兵仍振旅，要荒事方舉。
> 飲至告言旋，功歸清廟前。

在詩的開頭，煬帝說道：在這秋風蕭殺的時候，我漫漫長途來視察這橫跨朔漠新築的萬里長城，這不止是我一個人的智略，也是先帝們所經營的事

業。這是建樹萬世的策略，用來安定億萬兆民的生活。我怎敢不勞身焦思去安排出行，而高枕優遊於京都殿閣裡呢？末了，煬帝還指出他千乘萬騎北巡塞外，不辭路途艱辛耀武揚威是為了和平，是為了要向四方表示事功的開始，今日振旅凱旋而回，向祖廟行祭祀禮，這功勞應該歸於先帝神靈。這詩裡行間，煬帝向群臣所表示的壯舉又是多麼地盪氣迴腸啊！

第六回

拓邊地西征吐谷渾　勤遠略北巡張掖郡

多年來，煬帝一直在做著一個大美夢，他要使自己成為超越前王的千古一帝，要使自己名垂千古、流芳百代，要使後人都仰慕他正在著手做的各項偉大事業。

煬帝自大業三年（607年）九月從江都回到東都之後，在次年春暖花開之際，又馬不停蹄地率領著文武百官、千乘萬騎，一路上浩浩蕩蕩，去北巡五原（今內蒙古巴彥淖爾市五原縣），順道出塞巡視逶迤千里的新修長城。在考察邊防要塞的過程中，他看到榆林以東連接古燕、趙長城處有缺口，需要修建補葺，立即下詔命令徵發沿邊居民二十餘萬人修築。詔令嚴急，郡縣連忙徵發民丁晝夜不息地勞作，不日就把工程完成了。

為安撫突厥，煬帝親自接見啟民可汗，給予極高的政治待遇。他還特地下詔說道：「突厥意利珍豆啟民可汗，率領著部落歸順我大隋，保附關塞，遵奉朝廷教化，意欲改變游牧習俗，多次入觀朝謁，屢次有所陳請，以為氈牆毛幕乃是荒陋之俗，陳請起造棟宇，願同中國百姓一樣比屋而居。誠心誠意，十分懇切，此為朕所重視。今宜在萬壽戍置城造屋，其帷帳床褥等居住用品可隨事酌量供給，務從優厚。」

煬帝這道詔旨，乃是命有司給突厥部落劃地定居，並予以優厚的生活用品，使新附突厥儘快安定下來，為保障北方安全而出力。

為加強邊地防禦力量，大業四年四月間，煬帝下詔在毗鄰突厥居地設立新郡。將原來的離石郡之汾源、臨泉以及雁門郡之秀容，合併成立新的樓煩郡（今山西忻州市靜樂縣），並在新郡發動民夫修造汾陽宮。此宮築在樓煩管涔山上的天池南側，為的是日後煬帝北巡駕臨時作為起居安頓之處。

當然，煬帝對規劃中的擾動官民是不屑一顧的。

在樓煩郡治靜樂稍作休息之後，八月間，煬帝一行起駕東巡至恆山郡之治所真定（今河北石家莊市正定縣南），其地有著名的北嶽恆山。此山綿亙山西東北部，西接管涔山，東至河北邊界，延綿長達數百里，為桑乾河及滹沱河的分水嶺，其最高主峰在山西渾源縣東南。古代皇帝有祭拜天地神祇的典禮。遵照傳統習俗，煬帝率領著侍從百官登臨山巔，親自祠祀恆嶽，祭拜天地神祇，祈請神靈護佑國泰民安、皇統綿長。禮畢，煬帝下山，在真定郡衙裡接見前來朝覲的河北道諸郡的太守們，面諭他們要勤於所職，辦好各項民政要務，處理好沿永濟渠的交通運輸工作，為日後東征高麗做好準備。

就在這時，從京都傳來緊急捷報，大將軍宇文述所率領的西征軍隊大敗吐谷渾於曼頭、赤水二城（今青海海南藏族自治州興海縣境內），吐谷渾主失利後敗逃竄匿在南山中，大軍正在努力尋剿之中。捷報傳來，使煬帝非常興奮。他開拓疆土的西進政策有了初步成效。

吐谷渾部乃是東胡族的一支，西遷到今青海一帶，與當地土著的羌族結合起來的部族。隋文帝時，勢力強大，其可汗呂夸時常發動對邊境的侵掠。有時亦北與突厥聯合，進擾河西隴右一帶，隋涼州以西大片土地與居民多受其襲擊和騷擾。自從文帝平陳之後，呂夸見隋國勢日強，心生畏懼，不敢擾邊。事過不久，呂夸高年棄世，國中內亂，後由其次子伏允繼位為可汗。伏允為表示睦鄰友好，請婚於隋。隋為息事寧人，以宗女光化公主為伏允之妻。此時吐谷渾勢力已很強大，今新疆天山南路的絲綢玉石之路自玉門關西出，經鄯善、且末、于闐、疏勒一直到蔥嶺以東都被吐谷渾勢力所控制。它與突厥一南一北分別控制著中亞及西域諸國與隋通商貿易的要道。

煬帝若要經營西域，必須先廓清據有黃河以西青海一帶的吐谷渾勢力。此外，煬帝若要東征高麗，是不可能在相距千里之遙的東西兩線同時作戰的。故在征高麗之前，煬帝必須先著手解決近在肘腋之患的吐谷渾，給其

以有力的、沉重的打擊。

宇文述的捷報促使煬帝要御駕西巡河右，親自實地觀察、指揮對吐谷渾的戰爭。

五年（609 年）初，大地回春。二月間，煬帝自洛陽到達長安，在西京召見者舊父老於武德殿，舉行宴請和慰問。三月間，自長安出發，西巡。經扶風郡（今陝西寶雞市鳳翔縣），踰隴山，至隴西（今甘肅定西市隴西縣）、狄道（今甘肅定西市臨洮縣）。在這裡稍作休息，接見西北高昌、伊吾、党項、吐谷渾的使臣。然後出臨津關（今青海海東市循化撒拉族自治縣境內），渡黃河，至西平郡（今青海海東市樂都區）。此時，煬帝陳兵講武、操演軍隊，向西域諸國耀武揚威。五月，煬帝壯心不已，率群臣在拔延山周圍舉行規模盛大的狩獵活動。拔延山地處西平郡南，在今化隆回族自治縣西北一帶，地勢高峻。先期軍隊在這裡築起四周廣約二百里的長圍，各立標記，建旗分為四十軍，每軍萬人，騎五千匹。前一日，諸將各率領其屬軍齊集在旗下。此時，隨行的四十道使並揚旗建節，分申畋獵的軍令。狩獵之日，煬帝戎服，服紫袴褶，乘獵車，駕六匹黑色的騮馬，百官亦戎服鼓行入圍。王公以下皆整理好弓矢，陳於御駕之前。備身將軍向煬帝奉上弓矢。騎兵三驅過後，煬帝乃馳馬射獵。接著，王公和諸將發射、驅獸。然後三軍、四夷、百姓皆出獵。群獸被驅，奔騰逃逸，被射或死或傷。獵畢，諸隊把所捕獲的群獸各獻於樹旗的地方。

煬帝舉行四十萬人的狩獵軍禮，為的是向四方蠻夷君長誇示兵甲之盛，也是用軍威來震懾他們服從大隋皇帝的號令。

大獵三日之後，稍事休息，大軍北渡湟水，入長寧谷，度星嶺，至金山（長寧谷、星嶺、金山皆在今青海西寧市境內湟水北岸）。宴群臣於山上。接著，軍隊渡浩亹水，臨時築起橋梁。可是當煬帝御馬剛渡過時，橋梁不勝負荷，隨即毀壞。這使煬帝大為惱火，下令處斬督役的朝散大夫黃亙以下九人。煬帝嚴厲的軍法處置使全軍上下膽戰心驚，大家相互告誡，不敢有絲毫疏忽和失誤。

　　這時候，吐谷渾可汗率其部眾據守祁連山北的覆袁川（即今甘肅張掖市境內之黑河）一帶。煬帝下令，對伏允進行最後的打擊。他分命內史元壽率兵南屯金山，兵部尚書段文振率兵北屯雪山（今青海海北藏族自治州門源回族自治縣北），太僕卿楊義臣率兵東屯琵琶峽（今門源回族自治縣境內浩亹水南岸），將軍張壽率兵西屯泥嶺（約於今青海湖西北五十公里處），對伏允實行四面包圍。伏允計窮，率數千勁騎馳突出逃，另派其名王冒稱伏允，保車我真山（今青海大通山以北、祁連山南麓一帶），煬帝得知消息，未辨真假，詔令右屯衛大將軍張定和前往捕捉。張定和挺身挑戰，不料吐谷渾軍殊死作戰，定和遭襲，捐軀身亡。其亞將柳建武奮力進擊，斬首數百級而回。

　　隋軍另有兩路由左光祿大夫梁默、右翊衛將軍李瓊等率領，窮追吐谷渾王伏允。伏允拼死力戰。兩人求功心切，為吐軍所伏擊，皆戰死。

　　在隋軍主力的進攻下，吐谷渾名王仙頭王被圍窮蹙，形勢十分不利，遂驅率其男女十餘萬口向隋軍投降。

　　捷報頻頻傳來，煬帝御駕亦繼續北上，他準備自西平郡越祁連山，前往通西域的要道張掖郡，既向西域諸國耀威，並招撫慰諭，雙管齊下迫使他們臣服歸順。

　　御駕北上進入雪山、祁連山之間的谷口大斗拔谷（今青海海北藏族自治州祁連縣境內），這裡山勢連綿，兩壁千仞，通道狹窄，軍士們只得魚貫前行。此時正逢六月夏季之末，炎暑未退，軍士還身服夏衣，哪知這裡早晚氣溫變化極大。突然間，天昏地暗，大風呼嘯而來，頃刻間風雨交加，並夾著冰雹傾盆而下。士卒們穿著單衣在風雨交侵、寒氣襲人的狀況下，慌亂不堪，四散躲避，身體衰弱者則紛紛倒地不起。事後，檢點人馬，凍死的人幾達全軍的一半以上。

　　煬帝一行沿著弱水出谷，經過一番狼狽之後，便直向張掖郡而行。經過先後二日行程，御駕終於到達張掖郡城（今甘肅張掖市甘州區）。此時，自有郡官前來迎接。

　　煬帝出兵及其平定吐谷渾，震撼了西域諸國。

　　西域，是中國對西北邊疆廣大地區的統稱，具體說乃是自甘肅出玉門關以西，橫貫新疆天山南北路、越蔥嶺、西至中亞到達地中海以東的廣漠地區的泛稱。早在西漢年間，漢武帝曾遣使臣張騫出使西域，招致西域三十六國君長使臣咸來長安朝貢。但自東漢以來，西北諸游牧民族勢力強大，中原大地戰爭不息，各王朝無暇開拓西陲，故交通受阻，朝貢不常。及隋文帝平陳，威震四鄰。西域諸國多有遣使入貢，但仍受阻於突厥和吐谷渾的侵擾，隋對西域的通道尚未打開。及煬帝即位，才開始注意到對西域的開拓。

　　這時，朝廷中有個熟悉邊防事業、抱有文韜武略的大臣名叫裴矩。前面已經說過，他是河東人，突厥擾邊，他隨太平公史萬歲出塞抗拒突厥的入侵。後啟民可汗歸附於隋，文帝命他前往邊塞撫慰，取得顯著成效。回京後，以功升任尚書左丞、吏部侍郎等職，皆有美譽。

　　煬帝即位之初，已有經營西域之志。此時西域諸蕃多有至張掖與中國進行互市交易。煬帝知道裴矩擅長外交，便派他前往張掖監管與各國互市。裴矩見貌辨色，知道煬帝有圖四方之志，便主動派遣使者到西域諸國，招誘他們來張掖互市。諸國商胡既到張掖，裴矩好情好意接待，叫他們講說本地山川地理形勢險易以及風俗民情等，寫成《西域圖記》三卷，有文有圖，記載著各國自國王以下官吏、百姓的衣冠、服飾、容貌及日常生活狀況，皆繪出其圖像、形狀，對縱橫萬里的西域四十餘國的物產、珍異及其交通路線皆有詳細的記述。其中記載自敦煌（今甘肅酒泉市敦煌市）出發至西海（即今地中海）有北、中、南三條道路都可通達：其北道從伊吾經蒲類海至鐵勒及西突厥可汗駐牙之地，渡過北流河水至拂林（即東羅馬帝國），達於西海；其中道從高昌、焉耆、龜茲、疏勒，越蔥嶺，經鈸汗、蘇對沙那、康、曹、何、安、穆諸國至波斯，再往西達於西海；其南道從鄯善、于闐、朱俱波、喝槃陀，度越蔥嶺，又經護蜜、吐火羅、挹怛、帆延、漕國至今巴勒斯坦之北婆羅門達於西海。伊吾（今新疆哈密地區哈密市）、高昌（今新疆吐魯番地區吐魯番市）、鄯善（今新疆巴音郭愣蒙古自治州若羌縣）三地

乃是通西域的門戶，都交會總集於敦煌。故敦煌乃是中亞通兩京玉石絲綢之路的必經咽喉之地。

經過考察，裴矩入朝向煬帝獻上《西域圖記》，並表示：「現今國家有威有德，將士驍武雄健，越過崑崙山，揚旗於西域易如反掌。只因突厥、吐谷渾分別控制著羌胡小國，由此，道途不寧，朝貢不通。今日各國通過商人前來，紛紛表示誠心，願意臣服。若國家遣使前往，招撫他們，務存安輯，諸蕃必將服從。如此，則突厥、吐谷渾可以掃滅，混一華夷也就在於今日了。」

裴矩這番話，深深地激發了煬帝勤遠略的壯志宏圖。他幾乎每日召見裴矩，親自詢問有關經略西方的事宜。裴矩傾其所知，向煬帝大講起胡人地方多產珍寶，吐谷渾容易吞滅的話。煬帝對西域諸國之事聞所未聞，聽了裴矩所說，興致勃勃，決定出兵吐谷渾，打通西域道路，招撫西域諸國及中亞胡商到中國來做買賣。煬帝感到裴矩是個有用而難得的人才，提拔他出任黃門侍郎，把經略西方之事委託他去辦理。裴矩到了張掖，招引到西蕃諸國有十餘國君。大業三年，煬帝北巡，祭拜天地於恆山之時，諸國酋長都前來助祭，這使煬帝好大喜功之心勃發。他決定乘此時機，發動大軍去攻打吐谷渾，保障河西走廊的道途安全，開拓絲路。同時又命令裴矩再去張掖，繼續召集西蕃諸國入朝，進行朝貢貿易。

大業六年，煬帝的西征大軍已取得對吐谷渾的決定性勝利。大駕出大斗拔谷至燕支山時，裴矩召集西蕃諸國的事也取得顯著成效。震懾於隋的軍威，高昌王麴伯雅、突厥伊吾吐屯設及西方蕃胡二十七國均表示歸順。裴矩先期受到煬帝指示，要把中國繁榮富強儘量向蕃夷君長顯示出來。至此，裴矩遂組織他們迎候煬帝大駕的到來。

煬帝大駕既到，軍旗招展，鼓樂齊鳴。這時，早已先期到達的西蕃二十七國君長、使臣皆誠惶誠恐地拜謁在道路旁邊。他們皆身佩鋥亮的金玉飾物，穿著錦罽織成的華麗衣服，在香花和奏樂聲中歌舞、歡呼，高聲齊喊萬歲！萬歲！迎候的歡樂場面經久不息。

　　當西蕃君長騎著高頭大馬，雄赳赳、氣昂昂地跟隨著煬帝大駕將到達張掖時，裴矩又組織了一次歡迎大會。他召集武威、張掖二郡官吏、父老、男女百姓們齊來迎候。號召他們穿著上好的服飾出迎。熱情洋溢的群眾成群結隊在城內外迎候著。當煬帝及四方君長到來時，全城轟動，長達數十里的道路上騎乘擁擠，人流填塞，歡呼之聲不絕。

　　這樣空前熱烈的盛況使各國君長、使臣們驚訝讚歎不已，同時也滿足了煬帝目空一切的自大心理。他為了顯示大國的氣派，乃登上觀風行殿，大陳文物儀仗，演奏宴請國外君長的九部樂，設魚龍曼延（古代百戲雜耍名），款待高昌王及伊吾吐屯設等於殿上，以表示對他們的寵待。其餘蠻夷君長、使臣列陪的就有三十餘國。宴後，煬帝接見了高昌王麴伯雅，歡迎他親自來朝，伊吾吐屯設上表，獻上西域數千里的地圖，表示誠心歸順。煬帝大悅，宣布在吐谷渾故國及新獻之地設置五個新郡：在吐谷渾故地王城伏俟城設西海郡，郡治在宣德（即伏俟城，今青海海南藏族自治州共和縣西北，青海湖西岸有伏俟故城遺址）；在青海湖以南赤水城一帶，置河源郡（郡治即赤水城，今青海海南藏族自治州興海縣東），因其地在黃河發源地故稱；在敦煌之西、天山南路一帶置鄯善郡；在鄯善之西南一帶，置且末郡（今新疆巴音郭愣蒙古自治州且末縣）。以上四郡皆在吐谷渾舊境。又在敦煌之西北伊吾吐屯設所獻之地新設伊吾郡，此伊吾郡治乃是設在漢舊伊吾城東的新伊吾城，係由右翊衛將軍薛世雄的部屬王威帶領千餘名戍卒築成，王威即留駐於此鎮守。

　　此次煬帝出征吐谷渾及北巡張掖取得了顯著成果。隋王朝西部邊境擴展到西平郡之臨羌城（今青海西寧市湟源縣境內湟水南岸有臨羌故城遺址）以西，且末以東，祁連山以南，大雪山、崑崙山以北大片地方，其四周縱橫東西四千里，南北二千里之地皆收入於隋的版圖之內。

　　煬帝一行駐蹕張掖，一直到金秋送爽的九月間，才啟動車駕南返長安。但是煬帝在長安逗留只有兩個月，在十一月間，又馬不停蹄地再度前往東都洛陽，籌劃著東征高麗的事。

第七回
賀歲正諸國拜冕旒　慶元宵煬帝喜賦詩

　　大業五年（609 年）冬至之後，鴻臚寺、禮部奏上明年賀歲正旦的長串名單，四方蠻夷君長親自前來洛陽朝賀的就有三十餘人。煬帝聞報，激起他誇示豪富的奢靡之心，他吩咐有司好好款待、照應，並決定挽留他們過個美滿的元宵佳節後再回國。具體由鴻臚寺籌備安排接待事宜，安排蕃商胡客進行貨物交易互市，凡被邀請者所到之處都有官員陪伴遊覽觀光，所經酒樓飯館一律免費招待，務盡大國待客之道，使他們滿意而歸。

　　正月初一是一年的開始，古稱正旦或元旦，有萬物更新之意，它是一年中最重要的一個節日。此日皇帝早朝，接受皇太子以下公卿百官朝賀及四方各國首領的入覲獻禮，這已成為每朝每代例行的隆重典禮。

　　煬帝仿照故事。先一日，有司已安排好應備事宜，朝賀正殿乾元殿前肅穆張皇、喜氣洋溢。宿衛官身服戎服，巡視諸門；三衛儀仗隊袍袴鮮明，各執戈矛刀劍旗仗，依次列隊齊整地排列在殿陛上下左右。殿陛之下，陳列著各州郡上貢的土特產品以及四方鄰國入覲所獻的禮物，各種貢物千品萬類琳琅滿目、堆積如山，可說是文物充庭。

　　朝會時間即到，煬帝冠冕御服，步行出西廂房，即坐上御座龍椅，先受皇太子入賀，皇太子朝賀畢，公卿百官各依文武品級次序就位。一時間樂聲大作，鐘鎛齊鳴，煬帝受百官朝賀。由最高品位的上公代表百官升階陛，上殿入賀畢，回到原位。有司奏上諸州郡的賀表，由陪侍在煬帝旁邊的侍中接表，放置在龍案上。公卿百官再拜而出，有司稱禮畢。然後，煬帝出西廂房坐定，由有品位的百官向煬帝上壽。上下舞蹈，三呼萬歲，煬帝則舉酒宴請在位的百官，表示君臣同樂。宴會時，樂人演奏，絲竹管弦

齊鳴，樂伎亦歌亦舞，其宴請諸國君長，則又加奏其國的國樂以助興。

隋朝大型的文藝體育活動通常由官府舉辦。藝人統稱為樂人、樂伎、樂工，他們人數眾多，分散在全國各地。其集中在朝廷官府裡的太常寺樂人，亦稱「音聲人」，其工作則隨值上班祗應。早在北周滅北齊之後，為集中管理，把山東、河北一帶的樂人強制遷移到長安居住。隋滅陳，也把江淮等州郡的大批樂人搬遷到長安、洛陽兩地。大業二年（606 年），突厥啟民可汗入朝，煬帝為了要誇耀四方中國文物之盛美，又把全國樂人集中在東都，所有演奏彈唱、歌舞、百戲等各項伎藝皆由太常寺管轄，其在兩京的樂人人數就多達近三萬人。

隋代的音樂，除通常的歌舞之外，又有散樂一類。散樂一稱百戲，舉凡體育競技一類諸如馬戲雜技等皆包括在內，其表演的名目繁多，有魚龍爛漫、俳優、朱儒、巨象、山車、拔井、種瓜、殺馬、剝驢等，各種表演驚險異常、駭人耳目。其中最為著名的是「黃龍變」。表演時，水中湧現出黿、鼉、龜、鱉、水人蟲魚等各式各樣水物，又有大鯨魚突然躍出水面，口中噴水成霧，遮蔽日光，霎時間化成一條長七八丈的大黃龍，踴躍翻騰出水面上。又有「走繩」，這是用繩索繫立在東西相隔十丈的二根木柱之間，由兩個妙齡女子，身披錦繡窄衣短裝在繩索兩端對面相向而舞。她們邊走邊舞，由遠及近，貼身並肩走過，心不跳、氣不喘、色不變。又有名叫「夏育扛鼎」節目，由大力士取車輪、石臼、大缸等粗重物品在手掌上擺弄，左右上下輪迴運轉，拋擲不停。又有「兩人對竿」，由兩個舞伎各爬竿聳立在竿頂上，擺姿弄態作出各種舞蹈，突然間，彼此從自方騰躍空中，相互調易位置，使人看得心驚肉跳、目瞪口呆。此外，又有「神黿負山」、「幻人吐火」等種種奇異古怪的節目，千變萬化，神奇莫測，驚險卓絕，駭人耳目。可以說這些節目是古今百戲大薈萃，其技藝的高難度自秦漢以來實無法與之相比。

此類百戲每年自正月初一元旦賀正、萬國來朝之後，直到正月十五日元宵節，常在兩京表演，其地點設在皇宮端門南樓外寬廣的廣場上。此外，

自端門向南一直到郭城建國門內，綿互長達八里的長街，號稱「御街」或「天街」，在天街沿路各闢有戲場供樂伎表演及遊人觀賞遊樂。

大業六年（610 年）正月，東海、南海、西域、北疆各地的國君酋長及啟民可汗等均應邀親自來到洛陽賀歲。他們各向隋廷進獻珍奇特產，各種貢物多是稀世珍寶，琳琅滿目。煬帝大悅。為表示富盛好客，煬帝命在八里天街上盛陳百戲，凡是搜羅到的海內外奇伎異術，都薈集一起，進行規模巨大的表演活動。獻藝人及樂工衣裝皆煥然一新，其衣帽服飾皆是錦繡綺羅，披戴著羽毛、角、牙、珠翠、金銀玉器等飾品，極盡豔麗華美，所用樂器具備金、石、鞄、革、絲、竹各種品類。一切去舊換新，其所開銷的費用以鉅億計算，其所徵集表演的樂工人數達十萬以上。

這次娛樂活動在長安、洛陽兩京之地都同時啟動，關中長安由宗親安德王楊雄主持，東都洛陽則由煬帝次子齊王暕主持。由於煬帝御駕在東都，故洛陽節日氣氛顯得格外熱鬧。

入夜，元宵佳節時辰已到。各種樂器齊聲鳴奏，聲音遠在數十里外都能清晰地聽到。當時出場歌唱、舞蹈、演出百戲以及吹奏彈撥拍打的樂人多達一萬八千人。傍晚放燈，京城各處都點燃起明亮的燈火，宮廷裡的殿閣樓臺、宮廷外的八里天街燈火輝煌，燭光照耀天地。百戲之盛，為秦漢以來所未有。

為了使場面顯得熱鬧，使臣僚百姓們賞玩得開心，煬帝縱令人們觀燈、看戲。沿著天街大道，顯貴富戶可搭起錦棚繡閣，士女們穿著節日的盛裝，不分男女老幼全家大小列坐觀賞。這時，遊人如織，喧嘩之聲直上雲霄。自黃昏至達旦，金吾不夜禁，任憑人們恣意玩樂。

四方各國的國王、酋長們入觀，隨行攜有龐大的團隊。其中除譯者、侍者之外，多數是做國際貿易的鉅商大賈。其人數少則數十、多則上百，各自攜帶著各種珍異貴重的物品來到兩京市場上交易互市。這時，東都的街頭巷尾滿目所見的多是奇裝異服碧眼高鼻的域外人種。煬帝為了誇示大隋帝國慷慨大方的氣派，命令兩京城內市場一律開放，店鋪粉刷一新，布

置華麗，內設帷帳，臺案上擺滿著豐盛的美食，由鴻臚寺掌管蕃客的官員率領著胡商入市貿易。所到之處，皆令盛情接待。也有把他們邀請到貴賓席上就座，勸令飲酒，使他們盡興吃喝一醉方休。蠻夷胡商們呼么喝六，猜拳行令，吃著、喝著、鬧著、玩著，十分痛快。他們飲食後大搖大擺地走出店來，豎起拇指，相互讚歎道：「大隋招待客人十分闊氣，吃飯不要錢。這真是神仙過生活的地方啊!」

　　煬帝的目的達到了，但國庫的大量錢財恰似流水般地淌出去了。

　　是夜，煬帝亦興致勃勃地與皇后、妃嬪們賞燈觀景看戲。他們在打扮豔麗的宮女們簇擁下登上了端門城樓，觀賞樓下廣場上美妙的音樂、歌舞和長街上一望無際的明亮彩燈。在興高采烈半醉半醒之餘，煬帝詩意大發，奮筆寫下了一首題為〈正月十五日於通衢建燈升南樓〉詩，抒發他當日觀燈後的得意心境。詩箋上寫著：

　　　　法輪天上轉，梵聲天上來。
　　　　燈樹千光照，花焰七枝開。
　　　　月影凝流水，春風含夜梅。
　　　　幡動黃金地，鐘發琉璃臺。

　　隋代舉國上下，信佛佞佛成俗。十五觀燈的風俗，自天竺隨佛教而傳入。煬帝信佛，以佛法、佛光喻月。故他說，佛的法輪在天空上旋轉，佛音從天空上傳下來。千萬盞彩燈的光焰猶同樹開七枝地綻放，明亮的月影移動緩慢得猶如凝固的流水，春風吹拂著大地，夜梅正在含苞待放。旗幡搖動在似黃金般的地方，鐘聲噹噹從明亮耀眼的琉璃臺發出聲響，意味著祥和日子的到來。

　　面對著良辰美景的元宵，月光如洗，燈火輝煌，旗幡搖動，梅花待放，梵音仙樂頻頻地隔空傳來，悠悠的鐘聲隨著時光流逝在明亮的琉璃臺上不斷地敲響，這國瑞人和景象猶如天上人間，美不勝收，豈不令人羨煞?

　　煬帝詩興未了。他在撤宴後當著遊人稍稀的夜闌人靜之際，便服易裝

興致盎然地帶著隨從警衛在陪侍人員的引導下，走出宮牆，來到通衢大街上欣賞明媚月色和燦爛的燈光，享受著宮廷中未有的民間佳節樂趣。它似乎隱約地告訴人們：煬帝在佳節裡要君臣同歡與民同樂。

然而，福兮禍所繫，樂極可以生悲。就在這一年普天同慶的元宵之後，大隋王朝即將在對高麗戰爭的失敗中，從它的國運巔峰上墜落下來。大好山河被撕裂成片片塊塊，煙塵四起，兵戈不息，給全國人民帶來了無窮盡的災難，直至煬帝被縊國亡身殞。

第八回
討高麗掃地大徵兵　竭民力屍骨遍郊野

　　大業三年（607年）煬帝北巡榆林，到啟民可汗牙帳時，不意見到高麗使者。煬帝面諭他道：「目前各國君長都歸順我，你回去見到國王，告訴他要親自來朝，以前不愉快的事可以一切勾消。若猶豫不來，我將帶領啟民可汗等一同來巡視你們所據的地方了。」

　　這顯然是嚴重的政治警告。煬帝以為用兵威脅高麗王可迫使他來朝，可是高麗王並不買賬。早在隋平陳之時，高麗因地處緊鄰就已有了警覺，起了防備之心，命令在全國範圍內積穀講武、精心備戰，以備一旦發生戰事有所防禦。他打從心底裡便不願入朝於隋，因為國力大小不稱的談判對高麗來說是絲毫占不了便宜的。更何況高麗王還心懷疑慮，唯恐一旦入朝，碰到煬帝霸王硬拉弓，把他扣留下來做人質，這豈不是入隋圈套，誤國誤己。

　　等待不到高麗的回覆，目空一切的煬帝惱怒交加。一日，他與侍臣討論如何應付高麗之策，這時裴矩向煬帝上奏說：「高麗地方早在漢武帝時已列為四郡，為漢所有，晉代亦統治遼東地區。今高麗乃別為外域，又侵占我遼東，先帝憤恨其不臣服，曾命令漢王諒、高熲發兵征討，可惜師出無功而回。今日當陛下撫有天下的全盛之時，怎能坐視不理，使冠帶之境淪為蠻貊之列呢？」

　　裴矩說這番話自有他一定的道理。從歷史上看，遼東本為中國疆土的一部分，只因中原內戰不息，才使高麗吞食了遼東地區。文帝為了收復國土故欲派兵恢復，只因水陸兩路出師，糧運不繼，又遇大風疾疫，只得回師，無功而返。今日國家富盛，兵強馬壯，完全有力量出兵高麗收復遼東、

拓土開疆，完成前人所未能成的事業。

裴矩這番話頗動聽，不由激起了煬帝好大喜功的開邊欲望。他想起自己文才武略超群，權威聲望日高，以全盛之日率領無數強將精兵，以大克小、以強攻弱，必會戰無不勝、攻無不克，這必將使高麗王稽顙屈膝，高麗臣民畏服降順。一朝事成，上可比美秦皇、漢武，下可使自己英名遠揚，成為萬國朝拜的天下共主，這豈不大哉！美哉！

自煬帝決定用戰爭的方式解決邊疆的爭端之後，他與其左右著手進行對高麗開戰前的種種準備工作。徵發河北、山東的民夫開河，開通了自洛陽通往北方門戶涿郡的永濟渠，確保水運的暢通便捷。準備戰爭所需的鉅量糧食供應，沿河修建倉儲，各水路要地廣積糧食待用，確保前方供應無虞。修造各種戰爭所需的軍備物資，包括攻打城防的軍械器具以及帳幕、衣甲、鍋釜等日常所用必需品。建造運輸物資的各種大小車輛，以備長途運輸之用。在山東東萊海口修造大小軍用船舶，以備出海作戰；在江淮一帶徵集民間船隻以作為海上軍用轉輸。向民間徵集戰馬，擴充騎兵力量。廣泛徵集民丁服役，運送軍糧及各種物資，以逐級轉輸的方法增強運輸力量，直到前方指定地點。擴大徵兵來源，各地設置軍府，徵發丁壯入伍充軍；向江南一帶徵集水手、弓箭手、手執盾牌矛鞘的排鑹手等專業戰士。

凡以上各項措施，煬帝嚴令各郡縣官執行，若有延誤，就要受到法律嚴屬的處分。官員們不敢怠慢，到了大業六年（610 年）底，各項工作指標都全面地完成了。萬事具備，只等煬帝的一聲號令。

在出征高麗前，煬帝又一次駕幸江都宮。他是在大業六年年初春光明媚時，駕龍舟南巡的，目的是安撫江南，向江淮以南諸郡太守交代自己親征高麗的必要性，要他們做好支援前線的各項工作，保證後方安定無虞。在揚州江都宮，煬帝過了一個快樂的新年賀歲。接著在二月間，他與從官們同升建築在長江邊上的釣臺，登高眺望千里波濤的揚子津（今長江），又張樂設盛宴歌舞招待百官並各有賞賜。這時，在高麗西南部的百濟國遣使前來，表示隋軍若開戰攻打高麗時，百濟亦從南面出兵作隋軍的支援。對

此煬帝當然是歡迎的。

七年（611 年）二月，煬帝離開了江都，乘龍舟沿通濟渠和新修的永濟渠直達涿郡。一路上旌旗飄揚，舳艫相接，逶迤千里。到了涿郡，自有河北諸郡太守前來問候。在離開江都途中，煬帝便發布詔文，明確指出：「高麗王高元，虧失藩臣的禮節，朕將要問罪遼東，大力宣揚取勝的方略，雖然我心中懷著伐國的念頭，但仍抱有問事省方計畫。今日前往涿郡，亦是為了巡撫民俗。」龍舟一路行行復行行，直到四月間，煬帝浩蕩的隊伍才到達涿郡的臨朔宮安頓。

大業八年（612 年）正月，度過了元旦賀歲。次日，煬帝便公開發布自己親總六師，進軍高麗，弔民問罪的旨意。

大軍分水陸兩路，以陸路為主力。陸路軍分二十四軍，左右各十二軍。左路軍為鏤方道、長岑道、海冥道、蓋馬道、建安道、南蘇道、遼東道、玄菟道、扶餘道、朝鮮道、沃沮道、樂浪道；右路軍為黏蟬道、含資道、渾彌道、臨屯道、候城道、提奚道、踏頓道、肅慎道、碣石道、東暆道、帶方道、襄平道。又別有水軍，名滄海道，統領舟船。水陸一齊進發，旗指遼東、平壤。大軍總數合計有一百一十三萬餘人，號稱二百萬，後勤的水陸轉運戰士及夫役則超出正規軍的一倍。軍隊從第一軍出發到最後一軍出發終止，先後啟動四十日才全軍行畢，這是近古以來出師所從未見到過的盛大壯舉。

大軍在延綿長達數百里的征途上催動前進，一路上旌旗招展，塵埃蔽日，鼓樂齊鳴。三月間經碣石（今河北秦皇島市昌黎縣境內有碣石山），通過臨渝關（今河北秦皇島市撫寧縣渝關鎮），直達遼水（即今遼河）之濱，與高麗軍進行了一場激烈戰鬥。右屯衛大將軍麥鐵杖、虎賁郎將錢士雄、孟金叉等皆奮力戰鬥，為國捐軀。經過一番惡戰，高麗軍隊退渡遼水，依堡固守。煬帝親率左右渡河大戰於東岸，在屢破敵軍之後，大軍直撲遼東城（今遼寧遼陽市境內太子河沿岸），把它團團圍住，晝夜輪流攻打不息。

諸將攻打遼東城之時，另一路大軍由左翊衛大將軍宇文述和右翊衛大

將軍于仲文率領，共計九軍三十萬步騎，氣勢洶洶地渡過鴨綠江，南向直指平壤（今朝鮮平壤市），一路上頻頻獲勝，高麗軍望風披靡。但是隋軍士遠征，行囊過多過重，一個人需要攜帶上百日口糧，外加隨身武器排甲、槍、矟、戈、矛、弓、矢，以及衣裝、帳幕、炊具等用品，估計重量當達三石以上，行動極不方便，且軍令嚴格，若軍中棄遺米粟，定斬不赦。軍隊不能輕裝前進，必然行動緩慢。此時，高麗作戰意在持久，堅壁清野、收縮兵力，戰敗時則佯稱投順，等到稍稍緩過勁來，又同隋軍交戰。高麗大將乙支文德是個深曉兵法的老將，他就是用此辦法誘敵深入，創造有利戰機，然後發動反攻。

隋軍渡過鴨綠江後，在交戰中不斷前進，但是食糧逐漸減少，供應不足，軍隊久戰，師勞疲敝。統帥宇文述與于仲文在進退兩難中意見也不統一，宇文述主張後退，認為撤回遼東為好；于仲文堅持前進直搗平壤，認為後撤是功虧一簣，無法交待。諸將見統帥猶豫不定，也多無心再戰。

這次大軍出戰，煬帝的戰略思想是以戰逼和，只要高麗王能放棄部分土地，俯首稱臣、歸順大隋，就可以和平解決，重歸和好。故他要求諸將一切重大戰事必須上報，不得擅自主張，並派有監軍御史監察各軍將。因此，諸將各奉旨辦事，小心謹慎，不敢臨事赴機，越雷池一步。這樣一來，諸軍也就喪失主動權，造成對高麗諸城屢攻不下的被動局面。六月間煬帝見進展不利，親自駕臨遼東城下，怒責諸將攻戰不力，但他親自指揮攻城，也無法取得顯著的戰果。

渡鴨綠江攻打平壤的隋軍已進逼到高麗首都三十里附近了，但這時隋軍已是兵疲糧盡、軍無鬥志，就在這時高麗軍隊及時展開了反擊，隋軍戰敗，一路奔潰，右屯衛將軍辛世雄殿後，力戰身亡。當隋軍潰退到薩水（今朝鮮清川江）時，前有大江，後有追軍，無心力鬥，軍隊遂大敗，踐踏而死、溺水而亡者不計其數。早先渡鴨綠江時全軍計有三十萬五千人，及狼狽退還到遼東城時，僅有戰士二千七百人，其餘或死或傷，或成為俘虜，或潰敗未集。至於大量物資器械，幾乎是喪失殆盡。

六月間，另一支由東萊海口出發的水軍，在來護兒指揮下渡海登岸後，一路順利進抵到洱水（今朝鮮大同江），前鋒且推進至平壤外城。此時，高麗伏兵在城內，吶喊四起，奮身作殊死戰，隋軍不明敵情，慌亂中大敗，不得不撤出城外。因無陸上大軍的約期同進，水軍孤掌難鳴，只得退回到海上而歸。來護兒水軍在出發時有四萬人，至此時死傷逃亡所剩也只有數千人。

這一仗使煬帝顏面盡失，他天神般的威嚴在臣民的眼中驟然退色，至於所產生的政治後果，更是使煬帝將何以堪，水陸兩軍的失敗，使煬帝不得不鎩羽而歸，七月間，他宣布全軍撤退回國。

煬帝對他所要辦的事，可以用多、快、好三個字來形容。多就是講究數量，政治、經濟、外交、軍事等各方面都要抓、都要做。一個分裂了數百年的統一國家，可說是百廢待舉，煬帝是個具有文武才略、血氣方剛，又閒不下坐不住的人，豈肯曠日持久等待頭白？他像秦始皇那樣，逐年奔馳四方，巡察各地。可是他的一舉一動，總是牽連著大駕出動，陸上千乘萬騎，水行舳艫相接，一望無際，這些都要用大量的人力、物力去支撐。快就是爭取時間速成，一千年、一百年太久，只爭朝夕。他下令總是萬分急迫，限時限刻必須完成，對違犯者則要嚴刑處罰。官吏們逐級行下，層層加急加嚴，似狼似虎，百般督責，百姓不堪其苦，病死、餓死、累死、傷死者不計其數。好就是要求美觀、宏麗。洛陽宮、西苑的大氣構築，汾陽宮、江都宮的瑰麗精巧，龍舟、鳳艒製作的別出心裁，儀仗隊衣甲旗幟的華美奪目，觀風行殿千人帳幕的奇巧規制，乃至節日行樂的盛大宴會以及對蕃夷君長的大量賞賜等等，無一不是用民脂民膏堆壘而成的。

多、快、好，一句話就是要廣大百姓多負擔力役、兵役、賦稅及一切苛捐雜稅。就以這次征高麗而言，出動大軍人數上有百萬，水路運夫達二百萬人以上，舟船相接前後數百里，漫長的征途上布滿了行人的足跡。這大規模的掃地為兵、全民充役的行動，即使是秦始皇、漢武帝以來也是沒有見到過的。

　　大徵發帶來了大死亡。營建洛陽宮，由於官吏督役嚴厲而急促，從役的役丁死亡人數幾占一半，有關方面用車載死亡的丁夫，東至成皋（又名氾水、虎牢，今河南鄭州市滎陽市氾水鎮），北至河陽（今河南焦作市孟州市），一望無際。開通濟渠，發河南淮北諸郡百姓前後人數達百餘萬，丁夫艱辛勞動，受凍挨餓，加上體弱病侵，死亡的人數在一半以上。據《開河記》所載：「徵發開河的民夫，年齡在十五歲以上、五十歲以下均需服役，如有隱匿逃避，鄉長、里正問罪，家人族斬。所徵丁夫計有三百六十萬人，又五家出一人，不問老幼男女，提供飲食；又用兵卒五萬，執杖為吏，監督民工，全部合計共五百四十三萬餘人。及至渠成，點檢人丁損折二百五十萬人，五萬兵士也損折了二萬三千人。」此說當有誇大之處，但嚴刑督迫、死亡人數極多、屍骨遍野、車載土埋乃是不爭的事實。

　　大業七年（611 年），敕幽州總管元弘嗣往東萊海口造船三百艘，官吏督役，晝夜立水中，略不敢息，自腰以下皆生蛆，死者什三四。

　　發河南、河北民夫以供軍需。秋七月，發江、淮以南民夫及船運黎陽及洛口諸倉米至涿郡，舳艫相次千餘里，載兵甲及攻取之具，往還在道常數十萬人，填咽於道，晝夜不絕，死者相枕，臭穢盈路，天下騷動。

　　詔山東置府，令養馬以供軍役。又發民夫運米，積於瀘河、懷遠二鎮，車牛往者皆不返，士卒死亡過半，耕稼失時，田疇多荒。加之饑饉，穀價踴貴，東北邊尤甚，斗米值數百錢。所運米或粗惡，令民糴而償之。又發鹿車夫六十餘萬，二人共推米三石，道途險遠，不足充餱糧，至鎮，無可輸，皆懼罪亡命。加以官吏貪殘，因緣侵漁，百姓困窮，財力俱竭，安居則不勝凍餒，死期交急，剽掠則猶得苟延生命，於是貧苦百姓始相聚為群盜。他們活動地區多在山東、河北沿著運河線上的山林湖澤深阻的地方。首先揭竿而起的是由王薄為首的一支部隊，他們出沒在長白山一帶以求生存。

第九回
知世郎聚眾長白山　竇建德落草高雞泊

大業六年（610年）底，隋煬帝決定出兵遼東，發動對高麗的戰爭，全國下了徵兵的動員令。百姓掃地為兵，充當夫役、征士。一時間，子別父、夫離妻，離開家門，走上漫長征途，戰場上生死未卜，平安難求。家家戶戶，苦不堪言，到了第二年秋天，山東、河南發生水災，大水漂沒三十餘郡，貧窮百姓相賣為奴婢以求生，人們眼看天災頻仍，田園荒蕪，食糧無收，個個唉聲歎氣，哭聲載道。

此時山東齊郡鄒平縣（今山東濱州市鄒平縣），舊時稱平原縣，有個青年壯漢名叫王薄，身強力壯，頗有膽量，也粗識一些文字。他與許許多多百姓一樣，也被徵召從軍去遼東打仗。他知道：跋山涉水，遠去遼東，千里迢迢，戰場上百死一生，未知歸期。思前想後，下了決心，棄家逃匿到縣南邊的長白山中，躲避兵役，苟且求生。他對鄉親鄰里們說：「我是知世郎，能預知世上之事。隋朝命運已不長了。」又編造出一首歌謠，鼓動人們不要去從軍，白白送命。歌謠稱作〈無向遼東浪死歌〉，意思是說你們不要無謂地去遼東送死，還是跟著我一道去同官府對著幹吧！

鄒平縣地處山東黃河下流，黃河在縣北八十里處東流入海，濟水則橫枕其南，南面毗鄰著今山東章丘市。縣東南一帶，群山連綿，有章丘山、龍盤山、東陵山，尤以長白山最為出名。山高二千九百公尺，周回六十里，山高林密，四周有狐兔獐鹿出沒，這地方枕山靠水，易於藏匿竄伏，也易於捕獵野物，為人們提供生存條件。

王薄登高一呼，附近的人們紛紛回應。他們精神振奮，豪氣百倍。〈無向遼東浪死歌〉是這樣寫著、唱著：「長白山前知世郎，純著紅羅錦背襠。

長矟侵天半，輪刀耀日光。上山吃獐鹿，下山吃牛羊。忽聞官軍至，提刀向前蕩。譬如遼東死，斬頭何所傷。」知世郎十分神氣，身上穿著紅羅織成的錦背心，手上執著高高的長矛，腰間配著閃光的彎刀，在山上吃著野生的獐鹿，下山去搶劫財主們畜養的牛羊。官軍前來捉捕，就提著刀向前闖去，如同在遼東戰場上死去，又有什麼可怕呢？

歌謠是一種輿論宣傳，可以煽動人們感情，發動群眾參加鬥爭。歌詞說得很痛快，也很淋漓盡致，呈現著窮苦百姓們的豪氣。就這樣一傳十、十傳百、百傳千，很快地傳揚出去。被兵役拖累得喘不過氣來的貧苦百姓，相互鼓氣，相互激勵，組成了一支支的隊伍，紛紛投入到王薄的名下。不到很長時間，王薄的隊伍便迅速增加到上萬人。他們人數眾多，攜家帶眷，山林中無法提供日常生活所需，出於生存所求，他們不得不到附近的「齊、濟之郊」去殺富濟貧，搶掠富家地主和官府財物過日子。力量大了，就去攻城掠邑，以求消費的滿足。

在王薄的周圍，聚集著一些意氣相投的英雄好漢，有年長的，也有年輕的，其中頗有膽識的有孟讓、左才相、輔公祏、杜伏威等頭領。

在王薄登高一呼之際，齊郡（今山東濟南市歷下區）附近郡縣豪傑們亦紛紛舉起義旗，反抗官府的壓迫。齊郡西面的信都郡（今河北衡水市冀州市）所屬蓨縣，即今河北景縣一帶，此地東臨漳水及永濟渠，為北通涿郡之路，從蓨縣向南進入清河郡（今河北邢臺市清河縣），沿著運河而行有漳南、武城、清河、臨清諸縣，為水路交通所在，境內有一巨泊，稱高雞泊，附近河流交錯，湖泊深奧寬廣，蘆葦叢生，多產魚蝦龜鱉等水生動物。這裡地形險阻，物產充足，也就成為窮苦百姓逃避兵役、偷生江湖、對抗官府的好去處。

漳南是以地處漳水以南而得名。縣中有一戶人家，戶主名叫孫安祖，家境尚可，平日生活也可過得，只因家鄉發生水災，他全家財產被大水飄沒，妻子凍餓而死。為了苟安求生，也作些偷雞摸狗、順手牽羊的勾當。值此之際，官府以他身強力壯發下公文，派縣吏來強迫他去充軍出征高麗。

孫安祖向縣官告貧請辭，哪知縣令十分蠻橫，不僅不允請辭，而且發怒，命衙役動刑責打，孫安祖被打得皮開肉綻。孫安祖不堪痛苦受辱，心中又氣又恨，頓時起了殺意。他乘著黑夜，帶著幾個心腹朋友，闖入城中，殺死了草菅人命的贓官惡吏。他對於今後的處境，心中打算不定，便去造訪自己佩服的密友竇建德，請他出主意、想辦法。

竇建德出身農家，少年時就出人頭地，頗以然諾為重，助人為樂。他有個同縣鄉里，喪失親人，家貧無錢經辦喪葬之事。竇建德適在田間勞作，聽到這一消息，立即停耕輟鋤，前往喪家，出錢出力，替他們辦理完喪事。他的好善樂施行為大為鄉里人所稱讚。不久，便被官府看中，選充為里長。

竇建德在朋友中以義氣為重，江湖之人多喜與之結交。他不把官府的法律放在眼裡，為朋友不懼兩肋插刀，因此觸犯朝廷法律，棄家亡命而去。

不久，朝廷頒行大赦令，竇建德這才回家過平安日子。後來，父親去世，左鄰右舍以及江湖上的朋友前來弔唁送葬的多達千餘人。建德一一招待，所送賻贈錢物，一律辭讓不受。他慷慨好義的名聲由此傳遍了縣境內外。

大業七年（611 年），朝廷募兵征討高麗，本郡挑選勇敢之士充當隊長。竇建德以驍勇俠義聞名，遂被選為帶領二百人的小軍官。就在此年，山東發生大水，人民無法自給，多有逃亡奔散到他處安身。

孫安祖既殺了縣官，前來投見竇建德求計，建德執信仗義，把孫安祖隱藏了下來，匿而不告。這樣過了多日，眼見官府追捕緊急，建德便對孫安祖說：「文皇帝在世的時候，天下富盛，發百萬之兵去討伐高麗，尚且被高麗所敗。今日郡縣水潦為災，黎民窮困，而主上不憐恤百姓，還要親自駕臨遼東。加以朝廷前年西征吐谷渾，勞民傷財，瘡痍未能恢復，百姓疲敝不堪。況且近年以來，百姓充役、征行的人一去不歸，今日又要發兵，民心易於搖動。大丈夫不死，應當建立大功於世上，豈可為逃亡之繫虜而已。我知道高雞泊遼闊廣大，周圍數百里，莞蒲阻深，可以逃難，有時且可以出湖，虜掠所得，生活足可以自給，既得眾人擁護，豪傑們相聚一起，且可以觀察時勢的變化。到了那個時候，奮臂一呼，必定會有大功於天

下。」

　　孫安祖聞得建德之言，猶如醍醐灌頂，頓時醒悟，立即聽從建德提議。建德又幫助他召集到了一些逃兵及無業的群眾，不日之間就得到數百人。孫安祖便帶領著他們進入高雞泊中為群盜。此後社會日益動盪，百姓流離，孫安祖的隊伍也就不斷擴大，他便膽大起來，自稱將軍，稱霸一方。人們奚落他為「摸羊公」。

　　清河郡鄃縣乃是地處在今山東夏津一帶，這裡有個豪俠之士，名叫張金稱，為人剽悍勇健，在當地頗有些名聲，在兵荒馬亂之際，也帶領著一批百餘人的人馬，北上進入高雞泊，出入於河阻之間。又有鄃縣人高士達，是個地方大姓大戶，好公仗義，聞名鄉里，由於不堪官府的百般勒索，也帶領著宗族親友們一起，張旗樹幟，活動於漳水兩岸及高雞泊附近。他們人數眾多，號召力大，聚集有一千餘人的隊伍，往來清河郡界中。

　　孫安祖、張金稱、高士達與竇建德都有所交往。他們率領隊伍到漳南往來，所過之處殺富濟貧，掠奪地主財物，焚燒大宅屋舍，獨獨不入建德所居的鄉里。這就引起了郡縣長官的警懼。他們懷疑建德與江湖群盜結交，批文下來，發兵緝拿建德及其家屬，不分男女大小老幼，一概殺戮不免。也是建德命大，他因事外出，逃得性命。及聽到家屬悉數被官兵殺害，也就下了決死之心，率領其部下二百人的隊伍投奔聲勢較大的高士達處去了。

　　在高雞泊，竇建德如魚得水。高士達勢力擴大，自稱「東海公」，他見竇建德材力絕人，有膽有識，命為「司兵」，使他率領一部分膽大敢死、能拼命的勇士充當先鋒。竇建德待人接物，能誠心誠意，傾身相交，與士卒同甘共苦，由此深得士眾擁護，威信很高，能致人之死力。

　　張金稱勢力逐漸擴張，也北上到了高雞泊。此時早居於泊中的孫安祖以為張金稱來搶地盤，掠財物，主客之間，由猜疑而相爭，直至火拼。張金稱兵多勢大，孫安祖力屈被殺。其麾下士兵數千人一向仰慕竇建德為人，統統都前來投奔。竇建德得到孫安祖餘眾，兵力大增，如虎添翼，為他日後成為河北平原上建國稱王的霸主地位打下了基業。

第十回
諸義軍蜂起反暴政　齊郡丞戡亂立功勞

　　星星之火，可以燎原。當知世郎王薄舉旗長白山之際，在山東平原郡
（今山東德州市陵縣）地方有個富豪劉霸道也由於不堪遭受官府的苛暴壓迫，
憤而發難。他糾集了鄉里族人，棄家出走，進入到平原與渤海（今山東濱州
市陽信縣西南）兩郡交接的豆子䃶避役求生。這豆子䃶在今山東商河與惠民
縣境內，是大片鹽鹼沼澤的荒蕪地帶，人跡稀少，又是夾在黃河與北運河
之間，其地勢正是逃避官軍搜剿的好地方。這時，為逃匿官府徵兵、避稅
的遠近群眾，聽聞劉霸道拉起隊伍，樹旗立幟，大家共濟艱難，也有陸續
前來投奔入夥的。由此豆子䃶名聲漸大，人們因其核心人物多係劉姓親族
組成，故稱為「阿舅軍」。

　　在豆子䃶聚義的隊伍，不單是劉霸道一支，這裡先後還有孫宣雅、石
秪闍、郝孝德、李德逸等眾家首領。他們游擊作戰，出沒於永濟渠兩岸，
大體不出以平原為中心的信都、清河、渤海諸郡間，攻城掠地，以求自給。
他們還與據鄃縣漳南一帶的張金稱、高士達、竇建德等都有鬆散的聯繫。
他們彼此獨立，但亦相互呼應。

　　大業八年（612年）初，春暖花開。王薄率領著數萬步騎，從長白山出
發，西向攻打齊郡。齊郡轄有歷城、高苑、鄒平、臨濟、臨邑、祝阿、亭
山、淄川諸縣，其郡境大略在今山東濟南至淄博一帶，郡治則在歷城縣，
地近黃河下流，為南來北往、車馬舟船必經的要道。王薄義軍的到來，引
起了齊郡丞張須陀的警覺。

　　張須陀是弘農閿鄉人，武人家庭出身，性格剛強，有勇有謀，青年時
期便曾從軍遠征，討伐西南夷。煬帝即位，漢王楊諒據并州反叛，他跟隨

楊素出兵討伐，立有戰功，拜為齊郡丞。他治理郡政，能注重民生。遼東之役，百姓失業，又遭逢凶年，穀物價格昂貴，張須陁不畏專擅之罪，自作主張，不等詔敕下來，便開倉賑濟饑民。屬官膽小，都來勸阻。張須陁對他們說道：「開倉賑民必須有詔敕到來，否則不可以擅自行動。現今皇上遠在遼東，若遣使去請命，來往必會延遲時間，百姓嗷嗷待食，有倒懸之急。若要等待詔命，恐怕百姓已饑餓而死了。我若由此獲罪，受刑處死，亦無所遺恨。」他能如此直白，急人之難、有膽有識、能負責任，在當時的地方官吏中是很少見到的。

王薄隊伍久困山中，這次出來猶如猛虎下平原，蛟龍躍江海。地方鄉里聚邑，兵少力微，哪能抵擋得住這餓狼般的義軍，故一經交戰便紛紛敗退，成為縮頭烏龜。

在這兵荒馬亂時刻，張須陁早已有所戒備。他訓練士卒，整頓隊伍，製作甲冑弓箭，見王薄前來攻打城邑，立刻整軍出戰。王薄不勝，又見郡城戒備森嚴，單憑自己實力無法攻下，便採取避強擊虛的計策，回轉頭來去攻打魯郡（今山東濟寧市兗州區）。

張須陁不由王薄退兵而甘休，他指揮軍隊緊緊尾隨，毫不放鬆，過不多時便追及王薄義軍於泰山之下。兩軍相交，王薄初獲小勝，以為官軍不足畏懼，也就放鬆了戒備。哪知張須陁行的是誘敵之計，及見義軍進入伏中，張須陁指揮精騎，出其不意對義軍進行猛烈的突擊。王薄猝不及防，倉促應戰。這一仗打下來，損失數千人。

王薄不因暫時受挫而氣餒，不多時間，他收集起逃散的隊伍及新募的丁壯合有一萬多人的隊伍，將北渡黃河。張須陁緊追不捨，當軍隊推進至臨邑（今山東德州市臨邑縣南）地界時，兩軍又一次展開激烈戰鬥。張須陁又大破王薄軍，斬首五千餘級，虜獲隨軍的輜重牲畜以萬計。

王薄連戰連敗，仍不服輸。他北連豆子䴚孫宣雅、石秖闍、郝孝德等部，合計人馬有十餘萬向章丘（今山東濟南市章丘市北）進擊。張須陁發舟師截斷渡口，親自率領馬步二萬餘人攻擊前進，復又大敗眾義軍，取得勝利。

王薄率眾退至渡口，又遭逢官軍水軍的堵截，只得率餘部狼狽潰退。此役張須陀繳獲義軍家口輜重不可勝計。王薄與張須陀軍隊先後經過三次戰鬥，均以失敗告終。但他百折不撓、奮勇作戰的頑強精神卻可欽可佩！

此時天下承平日久，郡縣兵員平時素乏訓練，久不習兵，義軍所至皆望風披靡。張須陀驍勇善戰，決策果斷，統御有方，能得士眾必死之心，故每戰必勝，當時稱為名將。他的勝利捷報傳到東都洛陽，使煬帝十分喜悅，連下詔書褒獎，還命使者攜畫師，圖畫張須陀在戰陣間決鬥的狀貌奏聞，以便於識別和重用。

義軍四處奮起，擊退了一股又來一股。未等張須陀休養士卒期滿，又有裴長才、石子河等統率義軍二萬餘人前來攻打齊郡。此時官軍隊伍散在四處就食，已經來不及集結。張須陀渾身是膽，只率領少數勇敢之士出城交戰。義軍仗著人多勢眾，喧囂著進逼上來，不久便把官軍團團圍住。張須陀奮勇搏戰，左衝右突間，身上已多處受傷。他用布條裹著傷口，帶創力戰，勇氣彌厲，準備決死一戰，就在這千鈞一髮之際，城中援軍趕到，這才使張須陀擺脫危境，突出重圍而歸。

擊退裴長才軍後不多時間，又有秦君弘、郭方預一股義軍進入到北海郡境。北海在齊郡之東，轄有益都、北海、下密、營丘、臨朐、臨淄、千乘、博昌等縣邑，其轄境約在今山東益都及濰坊一帶，近渤海灣地區。這裡是魚鹽之地，物產豐饒。義軍的兵鋒甚銳，北海的守官唯恐不敵，急忙遣使來向須陀求援。

張須陀估量著當前的形勢，決計採取主力突擊、速戰速決的辦法。他對官屬們說：「賊盜恃仗著驟然勝利，逞強而又驕眾，以為我守境不出。我若採取緊急行軍，日夜兼程而進，乘其不備，必然會取得勝利。破其驕兵，期日可待。」說罷，便簡選精兵強卒，倍道而進。果然，秦君弘、郭方預等猝不及防，敗陣而逃。須陀斬獲義軍數萬人，收穫其丟棄的輜重雜物達三千輛之多。張須陀又一次為隋王朝立了功。

在山東近海地區還有一股擁眾近十萬的義軍，其首領名左孝友。他們

屯據在東萊郡（今山東煙臺市萊州市）的蹲狗山一帶，這裡四周多山，其地約在今山東龍口市一帶，北向瀕臨蓬萊及煙臺二市，依山靠海，可攻可守。敵強則入山守險，亦可駕舟船出海避敵；敵弱則攻城掠地，出擊縣邑，籌措軍資。可是他們的好景不長，勇悍的張須陀在北海取得勝利之後，馬不停蹄，便長驅直入東萊郡，向屯守在蹲狗山的義軍直撲過來。

張須陀列陣擊鼓而進，又分兵扼守其出入要道。左孝友畏懼張須陀兵勢，估量力不能抗，為保全營盤中老小婦孺生計，與眾頭領商議了一番，願冒死去張須陀營乞降。取得大家同意後，他便把自己捆綁起來來到須陀轅下請罪。張須陀不戰而勝。義軍首領王良、鄭大彪等，雖各擁有萬餘人的隊伍，見主力義軍都投降官軍，也就望風而潰。

不久，義軍首領盧明月率眾十餘萬推進到祝阿（今山東德州市禹城市西南），擬向黃河以北進軍。張須陀守境拒敵，擊殺義軍數千人。又有義軍呂明星、帥仁泰、霍小漢等各擁眾萬餘人進擊齊郡西南的濟北郡縣，亦被張須陀擊退。

張須陀以他驍勇善戰取得了在山東戰場上的節節勝利，使他威名震撼東夏，各支義軍見他統軍前來，無不畏懼。煬帝接到捷報，以為盜匪只是疥癬之患，人數雖多，不足造成對大隋的威脅。於是下詔提升張須陀為齊郡通守、領河南道十二郡黜陟討捕大使。此職是道一級的最高綏靖長官。煬帝給以重權，託付以方面，乃是希望他再接再厲，揮師西向去征剿出沒在河南地面的寇盜，以保障東都四周的安定。另一方面，煬帝仍依照他預設的既定方針，發動對高麗的第二次征討。

第十一回
楊玄感黎陽起義兵　隋煬帝回師討叛逆

　　自大業八年（612 年）七月，隋渡薩水（今朝鮮清川江）的主力九軍一齊敗北，煬帝無力再戰，只得悻悻自遼東班師回朝，九月間回到了東都洛陽。煬帝檢討這次征遼的失敗原因是諸將不用命，喪失了瞬息萬變的戰機。但他並不認輸，他要挽回喪師失利的面子，決定再征高麗，使其力屈稱臣。

　　因此，他不顧諸將的反對，也不顧軍民百姓不願送命遼東前線的現實，新年伊始，便發下詔書，廣徵天下兵，又召募民間有勇力猛健的青壯年，不問他們家庭出身貴賤，只要甘願奔赴戰場為國賣命就一律免去家中賦稅。他把召募來的新兵稱為「驍果」，又設置折衝、果毅、武勇、雄武等郎將來統領他們遠征。

　　消息傳出，民心大亂。加上這一年天下大旱，又逢疫癘，百姓病死、餓死相繼。一些不願從軍的人們紛紛仿效王薄、孟讓、張金稱、高士達等，組織武裝隊伍，反抗隋郡縣強制徵兵。在半年不到時間裡各地就有多支起義隊伍陸續爆發。

　　大業九年（613 年），正月間就有杜彥冰、王潤的一支隊伍迅速飆起，大掠平原郡。同郡又有李德逸號召鄉里貧苦百姓，旬月間便聚結有數萬人的隊伍，時常出沒在山東各地，劫掠郡縣，其組成人員多數為同姓姻親關係，被官府稱為「阿舅賊」；二三月間有濟北人韓進洛聚集民眾數萬為群盜；濟陰人孟海公亦舉兵為盜，人數也達數萬；又有北海人郭方預亦聚徒起義，自號「盧公」，其眾且多至三萬，攻陷北海郡城，大掠而去。五月間，又有濟北人甄寶車聚眾萬餘，寇掠附近城邑。在今山東運河線一帶，起義可說是風起雲湧，勢不可擋。離開兩京千里之遙的邊地靈武郡（今寧

夏銀川市靈武市），也有貧窮民眾及奴隸們發起暴動。奴隸出身的白榆妄（妄，一作「娑」），果敢驍勇，能組織、號召群眾，向地主老財及貪官惡吏發起鬥爭。他們善於騎射，掠奪在隴右的官府牧馬場所，馳騁戰鬥在隴右一帶郡縣，被人們稱為「奴賊」。他們的首領出身為奴，行動強悍故有此稱，但其多數群眾都是一些貧苦百姓而已。

隴右地在隴山之西，水草豐盛，為朝廷蓄養馬匹的牧場，國家戰馬多從此牧監中選取而來。牧馬被掠引起朝廷重視。煬帝聞報，立馬遣將軍范貴出討。但「奴軍」出沒無常，有利則戰，不利即遁。故范貴連年進剿，始終未能把他們剿滅。

當各地起義烽火紛紛點燃時，由隋煬帝率領的征遼部隊在二月間就從涿郡開拔出征了。他們一路上逢山開路、遇水搭橋，四月底，渡過了遼河向遼東攻擊前進。隋軍分兩路：一路由宇文述與楊義臣率領，直趨平壤；一路由左光祿大夫王仁恭率領，出扶餘道。王仁恭進軍到新城（今遼寧撫順市順城區境內有高麗所建的高爾山山城遺址）有高麗大將領兵數萬拒戰。王仁恭率領一千名精銳騎兵大破高麗軍。高麗軍退入城中抗拒。另有一路中軍由煬帝親自率領攻打遼東城。

隋軍竭力攻打遼東城。弓矢弩石齊飛；飛樓、雲梯高架；地道挖掘前進，千方百計，從地面、高空、地下多方面向城中進行攻擊。隋軍設計造「魚梁大道」，先用布袋貯泥土百餘萬袋，使堆積成大道，闊三十步，高與城齊，使敢死士登上魚梁道進攻城中。又造八輪樓車，車下裝置有八個輪子，用機杻轉動樓車上升，高出敵軍城牆，夾著魚梁道，用箭俯射城中敵軍。可是高麗的軍隊亦殊死抵抗，採取各種辦法隨機應變。隋軍攻打二十餘日不能攻下，戰爭呈膠著狀態。由於敵我雙方戰鬥激烈，彼此死傷都十分慘重。

前方戰爭進展並不順利，而山東河北各地起義的消息紛紛傳來，這激起了隋禮部尚書楊玄感的帝王夢。他興奮異常，感到他的最大政治機遇已經到來了。

　　楊玄感乃隋文帝、煬帝兩朝赫赫有名的大臣楊素之子。楊素出身世家大族，弘農華陰（今陝西渭南市華陰市）人，自漢以來，其家族即享有盛名。楊素有文武才略，隋文帝平陳時，他率領水軍自三峽順流而下，攻陳轄地，立有大功，封為越國公。次年，陳境內荊、揚、浙、閩各地英豪紛紛起兵反隋。他被授為元帥，很快鎮壓了各地反隋勢力。被徵召入朝拜官左僕射，居宰相之位，先後十七年之久。他位望僅次於高熲，而權勢則又過之。文帝末年，他參與宮廷政變陰謀，內交帝后，外結朝臣，廢太子楊勇，擁立楊廣為帝，後封為楚國公。仁壽末，楊諒起兵反叛煬帝，他以元帥身分迅速平定并州，擒楊諒歸朝，助煬帝穩定帝業。大業初，獨掌朝政，權勢熏赫，朋黨滿天下。

　　他的權重勢大，煬帝看在眼裡記在心中，大有芒刺在背之感。不過，煬帝對楊素雖有不滿，但還是有所顧忌，表面上還是對楊素虛情假意，禮敬有加。實際裡卻奪其實權，拜為司徒，使之有位無權。大業二年，楊素得病。煬帝一面派名醫去診治，賜以上等藥物，私下裡卻問醫生，楊素可得早死否？楊素心知自己權威震主，煬帝猜忌入骨，故他對所賜藥物拒不服用。背地裡對他的弟弟楊約說：「我對皇上及自己所做的事，心裡明白，我難道要再活下去嗎？」不久，即快快抱病而亡。又據《歷代小史·海山記》所述，煬帝對楊素大耍兩面派手法，陰一套陽一套，明裡在楊素死後大擺場面，為他樹碑立墓，大肆讚揚他：「垂名跡於不朽，樹風聲於沒世！」又說他「茂績元勳，劬勞王室；竭盡誠節，協贊朕躬」。讚揚他的功績是「道邁三傑，功參十亂」。所謂十亂，乃是古代堯舜時代有美名的十位參贊大臣。但在官樣文章的背後煬帝卻又恨恨地對左右侍臣說：「使楊素不死，當夷其九族。」煬帝既要在官場上用他管理好朝政，又希望他早死，能使權力牢牢掌握在自己手中。秦漢以來古今雄才大略的皇帝，又何嘗無煬帝的心計！但也有一說楊素是被煬帝所賜毒酒所害，此說見於《大業雜記》，但真相如何已無法知道了。

　　楊玄感長得體貌雄偉，好讀書，習騎射。初從隋軍平定江南有功，官

拜柱國，鄆州、宋州刺史，在職期間，勤於吏事，為官民所敬服。其父楊素死，復襲父爵為楚國公，拜禮部尚書。他頗以家世、功名自負，志高氣驕。喜愛文學之士，傾心與他們結交。四海知名人士亦多喜趨走其門庭以獲青睞美譽。又在朝文臣武將亦多是其父門下將吏。玄感處在累世尊顯，享有盛名於天下的環境下，並不滿意，他對煬帝所作所為之事常心懷不滿，一股憤憤不平之氣常壓抑在心中不能自拔。他對父親晚年受到煬帝冷落、猜忌頗有怨言；他對叔父楊約便道至楊素墓地拜祭痛哭，卻被煬帝猜疑無故罷官而感到惱怒；他對多年來煬帝大肆濫用民力，靡費國家大量錢財，窮年累月作浮誇的表面工程感到痛心疾首；他對煬帝為開疆拓土，不恤軍民生死，連年不息地巡察四方及發動對周邊的戰爭更是堅決反對。但迫於煬帝淫威，他敢怒而不敢言。

早在大業五年（609年），煬帝發動對吐谷渾的戰爭，又御駕西出隴右，不顧軍民疲敝，日夜行軍，士兵在衣不暖、飯不飽的情況下跋涉山川。因道路崎嶇，上萬名軍士進行至大斗拔谷時遭到大風冰雹，饑凍而死大半。這時隨行的楊玄感便已感到煬帝的無道。他憤慨地向心腹們訴說，並暗中密謀約定要組織人馬，推翻煬帝另立煬帝之侄楊浩為帝，藉以改變煬帝窮奢極欲、窮兵黷武的內外政策。那時，他的叔父楊慎勸告他：「舉大事必須要慎之又慎，不可有絲毫疏忽。目前煬帝雖無道，但基業尚穩，威望仍存在人們心目中，而內部沒有太多隙縫可利用，軍隊器械精良，不宜倉促舉兵起事。」楊玄感思前想後，接受了楊慎的勸告，未敢貿然發動，把舉行兵變、推翻煬帝的計畫暫時擱置下來。

楊玄感覺得若要公開反對煬帝，除擁有機智的心腹黨羽外，還必須擁有軍隊的支持，且要有適當有利的時機。由此，他向擁有軍事實權的兵部尚書段文振表示自己對國家有一片忠心，願竭誠竭力報效國家，帶兵征討遼東。由於段文振的推薦，煬帝雖不願楊玄感領兵去前線作戰，還是命他去黎陽（今河南鶴壁市浚縣有黎陽故城遺址）督運軍糧。玄感對此身居後方的授命，當然是心有不甘。再則煬帝再征高麗，發動丁壯，千里運輸軍械物

資，引起了山東河北一帶起義烽焰再起。義軍們常出沒水陸交通要道，劫奪運輸物資，以致前方供應時續時斷，這引起煬帝憤怒，認為楊玄感督辦轉運不力，派遣使者來到黎陽責備楊玄感延誤軍機、運輸不力之罪。對這樣的批評、催督，楊玄感當然是難以接受。他揚言道：「水路上多有盜賊，不可前後而發。」用拖延的辦法搪塞使者的催逼。

楊玄感覺得煬帝對他的猜忌日益加重，又遠征在外，以為公開反對煬帝的時機已經到來。他決定在大業九年七月間於黎陽發動兵變，舉起反對煬帝的大旗。他感到只要揭起反隋旗幟號召軍民，四面八方的起義軍必將紛紛投入到自己的軍門之下，使自己的反隋力量頃刻間壯大起來。

行動在即，楊玄感一面派出親信密使到京都長安，給他的二弟玄挺及他的生死之交李密送信，邀約他們同赴黎陽期會，共謀大事；一面又派密使到遼東前線，告訴其弟虎賁郎將楊玄縱、鷹揚郎將楊萬碩，要他們見信後，緊急潛行歸來率領軍隊，共同舉事，並將此行動密報伴隨煬帝在前方的兵部侍郎斛斯政，要他密訪軍機，暗中協助，在前方聯絡諸將反隋。另一方面，又約在黎陽共事的心腹虎賁郎將王仲伯、汲郡贊治趙懷義、東光縣尉元務本、河內郡主簿唐褘等策劃克期舉兵。

萬事俱備。但舉兵反叛煬帝，乃是律文中十惡不赦之首條「大逆不道」的犯上行為。在道義上、政治上都是難以令隋官們贊同，更難令人支持。因此，楊玄感與同謀者決定，假造謠言，宣稱從東方來的使者要捉拿率領水師的來護兒，罪名是他失誤軍期，陰謀要舉兵造反，命楊玄感出兵討伐。楊玄感以此為名，立即傳命所屬，各統帶兵馬，共同會齊於黎陽倉所（黎陽故城遺址南一公里處有黎陽倉遺址）。策劃既定，遂舉兵亮旗。玄感親自帶領親隨攻入黎陽縣城，先令招募從軍丁壯，自行署置官屬，宣布一切行政措施皆恢復文帝開皇時代的舊政。他想藉此拉攏隋官中反對煬帝政策的一些官僚歸附自己，他還要撥亂反正，消除政治上的反對勢力對他起義的抗拒。他發布了第一道政令，部署元務本為黎州（原汲郡黎陽縣改置）刺史，趙懷義為衛州（原汲郡）刺史，唐褘為懷州（原河內郡）刺史。煬帝時的郡太守，

本是文帝時州刺史的改名。玄感改變州郡名稱，便是恢復開皇舊政的舉措之一。

楊玄感起兵之後，果然不出他所料，附近郡縣官民、船夫水手每日都有人前來參軍，不久便迅速擁有了上萬人的隊伍。

隊伍擴大以後，楊玄感對下一步的行軍方向向這時已到黎陽的李密問計。李密胸有成竹，立時提出了用兵的三條計策。他說：「上策是引兵東向，直取薊、燕咽喉之地，把煬帝的歸師隔斷在山海之外的狹窄通道中。此時，煬帝所統官軍行糧必將食盡。前有薊、燕控扼其入關通道，後有高麗追兵進擊，隋軍內部又有縫隙，其勢必將潰敗而降。中策是放棄攻打洛陽堅城，引兵西行，遇城不戰，直取關中。隋守將衛文昇（衛玄）年老無能，必難抵擋。然後引兵扼守潼關（今陝西渭南市潼關縣北有潼關故城遺址），據四塞天府之地。此為萬全之勢。」繼之，他又說：「下策是就近圍攻洛陽，不東不西，攻下後取其倉庫物資，招收城中官員及其子弟以為我助力。但是洛陽易守難攻，頓兵城下，時間拖長，隋軍必將從東西兩方面來救援，那時我軍就會陷入被動挨打的局面。」

李密的話自有道理，但玄感卻覺得李密所說的上策實是下策。他認為征遼部隊是隋軍精銳，歸師勢不可擋；煬帝威信尚在，自己新組織的義軍是未經訓練的烏合之眾，若自己棄近就遠，去直接對抗隋軍將是十分危險的。所以他覺得攻打洛陽乃是上策：因為百官家口都生活在東都城中，若不就近攻取東都，怎能發動群眾，鼓舞人心鬥志。而且，大軍西進，經過城邑也不攻拔，又怎能宣示軍隊威武呢？由此之故，玄感未採取李密之策。決定西行襲據洛陽。可是就在這一時刻，河內郡主簿唐禕不願跟隨反叛，在獲知消息後，馳奔東都向越王侗及留守官樊子蓋緊急告密。

樊子蓋得知玄感反叛，不覺大驚。但他畢竟是位有政治經驗的老將，很快便鎮定下來。一面發布命令通告楊玄感已叛變，全城戒嚴，一面組織指揮軍隊防守城池，積極備戰。這時，在汲郡與河內郡邊境的臨清關（今河南新鄉市衛輝市西南）守關將領，因地當從黎陽到洛陽的交通要道，聞訊

後緊急動員軍民，防守不懈。

楊玄感於黎陽起兵後，聽聞臨清關已有戒備，故指揮軍隊改在汲郡南面渡過黃河，一路上向東都殺奔前來。這時四方民眾及起義隊伍，聽聞玄感起兵，紛紛趕到軍前投效，不多時間，軍隊急速擴大到十萬餘人。

楊玄感軍鋒甚盛，不多時間，軍隊便已攻破洛陽外城，進占上春門，屯兵尚書省。洛陽附近城鄉父老聞風而動，亦率領民眾向義軍進獻牛酒犒軍。這時樊子蓋只能縮緊兵力，占據宮城苦守，等待著援軍的到來。

楊玄感見旗開得勝，軍隊日日增加，不禁心中大悅。為鼓舞軍心士氣，他召集軍隊將士慷慨激昂地向他們演說，並宣誓道：「我身為上柱國，家中積蓄有萬金之多，對於富貴已無所求。今日我不顧破家滅族，只是要為天下解倒懸之急，救黎民百姓的性命而已！」

楊玄感這番話，頗有感染力和號召力，在場軍民無不為之感動、歡呼、雀躍，齊聲高喊萬歲！

到這時，楊玄感志得意滿，才公開揭露出自己起兵的目的，乃是廢昏立明，是仿照古代商湯宰臣伊尹放太甲、漢大將軍霍光廢昌邑王劉賀的故事。他要把無道的昏君隋煬帝拉下馬來。他還給東都留守樊子蓋寫信，痛說煬帝是一個「殄民敗德」的君主：即位以來，大肆修造宮室，民力為之凋盡；荒淫酒色，女子必被其侵犯；耽玩鷹犬，禽獸皆遭其毒害；朋黨相扇，貨賄公行；納邪佞之言，杜正直之口。加以轉輸不息，徭役無期，士卒填溝壑，骸骨蔽原野，造成了「黃河以北則千里無煙，江淮之間則鞠為茂草」。他希望樊子蓋能幡然醒悟，與他同站在一個立場上，去推翻隋煬帝的殘暴統治。

樊子蓋在北周武帝時即已任刺史之官。他剛毅勇猛，有膽有識。文帝平陳之役，他以戰功封爵為縣伯，經歷刺史、總管等職，撫循地方軍政，均有善譽。煬帝時，蒙賞識。煬帝說他為人「幹局通敏，操履清潔」，晉升為民部尚書。遼東之役，煬帝以他為涿郡留守。九年再征高麗，命他為東都留守，輔越王侗，倚為親信。樊子蓋御軍嚴正，紀律嚴明。當楊玄感擁

銳兵進攻洛陽城時，他動員軍民，嚴設備禦。玄感久攻不克。不久來護兒奉煬帝命令，帶兵前來救援東都。楊玄感怕前後受敵，只得放棄攻城，解圍而去。樊子蓋在攻守防禦的過程中，奮力拒敵，先後誅殺玄感軍隊多達數萬人。煬帝自遼東西返，駕至高陽（今河北保定市高陽縣東）。樊子蓋前往朝見。煬帝至洛陽封他為「濟公」，意思是說他守禦東都，「功濟天下」，故特地立此名稱加以獎功酬賞。

此時，鎮守關中的西京留守、刑部尚書衛文昇已得軍報稱楊玄感造反，亦親率數萬軍隊，自關中來援助東都。西京步騎二萬出潼關，在渡過澶、澗二水之後，立即向楊玄感部挑戰。楊玄感親率部屬數千騎迎戰。他驍勇無比，每戰親運長矛，身先士卒，暗嗚叱吒，所當者莫不震撼披靡，人們議論他可比之於秦漢之際的楚霸王項羽。他還善於駕馭士卒，人們樂為其死。由此，戰無不克，攻無不捷。衛文昇既率兵要與楊玄感決戰，楊玄感乃布陣於北邙山，雙方一日之間大戰十餘合。楊玄感弟楊玄挺力戰，中流矢而亡。楊玄感兵勢稍退。此時，樊子蓋亦出兵還攻尚書省，與衛文昇軍東西相互呼應。楊玄感陷於兩面作戰，已感到力不從心。

楊玄感據黎陽反叛的消息緊急傳到遼東，正在指揮作戰的隋煬帝不覺大吃一驚。他即日命令六軍並還。由於撤退時倉促，軍資器械、營壘帳幕等堆積如山的器物皆拋棄而去。兵部侍郎斛斯政與楊玄感有著共同謀反的嫌疑。煬帝下令要拿他歸案。斛斯政先期得到了消息，連夜逃到了高麗要求作政治避難。高麗王從斛斯政口中獲得隋煬帝撤軍回國的消息後，即刻派軍隊乘機追擊。由於煬帝早已有所安排，隋軍殿後部隊奮力接戰，大軍得以順利地渡過遼河。但仍有少數老弱殘兵被高麗軍所俘獲。

為了應對楊玄感的反叛，煬帝作出了補救，命令虎賁郎將陳稜攻黎陽，武衛將軍屈突通屯河陽，斷楊玄感左右兩翼，截其歸路；左翊衛大將軍宇文述所率後援主力日夜兼程繼進，來護兒一軍自山東西來赴援。不久，隋軍已從四面八方雲聚，漸次逼近東都。楊玄感已處於腹背受敵、被動挨打的尷尬局面了。

　　前方軍情窘急，楊玄感向前民部尚書李子雄問計，商討如何面對強敵。李子雄見玄感詢問乃獻計說：「屈突通曉習兵事，若一旦渡河南進，則勝敗難以決定，不如分兵抵抗。若屈突通不能渡河，則樊子蓋、衛文昇之兵將失去援助，就不足為慮了。」

　　樊子蓋老於用兵，他判斷出玄感之謀，多次主動發兵出擊，以牽制玄感的兵力。玄感無法分兵北進抵抗屈突通，屈突通便乘機渡河向楊玄感營進逼，楊玄感不得不分兵西抗衛文昇，東拒屈突通。樊子蓋復又出兵。到了這時楊玄感已是陷入三面受敵了。面對席捲而來的隋軍，楊玄感屢戰屢敗，軍隊實力削弱，軍心有所搖動。楊玄感再向李子雄問計，李子雄告訴他道：「東都援軍益至，我師屢敗，不可久留，不如擁兵直入關中，開永豐倉（該倉位於渭河、黃河、廣通渠三水道交匯處，今陝西渭南市大荔縣東南）賑濟貧乏，三輔之地可指麾而定，若據有府庫，再東向以爭天下，此亦是霸王之業。」

　　楊玄感世為華陰大族。此時華陰諸楊宗族遣人來見玄感，表示大軍若西行，願為嚮導。楊玄感定計解東都之圍，西圖關中。乃向部下詐稱：「我軍已破東都，今取關西去矣！」遂裹挾部眾西行。隋軍既知楊玄感行蹤意圖，宇文述等部隊隨後緊追不捨。楊玄感的軍隊一路上鼓行而西，是遇城不攻還是攻城取資以充軍用呢？楊玄感遲疑未決，復又問計於李密。李密答道：「元弘嗣現今統強兵在隴右（時為弘化留守）。今可揚言他已造反，遣使來迎接我軍。因此入關，可以鼓動軍心。」可是，楊玄感有惑他家鄉父老獻言：弘農宮（今河南三門峽市陝縣）貯藏有大量物資，城防守兵力量弱小，攻之可以取給的建議，有意欲留兵攻打弘農宮。李密又勸他，不要停頓時日，喪失行軍時機。他說：「公今詐眾西行入關，軍事在於速決，況且追兵將到，怎麼可以停留不進？若前不能進據潼關之險，退無地方可守，大眾潰散，怎能自全？」楊玄感惑於眼前利益，不聽李密之言，留兵攻城三日不拔，只得釋圍引兵西向，及軍隊行至閿鄉（今河南三門峽市靈寶市西北，西鄰潼關，是進入關中的門戶），已被快速趕來的隋軍追到了。

　　楊玄感急忙指揮軍隊，西向撤退至閿鄉皇天原，布陣長五十里，與隋軍接戰。此時玄感軍隊已無鬥志，不得不且戰且退，一日之間，三次敗陣。楊玄感復又結陣於董杜原作垂死掙扎。隋諸軍圍攻不息，楊玄感兵大敗潰散。楊玄感無奈只得與左右十餘騎逃竄於林木間。不久追騎已至，玄感立馬瞋目叱退敵將。但此時戰馬受傷，楊玄感無法再戰，乃退馳到葭蘆戍。此時玄感與弟積善只得棄馬步行。他自知不免被擒，遂對積善說：「事敗矣！我不能受人戮辱，汝可殺我。」積善痛哭流涕，抽刀殺死玄感，自己亦欲自殺。未死間，追騎已到，遂被生擒，與楊玄感的首級一併被隋軍送到東都。

　　至此楊玄感起義軍全部被撲滅。其弟義陽太守玄獎，在郡被捕殺；玄縱弟萬碩，自前線逃歸至中途高陽傳舍，被監事率郡兵擒獲，解到涿郡斬首；萬碩弟民行則被西京朝廷斬於長安。楊氏一門盡被誅滅。煬帝痛恨楊玄感造反，改楊玄感之族楊姓為梟氏。梟乃是兇惡的鳥。

　　又司農卿趙元淑係楊素舊部屬，楊玄感欲反隋與之交結。遼東之役，元淑領軍，典宿衛。二次征遼東時，鎮守臨渝關。玄感起兵時，其弟玄縱自前線逃歸，路經臨渝，遂與之通謀，遺以金幣，約與玄感為兒女親家，及玄感敗死，事發，被斬於涿郡。

　　斛斯政叛逃高麗，在煬帝第三次征高麗時，被高麗送回，亦被煬帝殘酷殺害。

　　元弘嗣為弘化留守，掌管隴右強兵，與斛斯政是親戚關係。楊玄感向西進軍長安途中，李密建議藉口元弘嗣謀反，派人邀約。楊玄感敗亡後，煬帝急忙派李淵逮捕元弘嗣，取代元弘嗣為弘化留守，掌管隴右十三郡兵馬。

　　楊玄感起兵反隋雖然失敗了，但他所開啟的反隋鬥爭卻自此之後愈演愈烈。終至點燃起漫天烽火，燒遍了整個大地山河。英雄豪傑們也就在這魚龍混雜的變局中各恃其才能，縱橫捭闔，各顯其英雄本色，各領其時代風騷了。

第十二回
劉元進吳郡稱天子　王世充黃山坑降眾

　　在楊玄感起兵反隋、傳檄天下之際，各地思亂群眾紛紛回應。玄感軍府日日接待無暇，川流不息。這時在北方有一支隊伍，由梁郡（今河南商丘市睢陽區）人韓相國率領，在郡境周圍活動。他們劫掠商旅，攻打縣邑鄉聚，聲勢漸大。楊玄感起兵，韓相國獻上投名狀，表示願意效順在玄感麾下，為其效力。玄感大喜，委命他為河南道元帥。有關河南道郡縣的征伐事宜，統統由他便宜從事。有了這個名稱，韓相國名氣更大。一月之間，合眾至有十餘萬人。為配合楊玄感攻打東都，韓相國率領義軍西進，掠潁川郡（今河南許昌市魏都區），又西至襄城郡（今河南平頂山市汝州市），欲北上與玄感軍會師。此時，煬帝已從涿郡回師向義軍發起了全面反攻。楊玄感解東都之圍，在西進關中途中，遭隋軍圍攻，失敗自殺。此凶耗傳來，時在襄城的韓相國義軍則成為隋軍撲滅對象。起義部眾聞訊多有奔散。韓相國無法自立，潰逃中被隋官吏所俘獲，斬首送於東都。

　　韓相國部雖被消滅，但是在江南一帶回應楊玄感起義的另一支部隊，由劉元進率領，卻在南方搞得轟轟烈烈，有聲有色。他們最後雖也被撲滅，但他們在江淮間點燃起的漫天烽火，卻愈燒愈旺，一直把隋王朝的宮闕樓臺燒得灰飛煙滅。

　　劉元進，餘杭（今浙江杭州市餘杭區）人，手長尺餘，臂垂過膝，相表異常，自命不凡。他落拓不羈，心懷異志。大業七年（611年），煬帝下詔徵發三吳丁壯從軍，出征高麗。三吳民眾彼此相互議論，說道：「往歲天下全盛，吾輩父兄征高麗者猶有大半不返。今日身家已疲弊不堪，復又遠征，我等沒有全身回家過日子的希望了。」由此親朋好友相互邀約相告，共同逃

竄隱匿在山林湖海之中，以逃避徵役。

值此紛亂時機，劉元進想起了秦末陳勝、項羽、劉邦崛起的故事。陳勝是鄉里戍卒，劉邦是沛縣亭長，皆出身低微。他們都能成就一番事業。項羽，改姓易名，流落江東，以三千士眾，成霸王之業。世上無難事，只怕有心人。時勢來了，帝王將相也是可以搏取的。今日相門之子楊玄感已經起義，正是風雲會合之際，有志者是可以樹幟立旗打出反隋口號來，這必將能得到群眾熱烈回應的。

劉元進登高一呼，果然，三吳一帶避役的廣大百姓紛紛走出山林湖海，前來投奔。這樣，在不出一個月的時間裡，他的部隊從數千人迅速擴大到數萬人之眾，成為三吳地區起義的一支強大力量。

同時，又有吳郡（今江蘇蘇州市吳中區）人朱燮，毗陵（今江蘇常州市城區）人管崇亦聚眾起義，在今蘇州、常州一帶活動。他們與劉元進的義軍互相聯絡，共同對抗隋軍。

朱燮，出身貧寒，相貌形狀矮小，年少時，被家人送入寺觀中為道士，後來還俗，立志讀書，勤奮苦學，五經之外，無書不窺。略知兵法，亦能籌算，學業有成，郡官拔取他為昆山縣博士，以教授生徒為業。他見天下已亂，便與數十名激進的學生聚議，組織發動群眾，揭竿起義。這時，百姓苦於兵役，無法過日子，見有人號召，都紛紛投奔而來。

再說管崇，身材高大魁岸，姿容俊美，為人意氣倜儻，在朋友中頗講義氣。隱居常熟（今江蘇蘇州市常熟市西北）鄉間，他觀察時勢，對現狀不滿，身有一股豪俠氣概，又自稱有王者之相。此刻亦逢時而起，與朱燮一起建旗立號。江南零星的起義隊伍慕其膽略過人，紛紛推奉為首領。不及一年，他與朱燮的隊伍已經是聲勢浩大，遠近聞名。

江南起義的消息傳到前線，這時留駐在涿郡的隋煬帝為穩定江左，保半壁江山，便命令虎牙郎將趙六兒率軍萬人前往征剿。六兒的軍隊很快南下到達長江北岸，屯兵揚子（今江蘇揚州市邗江區），分為五營，防備起義軍過江作戰。趙六兒兵雖精銳，卻疏於嚴防。義軍在頭領陸顗率領下，乘著

黑夜，渡江偷襲趙六兒營盤。隋軍不知虛實慌忙應戰，可是兩營已被襲破。陸覬在繳獲隋軍的器械軍資後，得勝而歸。大業九年十月間，當劉元進率領部眾將渡江回應楊玄感時，楊玄感已遭到失敗。隋軍正氣勢洶洶地在掃清餘敵，劉元進已失去渡江時機。

　　劉元進在軍中有膽識、有智略、有威名、能組織群眾，推己及人，深得起義將領的推重。值此緊急時刻，朱燮、管崇相議，為反隋的鬥爭需要，共同迎劉元進為主，據吳郡，稱天子，建旗號，立官署。劉元進以朱燮、管崇兩人為尚書僕射，統領軍國。其餘眾官則各據功署置。此消息一經傳揚出去，江南之毗陵、東陽、會稽、建安諸郡英雄豪傑們也多紛紛而起，殺死隋地方官吏，回應起義。不多時間，義軍就占有地跨今蘇南、浙江及福建部分地區，震動了整個江南大地。劉元進、朱燮、管崇在三吳起義迅速飆起並非偶然，除了因徭役頻繁，徵稅日多等近因外，還有著歷史的因素。本來江南地區自魏晉以來，南北分裂數百年，豪門大姓長期控制著地方政權。隋文帝開皇九年（589 年）平陳，陳國雖滅，世族豪門勢力猶存。文帝採取高壓政策，厲行嚴刑峻法，一面把有頭有臉的江南知名人士以及有專業知識的知識分子大批遷往北方，一面強制江南群眾接受北方教令，交稅服役，為此還整頓基層，撤掉陳國原來的郡縣守令，另換上北方將領為新的郡縣長官，這樣一來深深刺痛南方士民之心。因此在陳亡不到一年時間裡，南方群豪紛紛起來反對隋在江南的統治。當時舉起反旗的著名首領有：越州高智慧、蘇州沈玄憎、婺州汪文進、饒州吳世華、溫州沈孝徹、樂安蔡道人、蔣山李稜、京口朱莫問、晉陵顧世興、無錫葉略、南沙陸孟孫、黝、歙二縣沈雪、沈能等皆蜂踴而起，大者有眾數萬，小者亦有數千。凡陳國故境今安徽、浙江、江蘇、福建四省之地皆燃燒起反隋火炬。他們到處執殺隋官，抽其腸，剝其皮，仇恨情緒來了一次大爆發。但是這些起義終於被楊素為統帥的隋軍逐個擊滅。楊素處理善後的辦法又是嚴厲打擊，格殺勿論。男子皆斬，女子賞給從征的戰士，俘虜沒為奴隸，分賜給眾將領。這就深深地埋下了江南士民反抗隋朝不願做亡國奴的仇恨種子。

　　煬帝的橫徵暴斂、頻繁苛重的徭役遠征、貪官汙吏的貪婪兇狠，無不激發不願受奴役的三吳子弟的反隋行動。劉元進、朱燮、管崇起義也就成為必然的事了。

　　起義軍署置官屬以後，劉元進統領隊伍向江都郡屬縣延陵（即京口，今江蘇鎮江市京口區）進攻。這裡是江南運河所經，江南物資北運的水陸要地。若取得郡縣城邑，將使起義軍獲得大批的給養，在政治上和經濟上都有重大影響；若城邑一旦失陷，隋的轉輸線路被切斷，則將會使北方的物資供應發生很大困難。對此隋王朝勢不得不實行救援。

　　煬帝絲毫也不怠慢，立即在征遼前線發布命令，由留守懷遠鎮的漢化鮮卑人、左屯衛大將軍吐萬緒為將軍，率領馬步數萬人，緊急趕赴江南，征討劉元進等義軍。吐萬緒所統士兵係北方精銳，能征善戰，軍隊渡過淮水後，一路無阻直抵長江北岸。此時劉元進為回應楊玄感正率領著三吳子弟準備渡江北上。這樣兩軍便沿著長江，夾岸對峙。

　　兩軍相逢勇者勝。吐萬緒的軍隊精於騎射，驍勇善戰，一仗打下來，便擊敗了已渡江的劉元進的先鋒部隊。接著便乘著勝利餘威，渡江作戰，背水立柵。劉元進欲乘其立柵未穩之際，發動進攻。但經激烈戰鬥義軍並未獲勝。劉元進眼見形勢不妙，只得解除延陵之圍，指揮軍隊退守曲阿（今江蘇鎮江市丹陽市）結柵防守。吐萬緒率軍乘其立足未穩之際，緊迫不捨，雙方又一次發生激戰。霎時間，吐萬緒騎兵從兩翼包抄上來，直衝劉元進的大營。義軍猝不及防，大敗潰退，為騎兵所踐踏及溺死於長江水中的人就有數萬之多。經此戰後，劉元進士氣大挫，只得退保山林中據險扼守。一面飛報朱燮、管崇命率部前來救援。

　　此時，朱燮、管崇等義軍屯於毗陵，沿著無錫、義興一帶，依山靠湖，連營百餘里。吐萬緒剽勇異常，乘勝逐北，又大破義軍，義軍退保吳縣境內的黃山。吐萬緒又揮軍奮擊，劉元進、朱燮軍大敗，僅率少數騎從逃免。管崇與將領陸顗以及其部屬五千餘人戰死，義軍家屬子女三萬餘人被俘虜送到江都宮。

　　吐萬緒又乘勝揮軍南向挺進浙右，解除了劉元進對會稽郡（今浙江紹興市越城區）的圍攻。劉元進邊戰邊退，越仙霞嶺到建安郡（今福建福州市鼓樓區）屯守。煬帝詔命吐萬緒繼續進軍，一鼓作氣撲滅義軍。吐萬緒久經征戰，頗感士卒疲敝，不堪勞頓，急需休整，上書請求暫時解甲休兵，等待到來春再發起進攻。可是這個合理的建議卻觸怒了煬帝，以為吐萬緒用兵怯懦，留寇自重，以違背詔命為由，把吐萬緒削職除名，配防建安，白衣從軍。不久，又派欽差召他回到煬帝駐所，欲親加審訊。吐萬緒有功不賞，反被解除兵權，械鎖入京問罪，心中實在氣悶。當他被押送途經永嘉郡（今浙江麗水市蓮都區）地面時，發病中燒，一命嗚呼！

　　與吐萬緒一起討伐江南義軍的還有一支由魚俱羅率領的部隊。魚俱羅也是一名勇將，善於騎射，膂力過人，先後參加過平陳之役及遼東之役。煬帝聞江南未平，郡縣騷動，便命他率領部分禁軍、兼領從蜀郡（今四川成都市城區）遠道徵召而來的一支軍隊，會同一起後趕往浙右，向會稽諸郡逐捕征討。

　　魚俱羅過江後，進擊朱燮、管崇，戰無不捷。然而義軍屢挫屢興，散而復聚，是一支很難打垮的隊伍。魚俱羅見戰爭拖久，天下漸亂，北方又烽火漫天，而自己家屬仍在京洛，唯恐一旦道路隔絕，父子難以相見，便暗中派遣親信家人前往東都，潛迎諸子南返會聚。哪知此事被朝廷覺察到，御史上奏說他潛迎諸子，蓄有異志。煬帝亦懷疑他有鬧獨立、圖謀不軌的傾向，發使案驗後被押送到大理寺審訊，判定魚俱羅「征剿不力，師旅敗亡」之罪，被斬首於東都坊市示眾。可惜兩員勇將，先後都蒙受了莫須有的不白之冤，實為可哀。煬帝後來之亡身殞國亦有其自取之咎。

　　煬帝既罷吐萬緒官，又斬魚俱羅問罪，乃起用江都郡丞王世充為將，率領淮南精銳數萬人渡江進討劉元進。

　　王世充祖先是西域人，父親是漢化的混血兒，官拜州長史。世充生有異相，卷髮豺聲，頗窺書史，好談兵法，還明曉龜策推步盈虛測算之術，為人沉猜詭詐，有口辯，善於敷奏，明習法律。王世充能舞文弄墨，有能

把死的說成活的，壞的說成好的這種本事，人們心知他說得不對卻不能折服他。他以機智和逢迎，不斷升官至江都郡丞的職位。煬帝幾次巡視江都，王世充奏對明辯為煬帝看中，使他兼領江都宮監。王世充乃雕飾宮殿池臺，獻上遠方奇珍異物，討好獻媚，遂成為煬帝的心腹之一。

王世充見社會出現亂象，不可休止，有意收攬人心，乃卑身禮士，暗中交結豪傑之士。江淮人輕悍，多有犯法。王世充賣人情，結私恩，枉法把他們從獄中釋放出來，用此以樹立個人的威信。

朱燮、管崇盛時擁有部眾十餘萬，吐萬緒、魚俱羅遷延歲月，未能討平。煬帝乃任用王世充渡江討伐。世充在江都募兵，渡江後頻頻出擊。每有戰勝，必歸功部下，所有獲取的戰利品皆分給士卒，自己一無所取，由此之故部下多願替他賣命。

先前劉元進、朱燮經過多次戰鬥，終於不敵官軍屢次進攻，退至會稽，失利後，又輾轉退守建安，休養士卒。及吐萬緒、魚俱羅被問責，劉元進、朱燮勢力復盛，輾轉戰鬥至吳郡駐屯。王世充乘戰勝餘威，進軍吳郡，劉、朱二人兵敗身死，餘眾悉數投降。

王世充奸詐成性，不守信用。他與表示投順的義軍首領們議定：在吳郡的通玄寺佛像前，焚香立誓，約定不殺投降者。此時，大批潰散欲逃亡海上的起義軍餘眾得知能寬大處理，都紛紛前來歸首。旬月之間，來投順者就有三萬餘人。王世充貪而無信，利在所獲子女資財，把所有投降的義軍全部斬盡殺絕，棄屍在黃亭澗。積屍累累，慘不忍睹。《資治通鑑》引《大業略記》稱：「（王世充）悉阬其眾二十餘萬於黃亭澗，澗長達數里，深闊數丈，積屍與之平。」《大業略記》所稱阬降卒二十餘萬實有誇大，今不取。劉、朱、管義軍盛時亦不過十餘萬，敗逃之餘，怎能有如此之多？

哪裡有壓迫，哪裡就有鬥爭。壓迫愈烈，反抗愈強。王世充設詐殺降，剿絕不了反壓迫的廣大群眾。就在大業九年，煬帝下詔「為盜者籍沒其家」之時，斬不盡，殺不絕的群盜反而是所在皆滿了。杜伏威、輔公祏、李子通等部在大江南北繼續舉起反隋大旗，號召四方，直到隋王朝滅亡。

第十三回
失民心煬帝駕遼左　展義旗群雄布華夏

　　煬帝在大業九年（613年）秋天鎮壓了楊玄感反隋起義之後，下決心要用嚴刑峻法懲治楊玄感的餘黨。他命令大理寺卿鄭善果、御史大夫裴蘊、刑部侍郎骨儀三法司官與東都留守官樊子蓋聯合組成專案，審查並推問楊玄感同黨。煬帝事先對裴蘊說：「楊玄感一呼而回應的人就有十多萬，可知天下人不必多！多了就會相聚為盜，不全部誅戮，就無法以懲治今後作亂的人！」這是張著眼睛說瞎話，蔑視善良的人們。可是裴蘊是個善於逢迎的人，他受到煬帝的旨意，當然樂於領受。樊子蓋是個性格剛毅、主張嚴刑峻法懲治亂黨的人。他們互為表裡，用嚴刑峻法拷掠罪犯，株連所及，被殺死的多達三萬餘人，各家的財產一律沒收充公。其中冤屈枉死的人幾乎占有一半以上，其餘遭到流徙刑罰的也有六千餘人。不僅如此，楊玄感進圍東都的時候，一度曾開倉米分給貧困百姓。至是亦要查辦，凡受到倉米的百姓，紛紛被捕捉，殺死後就把他們的屍體埋在都城南郊。這真是秋後算賬，濫及無辜。又與楊玄感有私人交往的著名文士會稽虞綽、琅邪王胄也被牽連，治以徙邊之罪。兩人在流亡地乘著防備鬆懈出逃，被捕回來後也被一併殺戮。煬帝喜愛文學，自以為文章詩詞高人一等。他曾對侍臣們說過：「天下皆以為朕是承繼著祖先的榮光而居四海之位。假使令朕與士大夫比試才能，朕亦當為天子！」十足地表現出他目空一切、凌駕一切，孤家寡人的高傲氣概。前幾年薛道衡以譏諷犯上得罪而死。煬帝誦他詩中的好句子道：「你更能作『空梁落燕泥』否？」王胄既被誅死，煬帝亦誦他的好句子說道：「『庭草無人隨意綠』。你還能作此好詩句嗎？」

　　煬帝的自高自大、目空一切還表現在他對待持不同意見者的態度上。

他曾對祕書郎虞世南說：「朕的脾氣不喜歡人們向朕進諫。如果是高官進諫藉此求名，尤其不耐煩。至於卑品小官，眼前稍稍可以寬容，然日後仍不免置之於死地。這些話你應該知道。」這是向虞世南作示威性的警告，提醒他不要胡言亂語，妄論是非。言外之意：你要聽我的話，替我好好辦事，不要自作主張；如果你背離了我的主意，那麼我是要你當心頭上的腦袋。虞世南是個聰明人，當然是俯首貼耳、唯唯諾諾，順著煬帝的意旨辦事。多點頭、少說話就是了。

虞世南是宰相虞世基的弟弟，以文學馳名於世。人們把他們兄弟倆比之於晉代陸機、陸雲。兄弟兩人虞世基辭章清勁；而虞世南則學問贍博，彼此各有所長。煬帝好自以為是。虞世基吃準他的脾氣，以柔佞而得煬帝歡心。虞世南為人則實話實說，剛正不阿，因此煬帝對虞世南才有上述警告他的話。

楊玄感的反叛，使煬帝二征高麗無功而回。一則大軍西撤，遼東城眼見將拔，功敗垂成；二則倉促撤軍，軍械器具損失無數；三則國內不安寧，長了高麗的威風，降低了煬帝在臣民中的威信。由此煬帝心中十分惱火，他決定要重整旗鼓，三征高麗，務必使高麗屈膝投降，挽回已失去的面子，重建在全國臣民心中的無上尊嚴。

斗柄回寅，春風拂地。煬帝匆匆地度過了大業十年（614 年）的春節。他看到蠻夷君長使臣前來賀正旦的已大大不及前些年熱鬧。他快樂不起來，逐日尋思著征伐東方之事。二月間，他決計召集百官商議討伐高麗。百官們心知不可為，但又懼怕不敢說，默默相對地過了漫長的數日。但這也是個訊息：百官中的絕大多數人是不願意遠涉山水、再戰遼東了。

煬帝已經沉不住氣了。他一意孤行，決定再次發動大軍三征高麗，直至取得勝利方休。為此，他公開發布了一道詔文，引經據典地說：「古代黃帝有五十二戰，成湯有二十七征，才能德使諸侯，令行天下。東漢初盧芳是個割據北方的小盜，漢祖猶且親自討伐。隗囂割據隴西邊陲，光武帝猶且親自指揮大軍西征，登上險要的隴山。這些都是前代帝王親征的先例。

除暴止戈，乃是以戰止戰，是先勞而後逸。」又說：「高麗王好惡而不思改悔，居安樂宴享的地位而行為鴆毒。這是不可容忍的。因此，我大隋要分命六師，百道俱進，對其進行討伐。期指大軍，秣馬丸都（今吉林通化市集安市境內有高麗舊都丸都山城），觀兵遼水。征伐以正之，明德以誅之。」用此宣布遠近，申明自己三征高麗的必要性和可行性。

討伐詔文宣布後，大軍隨即出發。三月間，煬帝啟動車駕，到達涿郡，駐蹕於臨朔宮。在這裡舉行戰前禡祭黃帝的軍禮。此前，軍隊中士卒有不願征伐，逃亡相繼，煬帝把所俘叛軍捆綁斬首，用血來塗鼓祭旗，祈禱大軍一路平安，旗開得勝。

斬首釁鼓，這是用威嚇來警告部隊。但是軍士逃亡仍繼續不止。

煬帝一路緩緩而行。直到四月初夏，大駕到達北平郡（今河北秦皇島市盧龍縣），在這裡安頓了約三個月，直到七月中旬才來到前線的懷遠鎮（今遼寧瀋陽市遼中縣境內遼河沿岸）。

此時，前方由來護兒率領的一支軍隊自登、萊沿海出境趨平壤，進攻至卑奢城（又作畢奢城，即今遼寧大連市金州區大黑山山城）。高麗舉兵迎戰，為隋軍所擊破，軍隊準備直指平壤。但其餘各路進展並不十分順利。此時，天下已亂，郡縣自顧不暇，無兵可派，多有失期不至。高麗經年戰爭，亦精疲力竭，其國王憂懼不安。在七月底即遣使來御營請降，並答應將先期叛逃到高麗的兵部侍郎斛斯政囚送回隋軍，以表示誠意。

煬帝此次發兵，已是強弩之末。高麗王的請和，畢竟給了他一個機會來挽回失去的面子。他派使者去召回來護兒。來護兒本想一鼓作氣直搗平壤，只因君命難違，監軍使者不斷催促，只得奉詔撤兵而歸。

八月間，煬帝自懷遠鎮班師回京。十月初，車駕抵達東都。在東都大約停留了大半個月，煬帝便又馬不停蹄起駕去西京長安。此行煬帝是為了在祖宗神廟裡舉行告廟儀式，向祖宗在天之靈告慰宣耀自己征遼取得勝利，凱旋而歸。

接著，煬帝把罪囚斛斯政押解到京城西面的金光門外行刑。先將他四

肢張開捆綁在大木架上，用車輪挫括他的頭頸，使之痛不欲生，又使九品以上文武官員手中拿著兵器弓矢，或斫或射。眾人發矢多如蝟毛，其屍體糜爛肉碎。處死後，煬帝猶不解恨，命左右烹其肉，使百官啖食。這血淋淋的一幕真是令人毛骨悚然！

煬帝用極刑處置了造反通謀的人，算是洩恨解仇了。但是哪裡有壓迫，哪裡就有反抗。此後不論是貧苦百姓還是土豪皁官，反抗鬥爭反而是愈來愈劇烈。自大業九年的下半年起到大業十一年（615 年）短短的時間裡，反隋的起義隊伍前赴後繼、愈聚愈多。他們所燃起的烽火，照遍了黃河、淮河、長江乃至嶺南海北。統一的大隋江山已被撕裂成一片片、一塊塊。這是煬帝即位以來做夢也未曾想到的乾坤大轉移。

在山西晉汾一帶有司馬長安攻破長平郡（今山西晉城市澤州縣），掠地西河郡（今山西呂梁市汾陽市）；有以敬槃陀、柴保昌為首領的一股義軍，先後進入河東，劫掠城郊居民；有龍門人毋端兒亦擁有一支人馬，劫掠郡縣。在山西北部有雁門郡人翟松柏亦乘機起兵東向攻打靈丘（今山西大同市靈丘縣）。更有稽胡劉龍兒自稱天子，擁有部眾數萬，據離石（今山西呂梁市離石區），搶掠郡縣，獨立一方，稱王稱霸。

關中秦隴一帶，地處大後方，係隋王朝京畿所在地。這裡隋的兵力比之其他地方要強大些。但是這裡的反隋旗幟亦已到處飄揚。其中關輔近地有扶風人向海明舉旗稱帝，反抗隋政，建元立號，號召遠近百姓。繼之又有唐弼擁立一個名叫李弘芝的人為天子，擁有十萬人馬，自稱唐王。有安定（今甘肅平涼市涇川縣）人劉迦論，擁有部眾十餘萬人，據雕陰（今陝西榆林市綏德縣），自稱皇王，建元大世，在陝北延安（今陝西延安市寶塔區）、上郡（今陝西延安市富縣）一帶活動，震驚了西京的防守官吏。

在河北山東一帶，義軍蜂起似火似荼。有上谷王須拔，自號漫天王，與自號歷山飛的魏刀兒一起，擁眾十餘萬，活動於河北北部，一度攻破高陽，威脅涿郡。有武安郡人楊公卿於大業十年，率其徒黨八千人，掠取御駕殿後部隊的廄馬四十餘匹，揚長而去。有楊仲緒，擁有部眾萬餘，出沒

於北平郡。有濟陰吳海流、東海彭孝才（才，一作「友」）活動於黃河、濟水之間。後彭孝才擁數千徒眾，掠東海郡懷仁縣（今江蘇連雲港市贛榆區），又轉攻琅邪郡屬縣沂水（今山東臨沂市沂水縣）一帶，據五不及山固守。有渤海人格謙，自稱燕王，擁眾十萬，縱橫山東各郡縣。有孫宣雅自稱齊王，亦擁眾十萬。有王薄、孟讓擁眾十餘萬，以長白山為根據地，出掠郡縣。孟讓一度南下，輾轉到達盱眙（今江蘇淮安市盱眙縣東北），據都梁山（盱眙縣城西南有都梁山），窺伺淮南、蘇北諸郡縣。有清河張金稱擁眾數萬，高士達亦擁眾數萬，據高雞泊。有彭城人張大彪、宋世謨擁眾數萬，保據懸薄山，出掠徐、兗一帶。有顏宣政活動於齊郡，有盧明月起於山東，勢力大時擁有部眾十餘萬，屯據祝阿（今山東德州市禹城市西南），轉戰河南、淮北一帶。有張起緒起兵為盜，擁有徒眾至三萬人，進掠淮南郡縣。有濟陰人孟海公，大業九年起兵，占領周橋（今山東荷澤市曹縣東北）作為根據地，進占今曹縣、武城縣一帶，擁有徒眾三萬人，自稱「錄事」。有王德仁於大業十年起兵，保據林慮山（今河南林州市南有林慮山），出沒附近郡縣。

此外，在江南的浙、閩、湖、廣等地，亦陸續爆發一些零星起義。諸如：陳瑱攻陷信安郡（今廣東肇慶市端州區）；李三兒、向但子據東陽郡（今浙江金華市婺城區、金東區）；梁慧尚聚徒眾攻陷蒼梧郡（今廣西肇慶市封開縣東南）。鄭文雅、林寶護等擁眾三萬人，陷建安郡（今福建福州市鼓樓區），郡守力戰而死。

星星之火，可以燎原。到了大業十年年底、十一年年初，已是到處烽火漫天、盜賊滿天下了。

面對這樣景況，煬帝心裡也火急了。他一面下詔各郡縣要設險守國，堅守城防，下令地方要堅壁清野，規定城郊外鄉野百姓一律遷居到城堡裡，遠處田地放棄不耕，近處田地由官府撥給，使居民互相糾察，不得藏盜匿匿，否則必加重罪。另一面以郡縣兵力單薄，難以有效消滅義軍，下令集諸郡兵，以道為單位，劃分大軍區，各道設置討捕大使，專力征剿當道盜賊。除了採取加強征剿外，煬帝還是相信自己有足夠的力量以對付起義軍。

　　河北、山東一帶的起義烽火，已蔓延到關輔、河東、河南一帶，並已逼近北方的太原重鎮。煬帝決計親幸太原，視察北邊，安撫並防備突厥，以保障北方安全無虞。

　　煬帝在東都渡過了不安定的十一年春，四月間再一次踏上了征途。這一次他不是東行，也不是西去，更不是南行，而是從洛陽出發，過黃河至河陽，越太行、王屋二山中的夾道北上直趨太原。

第十四回
唐國公奉命撫河東　始畢汗發兵圍雁門

　　突厥自啟民可汗降服於隋，煬帝北巡啟民帳幕，大加賞賜，北邊安寧無烽火。大業五年（609年），啟民死，由其子始畢繼統其位。突厥和平日久，牛羊繁殖，人口滋生，自河套中部夏、勝二州以北、榆林以東廣大地區盡是突厥牧地。由此，突厥勢力就日益強大起來。這就使得隋北部邊防增加了壓力。

　　隋朝對突厥的政策是樹小抗大，離間其內部，扶植、撫慰其親善於隋的弱小力量，分化、削弱其內部團結以達到他們不能為患，進而保障北方邊疆的安全無虞。文帝以來，就是採取這樣的政策以羈縻突厥的。

　　啟民既死，為了對付新立的始畢可汗，裴矩向煬帝獻策：以宗女為公主，出嫁給始畢的弟弟叱吉小王。封拜他為南面可汗。目的是使始畢兄弟產生不和，就中漁利。叱吉不敢私自受封，把情況告訴了始畢。始畢知道這是隋朝推行政治分化、挑起矛盾的策略，由此心中產生不滿，對隋的態度有所怠慢。

　　始畢有個親信名叫史蜀胡悉。他是中亞西胡人氏，多狡智，有謀略，時常替始畢出謀劃策。裴矩唯恐他引導始畢對隋採取不利行動，詐稱要與他親善交好，彼此進行互市，貪財的史蜀胡悉被引誘到馬邑城下互市時，隋軍設伏，乘機將他殺了。

　　煬帝遣使對始畢說：「史蜀胡悉背叛可汗，率部來降，朕已為你把他處死了。」始畢早已從逃回的殘部口中知道真相，怨恨隋的設詐哄騙。自此，嫌隙增大，遂不朝京師。

　　大業十一年（615年）春，煬帝因北方有警，決定北巡太原，視察邊

防。四月間，車駕從東都出發，踰太行山到達太原，稍事休整，五月間，北上到樓煩郡，登上汾陽宮避暑。汾陽宮在樓煩郡治靜樂縣北一百二十里外的管涔山上，近天池旁，其北有險峻的樓煩關。這裡周回有八里，陽晴不耗，陰雨不溢，山景秀麗，宮殿依山勢而築，為消夏避暑的勝地。其北有隋文帝時所築的長城，東經涿郡，延袤千餘里，直到榆關。

這時，山西河東一帶已是烽火漫天。北方有突厥蠢蠢欲動；南方的汾水流域有敬槃陀、柴保昌等義軍的活動；在西河郡有司馬長安的攻城掠地；在毗鄰樓煩郡的離石郡有依山散居的稽胡（亦稱山胡），其首領劉苗王、劉六兒等聚眾數萬人，據地反叛。

面對如此嚴重的軍情，煬帝回顧左右想起了他的表兄弟李淵。煬帝以為李淵為人無甚過錯，忠厚可信，能託付大事，便起用他為山西河東慰撫大使，賦予他可以承制提升、降免、補選所轄境內郡縣文武官員的職權，先行後奏。

李淵此人，來頭蠻大。他字叔德，隴西成紀人，出身於西魏北周以來的名門將家。祖父李虎，與李弼等八人輔佐宇文泰建周代魏有功，官拜柱國，封唐國公，賜姓鮮卑大野氏，官至太尉，位高職顯，一門榮華富貴。父親李昞，曾任北周總管，柱國大將軍，襲封唐國公。李淵母親獨孤氏，與隋文帝皇后是同胞姐妹。李淵之妻竇氏，乃胡姓貴族紇豆陵氏的改姓。竇氏為北周武帝宇文邕的外甥女兒，其父親竇毅為北周貴族，在隋朝封為神武公。

由於這幾層關係，李淵在隋文帝時，即以勳貴家庭出身擔任宿衛軍中千牛備身的職務。此後在仕途上一帆風順，由譙、隴二州刺史到大業間調任岐州刺史，榮陽、樓煩兩郡太守，多次歷任地方要職。不久，他又被召為殿內少監、衛尉少卿，處於禁衛之地，奉侍在煬帝左右。煬帝東征遼東，李淵從軍出征，督運軍糧於懷遠鎮。楊玄感將要反叛之際，他的兄弟從遼東前線祕密逃回。李淵得到消息，立即向煬帝揭發有功。煬帝班師回朝途中猜疑弘化留守元弘嗣與楊玄感同謀，派李淵去代替元弘嗣為弘化留守，

關右十三郡兵皆受其節度調遣。煬帝對李淵的信任程度很少人能與之相比。

　　自楊玄感反隋之後，隋政日荒，天下大亂，煬帝的猜疑心也加重起來。他剛愎自用，多次殺戮大臣。大業十一年五月，以李氏名應圖讖，欲預謀叛亂為由，誅殺開國功臣李穆的後代禁衛軍右驍衛大將軍李渾及將作監李敏等三十餘家。煬帝亦猜疑李淵，曾有事召他入京述職。李淵心生不安，拖延了日期。煬帝心中怏怏不樂，一日，對著伺奉在宮中、李淵的外甥女兒王氏發問道：「李淵有病，是否會死？」向她打聽李淵病情的真假輕重。煬帝這話輾轉被傳遞到李淵耳畔，為了避嫌，李淵做事處處小心，出言三緘其口，還用酗酒沉醉、接受賄賂來自汙，用此來掩蓋自己的襟懷。他要在政治上實行韜晦之計，以避禍趨福。

　　李淵行韜晦之計，果然奏效。煬帝出於用人需要，這位隨行的表兄弟正好能替他效力，遂有此山西河東慰撫大使的任命。

　　李淵奉詔，承制徵發河東兵，進討活動在龍門一帶的義軍首領毋端兒。李淵擅長騎射，箭無虛發，屢屢中的。在進攻毋端兒的過程中，他連發七十矢，皆射中目標。毋端兒連戰連敗，率部退入他郡。李淵又進擊活動在絳郡（今山西運城市新絳縣）的義軍柴保昌部。他一反過去隋軍到處殺戮剽掠的高壓政策，對義軍進行招撫勸降的懷柔政策。農民軍淪為盜賊，只是為了求生存。有了生存的希望，他們便會誠心實意地接受招撫。果然，由於李淵的撫慰和宣諭，柴保昌的部眾數萬人立即瓦解，部分被解散歸農，其中勇悍者則被李淵調入軍隊中，以擴大自己的力量。

　　突厥始畢可汗見隋國內大亂，認為有機可乘，野心勃發起來。他有意挑起戰釁，命其騎兵突襲樓煩郡的嵐城鎮（今山西忻州市岢嵐縣）進行抄掠。隋將軍范安貴奉命抗擊，由於兵力寡弱，身死疆場。隋軍敗績的告急文書直送到汾陽宮，可是煬帝並不在意，認為只是小部騷擾，不足牽掛。可是時隔不久，始畢卻指揮數十萬騎兵，從四面八方向駕出樓煩關、北巡邊塞的御營進逼，矛頭直指煬帝。

　　此一突然的舉動，幸好被義成公主所知曉。她希望隋與突厥能和睦相

處，不願戰事發生，暗地裡派遣使者馳往煬帝行營告變。煬帝得到密報，才驚恐起來，急忙指揮車駕一行，馳行進入雁門郡（今山西忻州市代縣），依城固守，另命兒子齊王暕率後軍保據雁門之崞縣（今山西忻州市原平市崞陽鎮），以作後援。

突厥的騎兵排山倒海、洶湧而至，迅速占領了雁門郡四十一座城堡中的三十九個，唯剩下雁門與崞縣二個城池仍在堅守著。

突厥傾其主力向雁門圍攻，煬帝君臣被圍孤城。這是奇恥大辱。城中倉促應戰，萬分焦急。為防禦計，有司下令軍士們把民間房屋磚木拆毀下來作為城防壁壘，此時糧食缺乏，城中居住軍民有十五萬人，所貯存糧食只有二十日可以供給。突厥兵急攻雁門城頭，萬矢一齊射來，亂箭且有射到煬帝身邊僅有咫尺之地。

雁門危急！雁門危急！面對如此緊急危情，煬帝與近侍們急忙地討論對策。

宇文述為總領禁衛軍的將領，職責是保衛煬帝的安全。他主張挑選精銳騎士二千人，全力保衛煬帝南走。但這是在走徼幸的危險途徑。宰相蘇威反對這一建議。他主張宜以城守為好。他說：「城守則我有餘力，輕騎乃是突厥所長。陛下是萬乘之主，怎可以輕舉妄動？」民部尚書樊子蓋亦贊同蘇威的建議，說道：「陛下企圖徼幸突圍，這是極危險的舉動，若一旦戰鬥失利，撤退不成，將後悔莫及！不如據城堅守，挫敗突厥鋒銳，發使徵發四方救兵入援，陛下則親自撫慰士卒，告訴他們不再遠征遼東，頒布立勳授官的條例，厚加獎勵和賞賜，必定會使人人自告奮勇，殺敵立功。又何愁事之不成！」蕭皇后的弟弟、內史侍郎蕭瑀還建議：派遣密使去見可賀敦，請她勸說可汗撤兵。他說：「突厥風俗，可賀敦皇后預知軍事謀議，義成公主以皇帝女兒嫁給突厥，必當恃仗大國為自己的後援。如果遣使告訴可賀敦，要她出力解圍，亦非不可能之事。即使辦不成功，那又有什麼損失呢？今將士們的意思是恐怕陛下在消弭了突厥的禍患之後，又要去攻打高麗。如果陛下能公開發出詔書，告誡他們赦免高麗之罪，專心一致去攻

打突厥，那麼，眾心就會安定下來，人人也就會奮勇殺敵了。」

虞世基素稱有智有謀，這時亦勸煬帝頒布重賞條格，下詔停止遼東之役。煬帝見大家如此主張，也就無奈地點頭同意了。

為了激勵將士們堅守孤城，煬帝親自披甲上城，巡視戰場，並撫慰將士們說：「你等努力擊賊，如能保全城池，凡在行陣，不要愁沒有富貴。朕必不使刀筆吏巧弄筆墨，抹掉你等的勳勞！」說罷下令：守城有功沒有官位的人可直接除授六品官，賜物一百段。有官位的人則依照標準，增加級別。接著使者一批又一批地向將士們宣諭慰勞，川流不息。

重賞之下，必有勇夫。到了這時隋君臣將官上下齊心，戰士們亦個個摩拳擦掌，踴躍表示願拼死一戰。由此，日日夜夜，輪流城守，枕戈待旦，以待救援。突厥百計攻城，始終不能越雷池一步。不過，矢石之下，隋軍亦多有傷亡。

煬帝命侍臣寫下詔書，密封繫在木板上，投向汾水，流向下游郡縣，告諭天下募兵勤王。地方守令奉到詔書，紛紛募集軍隊趕往雁門救駕。東都及諸郡援兵很快推進到秀容縣的忻口（該地為北入雁門郡的門戶，今山西忻州市忻府區北有忻口），旌旗招揚，鉦鼓不絕。

始畢圍攻雁門已一月有餘，眼見不能攻下，援軍將到，又義成公主不願雙方交惡，遣使者告訴始畢：北方有鐵勒諸部騷擾，安全有虞，始畢乃解圍而去。

突厥退兵，煬帝不知真假，忙命探子偵察，只見山野空空，不見胡馬蹤跡，乃發二千騎追擊，直至馬邑（今山西朔州市朔城區），俘獲突厥老弱數千人而歸，總算讓煬帝消了一點氣。

九月間，煬帝一行自雁門回到了太原。在略事休整之後，大駕南行，十月間回到了東都洛陽。

擺脫了危機之後，煬帝無德少恩、言而無信，自以為是，不聽諫言的老毛病又犯了。

早在煬帝駐蹕汾陽宮消暑時，候衛將軍楊子崇隨駕從行。他偵查到突

厥兵馬有異常動向，認定必將為寇，屢次向煬帝提醒，要他早作準備，及時返回京師，突厥撤圍後，煬帝不以他有先見之明，反而認為他膽小怕事，畏縮不前，起著驚動軍心的作用，不可再居禁衛爪牙之任。把他從宿衛軍中調任為離石太守。楊子崇是隋宗室重臣，卻被煬帝疏遠了。

內史侍郎蕭瑀乃是皇后的弟弟、內戚近族。他性格剛正鯁直，多次向煬帝進諫，煬帝討厭他喋喋不休。雁門解圍，煬帝對群臣說：「突厥狂逆悖慢，其勢何有可為！圍城未散之際，蕭瑀即恐懼不安，擾亂軍心，情不可恕。」以蕭瑀膽小怕事為由，把他貶任為河池太守。蕭瑀一片亮直之心，煬帝卻忠言逆耳，把實話當作驢肝肺。

蘇威主持人事選舉工作。他就事論事，追論御駕在雁門時為激勵士卒，降低了授官門檻，造成資格太低、人員太濫，要求重新考慮，採取從嚴處理勳格賞官之事。樊子蓋則堅請不應當失信於將士。煬帝時過境遷，捨不得授勳賜物，便板起臉對樊子蓋說：「公是否要代表將士們來說情？」這意思是說你樊子蓋討好士卒，有何居心？聽了這話，樊子蓋心驚肉跳，猶如當頭澆了一盆冰冷的水，全身涼透。只好默然無言，俯首聽斥。

按照推算，當時雁門該當授勳的軍士有一萬八千人，核減下來，只剩一千五百人，其授勳的辦法准照舊時平楊玄感時的條格，在雁門頒布的新格就不算了。由此將士們授官的人數及應授的官階都提高了門檻而從嚴從緊，至於答應過的賞賜物品則一切落空。由此，將士們無不埋怨當局說白話，言而無信。

煬帝本來已答應解圍後不再征遼，回京後又反悔起來。他老調重彈，表示還要發起征討高麗之役。

煬帝及有司言而無信的行為，激起了將士們怨憤之心。作戰打仗，全仗將士們一心一德，才有勝利把握。煬帝倒行逆施的結果，必然是使將士們離心離德，最終落得個孤家寡人，四周無人援助。這一點將為後來歷史發展所證實。

第十五回
翟曹主落草瓦崗寨　蒲山公亡命走天涯

　　黃河出龍門、三門峽東流，折而東北行，經由滎陽（今河南鄭州市管城回族區）至東郡（今河南安陽市滑縣）。東郡扼據黃河南岸，處在由南向北水陸交通的要道上。該郡轄有衛南、濮陽、白馬、靈昌、胙城、封丘、匡城、韋城等縣。

　　隋代的郡下設有西曹，以及金、戶、兵、法、士等曹，各分頭掌管郡縣人事、文祕、戶口、兵丁、司法、刑獄等郡務。有韋城人翟讓，出身大戶家，其人雄壯，驍勇有力，狀貌魁梧，喜任俠，性格豪放，好結交朋友。大業初，因懂得一些文墨，擔任本郡法曹參軍，掌管司法刑獄之事。由於他放任不羈，結交江湖朋友，做了一些納財賣獄的事；又好打抱不平，得罪了上司，被人告了一狀，官府公文申下，判他死罪，等秋後處決。

　　此時，監牢裡有個獄吏名叫黃君漢，此人講交情、重義氣，平素與翟讓就有密切往來，他仰慕翟讓為人，責怪官府刑罰太重，且見到當今天下已亂象叢生，就起了釋放翟讓出獄逃生的念頭。一個夜裡，他仗著膽量，潛入獄中來見翟讓，對翟讓說道：「翟法司，當今世道天時人事亦已可知！你是一方豪傑，豈能守死在牢獄之中！」言外之意表明自己要解救翟讓。翟讓聞言，既驚且喜，答道：「我翟讓如圈養在棚欄裡等待著被宰殺的豬豚，死生之命聽憑黃曹主作主。」黃君漢聽罷，立即拿出鑰匙，打開械具，把翟讓解枷鬆綁。翟讓對著黃君漢，跪地拜謝，說道：「讓蒙曹主再生之恩，是一生大幸，奈何事發要連累到曹主啊！」說到這裡，痛哭流淚滿面。君漢佯怒道：「我本以公為大丈夫，可以救生民之命，故不顧生命危險脫公出牢籠，並尊奉你，奈何反效兒女之情哭謝於我！君但努力自免，不必為我擔

憂。」翟讓與黃君漢既跳出樊籠，遂約會生死之交的親信好友，攜帶著家眷大小一齊奔往瓦崗落草為寇。

那瓦崗地處今河南滑縣南，春秋時稱為「瓦」的地方。瓦崗即「瓦」地的山崗。此地在隋代山林莽莽，易於隱伏，不易被官軍捕捉。附近一帶多有以漁獵為生的漁獵戶。他們能彎弓射箭，操矛用矟以射牲打捕糊口，勇敢善於戰鬥。翟讓到了瓦崗之後，便召集他們前來入夥。不多時間隊伍擴大，瓦崗的名聲也便傳播到江湖群盜之中。

與翟讓同郡有個好漢，名單雄信，為人仗義疏財，重然諾，任俠使氣，驍勇強健，善用馬矟。他聽說翟讓落草瓦崗，便帶著一批意氣相投、避役逃命的無業少年前往瓦崗。又有徐世勣，原本家居濟陰郡離狐縣，後遷居東郡衛南縣。徐世勣家境富饒，其父徐蓋為當地頭面人物，豪富多僮僕，積粟有數千鍾之多，為人樂善好施，鄉里中貧窮百姓生活艱難，他不問親疏，常周濟賑給。只因地方官吏橫徵暴斂，藉故百般欺凌。他忍無可忍，起了破罐摔瓶的決心。兒子徐世勣時年方十七，人小氣盛，對官府滿懷仇恨，乃結合同鄉少年，與其父棄家出走，亦到瓦崗落草，共奉翟讓為首領。

開始時，翟讓為解決生計問題，多在同郡鄉里中實行打家劫舍的勾當，局面沒有多大擴展。徐世勣在眾頭領中年齡雖小，排行亦低，但他有計謀、有膽識。一日，他對翟讓建議道：「俗話說：兔子不吃窩邊草。東郡地方在公在私都與我等同處鄉里間，彼此人多相識，不宜侵掠。滎陽、梁郡（兩郡在東郡的西面、西南面）是汴水所必經之處，我等若去劫掠往來商旅舟船，取其物資，足可以自給。」翟讓聽後，覺得建議可取，便帶著隊伍，越過郡境，去掠取往來運河中的公私船隻。由此，資用豐給。附近的貧苦百姓，亦多有前來投奔。局面漸漸打開，所聚集的徒眾，也就很快擴展到上萬人之多。

此時，又有濟陰郡所屬外黃縣（今河南商丘市民權縣）人王當仁、濟陽縣（今河南開封市蘭考縣）人王伯當、東郡韋城縣（今河南安陽市滑縣東南）人周文舉、梁郡雍丘縣（今河南開封市杞縣）人李公逸等，皆以鄉里雄豪聚眾

為盜，反抗官府壓迫。他們東一夥、西一夥，嘯聚山林，以劫掠官府財物為生。

他們都與瓦崗的翟讓部隊有著約定，不相互攻打、吞併，彼此間還有鬆散的聯絡，互通聲氣，相救相援。

就在瓦崗軍蓬勃發展之際，來了一位隋末的大英豪。此人就是參預楊玄感起義的蒲山公李密。李密，字法主，他家自祖父以來，世代為戰將。父親名李寬，驍勇善戰，幹局氣量過人，自北周至隋，屢任將領，官拜柱國、蒲山公，號稱名將。李密自小就聰敏過人，才略出眾，志氣遠大，常能結交朋友，並以濟世作為己任。

文帝時，李密以父親的功勞，襲爵蒲山公。他為獲取好名聲，廣散家財，周濟親戚故人，揮金如土，養客禮賢，無所愛惜。當朝宰相楊素、吏部尚書牛弘、大將軍宇文述等顯貴人物都看重他是個人才。

李密好交遊，與楊素長子楊玄感來往密切，彼此結為生死之交。後年歲增長，折節讀書，尤好兵法，常朗誦在口，勵精忘倦，因此被當世大儒包愷賞識，收為生徒，授讀《史記》、《漢書》等史書，獲響成為門下生徒中的第一人。

煬帝即位之初，李密以父蔭授禁衛軍中的親衛軍官，侍衛宮廷。此職多為皇親國戚、高官子弟充任，當時禁衛軍中有親衛、勳衛、武衛，時稱「三衛」或「三侍」，皆為列仗的宿衛軍。他們既是官蔭子弟，常倚仗權勢，橫行不法，故三衛中人也是魚龍混雜、雄雌莫辨的地方。李密對此職務不感興趣，稱病告歸。或說，李密稱病辭官是煬帝的罷斥。這恐怕不符合實際情況。據《舊唐書·李密傳》記載：李密為左親衛的侍官，嘗執仗站立在殿陛之下。煬帝一眼看到他，退朝後對宇文述說：「前些日子在左仗下值班的黑色小兒為誰？」宇文述答道：「此人乃是故蒲山公李寬之子李密。」煬帝道：「這小子目光如炬，視瞻異常，勿要令他宿衛。」不多日，宇文述對李密說道：「弟聰明如此，當以才學取官。三衛叢雜之地，並非養賢之所。」李密聽罷，大喜自己能擺脫日日上值的繁忙，遂以身體有病為由，

辭去職務。回家一心一意專以讀書為事。

總之，不論李密是主動或被動辭職，應當看作李密不願在人員叢脞的三衛中謀生執事。

自此以後，當時人很少見到他在公開場合出現。一日，李密去國子監，乘著一條黃牛，牛背上鋪著蒲韉，把《漢書》一帙掛在牛角上，一手抓著牛韁繩，一手拿著書卷，全神貫注地在讀書，在路上恰巧被楊素看見，問道：「你是何處書生，為何如此專心勤讀？」楊素乃是堂堂宰相，權勢顯赫，李密怎不識認。立即從牛背上下來，恭敬站立，向楊素自報門第姓氏。楊素又問：「你所讀是何書？」李密欣然回答道：「所讀是〈項羽傳〉。」楊素見人廣，頗能識人，在與李密的交談中，不禁感到李密讀書多、見識廣、有胸襟，非常人可比。回家對其子玄感及子弟們說道：「我看李密識度深遠，非你等所及！」自此以後，玄感對李密另眼相看，傾心結託。兩人談論古今時勢，多相吻合，遂彼此結為刎頸之交。

楊玄感據黎陽，準備起事反隋。想到了在長安的親弟玄挺和生死兄弟李密，可為自己輔弼。乃先期派遣親信家丁，持書潛行到京城召李密及玄挺約期到黎陽會合，共舉大事。及李密到了黎陽，玄感大喜，安排他在左右參贊軍務。李密多次向玄感提出用兵之策，但玄感惑於眼前利益，大多沒有採納。

後楊玄感在皇天原一帶與隋軍展開一場決鬥，玄感大敗身亡。起義失敗後，其同黨或死、或俘、或逃，成鳥獸散。

李密總算逃過一劫。楊玄感兵潰之時，他與玄感的從叔楊詢一起逃脫了羅網。他們易裝改服扮成山野村民，一路上晝宿夜行，同桌而食，同伴而寢。不日，兩人輾轉逃入關內，躲藏在馮翊楊詢妻家所居地方。可是禍不單行，不久被鄰居發現向官府告發，李密被捕捉，囚禁在京兆府的監獄中。

此時，煬帝已從涿郡南行到高陽駐蹕。詔命將玄感黨羽一律送到高陽，以便親自審問。李密一行七人，亦在解送之列。李密思量著逃脫之計。他

在押解途中暗地裡對同黨說：「我等性命猶如早晨露水，倘若被押送至高陽，性命便難保了。今在中途還可設法逃走，怎能束手就戮而不採取辦法呢？」同輩們都贊同他障眼移心的說法，於是眾人紛紛解囊，拿出身上所攜帶的金銀財寶送給解差，並對他們說：「我等都是將死的人，這些財寶對我等已無多大用處，現今都交給你們，唯望死後能好好埋葬我等屍體。其餘就給你們作為安家之費藉以報答諸位的大恩大德了。」

解差貪圖財物，眼前一堆金銀財寶，怎不動心？在猶豫片刻後就答應：關內盤查嚴緊，出關後可以關照，給個方便。及出關之後果然防禁漸鬆。李密諸人又搬請解差到市上買酒食，天天宴飲，夕夕沉醉。你言我語，瘋瘋癲癲。不時交談喧嘩。押差見慣也就不以為意。及一行來到邯鄲地面，這裡距離高陽已近。時不再來，機不可失。李密遂與同伴乘著押差酒醉不防之際，借著夜幕掩護越牆出逃。他們臨走彼此拱手流淚道別，各分東西。李密則與虎賁郎將王仲伯一起逃亡到平原。

此時，在平原一帶有郝孝德的一支起義隊伍在活動著。他們人數眾多，勢力較強。李密走投無路，便動了心前去投奔郝孝德，希望能夠有個立足的地方，他設想著若被留用願發揮才智獻計獻策，為山寨起義隊伍披荊斬棘，打開一條光明出路。

李密見了郝孝德，向他獻計聯結眾小盜，團結一致，共圖反隋大計，並說：「君若能用密之策，河朔可指揮而定。」

郝孝德出身草莽，胸無大志，聽了李密一席話，不禁心生疑懼。他對李密坦襟訴說：「我等本緣饑荒起事，只圖求活性命，何敢有別的打算！國家若知道朝廷欽犯逃歸到我處，則我死亡的日子將要到了。翟讓等徒眾多多，我願派兵送你去他那裡安身吧！」李密聽罷默然無言以對。

江湖自有道義在。郝孝德不敢留住李密，但仍厚禮相待。次日，以馬一匹親自送至河邊，與李密執袂飲酒而別。

這時，義軍中仰慕李密為人願意跟從他同去有數十人之多。李密與王仲伯一行，離開了平原。

　　李密與王仲伯一行，輾轉行走在山林群盜之間，展開遊說工作。無奈群盜多數如郝孝德一般，聽說李密是楊玄感心腹舊將，都不敢收留。唯怕樹大招風，引來隋軍討伐，惹火燒身。

　　李密計不成，走無路。長時間浪跡在山林荒村野舍之間，一路上餐風飲露，備遭饑餓。困乏不堪時，以致削樹皮填肚子過日，慕義隨從者亦四散。王仲伯也與李密告別，潛行往天水老家而去。

　　李密孤身隻影，孑然一身。他防人認識，改換姓名，自稱劉智遠，逃亡到淮陽（今河南周口市淮陽縣），尋覓到在一個村舍中以教授學生糊口度日，以等待著機會到來。

　　居住在淮陽數月，已是晚秋時節，李密心潮起伏。眼看群雄四起，風雲際會，自己卻竄伏鄉野，成了窮途末路之人，心中悶悶不樂，忿忿不平，千分懊惱，萬分無奈，不禁熱淚盈眶。遂自歎自吟，寫就了一首五言詩以詠懷。詩道：

> 金鳳蕩初節，玉露凋晚林。
> 此夕窮途士，空軫鬱陶心。
> 野平葭葦合，村荒藜藋深。
> 眺聽良多感，慷慨獨沾襟。
> 沾襟何所為？悵然懷古意。
> 秦俗猶未平，漢道將何冀？
> 樊噲市井徒，蕭何刀筆吏。
> 一朝時運合，萬古傳名器。
> 寄言世上雄，虛生真可愧。

　　李密的言行舉止頗異於常人。鄰居有人看見李密不似俗人，觀察他言語間躲躲閃閃，料想此外來人氏當為官府捕捉潛逃來此，便向淮陽太守趙佗告發，郡吏領兵前來捉拿。李密知道後慌不擇路而逃。一日行至其妹夫時任雍丘縣令丘君明家中藏匿。

　　丘君明是朝廷命官，膽小怕事，不敢留李密居住，寫信介紹李密去寄居於遊俠王秀才家。王秀才看見李密器表不凡、談吐不常，是個人物，便把自己的女兒許配他為妻。這樣，李密才算勉強安頓下來，不再顛沛流離過著逃亡的生活。

　　可是李密命運不佳，時運乖蹇，為丘君明家的侄子丘懷義所發現，他唯恐連累自己，又貪圖賞錢，向朝廷祕密告發。煬帝命懷義帶敕書知會梁郡通守楊汪派兵到王秀才家捉拿。說也湊巧，這時正值李密有事外出，由此再次獲得了一命，再度逃亡。可是，丘君明及王秀才二家皆因坐窩藏朝廷逃犯罪而被處死。

　　李密在遊說諸小盜的過程中，認識了王伯當。王伯當是當地一股起義軍首領。他佩服李密有智有謀，認定他是亂世中的英傑，對他敬重有加。李密亦視伯當重然諾，講義氣，能肝膽相照。兩人豪氣相投，恨相見之晚，遂義結金蘭，成刎頸之交。

　　在王伯當的推薦下，李密之名在諸小盜中逐漸傳開。開始時，李密向他們遊說取天下之策，皆不相信，日子稍長，隋亡亂兆更著，他們想起李密的話，頗以為然。相互傳說道：「斯人乃是公卿子弟，志氣有如是之大。今日人人都說楊氏將要滅亡，李氏將要興起。我聽說王者不死，此人再三碰到厄運都能化解，難道不是應在此人嗎?」由此對李密漸生敬慕之情。

　　李密遊說諸小帥時，看到他們中以翟讓為最強，也最有前途。便同王伯當商議，由王伯當推介李密去瓦崗入夥。

　　李密上了瓦崗，見到了翟讓，便開門見山談論起當今形勢，提出了取天下之策。他說：「秦漢之際劉邦、項羽皆起布衣成為帝王。今日主昏於上，民怒於下，精銳之兵，盡於遼東，和親絕於突厥。現今還要去巡遊揚、越一帶，丟棄東都不理。此亦是劉邦、項羽奮起之期會。以足下雄才大略，士馬精銳，必將席捲長安、洛陽二京，誅滅暴虐，隋氏天下必將滅亡。」

　　這番慷慨激昂、大器的話使翟讓踧踖不安。他起立拱手相謝李密道：「我輩群盜，且夕偷生在鄉野草間。你所說的話實非我等之輩所能想到的

呀!」對李密的談話，翟讓將信將疑，亦不置可否。

此時，適有一人名叫李玄英，自東都漏網逃亡，經歷諸小帥間，一直在求訪李密行蹤。他逢人就說，李密是當代的大英雄，必將替代隋家天下。人們驚訝地問他何故這樣說？李玄英卻由此說出如下的一番話來：「近來民間傳唱一首〈桃李章〉的歌謠。說道：『桃李子，皇后繞揚州，宛轉花園裡，勿浪語，誰道許。』桃李子意指逃亡者是李氏之子；皇與后皆是統治臣子的君主；宛轉花園裡，意指天子在江都宮苑裡，無還京的日期，必將輪轉到溝壑之中；勿浪語，意指不要亂說話；誰道許意指李密姓名應在圖讖，天機不可洩漏。他必將是天命之君。」他既與李密相遇，遂認為是自己要傾身相助之人，為李密到處吹噓講好。

此時又有前宋城縣尉齊郡房彥藻，好文學，自負才幹出眾拔萃。怨恨懷才不遇，不能為時代所用。他也參與過楊玄感的反隋活動。楊玄感敗亡後，他也是易名改姓，亡命他鄉。在梁、宋之間遇到李密。兩人一見如故，結伴同遊於漢沔（今湖北北部）一帶，遍入諸小盜中，說其間豪傑。人們義慕李密是個能領袖眾人的英豪，當他北回河南地面時，慕義跟從他的人就有數百之多。

這樣，到瓦崗入夥的李密並不是孤身一人，而是有了一支小小隊伍，其中還有為之宣傳鼓動奔走效力的心腹人才。

李密等仍作為遊客的身分，處於翟讓瓦崗營盤中。他們在等待著時機，以備有朝一日，能做成一個翻江倒海、扭轉乾坤的大夢。

第十六回
張金稱敗死漳南城　高士達亡身高雞泊

　　張金稱在清河舉旗之後，收納了一批因饑餓無法求生的窮苦百姓，隊伍擴大了。這支隊伍既勇悍而又貪暴，不到一年時間，隊伍就像滾雪球一樣，迅速擴大到數萬人之多。為了生存，他們時常攻城掠地，首先想到要攻打的就是本縣，殺貪官惡吏，掠奪地主老財的財產，提供隊伍日常消費所需。

　　鄃縣縣令是弘農華陰人氏楊善會，他是個官家子弟，父親曾做過郡太守。楊善會為官清正，律己甚嚴，也頗有智略。這時郡縣百姓相聚為盜，楊善會守土有責，常親自率領兵丁討捕。每逢遭遇到小股義軍，往往克捷而回。可是煬帝無道，官府剿盜卻愈剿愈多。張金稱此時亦乏糧缺食，便率領著隊伍前來攻打鄃縣。楊善會竭力抵禦，彼此搏戰，一日之間有多次交戰，只因縣中兵力薄弱，雖有小勝，始終未能挫敗張金稱的勢力。為保運河兩岸水陸通暢以及消滅義軍，煬帝派遣將軍段達率軍進討張金稱，楊善會以本縣縣官在段達的麾下作戰。

　　張金稱作戰剽悍勇決，楊善會多次與張金稱交鋒過，深知其用兵策略。他向段達獻計，採取深溝高壘、以守為攻、靜待時機到來、出奇制勝的作戰方針。段達小覷了這位卑官的計謀，自以為兵力強大，怎可示弱不戰，便揮動大軍向張金稱的營盤中猛撲過來，可是卻遭到了早有準備的張金稱的有力回擊，反為所敗。

　　段達汲取了教訓，便主動向楊善會致歉道謝，虛心問計，此後，凡一切剿盜事宜都與楊善會商議。楊善會也傾心佐助，多方擊退了來敵的進攻。張金稱久攻不下，為避免曠日持久的戰鬥，便主動撤退，把隊伍拉回到了

高雞泊休養生息。

時隔不久，張金稱聯合渤海郡頭領孫宣雅及高士達等部眾合計有數十萬人馬，南下汲郡（今河南鶴壁市淇縣東），共同襲破了黎陽倉城，獲取了大量物資和糧食，有了吃的用的，部隊又精神振奮起來，便回頭北上攻打清河。楊善會頗有謀略，料定張金稱必會來搶奪清河這塊根據地。他親率訓練有素的勁勇千餘人，在郡內打阻擊戰。經過一番激烈戰鬥，張金稱兵鋒小挫，知道清河有備，便採取流動作戰，率軍沿著運河線南進至武陽郡的冠氏縣（今山東聊城市冠縣）。當時城防兵備虛弱，張金稱避實擊虛，在用兵策略上是打對了算盤。

楊善會因擊敗驍勇的張金稱受到煬帝的賞識，把他從縣令提升為清河郡丞。楊善會受到激勵，更加為朝廷賣力，一心要殺敵立功，博取更高的官位。

清河郡與平原郡毗鄰，楊善會為對敵作戰需要，與平原通守楊元弘聯絡，彼此互通消息，共同聯防。當楊善會得知張金稱南下冠氏縣後，便立即糾集步騎兵數萬人，乘著張金稱老營虛弱之際，直撲過來。此時，隋朝廷又派將軍王辯率軍前來合力圍剿，聲勢十分浩大。

張金稱接到急報，連忙解冠氏之圍，掉頭回救，當頭便與王辯的軍隊相遇。王辯接戰受挫，幸虧此時楊善會挑選出精銳騎兵五百人馳赴救援，與王辯合勢。張金稱不勝，回守本營。

此時，山東人心思亂，百姓參加義軍如火如荼。郡縣兵力薄弱，相繼陷沒。能與義軍相抗的，只有楊善會等少數郡縣守官而已。他先後打過七百餘陣仗，未嘗敗北。常常自歎官卑職小，兵眾不多，以未能擔當殺敵大任而抱憾。

大業十二年（616年）初，張金稱復出，取清河，西掠武安郡（今河北邯鄲市永年縣），在今河北肥鄉縣東北的平恩縣一役，因憤怒敵方拼死堅守，頓起仇恨，一時間殺死男女老小一萬餘人，多數無辜者被屠戮，其殘暴行為頗不得人心。平恩獲勝之後，張金稱又向北攻取襄國郡之鉅鹿（今河北邢

臺市巨鹿縣北），向西攻取武安郡之武安（今河北邯鄲市武安市），此地在今河北邯鄲市西。清河郡所屬各縣大抵均被他的軍隊所攻陷。

　　朝廷見張金稱聲勢浩大，怕引起燎原大火，派遣太僕卿楊義臣率軍進討，以期收復失地。楊義臣所統軍隊係從遼東戰場上回來，將官士兵能征慣戰，武器配備精良，趁著銳氣，直抵清河之西，據清水河為營。張金稱率軍紮營於武安郡東北的平恩縣，雙方相隔四十里，隔河對峙，尋找戰機。

　　此時，楊善會隨軍進討。他向楊義臣建議討敵之計：堅守營壘，挫敵銳氣，乘其怠懈，奮力出擊。楊義臣依計而行，深溝高壘不與之戰。當張金稱派兵到陣前挑戰時，楊義臣按兵不動，即使遭到辱罵，也忍氣吞聲。如此相持一月有餘，楊義臣就是不出兵對陣。張金稱至此已按耐不住了，認為官軍怯懦，增添了驕傲之氣。一日，楊義臣主動遣使對張金稱說：「你明日來，我當必戰。」張金稱輕易官軍，當夜放鬆警惕，不復設防。哪知楊義臣趁其無備，連夜簡選精銳騎士二千，摸著昏暗的夜色銜枚而進，自武陽郡的屬縣館陶（今河北邯鄲市館陶縣）渡清水河，前騎伺察到張金稱軍營已開始移動，立刻疾馳告知楊義臣。楊義臣見時機已到，便揮動大軍，向敵營發動全面進攻。前鋒直搗其老巢，襲取其輜重。張金稱聞報根據地被襲，驚慌失措，引兵還救。楊義臣則揮動大軍，直追過來。張金稱大敗，只得與左右親隨逃奔到清河縣之東，欲回漳南召集餘黨。

　　楊義臣凱旋回師，張金稱的殘餘勢力由楊善會處置。經一月有餘，楊善會到處搜捕，在漳南活捉到張金稱，把他綁在立柱上，四面張開手足，在縣市中斬首示眾。張金稱頗有點豪氣，視死如歸。未死之間，還奮力引吭高歌不息，顯得十分悲壯淒烈。

　　張金稱自大業七年（611 年）起事，到大業十二年底被殺，先後豎幟有六年之久。其不足成事當與他破而不立，殘暴不仁有關。

　　再說高士達與竇建德等聚集在高雞泊中，聲勢日漸擴大，遠近聞名。樹大招風，引起了朝廷的注意。大業十二年，涿郡通守郭絢奉詔統率麾下士兵萬餘人南下來討伐高士達。

竇建德在高雞泊，有較好人緣，他統率士兵的才能日益顯露。高士達雖有大批宗黨擁戴，但自以才能智略不及竇建德，便重用竇建德為軍司馬，命他統領義軍，參謀帷幄，視為心腹。

面對著郭絢南下的軍隊，竇建德向高士達提出建議，由高士達看守輜重，他親自率精銳七千人去抗拒官軍。又行苦肉之計，詐稱自己與高士達彼此不睦，受其欺壓，派使者向郭絢通報自己願投順官軍自效。高士達也彼此呼應，立即宣稱竇建德背叛自己，投效朝廷，把所虜獲的婦女詐稱是建德的妻子，抓起來公開殺死在軍中示眾，用這樣的辦法使郭絢中計不疑。

竇建德派使者送上了投降書，表示自己願為前驅，攻打高士達。郭絢深信不疑，即刻安排部署，引兵接應竇建德之眾。軍隊行至長河（今山東德州市德州區東），欲與竇建德約期同盟，共圖高士達。哪知竇建德早有打算，乘此時機，立即發動伏擊。這時，郭絢軍隊放鬆了警惕，未作防備，倉促應戰，結果大敗，士卒潰不成軍。竇建德緊追，斬獲郭絢士眾數千人，戰馬千餘匹。郭絢率親騎十餘人，左衝右突，總算馳出了包圍，向北遁走，準備撤回涿郡。竇建德派騎將緊追不捨，終於在平原追到了郭絢，斬其首級獻給高士達。

郭絢係河東安邑人，先後曾歷任州司馬、長史，又升任涿郡通守，在任清廉，名聲聞於朝廷，為人有器具才幹，治理郡政為屬下吏民所悅服。天下盜起，他所在逐捕常有斬獲。河北諸郡多被義軍攻掠，少有完城。唯有涿郡獨能保全，可說是撫治有方。及郭絢於長河兵敗戰死，涿郡吏民聞喪，悲痛不已，或有哭泣數月不止。一個地方長吏能如此有官聲、得民心，在隋代官僚隊伍中是很少見到的。

長河大捷，高士達欣喜過望，連月擺酒設宴，慶祝勝利。竇建德有勇有謀，使他的威望再一次提高，成為地位僅次於高士達的軍中首領。

楊義臣既破張金稱之後，乘勝驅兵至平原，欲進軍高雞泊，直搗高士達的根本。軍隊壓境，竇建德對高士達說：「我歷觀隋朝將領，善於用兵的人唯有楊義臣一人而已。今義臣新破金稱，遠道前來襲我，其軍鋒銳不可

抵擋。如今之計，可引兵避其鋒芒，令他求戰不得，時間一長，將士必將怠懈，當其困敝時再選擇時機進襲，必定會有大功。今日若急急與隋軍爭鋒較力，恐怕明公難以抵擋！」高士達戰勝郭絢之後，自以為是，頗有驕色。他聽不進竇建德良言，還以為此話是長他人志氣、滅自己威風。另外，他也想亮一亮自己的實力，使部下威服。乃定下計策：留竇建德守護營壘，自己率精兵去迎擊楊義臣。初戰時，義軍稍有小勝，士達便產生輕敵之意，終日與將領們飲酒高會，矜誇自己拒敵的本領。

竇建德在營中探得前線的軍情，不勝驚駭。他對部眾們說：「東海公（高士達）未能大破賊眾，妄自尊大，如此籌措，禍將不久而至。隋兵乘勝，必會長驅直入泊中。一旦人心驚駭不定，恐怕我等腦袋也不獲保全了。」於是與左右商議，定好計策：留部分兵眾防守壁壘，保護老弱眷屬，自己率領部分精銳，馳赴山口必經的要塞，據險而守，並以此作為高士達的後援。

竇建德據險自守只有短短數日，果然楊義臣大敗義軍，高士達被斬於陣前。楊義臣乘勝追擊，勢將進圍竇建德。竇建德守兵少，當聽得高士達大敗被殺，部眾人心動搖，立時多有潰散，亡命他去。竇建德孤軍無力與隋軍相抗，只得率領百餘精銳騎士，北走河間郡的饒陽（今河北衡水市饒陽縣）地界安身，及探知饒陽城中守備空虛，防守不嚴，建德便率兵乘機攻取饒陽城，乃打開倉庫，散財招募部眾。此時鄉里間貧苦的青壯年多願投軍，很快建德又聚攏有三千多人的隊伍。

楊義臣既擊斬高士達，以為竇建德及高氏主力已破，餘眾潰散，已不足為憂，便揮軍去攻打別路的義軍。竇建德獲此消息，復領兵南還平原，一面招收高士達敗兵，對戰死人員收其骸骨埋葬，一面又親為高士達發喪致哀。三軍皆縞素，祭告亡靈安息，激勵士眾為高士達報仇，殺敵立功。不多時間，竇建德的軍隊又擴編了。昔日由高士達宗族所統帶的隊伍與竇建德的隊伍合併，會師在一起，軍隊精神振奮。為了事業的需要，竇建德乃自稱將軍，以號令部眾。

第十七回
爭涿郡眾英豪交兵　行火拼高開道逞強

　　楊玄感的起義被鎮壓了下去，但各地的反隋武裝力量仍在四處蓬勃發展。在北方，隋的重鎮北平郡（今河北秦皇島市盧龍縣）陷入了群雄爭逐的戰鬥烈火中。

　　北平郡是隋北方的門戶，也是東征遼東的必由之路。北有盧龍之塞、長城之險，東有碣石、大海夾峙，臨渝關則是一夫當關、萬夫莫入之門鑰。大業八年（612年），煬帝發動征遼之役時，以右武衛大將軍（武衛大將軍位居正三品，掌統領輪值外軍、安排宮禁宿衛之事）李景督護軍運糧餉物資於此。李景乃是將家之子，容貌奇偉，膂力過人，美鬚髯，驍勇善射，參加平齊、平陳、平江南叛亂，平漢王諒之亂及西征吐谷渾之役。征高麗時，大軍旋師，則為後殿。他以忠直獲得煬帝的信任，煬帝每稱呼他為李大將軍而不稱名。又賜給他一匹名叫「獅子驄」的御馬，可見對他的倚重。

　　大業十二年（616年），有漁陽郡（今天津市薊縣）起義首領楊仲緒率眾萬餘人來攻北平，欲掠奪物資。李景督兵擊敗，陣斬楊仲緒。

　　但其時盜賊蜂起，道路隔絕。北平處地遙遠，孤城無助。李景只得召募百姓，充實軍隊，以備不虞。

　　李景有下屬軍官羅藝，此人係襄陽郡襄陽人氏，父輩移家居住在京兆郡的雲陽縣（今陝西咸陽市涇陽縣西北）。父親羅榮在隋朝做官，拜監門將軍，為宿衛軍將領，掌宮殿門禁及守衛之事，位居從三品。羅藝可算得是個將門之子，他自少習武，性格剛強、勇悍，有智略，能獨立思考，在諸將領中算是個文武兼備、狡黠多智的人物。他善於攻戰，擅長用槊（一作「矟」）搏鬥。大業年間，以英勇善戰立功，補虎賁郎將，成為禁軍將領中的一員。

　　遼東之役，李景奉命督護軍儲糧餉於北平郡。羅藝奉命隸屬於李景部下，受其節制統領。

　　羅藝少年時期即投身軍旅，統率士兵作戰有辦法、也有經驗。在軍中號令嚴明，身先士卒，為軍人中的楷模。不過由於這些長處也隨之帶來一些令長官不舒服的舉動。他自命不凡，任氣傲慢，對左右同列及長官常有桀驁不馴的行為。他的不恭不謹、傲慢無禮行為，使李景覺得難以制馭，便常常加以約束，乃至訓誡，時間一長也就引起了羅藝心中的忿忿不平。

　　李景召募百姓擴充軍隊。羅藝既與李景有嫌隙，上書誣陷李景有野心，將反叛朝廷。煬帝相信李景忠誠可靠，派李景兒子前來慰諭說：「即使人們說卿窺天闕，據京師，朕亦不疑。」煬帝告訴李景，你遠在北邊辦事，我是放心的。

　　北平郡西之涿郡（今北京市大興區），為北方邊陲重鎮，也是征遼東的後方基地。它控帶山河，為南方通遼東的咽喉孔道。這裡地稱富饒，統轄薊、涿、昌平、懷戎等九縣，軍械物資貯藏於此，倉庫裡物資充盈，堆積如山。境內有臨朔宮，為煬帝駐蹕之行宮。宮內儲藏著珍寶財貨無數，故煬帝在這裡駐有重兵把守，軍隊多達數萬人。涿郡的富饒引起了河北諸盜的眼紅口饞，他們窺伺著這塊肥肉，欲把它一口吞下。各路人馬都想要奪取涿郡這個好地盤。

　　煬帝派駐在涿郡的留守官是虎賁郎將趙什柱（柱，一作「住」）及賀蘭誼、晉文衍等官。他們平庸無能，與義軍作戰常失利而歸。可是羅藝出戰，卻能常常取得勝利。羅藝由於「破賊不可勝計」，在軍中也就獲得了「勇常冠軍」的讚譽。

　　羅藝英勇善戰，在軍隊中聲譽日隆，引起了趙什柱等將官的不安。他們暗中圖謀欲發動兵變，除掉羅藝這個威脅到身家安全的心頭大患。

　　羅藝很快獲知了他們對自己不利的圖謀，便採取了先發制人的手段。他利用奉命出師去討賊的時機，向即將出行的士兵們宣傳郡官咨嗇無能，不發放軍糧，煽動士兵去討個說法。他說：「我軍討賊，獲得了不少功勳，

可是連食糧的供應都很缺乏。現今城中官倉粟帛堆積如山，留守官飽食素餐，無心安撫軍士和百姓，閉倉不賑，這難道是長官安民養兵的辦法嗎?」士卒們聞言，都信以為真，平日的積憤一時間都迸發出來。羅藝見時機成熟，便帶領著憤怒的軍隊回師城中。趙什柱等官不知情由，還打開城門出城迎候。羅藝一聲令下，士兵們把趙什柱等官員拿下，問他們不恤士卒之罪。趙什柱等膽小怕死，懼怕丟了性命，立即俯首認錯，紛紛表示願意服從號令，聽從指揮。羅藝不費一刀一槍，和平地奪取了涿郡的兵權。

羅藝為爭取軍心民情，立即發布命令，把府庫中的財貨分賜給將士，把倉庫中的糧食分別賑濟給平民百姓。此舉博得了境內軍民之心，個個拍手歡呼，聲聲叫好。

羅藝仗著兵強馬壯，敢於對不服從號令的隋官採取嚴厲的制裁。他下令殺死了渤海太守唐禕等人。唐禕此人乃是向東都越王侗告發楊玄感起兵的告密者，由此立功被提升為太守的。這也算是替楊玄感在天之靈的一種告慰吧！此外，羅藝還免去了和自己不和的柳城太守楊林甫的官，用自己的親信襄平太守鄧暠為總管去鎮守，自己則稱幽州總管。柳城、懷遠等城鎮也都紛紛歸順。自此以後，羅藝割據一方，威震東北邊陲。

這時涿郡屬縣懷戎（今河北張家口市涿鹿縣西南）有一個名叫高曇晟的和尚以大乘佛說傳教。他倡言佛經所說人的本性、知識、根業各有不同，因之，所做的事業有大小、好壞、優劣之分。他日夜聚徒宣講。時天下混亂，縣令官搜刮民脂民膏，惹起眾怨。高曇晟煽惑徒眾，乘機起事反抗。他在設齋具供士民進行大集會之際，與其徒眾五千餘人襲殺縣令、鎮將，舉旗反叛。他自稱大乘皇帝，以女尼靜宣為耶輸皇后，建元法輪，做起帝王夢來。

用宗教發動群眾，能起著組織群眾、煽動情緒的作用。但起義之後，宗教是不能長期支撐其反抗統治者的鎮壓，因此還必須有堅強的軍事力量作為其後盾。高曇晟明白這一點。他遣使去約勢力強大、而又是同姓共族的高開道，希望他能與自己合作，共襄大業。

高開道是活躍於河北地區的劇盜。他係渤海郡陽信（今山東濱州市陽信縣西南）人，出身微寒，家中世代以煮鹽為業。開道年少時便矯健有力，行走快捷，猶如奔馬，因常日行走江湖，結識了河間人格謙。格謙在大業年間避役為盜，占據山林，以搶掠為生，在河北一帶頗有一些小名氣。高開道謀生不易，便去投奔格謙，為其部下。後格謙為隋軍追捕，左右奔散，無人前往救援。高開道奮不顧身，獨自馳馬救主，力殺敵兵數十人。隋兵退去。格謙也就從死難中逃生。自此以後，格謙以高開道重情重義，引為心腹，升為將軍。後格謙與隋軍戰鬥，敗死於陣。高開道與其黨徒百餘人逃亡海曲，積蓄力量，勢力復盛，出掠渤海郡境的城堡鎮戍，以保生計。

高開道堅忍、剛毅，一次面部中箭，他要求醫師拔出箭頭。醫師說箭頭太深不能拔出，高開道一怒之下殺死了醫師。他又找另一個醫師，醫師說我能拔出箭頭，但你會很痛苦，高開道又把這個醫師殺死了。他又找來第三個醫師，醫師說沒問題，便開始做手術，在高開道面部骨頭裡取出箭頭，在手術過程中高開道繼續在宴飲中欣賞歌舞娛樂。

高開道接到高曇晟的邀約，大喜過望，立即率領兵馬北上，與高曇晟相見，彼此約為兄弟。高曇晟且封高開道為齊王。

然而地處一方，兩雄不並立。高開道初來乍到，對高曇晟恭順有禮，頗為親密，時間一久，他觀察到高曇晟無志無能，兵力薄弱，不能打開局面，便前恭後倨起來。過了數月，高開道起了殺心，領著部眾突然進襲，殺死了高曇晟，併合了他的部眾。高開道火拼勝利後，便自大起來，稱齊王，建元，還像模像樣地署置百官起來。

高開道勢力不斷擴大，自臨渝關以東地區至懷遠鎮（今遼寧瀋陽市遼中縣境內遼河沿岸）等地皆為其所攻破，又引兵圍北平郡。

李景獨守孤城，形勢危急，自度不能再抵抗下去，便率領部下棄城出逃至柳城（今遼寧朝陽市城區）。高開道遂乘虛攻入北平，占有其地。大業十三年（617年）初，高開道又攻陷漁陽郡，擁有鐵甲戰馬數千騎，部眾萬人。即以漁陽郡治為都，改元始興，自號燕王，以號召四方。

　　李景據柳城之後，眼見守據孤城，已無出路，率領部下返回涿郡安身，可是在途中為無名的劫盜所殺。一代名將，隨著隋江山的即將倒塌而隕亡。

　　漁陽與涿郡是毗鄰接壤。高開道與羅藝之間是戰是和，是結盟還是戰爭呢？雙方各有想法。

第十八回
薛世雄兵敗七里井　竇建德河間稱夏王

竇建德自從攻取饒陽城之後，招兵買馬，又收得高士達餘部，勢力復振。他總結了張金稱與高士達的失敗經驗，以為單憑打打殺殺，成不了大事。兵不練不戰，躲避在山林中，更沒有出路。尤其是先前一些起義頭領俘得隋官及一些讀書人，不分青紅皂白，一律殺死以泄壓迫之恨，這樣打擊的對象也就擴大，從而使自己樹敵過多。所以他與其他頭領不同，採取委用隋官、讀書人的政策。饒陽縣長宋正本是個有謀略的隋官，在百姓中有口碑。竇建德攻取饒陽時，俘獲了宋正本。宋正本勸諭他要建功立業、為民除害、弔民伐罪、伸張正義，竇建德見他談吐不凡、有學識，欣賞他是個人才，可以為己所用，輔佐事業有成，遂以上客之禮相待，且與他共同謀議取天下的大計。

竇建德飲食起居崇尚儉約樸素，不喜吃葷，常食是蔬菜脫粟飯。妻子曹氏出身農家，亦以儉約為務，從軍以來，身上未嘗服紈綺之類的高級織物，能與士卒妻兒們同甘共苦。戰爭所獲戰利品，乃至珍寶並分賜給諸將士，因此人人擁戴，戰爭時亦萬眾一心，共同殺敵，一往無前。

竇建德的作風、為人，傳遍了河間郡（今河北滄州市河間市）。遠近郡縣官吏風聞建德以仁待人，不殺無辜，也就在建德的招諭下，放下刀槍，以其轄地附歸於建德的麾下。

此時，在河北有一股勢力很強大的起義隊伍。首領叫王須拔，為上谷郡（今河北保定市易縣）人，初以游擊掠地為生，出則攻城邑，入則匿山林。煬帝自征遼回京後，河北一帶除大郡之外，其餘縣邑多已失控。王須拔勢力乘機強大起來，他自號「漫天王」，國號燕，率領部眾去攻打涿郡，欲占

取此重要的地盤以作為根據地。但是他的部眾人數雖多，紀律散漫，號令不一。當王須拔率兵攻打涿郡時，受到羅藝軍隊的迎頭痛擊，不幸戰死。其部眾遂推戴魏刀兒為首領繼續戰鬥。其勢力盛時，擁眾十餘萬，成為河北地區稱王稱霸的勢力之一。

竇建德欲擴大地盤，勢不得不與毗鄰的魏刀兒打交道。此時正值王須拔戰死，號稱歷山飛的魏刀兒在博陵郡（今河北保定市定州市）的深澤一帶修築堡寨以自固。建德明裡修書與之聯合，暗中乘其不備，以大軍掩襲。魏刀兒被殺，餘部或被竇建德兼併，或擁眾西奔，踰太行山，進入到山西境內活動。

竇建德盡收魏刀兒所據地方，勢力既盛，就在大業十三年（617 年）正月，他已經擁有勝兵十餘萬人。在河北、山東一帶，成為群雄中的魁首。竇建德受到眾首領的擁護，威望日高，乃在河間樂壽縣（今河北滄州市獻縣）築壇場，祭告天地神祇，自立為長樂王，建年號為丁丑。署置百官，一切制度以隋文帝時為準則。

大業十三年七月，朝廷派出了涿郡留守、右翊衛將軍薛世雄率領燕地精兵三萬名去救援東都、征討李密，所有東都的隋軍將領都要受薛世雄的節制和調度，並且要求行軍路上遇到盜賊，隨即誅殺。

除了自己親征高麗，煬帝從來沒有授予過一名將領這樣大的權力。這道詔書，說明了煬帝對薛世雄的信任與期望。

薛世雄是隋代名將。還在兒童時代，他就表現出非凡的軍事領導才能。他和同齡的孩子們遊戲時，在地面畫上城牆壕溝，指揮同伴攻城守城。不聽指揮的，就要遭懲罰鞭打，孩子們沒有不聽話的。薛世雄十七歲參軍，跟隨周武帝宇文邕在消滅北齊、統一北方的戰爭中顯露頭角。楊堅建立隋朝之後，薛世雄為隋家兩代主子東征西戰，南征北剿，先後參加過征討伊吾、對高麗的戰爭等，立下赫赫戰功，成為中央禁衛軍的一名高級將領。

薛世雄不但能打硬仗、惡仗，而且不居功、不驕傲，對自己、對部下要求都很嚴格，史書說他「性廉謹，凡所行軍破敵之處，秋毫無犯」，連煬

帝這個一貫嫉賢妒能的君主都不由得稱讚他「廉正節概，有古人之風」。

大業十年（614 年），煬帝在第三次遠征高麗被迫草草結束，於心不甘地退回中原時，留下薛世雄擔任涿郡留守。薛世雄時年已經六十三歲。他是久經沙場的老將、威名卓著的統帥，英勇善戰，帶兵有方，手下有數萬燕地精兵，而且四個兒子萬述、萬淑、萬均、萬徹都英雄了得，尤其薛萬均、薛萬徹兩人有萬夫不當之勇。

薛世雄對完成煬帝交給的任務充滿信心。他不但要打敗李密，解除李密對東都的威脅，而且要順便誅翦河北的義軍，首先便是消滅膽敢在河間稱王的竇建德。因此，薛世雄採取了先滅竇建德、再除李密的作戰方針。

河間郡緊挨著涿郡，在離河間郡的郡城只有七里的地方有個「七里井」。這裡既是大軍南下的必經之地，又離竇建德的都城樂壽不遠。隋軍來到了河間城南七里井立營駐屯。竇建德探得薛世雄兵強馬壯，氣勢洶洶，為了避其鋒銳，與左右商議採取堅壁清野、擊其不備的策略：先以一支勁兵埋伏在林莽草澤中視敵軍的行動以作進退；又下令拔空駐紮在各城邑的守兵，把他們集中在一起，把力量集中起來，伺機對隋軍進行堅決而有力地打擊；同時，又聲稱義軍單弱，勢不能與隋軍對抗，義軍已率老弱退入豆子䴚中藏身。薛世雄所率是隋軍精銳，自己又是個身經百戰的疆場老手。他覺得竇建德這個草頭王名不見經傳，部下多為平民百姓，未歷疆場廝殺，兵器軍械多有不備，是不堪一擊的。因此，恃強自傲，對敵不以為意，放鬆了警惕，以為竇建德是畏懼自己，不敢對抗。

竇建德探知薛世雄放鬆防備，決計破釜沉舟，奮力一搏。他精選勇士組成敢死隊一百餘人，先行對薛世雄營衝擊，大隊人馬後繼，分兩側推進。此時，適逢氣候變化，大霧彌漫，白天猶如黑夜，咫尺之間，視不可見。突然之間伏軍齊發，兩側間義軍又包抄過來，隋軍經不起建德精騎突然的猛衝直撞，驚駭潰退。隋軍彼此不相知，潰退時又互相踐踏，死者無數，堆積起來竟像山丘一樣的高。

隋軍退不可止，薛世雄無法，只得率領數百名騎兵遁走，餘眾盡被俘

虜。竇建德取得七里井大捷的消息迅速傳遍了河北，義軍軍心大快。薛世雄大軍的潰敗，使他一世的英名頓失，他抱著羞愧受責的心理，退回到涿郡，不久憂憤發病而死。

七里井之戰，竇建德俘虜了隋河間郡丞王琮。竇建德為了要順利取得河間，並不殺他，而是慰勉了王琮一番，要他回去勸說城中軍民棄守投順。王琮勉強答應，可是一回到郡城，立刻變臉，他乘機號召軍民守城，抵抗義軍。竇建德復命義軍進攻，一時之間，未能攻下。這時河間被困，城中缺乏糧食，又有消息傳來，說煬帝已經被宇文化及所弒。王琮一下子失去了主心骨，覺得再也無法堅持守城了。為表臣子之心，他率領所屬官民為煬帝發喪致哀，遙望南方，縞素哭拜。竇建德為收絡人心，也遣使入城弔喪，再次向王琮勸降。把圍城的軍隊後撤，又提供城中軍民飲食充饑解困。竇建德這一系列的舉動，打動了王琮及其下屬官吏的心，他們決計獻城歸順。過不多日，王琮親率郡中屬官，素服面縛至軍門請罪。竇建德則親自給王琮鬆綁解縛，與王琮講說隋煬帝亡國的緣故。兩人各吐衷腸，彼此情投意合，以致相對而泣。義軍部屬看見竇建德如此對待隋官，心中多有惑疑，他們憤憤不平地質問道：「河間郡城據守很久，我方將士多有死傷，今日他們勢窮力竭而降，殺了王琮方能解將士們的憤恨！」建德婉轉地對他們說：「王琮是個講道義的人，我今日提拔並表揚他是要用此來激勵事君以忠的人。」又立即下令軍中：「今後若有人與王琮有仇，膽敢殺害他及其家人、煽動人心，處以罪誅三族的重刑。」號令一下，誰敢不遵，軍中帖然無有異動。為廣攬人才、服務王業，竇建德乃拜授王琮為瀛州（即河間郡）刺史，命他管理州中一切事務。建德行政採取開皇制度，把煬帝改州為郡的郡制恢復回文帝時期的州制。後來唐朝建國也是採開皇州制。在此提過，以後就不再重複說明了。

此前，竇建德攻陷景城（今河北衡水市景縣），抓住戶曹河東人張玄素，將要殺了他，縣裡百姓一千多人都嚎啕泣哭，請求代替他死，說：「沒有比張戶曹更清廉謹慎的官員了，大王若殺了他，怎麼能勸人向善！」竇建德便

釋放了張玄素，用他做治書侍御史，張玄素堅持推辭。直到隋煬帝死後，竇建德再以他為黃門侍郎，張玄素才接任下來。

　　大業十三年冬至日，這是一年中的盛大節日，竇建德身服冕服，大會群官。恰巧在這個時辰裡，有五隻大鳥飛翔而來聚集在宮殿的屋脊上。說也奇怪，立即一呼百應，上萬隻群鳥相繼紛紛飛來，黑壓壓的一大片，聚會一起，團團飛轉。又有宗城（今河北邢臺市清河縣西）人獻上玄圭一具。景城縣丞孔德紹十分湊趣地解說道：「古代上天以玄圭賜給夏禹王，今日有吉慶祥瑞之物降臨與夏禹時代相同。這是國家將興的吉兆，宜改稱國號為『夏』。」自古以來，人們皆相信瑞應吉兆，竇建德聞言，心中大悅，立即遵從其說，正式改元五鳳，國號夏，自稱夏王。以孔德紹稱瑞有功，升拜他為內史侍郎。

第十九回
大海寺張須陀授首　洛口倉諸義軍聚會

　　李密初入瓦崗，翟讓以王伯當薦介，以禮相待，安頓了李密一行。但也有人告訴翟讓，李密是楊玄感舊將，為官府文書中海捕的一個重要人物，勸翟讓殺死李密，省得招惹麻煩在身。翟讓聽罷，多少有些畏懼、懷疑，但他畢竟是個重義的人，人家慕名前來投奔，殺之豈非不仁不義。他自從與李密經過多次交談之後，已不再對李密進行防範，但也沒有對李密產生信任，以心腹相待。

　　在瓦崗軍中李密的頭角嶄露，已取得部分瓦崗頭領及部眾的傾心。與翟讓同起瓦崗的徐世勣對李密也有好感，勸翟讓對李密好生看待。

　　瓦崗軍中，翟讓有個軍師名叫賈雄。此人識文墨，胸有謀略，又曉得一些陰陽占候相人術數，翟讓對他可說是言無不聽。李密深曉賈雄的作用，主動與他接近，誠心結交。賈雄亦看重李密為將門之子，有宏才大略，自愧不如，乃以術數對翟讓稱說李密可為心腹之交。一日，翟讓問賈雄，李密所說的取天下之策是否可用？賈雄答道：「此計高不可言。」又說：「公若自立，恐未必成，若立此人，事無不濟。」翟讓道：「如卿所言，蒲山公當自立，何來從我？」賈雄道：「凡事都有因緣，相互相成。李密所以來歸將軍，是因為將軍姓翟。翟的意思是『水澤之地』，蒲非澤不生。故須待將軍的提攜。」賈雄所說的「蒲」，實是暗喻李密的爵號蒲山公，翟讓思考賈雄的話，覺得頗有一番道理，自此之後與李密情好日篤，彼此稱兄道弟起來。李密所採取的策略是：先進行地區性的小聯合，再進而把群雄聚攏一起，進行大聯合，從而與隋軍展開針鋒相對的大決戰。經翟讓的贊同後，李密逐個遊說各處山頭的頭領，聯絡他們團結一致、同舟共濟。經過多方說合

後，終於取得了成果，附近一些起義首領表示願意推翟讓為盟主，共同與隋政府對抗。

　　眼見時機已成熟，翟讓日益看重李密。李密便向翟讓提出了出兵攻打滎陽郡的計策（滎陽在瓦崗西南，是黃河邊上的大郡）。他說：「今日兵眾既多，食糧將無所出，如若曠日持久，則人馬必將困弊。一旦大敵來臨，死亡指日可待。不如率領人馬直取滎陽，休兵館谷，等待士兵勇健、馬匹肥壯之後，可再與敵爭利。」

　　對於李密獻計，翟讓甚表贊同，立即吩咐大小頭領各作準備。頭領們聽說出山，無不欣喜萬狀，個個摩拳擦掌，願奮勇爭先。果然這次出軍十分順利，瓦崗軍很快攻破金堤關，進掠滎陽，滎陽所屬諸縣城堡多被攻下，軍隊給養比起往日大大地豐饒起來。

　　那張須陀自從領河南道討捕大使以來，威望大著，名震東夏，哪裡有烽火他就到哪裡撲滅。在祝阿，義軍首領盧明月擁眾十餘萬人，正在攻城掠地，張須陀敢於出兵邀擊，擊殺義軍數千人。又有義軍首領呂明星、帥仁泰、霍小漢等各擁眾萬餘，進擾濟北一帶地區，也被張須陀擊退。以前翟讓也曾出兵與張須陀交戰，先後三十餘戰，喪失人馬不少，也未取得絲毫便宜。這次翟讓的出軍激怒了張須陀。他身為討捕大使、滎陽通守，守土有責，豈能置之不理，便統率兵馬，欲撲滅瓦崗軍。

　　翟讓以前與張須陀交戰，屢戰屢敗，心中有些膽怯。及打聽得張須陀率領主力大軍前來討伐，不免手足無措，準備退避其鋒，容日後再找機會。翟讓的退縮不前，被李密猜個正著。他便自告奮勇，向翟讓建議道：「張須陀勇而無謀，士兵驟然取得勝利，既驕且狠，乘其疏於防備可一戰而成擒。公但列陣以待，我保為公破之。」

　　李密的計謀是誘敵深入，突然出擊，翟讓在猶疑中還是聽從了李密的建議。他勒兵擺出陣勢等待張須陀軍隊來攻，李密則率領著一支精銳騎兵約千餘人，先期埋伏在大海寺（大海寺位於滎陽縣城東北十公里處，今滎陽市區內仍有大海寺）附近的林木之間，等待翟讓誘敵入伏。交戰之初，翟讓佯

敗，且戰且退，一直把兇狠的敵軍誘進到伏擊圈中。

瓦崗義軍奮起戰鬥，前後夾擊。張須陀猝不及防，力戰縱馬潰圍而出，但左右得力戰將秦叔寶、羅士信等人仍在圍中。他復又馳馬入圍，欲解救他們一齊出圍，哪知亂箭齊發，他身上多處受傷，力竭陣亡，為隋王朝壯烈捐軀，他的一縷「忠魂」向身在揚州的隋煬帝報到去了。

張須陀敗亡後，煬帝改任光祿大夫裴仁基為河南討捕大使，收集張須陀的部下，鎮守虎牢（今河南鄭州市滎陽市汜水鎮）。張須陀的戰將秦叔寶、羅士信等人，在主將陣亡之後都轉為投效裴仁基。

此役李密策劃迎敵，陣敗大將，使他的名聲大振。翟讓因其有功，承認李密自統一部，名為「蒲山公營」。

李密治軍有法，所統軍隊軍容整肅，凡號令士兵即使在嚴寒酷暑，軍隊都能不辭艱辛，背負行囊，遠途奔襲。李密自己也能以身作則，生活簡樸，凡所得俘獲皆分賜給部下眾將士。由此，人人歡欣願意聽命，赴湯蹈火也在所不辭。

經過一番休整之後，李密復又對翟讓獻計說：「今昏主楊廣遠離京都，南往吳越，群雄四起，海內饑荒連年。明公以英傑之才而統率驍勇之眾，應當以掃清天下，誅滅群凶為己志，豈可求食於山林草野之間，做個小盜而已。現今東都士民百姓，中外離心，留守諸官員，政令不統一。明公若親率大軍，直掩貯藏糧食豐滿的『興洛大倉』，取得倉粟以賑濟貧乏百姓。此時，有了食糧，遠近誰不歸附，百萬之眾，即刻可聚集到一起。先發制人，後發制於人，時不再來，機不可失！」

翟讓對李密的建議頗為首肯，但要自己擔當大任，唯恐力所不及，故心中仍有些猶豫，答道：「僕起於田野之間，從未見過大世面，期望遠不至此，必如你所圖謀，請君先發，僕領諸軍便為後殿。得倉之日，容再商議日後之事。」

大業十二年（616 年）冬天已過，一切準備已妥。十三年（617 年）正月，瓦崗軍出發，攻打離洛陽最近最大的糧倉興洛倉。翟讓與李密各領精

兵千人出陽城（今河南鄭州市登封市東南），北踰方山，自羅口襲興洛倉。興洛倉故址在今河南鞏義市東北伊洛河（即洛水）入黃河河口，故也稱洛口倉。倉城二十餘里，窖有三千，每窖藏貯食糧可達八千石，為全國貯藏數量最大的糧倉之一。隋政府規定，地方糧庫無朝廷命令，即使災荒年頭也不能開倉賑濟貧乏，否則依法令嚴辦，官員甚至有處死之虞。瓦崗軍進展神速，很快就大破隋守倉之軍，於是開倉賑濟貧窮，任人取用。老弱肩挑、背負、手提，沿途不絕。瓦崗軍又向各起義部隊發信，四出宣揚，可領人馬到倉取米。有飯大家來吃，此號召力十分巨大，頃刻之間，軍民雲集，眾至數十萬。瓦崗軍成為中原河洛一帶威望最高、影響力最大的一支武裝力量，洛陽官民聞之心驚膽戰，惶惶不可終日。

在洛陽的越王楊侗派虎賁郎將劉長恭、光祿少卿房崱，率領二萬五千步騎兵前去討伐李密。當時洛陽人都以為李密的部隊是由饑民組成的盜米之賊，屬於烏合之眾，應該容易消滅，都爭相前來應徵當兵。四門三館的學生以及貴族勳戚子弟都來報名參軍，想早日建功立業。

這些學生與貴族子弟軍的器械整齊，衣著鮮明華美，旌旗飄揚，鉦鼓齊鳴，顯得非常強盛。劉長恭等人率部在前，讓黃河以南的討捕大使裴仁基率部從汜水鎮（今河南鄭州市滎陽市汜水鎮）以西進入前線陣地，對李密尾部實行推進襲擊，規定在二月十一日會師於洛口倉城南面。李密、翟讓獲悉了這一情報。二月十一日，東都洛陽的隊伍先到，士兵還沒有吃早飯，劉長恭等人便催促部隊渡過洛水，在位於河南鞏義市以東的石子河西岸列陣；軍陣從南到北有十多里長。李密、翟讓挑選驍勇壯士分成十隊，命令其中的四隊埋伏在鞏義市以東的橫嶺下，以阻擊裴仁基軍隊的到來；其餘的六隊在石子河東岸列陣。劉長恭等人見李密的兵力不多，非常輕視。翟讓率部首先與官軍交戰失利，李密隨即率部橫衝過來。官軍因饑餓疲憊立即敗下陣來。劉長恭等人見此狀況，慌忙間脫掉軍服偽裝成平民才逃回了洛陽，將士死傷十之五六。越王楊侗赦免了劉長恭等人的敗軍之罪，並加以安撫慰問。李密、翟讓將隋軍的輜重、器械、鎧甲全部繳獲，一時軍威

大振。

翟讓因佩服李密的謀略，願推舉李密為主。眾義軍首領順水推舟，無不歡欣鼓舞，擁戴李密為義軍盟主，於是大家給李密上尊號為魏公。二月十九日，在廣場設祭壇，行告天之禮，擁戴李密即魏公位，並建年號為永平元年，大赦天下。隨著李密政權的建立，其文書頒發署名為「行軍元帥府」。魏公府設置三司、六衛，元帥府設置長史以下的官員。李密效仿周隋官制授翟讓為上柱國、司徒、東郡公。東郡公府也設置長史以下的官員，數目比元帥府減少一半。任命單雄信為左武候大將軍，徐世勣為右武候大將軍，各自統領所部。房彥藻為元帥府左長史，邴元真為右長史，楊德方為左司馬，鄭德韜為右司馬，祖君彥為記室，其餘的人封爵拜官各有等次。

元帥府既立，文書四出。於是趙、魏地區以南，江淮以北的各地起義武裝都紛紛回應。孟讓、郝孝德、王德仁以及濟陰房獻伯，上谷王君廓，長平李士才，淮陽魏六兒、李德謙，譙郡張遷，魏郡李文相，譙郡的黑社、白社，濟北的張青特，上洛的周比洮、胡驢賊等，這些大大小小的首領率領隊伍都紛紛歸附了李密。李密對這些人全部封官授爵，讓他們各自統領本部人馬。元帥府設置「百營簿」機構，領導這些部隊。

魏公府設立後，前來歸附的人流一路上絡繹不絕，一時間讓這支從瓦崗寨走出來的農民軍驟然增加到幾十萬。隨著軍隊大量湧入，李密命令護軍將軍田茂廣修築洛口倉城，把倉城的範圍擴大到四十平方里，作為新的根據地。李密還派心腹房彥藻率部向東掠奪地盤，先後攻取了安陸、汝南、淮安、濟陽等郡縣。自此，黃河以南的郡縣大多數成了李密的勢力範圍，李密從打家劫舍、占城掠地的群盜邁上了稱王稱帝、建功立業、改朝換代的道路。

隨著瓦崗軍軍事上的勝利，原來隋朝的一些官員也多來歸順李密，進一步壯大了李密的隊伍。先後有朝散大夫時德叡、宿城令祖君彥、鞏縣長柴孝和、監察御史鄭頲、河南討捕大使裴仁基等歸附李密，李密都加以重用。

　　裴仁基，字德本，年少時就很驍勇，善於騎馬射箭。先後參加過隋滅陳及攻打吐谷渾、靺鞨的戰爭。大業末年天下大亂，士兵有功也不被記錄獎賞。裴仁基見強敵在前，部隊疲勞，因此將所得的軍用物資，全部賞賜給士卒。監軍御史蕭懷靜反對這樣做，士卒們都怨恨蕭懷靜。蕭懷靜又屢次搜羅裴仁基的過失上奏彈劾他。洛口倉城之戰，裴仁基誤期未到，聽說劉長恭等人被打敗，懼怕李密而不敢前進，就屯兵於百花谷，加固營壘自守，但又害怕被朝廷治罪。李密知道裴仁基進退兩難的狼狽處境，就派人勸說他投降，並以厚利來誘惑他。部下賈閏甫勸裴仁基投降李密。裴仁基說：「蕭御史怎麼辦？」賈閏甫說：「蕭君就像棲身在樹枝上的雞，如果他不知道隨機應變，就在於您的一刀了。」裴仁基採納了賈閏甫的建議，派他去向李密請降。李密大喜，任命賈閏甫為元帥府司兵參軍兼直記室事，派他回去向裴仁基覆命，並帶給裴仁基書信，對他表示撫慰，接受他的歸附，裴仁基退回仍駐軍虎牢。蕭懷靜祕密上表奏報此事，裴仁基知道了，就殺死蕭懷靜，率領他的部眾以虎牢城向李密投降。李密封裴仁基為上柱國、河東郡公；裴仁基的兒子裴行儼驍勇善戰，李密也封他為上柱國、絳郡公。

　　祖君彥出身名門，父親曾任北齊宰相。他容貌不揚，言辭拙訥，卻是一個博學強記、很有文采的人。早年就有文名，吏部侍郎薛道衡把他推薦給隋文帝，但不被重用。隋煬帝即位，嫉恨他的名氣，僅授東平郡書佐、檢校宿城令的小官。祖君彥自負其才，常鬱鬱思亂。東平郡陷落後，為李密所得，李密欣賞他的文才，任命為元帥府記室。歷史上著名的〈為李密檄洛州文〉、〈為李密與李淵書〉等文章都是他所寫，特別是在〈為李密檄洛州文〉中，他先列舉了隋煬帝的十條罪狀，最後總結說：「罄南山之竹，書罪未窮；決東海之波，流惡難盡。」意思是說用盡南山的竹子製成竹簡，也寫不完隋煬帝的罪行；決開東海的堤壩，東海之水也沖洗不盡他的罪惡。辭句雖然寫得很優美、動人，罵得也痛快淋漓，但卻把隋煬帝妖魔化了。

第二十回
李子通建號海陵縣　杜伏威鏖戰淮南地

　　當全國各地的起義風起雲湧之際，在淮南一帶，就有數支規模較大的力量與隋軍展開了爭奪戰。其中一支是由長白山南下的杜伏威、輔公祏部；另一支為彭城人李子通為首的義軍。他們進軍的矛頭幾乎一致地指向南北運河的交點江都郡（今江蘇揚州市江都區）。

　　杜伏威與輔公祏是一對結義兄弟。杜伏威，齊郡章丘人；輔公祏，齊郡臨濟人。輔公祏年長，家境尚可。杜伏威年小，家境貧寒，但豪蕩不羈，不事生產，有時且偷雞摸狗，做些不體面的勾當。兩人早年即為至交好友，輔公祏仗義輕財，時常周濟杜伏威，且多次偷盜姑姑家中的牧羊送給杜伏威養家糊口。此事被姑父告發到衙門裡，縣官追捕緊急，輔公祏遂與杜伏威雙雙逃命，來到長白山王薄處入夥為小盜。

　　杜伏威入夥長白山的時候，年方十六歲，可是卻勇於戰鬥、不怕死，每當出山掠取財物或與縣兵打仗，時常出則居前充當先鋒，入則殿後充當後衛，哪裡有艱難，他都勇於擔當。由此他為徒眾所敬佩，大家都推他為首領。輔公祏年長有謀略，輔佐杜伏威，替他出謀劃策，部下稱他為輔伯，不過他的威信則比杜伏威略遜一些。

　　下邳郡（今江蘇宿遷市宿豫區）有個土豪名苗海潮，因不堪隋官吏苛暴，亦糾聚貧窮的百姓為盜，時常出沒郡境，以劫掠為生計。杜伏威素聞其名，想要與他的隊伍合併，共抗隋軍。他派輔公祏對苗海潮說：「今我與君同苦隋政，各舉大義，力量分散勢必會被削弱，故我時常恐懼被官軍所擒。如果合二支隊伍為一支，則足足可以與官軍相抗。君自忖若能作我等主帥，我當效從；若自忖力量不堪充當首領，最好率部前來，聽命於我。否則，

彼此率軍出戰，以勝負決定雌雄。」苗海潮自思力小兵弱、寡不敵眾，而且杜伏威英勇善戰，頗講義氣，便乖乖地率領他的部隊向杜伏威歸附。義軍由小到大的聯合，是與隋軍作戰的必然趨勢。但輔公祏的一席話說服了苗海潮，也是他機智用謀的結果。

杜伏威擴大了隊伍，擺酒慶賀。過了一些時日，由於本地資源匱乏、供養不足，杜伏威率領著部眾，轉掠淮南較富庶的地區，自稱將軍，以號召群眾。

樹大招風。伏威名聲傳揚開來，引起了江都郡留守的注意，便派校尉宋璟率軍前來討捕。隋代軍事制度是在地方上設置鷹揚府治郡兵，將官有郎將、副郎將，下屬有校尉，或掌步兵，或掌騎兵。杜伏威見宋璟前來討伐，利用當地多河湖港汊的地理形勢，設計用誘敵的方法引其入彀。他先領軍與宋璟交鋒，佯作敗北，有步驟地引軍後撤，而事先則派出一支精銳隊伍埋伏在蘆葦蕩中，等到宋璟軍隊入圍搜捕時，伏兵突然發動攻擊，杜伏威率眾放火焚燒蘆葦。時風大火猛，風助火勢，頃刻間，大火從上方延燒到宋璟部隊的下方，宋璟墜馬，陷入蘆葦蕩中的泥潦沼澤之中，其部眾逃竄不及，多數被燒死灼傷，喪失了戰鬥力。這是杜伏威從長白山南下後與官軍作戰取得的一次勝利。

為奪取給養，杜伏威率軍隊逐漸向江都郡移動推進。此時，在江都郡屬海陵縣（今江蘇泰州市海陵區）有一支起義隊伍，由一位名叫趙破陣的土豪組織鄉里貧民武裝起來。趙破陣的隊伍人多勢眾，他看不起杜伏威部軍隊少、年紀輕，不把他放在眼裡。趙破陣為了擴充實力，一心想合併杜部歸其麾下，遣人向杜伏威送書勸降，杜伏威不願屈居人後、受人擺布，乃詐稱雙方可擇日見面，舉行談判議定條件。屆時，杜伏威帶領左右親信十餘人，一路上敲鑼打鼓，肩擔手挑著牛酒等犒勞物品來到趙破陣的軍營裡，自稱前來拜謁面議，暗中則又約定由輔公祏祕密率領一支人馬作為外援，以防不測。杜伏威神色自若地進入趙破陣營帳中。趙破陣見他所帶人少，認定不是來挑釁的，便未作防備，興高采烈地迎接杜伏威一行。當大小頭

　　領們在杯酒交歡之際，杜伏威突然發出號令，隨從們一起動手。手起刀落，殺死了驚慌未定的趙破陣。此時，輔公祏亦引援兵到達。趙破陣的部眾見頭領被殺，力又不敵，撇下武器紛紛乞求饒命，願為杜伏威效力。杜伏威以他的機智和膽量又一次合併了一支人數比他多的隊伍。

　　大業十一年（615 年）年底，從長白山南下的隊伍中，又一支武裝在李子通的率領下渡過淮水，推進到淮南，向江都郡逼近。

　　李子通，係彭城蘭陵（今山東臨沂市蘭陵縣）人，家境貧窮，少年時以漁獵為生，在鄉里見老弱必扶攜負戴、為之出力，樂於助人。家有餘財，亦周濟鄉近貧民。為人性好仁愛，但扶弱抑強，有仇必報。他矯健又有勇力，早年投奔到長白山義軍首領左才相處，倚以為生。左才相自稱博山公，是個粗獷之人，雖有豪氣，但胸無大志、殘忍少恩，劫掠所至，不分良莠，多有殺戮。李子通卻能寬厚待人，因此，多有群眾投奔於他。不滿半年時間，他的隊伍迅速發展，擁有近萬名之多。左才相氣量狹窄，眼見李子通隊伍擴大，將超壓自己，便起了疏忌之心，他與李子通的結交漸漸由嫌生隙，彼此多有矛盾。李子通心想弟兄們自相殘殺、反目尋仇是不會得到好結果的，便退讓一步，率部眾另謀出路，他渡淮水去與曾同在長白山落草、此時轉戰在淮南的杜伏威會合。

　　杜伏威經常領兵作戰，戰爭的經驗告訴他要組織一支精銳的死士為其衝鋒陷陣。經過精心挑選培育，他在軍中揀拔出一批勇健壯士作為自己的親信死力，稱為「上募」，在決戰的緊要關頭可以發揮作用。這支精銳隊伍由他的數十名假子（義子）率領，後不斷擴大，盛時到達五千多人，並且對這支隊伍極為寵信，給予很優厚的待遇。在作戰中遇到頑敵，便命令「上募」先去出擊，戰後審查將士，凡背上有傷的便處死，認為是戰時退走後背受擊的緣故。凡是戰爭所繳獲的資財，都用來賞給軍隊，將士戰死的便用妻妾為死者殉葬，所以杜伏威的軍隊都人自為戰，所向無敵。假子中以他的親信養子濟陰人王雄誕和章丘人闞稜最為著名，王雄誕少年時即強毅果斷、膂力過人，有才智，杜伏威初起事，多用其謀略；闞稜是杜伏威的

同鄉，狀貌魁梧雄壯，善於用兩刃刀，長約一丈，名為「拍刀」，一揮能殺數人，所向無敵。二人在多次戰役中，一馬當先、以一當十，衝鋒陷陣，所向無敵。

　　起義軍中分合聚散是經常發生的事。李子通與杜伏威各有好勝之心，由於勢力範圍劃分上的利益衝突而失和，再由失和而產生互鬥。李子通密謀暗襲杜伏威，杜伏威猝不及防，部隊被偷襲，身上亦被斫成重傷，墜落馬下，幸虧王雄誕侍從在旁，立即下馬背他躲逃入蘆葦叢中藏匿起來，才算逃過一劫。及追兵去後，杜伏威傷好復出，收合散兵餘眾，軍勢又重新振作起來。

　　此時已是大業十一年年底，隋朝廷聞報江淮不寧，河運被阻斷，派遣名將來護兒之子虎牙郎將來整領兵討伐。來整所率軍隊身經百戰，剽勇異常，兩軍戰於名為黃花輪的地方，義軍大敗。杜伏威又一次身受重傷，不能行走，軍中有頭領西門君儀之妻王氏，勇健有力，見杜伏威受傷，奮不顧身背負著杜伏威逃走。王雄誕為後殿，揮舞著大刀，率壯士十餘人奮力護衛，邊殺邊退，士卒只剩下不到千人，最後經殊死奮戰，終於擺脫困境，杜伏威再次在死亡的危境中得免於難。不久，官軍既退，杜伏威收集散亡之士，得八千人，又與隋虎牙郎將公孫上哲交戰於瀕臨海邊的鹽城（今江蘇鹽城市亭湖區）一帶，大敗隋軍，杜伏威軍勢復盛，遂屯軍於六合縣（今江蘇南京市六合區）境內。

　　來整在殺退杜伏威義軍後，乘勝向李子通部進攻。李子通勢孤力弱，亦遭到失敗，率領著部眾退奔海陵，在這裡樹起旗幟、招兵買馬、收集離散。那時天下兵起，貧窮者多，只要樹旗招兵，就有無數貧苦百姓蟻附而來。不多時間，李子通復又聚攏起一支兩萬人的軍隊，勢力漸大，遂自稱將軍，號召遠近，不久，又自號楚王。

　　大業十三年（617 年）春正月，隋煬帝眼見江淮烽火漸盛，義軍已逼近江都，急忙派右禦衛將軍陳稜率領宿衛兵進討杜伏威。陳稜早在煬帝初年就曾與張鎮州一起率領戰艦航海至流求，大業八年（612 年）征遼東時又率

領一支軍隊渡遼作戰，是個久經疆場的戰將。他觀察形勢，所率領的雖為宿衛精兵，但久戰疲敝，由此他採取防守戰術，作戰持重，不主動進擊。杜伏威年少氣盛，用三國時諸葛亮與司馬懿相距渭水時諸葛亮所用的激將法，挑陳稜出戰，他派人向陳稜送上婦女的衣服，挑戰書中還稱他為「陳姥」。陳稜果然被激怒了，指麾著大軍向杜伏威軍逼來，杜伏威馳馬迎出挑戰，被隋軍的箭射中額頭，杜伏威忍痛大怒道：「不砍殺你的頭，我就不拔箭矢。」遂拍馬馳入陳稜陣中廝殺，其左右敢死士隨之馳進，隋軍陣亂。杜部所向披靡，杜伏威俘得陳稜軍中射箭的將領，使其拔出頭上的箭，然後把他斬首送到陳稜軍營中示眾。杜伏威的勇決和無畏使陳稜驚恐，只得率潰敗之軍後撤。

隋王朝大勢已去。杜伏威乘勝進破高郵（今江蘇揚州市高郵市），又引兵攻取歷陽（今安徽馬鞍山市和縣歷陽鎮，是江都上游的重鎮），遂自稱總管，以輔公祏為長史，分兵四略，附近諸縣邑皆望風披靡，江淮諸群盜慕其名望，皆紛紛爭附。

此時，左才相則在淮北一帶活動。他以游擊作戰為主要方針，劫掠郡縣，行蹤不定，其政治的影響力不及杜伏威和李子通。但是在兩淮地區，經過這幾股勢力反覆不斷地攻掠，隋王朝的控制力量已被大大地削弱。隋前後雖有來整及陳稜所率軍隊頻頻獲勝，但大廈將傾，軍心不定，已無法挽救隋王朝江山於既倒。江都宮中的隋煬帝，在這危亡時刻，他在想著什麼、做著什麼呢？

第二十一回
林士弘江左稱楚帝　悍朱粲山南恣劫掠

　　自從煬帝揮動大軍、在中原各地大肆鎮壓起義軍之際，江淮漢沔流域廣大地區的起義活動也蓬勃發展。繼劉元進、朱燮、管崇在江左失敗後，在江右又有操師乞、林士弘等人繼踵而起，稱王稱帝；在漢沔一帶，又有朱粲、張善安等占據一方，稱王稱霸，與隋軍展開了一場又一場的激烈戰鬥。

　　操師乞一稱操天成，鄱陽（今江西上饒市鄱陽縣）人氏，他仗義疏財，好勇喜鬥，善於結交江湖人士，與同鄉林士弘結為香火兄弟，彼此互通有無，禍福共當。大業十一年（615年），操師乞不滿隋官府苛政暴斂，召集林士弘及鄉里窮苦百姓揭竿起義。當江右地區苦於徵斂，百姓們人心浮動，操師乞振臂一呼，人們紛紛回應，不多時間，操師乞的隊伍不斷壯大，擁有徒眾數萬人。人多力量大，操師乞受到部眾擁戴，乃建立官屬，自稱元興王，建元天成。故人們即以其建元的稱號稱呼為操天成。

　　乘著義軍勃起的勢頭，操師乞很快地攻取了豫章郡（今江西南昌市城區）。他以勇猛著稱的林士弘為大將軍，統率部下精銳，攻打附近郡縣，又積極地招兵買馬，興建舟船，廣造軍械，用此來擴大軍事力量。

　　地處長江中段東流至九江一帶的南端為豫章郡的首縣豫章。其地控扼荊襄、嶺表，為閩、浙往來的交通樞紐，是江南地區水陸交通的總匯，也是南方貢賦輸送到兩京的一條必經之路。如此重要的地方失守，使煬帝十分震驚。他急忙命令治書侍御史劉子翊向郡縣徵兵，前往鎮壓義軍，收復失地。

　　操師乞部眾未經大戰歷練，經驗不多，且又逞勇使氣，在一次與隋軍

的戰鬥中，義軍為劉子翊部隊所圍，操師乞不幸中箭而死。其餘部由林士弘率領，繼續在江右地區戰鬥。林士弘收集散亡，訓練士眾，激勵他們殺敵，報仇雪恥。不久，劉子翊調任丹陽（今江蘇南京市建鄴區）留守，往上江督運糧餉。義軍得知消息，積極布防，截其歸路。接著義軍率戰艦與隋軍激戰於彭蠡湖（今鄱陽湖）上，義軍久習水戰，殊死戰鬥，結果大敗隋軍。劉子翊敗退南逃，後為義軍首領吳棋子所俘，吳棋子勸其投降，劉子翊寧死不屈，遂被殺害於臨川（今江西撫州市臨川區）城下。

林士弘獲勝的消息，大大鼓舞了江右起義的力量。在不到一年的時間裡，義軍部隊就增加到十餘萬人，先後連續攻陷九江、廬陵諸郡。

大業十二年（616年）底，林士弘自豫章徙居南康郡（今江西贛州市章貢區），自稱南越王。次年春又建立國號為楚，自稱皇帝，建元太平，署置官屬，以其親信王戎為司空。林士弘勢力強盛，激起了廬陵、南康、宜春等地豪傑們的反隋決心，他們紛紛乘機而起，殺死當地的郡守縣令，向林士弘投狀，表示歸附。至此，林士弘勢力所及的地區迅速擴大，北盡九江（今江西九江市城區），南至番禺（即南海縣，今廣東廣州市越秀區）皆相繼樹起了楚的旗幟。

當林士弘大敗隋軍、縱橫江右之際，在淮南地區興起了一支以張善安為首的起義隊伍。

張善安係魯郡方與（今山東濟寧市魚臺縣）人氏，少年時便遊蕩鄉里，不事生產作業，年方十七歲就已亡命山林間成為一個小盜，過著偷雞摸狗、搶掠為生的勾當。起初，他的隊伍規模小，只有百餘人，但是在群眾反抗官府的大潮挾裹下，他的隊伍不斷擴大。可是在山東運河沿線上，官府與起義軍彼此出入，在這進行激烈戰鬥的地方，已不容張善安立足，他只好帶領著部眾南下，渡過淮河，進入到當時稱為富庶的淮南郡（今安徽六安市壽縣）進行游擊作戰。此時正逢王世充大敗孟讓於淮南。久戰之後，生民塗炭，到處有小股離散的起義軍因無法生活而遊蕩著，張善安遂收羅孟讓餘眾八百人，他們都是久戰的亡命之徒，勇敢善戰，張善安收為部屬，猶

如虎生雙翼，勢力頓時強大起來。他乘著士氣高昂、隋郡縣兵力微弱之際攻取了廬江郡（今安徽合肥市廬陽區），並以此地作為據點向四方擴張勢力。

此時正值林士弘據豫章，聲勢震撼江右。張善安慕其名聲，意欲與林士弘結盟，免被別部兼併，遂率領著部隊渡江前往豫章投靠。林士弘恃仗著地廣兵多，不免驕傲自大，看不起名不見經傳、失利而投靠他的無名英雄張善安，他把張善安的部隊安置在豫章的南塘地方，這裡地勢仄逼，物產不饒，林士弘還不時地派遣人員伺察張善安的舉動。既有今日，何必當初？張善安對林士弘的冷遇、對部隊的接濟菲薄已心懷不滿，又常懷著恐懼心理害怕被林士弘暗算，為避免不測之禍，張善安與親信部屬密議不如先下手為強，舉兵突襲林士弘，乘其不備，搶奪他的所據地盤以自強。

張善安的突然發難，使林士弘猝不及防。張善安率領著精銳乘著黑夜偷偷地摸入林士弘營中，放火點燒柴木，大火乘著風勢焚燒豫章的附郭外城，火光照得外城一片通紅。士弘部眾不知情由，慌張應戰，只因失卻有效指揮，士卒大潰。林士弘只得率領敗眾南撤，退到南康郡據守。

除了淮南江右活動的義軍外，在荊襄漢沔一帶地區還有一股勢力強大、以行為極端酷暴而聞名的反隋力量，它就是以朱粲為首領，人們稱呼為「可達寒賊」的隊伍。

朱粲係譙郡城父（今安徽亳州市譙城區城父鎮）人，粗識文字，為人狡獪，早年做過縣中小吏，有著一定的組織才能。大業七年（611年），王薄等起義於山東長白山一帶，他被郡官徵召去鎮壓起義，朱粲不願從征，行至中途便脫離隊伍，逃亡到山林中為盜。此時群眾從亂如麻，朱粲的隊伍不斷擴充，為求生計，他率領著部眾到處打游擊，過著搶掠財物的非常生活。只因尚未被朝廷注意，日子過得倒還不錯。

不久，隋煬帝命河南道討捕大使楊恭仁發兵征討起義軍。當隋軍東向挺進到譙郡（今安徽亳州市譙城區）時，與朱粲的隊伍狹路相逢。朱粲作戰勇悍果決，憑著他得天時、地利、人和的關係，與隋軍廝殺時，一鼓作氣把隋軍打敗。楊恭仁士氣不振，無力再戰，只得率領殘兵敗卒奔回到江都

向煬帝請罪去了。

此時，官兵、匪盜、義軍你來我去，彼此爭奪地盤，田野無人居，農田遭廢棄。有錢人家紛紛築起壁堡保護鄉土，官府則築城屯兵。有戰爭則有荒年，一遇水旱饑荒，求食不得，凍餒而死者就會相枕於道途。朱粲所率部隊所到之處，野無積穀，只得靠搶掠殺人為生。他尤其厭惡政府官吏殘虐百姓，其軍隊帶著階級仇恨，看見地主老財、官僚分子便不分情由，將其當作殺戮對象。饑餓之極時，甚至殺人食肉而不眨眼。因此官府中人稱為「可達寒賊」，而朱粲則自稱「迦樓羅王」。

據稱可達寒賊是從突厥語轉譯而來，意思是指似魔鬼一樣的賊人。傳說可達寒賊人面虎身，率領兇殘無賴之徒，到處以搶劫殺人為生，凡民間牛羊、馬騾等財物都被搶掠一空，百姓不得安寧，憤恨地咒罵他們為可達寒賊。

至於迦樓羅王也有個說法。據稱突厥可汗有個兒子名叫迦樓羅耶，他為解除百姓苦難，領著一支隊伍與可達寒賊的人馬苦戰三日三夜，最後終於消滅了這批劫賊，為百姓除了大害。因此突厥人把可達寒賊視為罪惡的象徵，而把迦樓羅王看作是救苦救難、為民除害的大救星。但對於迦樓羅王還有一說，它所指的是佛教天龍八部的八尊天神之一。天龍八部指天、龍、夜叉、乾達婆、阿修羅、迦樓羅、緊那羅、摩睺羅伽。迦樓羅意為天庭中化身的金翅大鵬鳥，此鳥神力無邊，有種種寶相莊嚴，兩翼相距有三百三十六萬里之遙。此事在佛經中的《華嚴探玄記》中就有所記載。朱粲自稱迦樓羅王，看來實寓有把自己看作是一個神通廣大的天神或救世主。對這支部隊，不管是謠言也好，傳說也罷，人們對他的出沒總是談虎色變。

大業十一年底，朱粲渡過淮水進入漢沔地區，在打敗了隋將楊恭仁之後，繼續南下攻打竟陵（今湖北荊門市鍾祥市）、沔陽（今湖北仙桃市西南）等地，很快漢水以南、洞庭湖以北諸郡縣皆被其攻取。但是朱粲部隊並不作長期停留，而是運動作戰，北上轉戰於秦嶺以南的廣大地區。據稱，他們所到之處，燒殺搶掠，所過人口逃亡，野無遺類，以兇狠殘暴聞名。其活

動地區，大體而言是以漢沔荊襄一帶為中心，勢力強盛時，擁眾有數十萬人之多。

朱粲在攻取了南陽（今河南南陽市鄧州市）之後，遂據地自守，自稱楚帝，建元昌達，表示要與群雄爭奪天下。

朱粲占領南陽後，立志既高，野心亦大，欲改變過去游擊作戰、搶掠殺人的政策以建立新秩序。他對隋朝官吏的態度也不再是不分皂白一律殺戮不留，而是有所區別。隋朝官吏著作郎陸從典、通事舍人顏愍楚等人因犯事貶官，謫居在南陽。朱粲既攻取南陽，以他們是文人學士，對起義軍尚有用處，起初還是以禮相待，視為賓客，但時間一久，兩人誓不為朱粲所用，這時又逢凶年乏食，這就激起了起義軍仇視官家的心理。起義軍見他們趾高氣揚、終日飽食，頓起殺意，便把陸從典及顏愍楚捆綁殺害，兩家大小人口，無分老幼俱被殺戮供食。由此百姓們互相傳說，訛言朱粲喜歡吃人肉，於是口耳相傳，十傳百、百傳千，里巷之間為之談虎色變。這是朱粲的軍隊在隋末群雄中不得人心的關鍵之一。

時移物變，轉眼間唐興起義師進入長安，遣使四出，招撫各路起義軍。李淵派遣慰撫使馬元規出關招撫山南一帶義軍，朱粲哪肯不戰而降，與馬元規戰於冠軍（今河南南陽市鄧州市西北），朱粲軍大敗。後來朱粲復收合餘眾，乘著唐軍主力出征隴右之間隙，很快收復失地，軍勢復又大振起來，其鼎盛時兵力達二十萬。

此時，各地義軍彼此混戰，各爭地盤。顯州首領楊士林、田瓚起兵攻朱粲，附近諸州郡亦紛起回應。聯軍與朱粲大戰於淮源（今河南信陽市平橋區西北），朱粲戰敗，率領著殘部奔往菊潭（今河南南陽市內鄉縣北）駐屯，眼見前途無望，乃遣使向唐乞降。

李淵喜於得地，允諾朱粲投順，命散騎常侍段確前往菊潭撫諭，並加慰勞。朱粲為表誠意，擺酒設宴，款待唐使。段確自以招撫有功，多吃了酒，有些醉意，對著朱粲戲謔地說道：「聽說你把人肉膾起來吃得不少，其滋味如何？」朱粲性格剛強，聞言之後，伸手直指著段確，大言不慚地說

道：「我吃醉酒的人肉味道猶如吃糟豬肉一樣美味。」此話一說，四座皆驚。段確架子放不下，憑著醉意，指著朱粲，張口罵道：「狂賊！瘋狂如此，若回到朝廷，只不過是個奴才而已，豈容你潑賴咬人！」

朱粲脾氣暴躁，面對段確嚇人的話毫不畏懼，喝令左右，把段確及其隨從數十人逐一綁縛，全部拋入大鍋中，烹煮而分食，這可真是大快朵頤了。

朱粲自忖不能據守，遂屠戮菊潭，率領著餘部往北去投奔東都王世充處以安身。

第二十二回
蕭縣主江陵受擁戴　諸酋豪嶺表各擅地

就在李子通等在東吳地區縱橫之際，在長江的中游、今湖南、湖北一帶興起了一支以恢復南朝梁室為號召的力量，他們的首領是羅川（今湖南岳陽市汨羅市）縣令蕭銑。早在大業十三年（617 年）天下大亂之際，隋巴陵（今湖南岳陽市岳陽樓區）校尉鄱陽人董景珍、雷世猛、旅帥鄭文秀、許玄徹、萬瓚、徐德基、郭華、沔陽人張繡等人，策劃占據巴陵郡反叛隋朝。大家推舉董景珍為主，董景珍說：「我家向來是寒微貧賤，不為大眾所信服。羅川令蕭銑是梁朝皇室的後代，為人寬仁大度，有梁武帝蕭衍的遺風，我聽說帝王的興起，必有符命。隋代的冠帶，統稱為『起梁冠』，這是蕭氏中興的兆象，請推舉他為主以應天命順大眾所望。」於是就派人去告知蕭銑，蕭銑高興地同意了。他聲稱要討伐盜賊，召募得數千人為兵。蕭銑此人乃是後梁宣帝蕭詧的曾孫，他年幼時家境貧寒，少年時，曾受雇給人抄書自給，對母親非常孝順。隋煬帝楊廣即位，蕭銑的叔伯姑母被冊立為皇后，即蕭皇后。由於與當朝皇后同出一個家族，沾親帶故，蕭銑遂被任為羅川縣令。

潁川的義軍首領沈柳生渡江南犯羅川，蕭銑保境衛民，率軍與之交戰，但兵力微弱戰鬥不利，他對部眾說：「現在天下都造反了，隋的政令無法施行，巴陵的豪傑們起兵，想推舉我為主，只要聽從他們恢復梁室的請求，以此號令江南，就可以中興梁朝的國統，以此招納柳生，他也會跟從我的。」大家聽了都很高興，願聽命於蕭銑，於是蕭銑自稱梁公，把隋朝的服色和旗幟恢復為梁朝的舊制。沈柳生果然率眾前來歸附，蕭銑任命沈柳生為車騎大將軍。他起兵不過五日，遠近前來歸附的就有幾萬人，於是蕭銑

就率眾進軍巴陵。董景珍派遣徐德基率領巴陵郡中豪傑幾百人出城迎接，還未見到蕭銑，沈柳生就和他的手下商議說：「是我先推舉梁公的，我的功勞當居第一，如今巴陵的將領都是位高兵多，如果進城，反而居他們之下，不如殺了徐德基，扣押他們的首領為人質，我單獨挾持梁公攻取巴陵郡城，那樣就沒有人能居我之上了。」沈柳生先斬後奏，先殺了徐德基，然後再進入軍營告訴了蕭銑。蕭銑大吃一驚，責備沈柳生說：「現在隋朝腐敗，我們起兵安民，撥亂反正，今日忽然自相殘殺，我不能作這樣的首領。」氣惱之下徒步走出軍門。沈柳生見此情形，不禁大為驚慌，便跪在地上請罪。蕭銑痛罵了沈柳生一番，但仍赦免了他的罪，然後大隊人馬浩浩蕩蕩列隊入城。不久董景珍對蕭銑說：「徐德基是宣導起義的功臣，沈柳生無故擅自殺害了他，不殺此人，怎麼能施行政令。況且沈柳生作了很長時間的強盜，現在雖然參預大義，他那種兇惡悖逆的習性不改，我們和他共處一城，勢必會生變亂，失去現在殺掉他的機會，後悔就來不及了。」蕭銑聽從了董景珍的意見，收押了沈柳生，把他處死了，沈柳生的徒眾見頭領已死都潰散離去。蕭銑乃在巴陵城南築壇，點起了燎火，祭告上帝，自稱梁王，改年號為鳳鳴。

大業十三年四月，蕭銑稱梁王，次年即皇帝位，設置百官，按照原來梁朝舊制，追諡他叔父蕭琮為孝靖皇帝，封他祖父蕭巖為河間忠烈王、他父親蕭璿為文憲王。封董景珍等功臣七人都為王。禮賀既畢，蕭銑便派遣宋王楊道生攻克南郡（今湖北荊州市荊州區），把都城遷到江陵，修復原來梁國的園林宗廟。任用岑文本為中書侍郎，使他掌管文書奏章，管理機密之事。岑文本乃是南陽新野（今河南南陽市新野縣）人氏，少年時代即聰穎明理，博覽經史。梁亡後歸唐，成為唐太宗貞觀年間著名的宰相。

蕭銑又讓魯王張繡攻打嶺南，隋將張鎮州、王仁壽等奉命抗拒，不久聽說隋煬帝遇害，都投降了蕭銑。隋欽州刺史甯長真以鬱林（今廣西貴港市港南區東）、始安（今廣西桂林市城區）二郡之地歸附於蕭銑。甯長真乃是欽州（今廣西欽州市欽南區）人，其家族是壯族先民西原蠻的後代，世代為嶺

南豪酋。隋文帝時，甯長真承襲其父任欽州刺史。隋煬帝時，奉朝廷之命率數千部眾隨隋煬帝遠征遼東。大業十三年，天下大亂，群雄紛起，甯長真趁勢割據嶺南。

越族大首領漢陽太守馮盎以蒼梧（今廣西肇慶市封開縣東南）、高涼（今廣東陽江市江城區）、朱崖（今海南海口市瓊山區）、番禺（今廣東廣州市越秀區）一些地方歸附於林士弘。馮盎是南朝時期非常有名的越族首領冼夫人的後裔，他頗能用兵，有奇略，得楊素賞識，曾從隋煬帝討伐遼東，遷武衛大將軍。隋煬帝被殺後，他回到嶺南，因其影響力大，嶺表諸酋長頭領悉聽其號召，擁有各州部眾五萬。時番禺、新興兩地有劇賊高法澄、冼寶徹等人依附林士弘，受其節度，殺地方官，恣行掠奪，馮盎率兵大敗其眾，遂擁有番禺、蒼梧、朱崖等地，自號總管，其號令所至達二十州，地數千里。

蕭銑與林士弘勢力既大，為了爭奪地盤，互有矛盾。他們各派人去交趾（今越南河內市）招降太守丘和，丘和不從。丘和是河南洛陽縣人，後來徙家於郿縣。父親丘壽，是西魏鎮東將軍。丘和少時重義任俠，嫻熟弓馬，年長後才折節自修，出仕北周為開府儀同三司，入隋後任職右武衛將軍，封為平城郡公，歷任資、梁、蒲三州刺史，治政以寬大慈惠聞名。漢王楊諒造反，派其兵士穿婦人之衣襲取蒲州（即河東郡），丘和脫身免難，坐此過失被罷職為民。當時宇文述正受寵信，丘和傾心結納依附於他，復職就任為代州刺史。煬帝北巡經過代州（即雁門郡），丘和獻食很是精細豐盛。到達朔州（即馬邑郡）時，刺史楊廓無所進獻，煬帝很不高興，宇文述又盛讚丘和的好處，煬帝便派丘和任職為博陵太守，下詔楊廓前往博陵向丘和學習。後來煬帝經過博陵（今河北保定市定州市），丘和獻食更為豐盛，煬帝更加高興。由此所過之處盡獻奇珍異品，大肆奢侈，此風自丘和而起。但丘和善於撫慰吏士，得其歡心。不久遷任天水太守，入朝為左禦衛將軍。大業末年，海南地區苦於官吏侵漁貪婪，百姓多次叛亂，煬帝認為丘和治政淳良寬厚，便派丘和任職為交趾太守。他在任撫慰吏民，盡通其情，由此蠻荒地區得以安定。

煬帝被縊，而丘和不知。當時鴻臚卿甯長真舉鬱林郡依附蕭銑，馮盎舉朱崖、番禺之地依附林士弘，各自遣使招撫丘和，丘和概不依從。林邑之西各國，多次贈送丘和明珠、文犀、金寶，以故丘和富比王者。蕭銑聞之，欲圖其利，便命甯長真率領南粵蠻俚進攻交趾，丘和見其兵強，打算出城迎接，司法書佐高士廉勸丘和說：「甯長真兵數雖多，遠道而來，孤軍深入，不能堅持多久，城中強壯的兵士就足以抵擋敵人，為什麼聞風就想受人家節制？」丘和聽從他的話，以高士廉為軍司馬，指揮水陸各軍迎戰，果然大破甯長真軍。甯長真隻身逃脫，他的部下全都被俘虜。不久有驍果從江都來到交趾，丘和得知隋煬帝死訊，以僻處懸遠，欲保境自守，便以全郡歸附於蕭銑。高士廉此人乃是李世民妻長孫皇后及其兄長孫無忌的親舅舅，因得罪隋煬帝，被發配嶺南，由於中原大亂逗留在交趾，為丘和僚屬。他直到李靖滅蕭銑之後才與丘和一起上表歸唐，得以回歸長安，後成為唐太宗時期的宰相，為圖畫淩煙閣的功臣之一。

始安郡丞李襲志，出身世家大族，見隋大亂，群雄割據混戰不休，散去家財募集士兵，招得三千人，用以保衛郡城。蕭銑、林士弘、曹武徹輪番來攻，都未能攻克。他聽說隋煬帝遇害，為盡臣節，率領吏民舉哀三日。有人勸李襲志說：「公是中州的貴族，長期在這邊郡為官，華人、夷族都心悅誠服。現在隋朝已無君主，海內動盪不安，憑你的威信和恩德，號令嶺南，漢南海王尉佗的大業可以坐而成功。」李襲志聽了勸他據地稱王的話，惱怒說：「我家歷代忠貞不二，現在江都（指煬帝）雖覆滅，但隋宗室社稷還在，像尉佗那樣狂妄僭越的事，有什麼可以羨慕和仿效的呢？」表示要殺勸他的人，大家知道他的立志和脾氣，不敢再講這樣的話。李襲志在嶺南堅持了二年，外邊沒有支援的力量，城池陷落，為蕭銑所俘虜。蕭銑以他有志節、得人和，用他為工部尚書、檢校桂州（即始安郡）總管。於是東至九江，西抵三峽，南到交趾，北至漢川（今陝西漢中市），都為蕭銑所有，擁有強兵四十多萬，意欲劃江而治、問鼎中原了。

第二十三回
行權威恣意戮大臣　拒諫諍三次下江南

　　煬帝即位之初，撲滅了楊諒的反叛，政權得到了穩定，但在政治上，他極不放心的是前宰相高熲。高熲是隋朝開國元勳，文帝的心腹大臣，任宰相十九年，在任時平尉遲迥叛亂，又有平陳之功。他總攬朝綱，制定法令，一言九鼎，以天下為己任。他的兒子高表仁又娶太子楊勇的女兒為妻，雙方是政治上的同盟，又是兒女親家。開皇十九年（599年），太子楊勇被廢，楊廣繼承東宮。高熲由於反對廢立太子、易換東宮的政治原因被文帝罷官，在家閒住歷五年之久。

　　煬帝即位，對這位開國元勳既想利用他以收人望，又猜忌他掌控政權對自己號令天下不利，只是起用他為九卿之一的太常卿，掌管禮樂祠祭等雜務。任這個閒職，對高熲這位前宰相來說，無異是羞辱的事。他認為煬帝在擺弄自己，玩政治把戲，但在君臣關係上，他又不得不忍受。

　　煬帝愛好聲色，喜擺闊氣，每有大朝會，動不動就搞起上萬人的巨型表演，向全國徵發通曉音樂的樂工多達三萬餘人，既靡費國帑，又擴大了消費遊食群體。對作為掌管禮儀音樂舞蹈的太常卿來說，高熲有義務、有責任向煬帝提出自己的看法，但他講的話似乎有點過頭，有點怨氣。

　　高熲批評了煬帝徵發樂工集中京師之舉是捨本逐末、不務農耕；喜好音樂，是崇尚靡靡之音；修造長城、巡遊不息，是不恤民間勞力。他說：「近來朝廷辦事毫無紀綱可言。」又說：「周天元以好樂而亡身，殷鑑不遠，怎可蹈其覆轍呢？」周天元即北周宣帝宇文贇，自稱天元皇帝天下第一，喜好音樂女色，中年而亡。死後，國家權力被文帝楊堅所奪取。高熲這話實是借古諷今，諷刺煬帝是個亡國的昏君。

　　高熲的話被獻諛的小人所告發，隋煬帝便借機下手，給高熲按上個訕謗朝政的罪名處死，兒子們被流放到邊地受苦役。高熲在文帝時當朝執政，推行「開皇之治」，所行法令，朝野推服。他的被殺，隋臣中的骾直者無不為之傷惜、稱冤。與高熲被殺牽連在一起的還有薛道衡、賀若弼、宇文弼等一些隋開國的文武功臣宿將。

　　薛道衡，河東汾陰（今山西運城市萬榮縣西南）人，出身河東世家，少年時即已聞名於世，為北齊宰相楊遵彥所賞識。他歷任北齊、北周，飽讀詩書，文章詩賦藻美華麗，其邊塞詩雄健，很有氣派。在他所作〈昔昔鹽〉的歌曲中，有「空梁落燕泥」的名句，為後人所傳誦。昔昔，夜夜之意；鹽即豔，是曲的別名。

　　隋文帝時，薛道衡任内史舍人兼散騎常待，以文詞為文帝近侍之臣。曾獻〈平陳策〉，為前宰相高熲所讚揚。陳平，遷吏部侍郎，後坐罪與蘇威結黨，被罷官。但不久又徵還朝廷，授内史侍郎，日見親信。文帝曾對楊素讚揚他老年辦事仍勤勞不懈，只因他久任樞要、才名顯揚，太子、諸王都紛紛爭相交結，門庭車馬不絕。宰相高熲、楊素都推重他。他在早年就有「關西孔子」之譽。其名聲在文臣中可說是當朝第一，無人可與之相比。

　　煬帝為晉王時，早就賞識他的才能，意欲上奏留薛道衡在揚州（江都）就職，為己所用。薛道衡得知情況，不樂為王府屬僚，遂有意從他道離去，由此煬帝常心中忿忿不平。及煬帝登位，薛道衡獻上〈高祖文皇帝頌〉，大捧大讚文帝，稱他一生有雄才英略，建國立制，統一江南，其功績上可與古代的三皇五帝比美。煬帝見到頌文很是惱恨，以為他是「致美先朝」，也即是譏刺當世，譏刺當世，也就是貶損自己，心中更是不滿，但無由發作而已。

　　有一次，朝廷大臣在討論新令時，久議不決。會後，薛道衡對朝士說：「若使高熲不死，新令當早已實行了。」高熲辦事果斷、爽利，不拖泥帶水、不延誤時限。故薛道衡讚美高熲，也就是譏刺當朝辦事拖拉、效率低差。

　　煬帝早對薛道衡懷恨在心，這時他要除去政敵為自己立威，也是要警示百官，殺雞給猴看。他便以薛道衡為罪臣高熲鳴冤叫屈、要替高熲翻案為事由，把薛道衡發付法官審訊。法官聽命煬帝授意，結果逼令他在家自盡，死時年齡已屆七十古稀之年。煬帝對他的家屬仍不放過，妻子都連帶受累，被發配流徙到西方邊陲的且末地方戍守耕墾。一代文星名士，遂隕落在淤泥之中。煬帝的獨斷妄行，又何止是對道衡一人而已。

　　賀若弼，河南洛陽人，少年時便慷慨有大志，驍勇，善騎射，為高熲所賞識。隋初有討伐江南之志，文帝訪問誰可任將帥於高熲，高熲推薦賀若弼，說朝臣中無論文武才幹都無人可與他相比。文帝命賀若弼為吳州（即江都郡）總管，經略江南。其行軍軍紀嚴明，士兵守律，秋毫無犯。平陳時，先期渡江作戰，時煬帝為晉王、元帥，以其違犯軍令、擅自行動，抑其功勞。又煬帝在東宮為太子時，曾問賀若弼：「楊素、韓擒虎、史萬歲三人，俱稱為國家之良將，他們之間彼此優劣如何？」賀若弼回答道：「楊素是猛將，非謀將；韓擒虎是鬥將，非領軍之將；史萬歲是騎將，非指揮兵馬的大將。」言外之意，這駕馭三軍的大將軍是非他莫屬了。

　　煬帝即位後，疏忌功臣，對賀若弼居功自傲、以宰相自許很不滿。大業三年（607年），賀若弼從駕北巡榆林，煬帝命有司製作可坐數千人的大帳幕，又召啟民可汗及其部屬宴會賜食，大講排場。賀若弼心直口快、嘴無遮攔，私下與高熲、宇文弼等人議論煬帝好大喜功、窮奢極欲，為人所奏。煬帝大怒，以賀若弼與高熲文武結合、訕謗朝政、蔑視君主罪而坐誅死，死時年六十四歲。妻子沒入為官奴，群從子弟皆被發往邊境充軍，其子賀若懷亮起初淪落為奴，不久亦被誅死。煬帝對賀若弼一門可說是斬草除根。

　　宇文弼也是在賀若弼同案中被處死的一名朝廷宿將。宇文弼係北周宗室子弟，為人慷慨有大節，博學多能。北周時就參加過平齊戰役，攻打過突厥，做過地方州刺史等官職。文帝建隋，他歷職尚書省和行軍總管。煬帝大業之初，官刑部、禮部尚書，歷職顯要，在朝廷中有重名。因他與宰

相高熲交往密切，亦遭煬帝猜忌。一日宇文弼對高熲說：「周天元（宣帝）喜好聲色，使國破家亡，以今日所作之事看來，難道不是更糟嗎?」又說：「發民夫築長城之事勞民傷財。」這些話也被人告發。煬帝猜忌心太重，為了除功臣、立威名、儆百官，把他下獄論罪，結果亦坐訕謗朝政罪而被誅死，死時年六十二歲。宇文弼之死，是煬帝要找去他的眼中釘，肉中刺，因論死之法令嚴峻，朝臣紛紛議論，以為罪不當誅，「天下冤之」。

至此以高熲為首的原東宮太子楊勇一黨的人物被一網打盡。煬帝自以為消滅政敵可以高枕無憂、任意而為了，但是誅戮功臣的惡果卻由此埋下了禍根。煬帝不僅猜忌大臣，而且對群臣的諫諍拒絕聽納，他自以為自己所作的一切都是國家大業，是為子孫及黎民百姓著想的。他對自己所做的夢沾沾自喜。

自從雁門解圍後煬帝回到了東都，已是大業十一年（615 年）的三月。這時春光明媚，但時勢已經江河日下了。北方起義高漲，烽火已經漫天，郡縣鎮壓起義已是捉襟見肘，陷於被動挨打的局面。照例元旦慶賀活動，各地都會派遣朝集使到京都的尚書省上計，彙報一年的政府工作情況，並覲見皇帝朝賀，貢上當地的土特產。可是十二年（616 年）春的正旦朝賀使煬帝高興不起來，因為朝集使未能如期而至的有二十餘人之多。這說明，至少有二十餘郡已經失控，課賦已徵集不上來，丁口已轉化為盜賊了。

起義軍一天天蔓延開來，使煬帝開始驚恐不安，他敕命朝臣為使者分十二道討捕盜賊。他擔心天下騷動、賦稅無著、江山難保，不禁心慌意亂，這樣累年積月，漸漸地使他得了失眠之症。回京後經常夢到盜賊之事而驚悸，口中不斷地叫喊著「有賊！有賊！」蕭皇后只得令宮人搖撫著，才能慢慢平復。

驚恐歸驚恐，賞心悅目的事依舊照做。為了南巡江都，控制江南嶺表，他下詔命令毗陵通守路道德召集江南十郡兵丁數萬人，在郡東南劃地建築宮苑，周圍十二里範圍內造起離宮別館。其規劃大體仿照東都西苑的制度，至於在奇巧華麗方面則要求超過東都。他又欲在會稽郡另起新宮，為自己

巡遊江南作好準備。只是由於此時江南動亂紛起，一時集合兵丁有困難，這項工作才被暫時擱置下來。

追求奢華享受是無止境的。到了三月上已是春陽日麗佳節，煬帝興致盎然，他與群臣一起在西苑水亭上飲宴，想起了歷史上文人學士有曲水流觴之賞娛，便命令學士杜寶撰作《水飾圖經》，有文有圖，採自古代以來有關水上遊戲娛樂的故事七十二件，又命令擅長工巧伎藝的朝散大夫黃袞依圖樣用黃楊木雕刻各種人物，穿插著故事中歌伎、酒船、宴飲等事物形狀。其中人物自動猶如活人一般，歌伎們敲打吹奏著鐘、磬、箏、瑟等樂器，彼此能匯合成音樂曲調。

煬帝常日優遊後宮，到了晚間天色幽暗，他突發奇想命有司去捕捉螢火蟲到宮中來放飛，使發出光芒照亮山谷間以取樂。上頭發話，下面立即雷厲風行。不多時，所司奉命派出數千人去採捉，捕得螢火蟲計有五百車之多，送到宮中，放飛在殿庭、臺榭、山林、岩谷之間，螢光閃爍照射，映得滿天光亮。煬帝為一己的快樂，有司為拍馬奉諛，濫用人力，千方百計求取，其刻意追求新奇意境到了如此荒唐的地步。

煬帝始終擔心著討捕盜賊的情況，一日，他問侍候在身旁的侍臣：「近日盜賊情況如何？」站立在身旁的左翊衛大將軍宇文述回答道：「近來盜賊已漸少。」煬帝又問：「比過去少了多少？」宇文述回答：「不及十分之一。」

宇文述為了安慰煬帝的心，沒有說實話。實際情況是起義的隊伍愈來愈多，規模愈來愈大，地區愈來愈廣，人員愈來愈複雜。這時，坐在一旁的納言蘇威俯首未言，煬帝手指蘇威，要他發言。蘇威已無法忍受宇文述的謊言，但仍婉轉地回答道：「臣的職掌不管兵事，不能明確知道有多少，但頗感到盜賊有由遠及近的憂患。」煬帝又問：「卿所說是什麼意思？」蘇威才具體地說道：「前些日子盜賊據長白山，現今已近在汜水了。」汜水乃是河南榮陽郡的屬縣，東向距離洛陽已只有數百里。也就是說，盜賊已日益逼近東都帝京所在了。蘇威接著又說：「前些日子郡縣的租賦丁役一概不少，今日又在何處？豈非這些人丁都轉化為盜賊了嗎？臣近來看到上奏殺

傷盜賊的數字皆是虛報不實，這樣，當決策之時，就無法精確估計採取適當辦法，以致盜賊不能即刻剿除。又去年在雁門被圍時陛下對軍兵們允諾不再征遼，今日復又要再次發動征遼，這樣言而無信，盜賊怎能寧息？」

煬帝心高氣傲，這時聽了蘇威的話，也只好默然不再問下去了。當然他心中對盜賊多少，還是有所估量的。

時間轉眼已到端午節日，時俗每到此時君臣親友皆有節日饋贈禮品，蘇威想勸煬帝能虛心納諫，有意獻上一本古代帝皇的政制文集《尚書》，使煬帝有所領悟。可是立刻有人向煬帝報告說：「《尚書》中有一篇〈五子之歌〉，是諷刺夏王太康性好逸豫，巡遊不息，迷不知返，將會失去邦國。」煬帝聽了讒言，以為蘇威借古喻今諷刺自己，心中很是不爽。不久煬帝又問蘇威對討伐高麗的事有何看法，蘇威希望煬帝能了解到盜賊繁多的實情，便轉彎抹角地回答道：「今日之役，但願不要再發兵東征，只要下詔赦免盜賊使他們悔過自新，立即就會得到數十萬人馬。若派遣這些赦免的盜賊去征遼東，他們喜於免罪，必定會樂意爭相立功以報效國家。如此這樣，高麗也就可以滅亡。」煬帝聽罷，覺得蘇威話中有刺，心中愈覺不快。

御史大夫裴蘊是個善於鑑貌辨色、窺察君主心態的人物，他立刻獻諛逢迎，說道：「蘇威之言十分無禮，且極不妥當，天下哪裡會有這許多盜賊？」煬帝聽罷，憤憤不平地對著裴蘊說道：「蘇威這個老兵，心中多藏狡猾，他想用盜賊之多來威脅朕。朕很想要打他的嘴巴，今日之事，暫且隱忍一下吧！」

裴蘊已摸透煬帝的心思，他使河南布衣張行本上書彈劾蘇威說：「蘇威過去在高陽掌管人事選舉，徇情不法，濫授官人。雁門北巡畏懼突厥，退縮不前，要求趕快突圍逃跑。」煬帝有了由頭，便喚法司推問審查，下詔在朝廷上公布蘇威罪狀，除名為百姓。此後，過了一個月，又有人上奏誣告蘇威暗通突厥，圖謀不軌。煬帝再命裴蘊推問，裴蘊一向與蘇威爭權不和，藉此落井下石，判處蘇威死罪。蘇威有口難辯，無法證明自己無罪，只得跪地叩頭，承認自己有錯誤，懇請饒恕。煬帝達到了目的，也就借機下臺，

對左右說道:「朕不忍立即誅殺此老兒,但懲罰還是要的。」結果判處蘇威子孫三代皆除名,永遠不得做官。

蘇威為隋代功臣,熟悉典章制度,辦事認真負責,只是講了幾句老實話,就觸犯了煬帝妄自尊大的忌諱,幾乎遭到處死的懲罰,公理何在?蘇威的心底至此已明白而又絕望了。

過了盛夏,已是金風送爽的季節。江都郡報告新造的龍舟已經完工,準備送到東都來。宇文述乘機勸煬帝駕幸江都,煬帝先命群臣議論:坐鎮洛陽還是南巡江都,兩者何去何從?

右侯衛大將軍趙才可以說是代表北方官僚們不願遠行的意願。這是因為近年來車駕屢動,軍民勞弊不堪,而且義軍四起,烽火已是漫天了。他向煬帝進諫說:「今日百姓疲勞,庫存所藏已出現空缺。盜賊四面蜂起,朝廷禁令不行,願陛下早還長安,安定百姓。這才是當今上好之策呀!」趙才的諫諍違忤了煬帝的旨意,煬帝聽了很不高興,命令有司審查趙才有什麼隱祕的政治活動。這時朝廷臣僚中很多人都不願意南行,煬帝心知肚明。他在把趙才囚禁了十多天後,經查無實據,才覺得趙才並無大錯,把他從監獄中釋放出來。

煬帝要南下的決心和態度已經擺明了,聰明的臣僚們也領悟了自己應該說些什麼,可是仍有一個不明時勢、敢於直言的名叫任宗的建節尉小官,明知進諫有危險,卻不怕丟官、不怕坐牢、不怕殺頭,上書冒死極諫南巡。這次進諫立即惹怒了剛愎自用的煬帝,即日在朝堂中命武士把任宗杖殺了,這表明煬帝要採用殺戮的辦法來杜絕眾人之口。

南下主意既定,有司準備擇日起行。為安排東都事宜,煬帝令在東都諸官奉他的孫子越王楊侗為東都留守,光祿大夫段達、太府卿元文都、檢校民部尚書韋津、右武衛將軍皇甫無逸、右司郎盧楚等人總留後事,輔佐楊侗,掌管都省、留臺的各項軍政事務。越王楊侗乃係太子楊昭所生子,楊昭英年早死,諡為元德太子。諸臣中韋津乃是隋初名將韋孝寬之子,以上留守諸官皆具有文武才幹,乃是煬帝殫精竭慮精心選擇的。

　　臨別之際，留在洛陽宮的人們依戀不捨。大駕遠行，煬帝的心境也是愴然不樂，他為此揮筆作詩，留別宮人，其中有「我夢江南好，征遼亦偶然。但存顏色在，離別只經年」之句。此前半句多被後人用來猜測煬帝南巡是貪圖江南美色，征遼東是好大喜功，但都是個人的一念之想。其實，詩句中借物詠懷、表達內心感情是視具體的時間、地點、人物而發的，這怎能夠籠統地用來作為判斷歷史實際的證據呢？

　　征遼一事，早自文帝以來就已是「朝野矚望」、且已行之的大事。文帝末年，即已命漢王楊諒、高熲統兵出征遼東，只是因為行途中遇大風而暫時停止下來。大業之初，群臣再提征遼之事。大業三年（607 年）煬帝在啟民可汗帳中已警告高麗使者。可見征遼恢復過去失地，在完成了大一統局面之後，是勢所必行的。後來唐朝前期太宗、高宗多次征高麗也是一個很好的說明。可見征遼決非煬帝偶然間心血來潮而已。

　　煬帝三駕江都，也都有各自具體緣由。煬帝為親王時，曾長期在江都駐守，熟悉江南民情民俗，其府中人物多有江南文人學士。煬帝能作吳語，其妻蕭皇后即是南朝蕭梁皇族之女。煬帝詩文多仿效南朝梁、陳風格。即位後初下江南是考察新運河開鑿完成的情況，龍舟直下江都即可巡視江右，亦能就地考察江南統一後的社會民風、官吏勤怠，更可宣揚國威，盛誇皇帝威儀。二下江都除上述目的外，主要原因是為了征伐遼東，向江淮以南官民宣傳必要性並作好各種軍需物資的準備與籌劃。這次三下江南則是時過境遷，此時南方地區已是很不穩定，無論是在荊襄、漢沔，還是淮右、江左，都已是群盜四起、遍布各地。他們小則攻城掠邑，大則稱王稱帝，造成租賦不入、兵丁不補、交通阻絕、漕運不暢。南方物資運送時遭劫奪陷沒，若不加強對南方廣大地區的控制，小則郡縣淪陷，大則江山難保。故這次煬帝南下是被動的、無奈的，其目的要保持南方的穩定，藉以維持垂亡的隋王朝不倒坍下來。退一步來說，身在江南，還可以憑藉長江天險，據江淮之地的半壁江山來支撐垂危的局面。這才是煬帝三下江都的真意所在，怎麼能說煬帝下江南是偶然做夢做出來的、是為了遊覽江南風光美景、

是為了貪圖觀賞江都觀中盛開的曇花玉蕊，這豈不是把歷史視作兒戲了？

就當煬帝大駕出巡之際，不料跳出一位不識相的九品小官奉信郎崔民象，他繼任宗之後，在東都羅城正南的建國門上表章向煬帝諫諍了。他大膽直言煬帝駕幸江都將會使國家傾危，煬帝怒憤滿懷，立命先解其頤，然後斬殺。崔民象的忠鯁直言反而成為反對國家的叛逆之罪了。

此時起義隊伍已四處開花，近在滎陽一帶也有義軍隊伍在頻繁活動。虞世基覺得供應洛陽食糧的大倉洛口倉貯置糧食極多，起義軍近在咫尺，很不安全，建議煬帝增派兵力屯護倉城。煬帝一面斥罵虞世基是個書生，膽小怕事，但又不得不防患於未然，下敕有司調移箕山、公路二處府兵入駐倉城防守；同時又增築、加固、擴大倉城的防守範圍。此時煬帝已是色屬內荏了。

煬帝的龍舟已到達滎陽氾水關附近了，這時又有一個不要命的直臣名叫王愛仁的在氾水縣攔駕上表，堅請煬帝還西京。這讓煬帝面子上十分難堪，其結果也就可想而知了。龍舟一行沿御河到達梁郡（今河南商丘市睢陽區），又有一個當地不知名的人士在駕前向煬帝上書說：「陛下若行幸江都，天下非陛下所有！」眼前又是一個不怕死的書呆子，當然他與王愛仁一樣，為了愛國家把命送掉了。

就這樣，一路上有人諫、諫、諫，煬帝一路上斬、斬、斬！一直到他的龍舟到達江都才休止下來。這漫漫長途中煬帝在想著什麼？他到達江都之後，又能做些什麼呢？

第二十四回
瓦崗軍河洛大鏖兵　王世充統兵援東都

　　李密奪取洛口倉後，實力大增。煬帝任命監門將軍龐玉、虎賁郎將霍
世舉率領關內兵入援東都。看到關內空虛，柴孝和趁機勸說李密道：「關中
以高山為屏障，以黃河為天塹，項羽離開這裡就滅亡了，劉邦在這裡建都
就成功了。照我的想法，讓裴仁基鎮守迴洛倉（今河南洛陽市瀍河回族區有迴
洛倉遺址），翟讓鎮守洛口倉，您親自挑選一支精銳隊伍，向西突襲長安，
百姓誰不到郊外來迎接，定會不用打仗就到手了。攻克長安之後，等根基
牢固兵馬強壯，再回頭攻克東都洛陽，傳遞文書發令調遣，天下可以平定。
如今英雄豪傑爭先恐後地起兵，實在擔心別人搶在我們前頭，一旦錯失機
會，後悔哪裡來得及！」李密說：「您這個方略，我也想過很久了，實在是
個上策。但是楊廣還在，追隨他的軍隊還很多，我的隊伍都是山東人，既
然知道還沒有攻克洛陽，哪裡願意跟著我向西進關？各位部將都出身於綠
林好漢，把他們留下會各自稱王稱霸，如果這樣，就全完了！」這時，李密
軍隊士氣很高，與隋兵多次作戰，屢屢獲勝，但亦有失利。一日，李密與
隋軍交戰為流矢所中，睡在營中。越王楊侗命段達與龐玉等率軍夜出，李
密倉促間與裴仁基率軍出戰，結果大敗，軍隊死傷大半，於是李密放棄迴
洛倉城，奔洛口，整頓軍隊，準備再戰。

　　李密再次整合起義軍向東都進攻，推進神速。東都兵來將擋，亦出兵
迎戰。雙方於東都城東面的平樂園一帶擺開陣勢。李密軍左邊騎兵，右邊
步兵，中間排列強弩手，千鼓齊鳴，排山倒海般地齊往隋軍營中直衝。東
都兵大敗，李密乘勝再次奪取迴洛倉城。

　　煬帝獲知東都大敗消息，不禁又驚、又急、又怒，發下詔書，命各道

派兵入援。接到命令的有江都通守王世充所率江淮勁旅、將軍王隆所率川邛少數族黃蠻兵、河北討捕大使太常少卿韋霽、河南討捕大使虎賁郎將王辯等各領所部屬兵同赴東都，彼此照應，共同討伐李密。

江都通守王世充，字行滿，祖先乃是西域支姓胡人，內徙到京輔的新豐縣居住。王世充的祖父死後，其妻攜帶著孤兒再嫁給霸城一位姓王的武官為小妻，因此冒姓為王。王世充身軀高大，聲音洪亮，生就一頭卷髮，長大後，頗涉獵書傳，尤喜好兵法，略能通曉龜策、推步術數之學。以門蔭出仕左翊衛、御府直長等宿值人員，在任以勤勞為有司賞識，不斷提拔，官拜兵部員外郎，有機會熟悉有關軍事地理形勢等知識。又蒙當朝大臣楊素賞識，辟為幽州長史，從征北方，在朝廷重官中初露頭角。

大業初，王世充平步青雲，已官升民部侍郎，進入到高官行列。他有辯才，善於應對，又旁習法律，心細膽大，能舞文弄墨，鑽法律條文的空子。有人對他的強詞奪理進行辯駁，他總是有理由替自己辯解，自圓其說，應對裕如。人們深知其道理不正，也無法使之屈從。

煬帝以王世充能幹辦繁劇事務，調任他充任江都郡丞。江都郡扼南北要衝，地位僅次於兩京，煬帝常南巡至此。王世充伺察煬帝顏色，竭力奉承，百計討好，為煬帝廣飾亭臺池沼，搜求遠方異物寶貨，由此深得煬帝歡心，升拜他為江都通守，兼知江都宮監事，凡郡中宮中大小事務皆由他一手操辦。

時天下方亂，各地義軍蜂起，江南地區亦暗流湧動。王世充觀察時勢，為保身、立命、邀功，有意在暗中結納豪傑，收攬一些不法分子在自己左右，以樹立個人恩威。楊玄感據黎陽起兵反隋時，朱燮、管崇在江南起兵回應，擁兵十餘萬。將軍吐萬緒、魚俱羅先後討伐不能克定。煬帝命王世充招募江淮軍民萬人，以副將從軍征討。世充用兵有方，屢敗朱燮、管崇等義師；每次報捷時，必歸功於部下將卒，所虜獲財物均分給士卒，自己不多取。由此能獲士卒擁戴，願意為他拼命，效死疆場。

大業十年（614 年），起義軍首領孟讓由長白山南下，先後轉戰到盱眙，

擁軍有十餘萬，夾著淮水兩岸駐屯。王世充見孟讓來擾郡境，發兵拒戰，軍隊屯於都梁山，列壁堅守。孟讓兵勢甚盛，然缺乏糧食，前進又有隋軍相拒，處於兩難境地。王世充伺察到義軍警戒怠懈，進行反擊，大破孟讓軍。義軍死傷上萬人，家屬男女老幼被俘十餘萬，孟讓幾乎全軍覆沒，只得帶領數十名勇敢騎士，落荒北遁，投奔到李密處為屬將，暫作安身之計。

煬帝以王世充有將帥才略，委任他討捕各路盜賊。他所率隋軍，所向輒破義軍。大業十一年（615 年），煬帝北上巡塞時被突厥圍困在雁門，世充率勤王之師北上救援。他在軍中蓬頭垢面，日夜悲聲哭泣，身不解甲，臥必薦蓆，以忠直自居，表示出一副要為君父報仇雪恨的模樣。果然，他的舉動為軍中感動，聲譽鵲起。煬帝亦視他為心膂，命往討河南起義軍盧明月、河間起義軍格謙等部，均先後獲勝，捷報頻傳。及領軍返江都述職，煬帝大喜，親自為他把酒慶功，以示慰勞。此次，李密進逼東都，復取迴洛，煬帝視左右文武能統軍殺敵莫若王世充，故命他統率江淮勁旅，入援東都。

不日，王世充軍北上，渡淮入河，間道自黎陽至東都。越王侗見援軍前來，攻守兩宜，不禁愁顏頓釋，吩咐光祿寺官員設宴招待諸將，一一慰勞有加。

李密乘著大勝之機，命將向四方攻戰，以擴大影響。隋武陽郡丞元寶藏以郡降，時有遊客魏徵在寶藏幕中任書記，替寶藏署理文書表奏之事。此人少小孤貧，好讀書，胸中懷有大志，落拓不羈，不事生產。早年，出家遊學，隱入山林為道士，後學縱橫之術，善言辭，有文學才識。元寶藏聞慕其名，故召其入幕典書記。元寶藏既降，魏徵帶著降表文書來見李密。李密喜得武陽郡，任命元寶藏為上柱國、武陽公、魏州總管。以魏徵有文學，又應對得體，覺得是個可用人才，在徵得元寶藏同意後，召留魏徵為元帥府文學參軍、掌書記。這位在隋唐之際的風雲人物，開始顯露出他胸有韜略、英氣橫溢的辯士之才。

大業十二、三年間（616～617 年），河南、山東爆發大水為災，餓殍遍

野。煬帝下詔命開黎陽倉粟賑濟饑餓百姓，地方官吏怕出亂事，畏懼烏紗帽不保，不主動開倉。百姓餓死，道路相繼，日有千數。徐世勣勸李密取黎陽倉粟以供軍糧，且可號召群雄，取得民心。他對李密說道：「現今天下大亂，本為饑饉而起，若能取得黎陽倉粟，大事可濟。」李密亦有此意，便命徐世勣統帥麾下士兵五千，自滎陽郡之原武渡河，會合元寶藏及各路群豪郝孝德、李文相、魏郡屬縣之洹水張升、清河之趙君德等輩，共同攻破黎陽倉。得倉之日，開倉讓軍民恣意搬取就食，數十日中，便募得大量饑民為兵，軍隊擴充到二十餘萬。此時有任城縣令高季輔、羽騎都尉杜正倫、郭孝恪等豪傑之士，皆客遊於黎陽。他們與魏徵意氣相投，終日讀書講史，榷論古今，商量政事，皆望能輔扶明主，撥亂反正，立功揚名。

　　李密軍威大振，四方郡縣望風歸附。於是武安（洺州）、永安（黃州）、義陽（申州）、弋陽（光州）、齊郡（齊州）等山東、河南諸郡縣皆紛紛相繼遞表，願歸順李密。遠在河北的竇建德及據山南、湖北一帶的朱粲，聞報李密聲勢盛大，亦遣使上表慶賀，表示願奉為共主，討伐無道昏君。

　　時有泰山道士徐洪客，學鬼谷子之術，頗知兵要。他上書給李密說道：「今義師聚眾已久，若一旦米盡人散，師老厭戰，將難獲成功。」他又獻計說：「今當乘獲勝之機，用士馬銳氣，沿著運河東向，直搗江都，討伐昏主，用此以號令天下，孰敢不從，誰敢不服？」此說頗有雄心膽略，可是在李密看來，若進軍不利，便會受到東都及江都隋軍南北夾擊，陷入危險境地，因此捨棄其計不用，但認為徐洪客頗有膽識，非常人可比，以書相召。徐洪客不應其邀，歸隱山林，後不知所終。可見時當風雲際會，奇人俠客為數不少，各自顯山顯水，露出崢嶸頭角。

　　九月間，進援東都的軍隊大批集中到洛陽。到達的人馬有王世充、韋霽、王辯及河內通守孟善誼、河陽都尉獨孤武都，除王隆所部川邛南蠻之軍因路途遙遠未能到達外，均已到齊。越王侗大喜，會同諸將商議出軍討伐李密，議定以虎賁郎將劉長恭等率領留守兵，將軍龐玉等率領偃師兵，與王世充援軍合十餘萬，出擊李密於洛口。這時李密軍駐紮在洛水以東，

王世充等軍駐紮在洛水西岸，兩軍夾著洛水而列陣。本來，煬帝曾命涿郡通守薛世雄入援東都，統率諸軍，只因薛世雄南下時兵敗河間七里井，被竇建德所挫而北退，未能到達東都，由此之故煬帝改命諸軍皆受王世充節度。自此，王世充在東都隋軍中的地位超出眾將之上，這為他後來發動兵變、篡權奪位創造了條件。

自秋至冬，李密與東都軍數月間大小四十餘戰，彼此各有勝負。不過，雙方露布都誇大其詞，各張自己戰果輝煌。東都方面說：「王世充抗擊李密，無不摧破。」露布相繼而來，百姓高興得歡呼歌詠於道路。李密方面則說：「自秋到冬，凡經過三十餘次戰鬥，世充多敗績。」也有人持互有勝負說：「大小四十餘戰，世充無功。」道路紛紛，傳謠不息。大略而言，雙方相峙不決，互有勝負而已。

煬帝在江都日夜等待著東都的軍情，他不相信道路傳聞之辭，派代理江都郡丞馮慈明去東都聯絡、傳遞消息。可是馮慈明北上途中被李密屬將的巡邏兵所俘獲，解送到李密軍營。李密久聞馮慈明之名，延請他坐在身旁，親自勞問，禮意甚厚，並對馮慈明說：「隋的國祚已盡，公能否與孤家一起，共立大功？」馮慈明正色地對李密說：「公家歷事先朝，榮祿兼備，不能善守門閥，乃與楊玄感舉兵，僥倖擺脫羅網，才得有今日，仍思圖反叛，意欲何為？歷史上漢王莽、董卓、晉王敦、桓玄諸人，非不強盛跋扈，一朝夷滅，罪及祖宗。我死而後已，豈敢聞命。」馮慈明立場鮮明，堅決反對李密所作所為，且責罵李密叛逆，不得有好下場。李密不禁惱羞成怒，下令把馮慈明囚禁起來，希望他能悔過自新。

負責看管馮慈明的人是原隋官吏席務本，他曾追隨楊玄感起兵，此時在李密軍中辦事。馮慈明勸說席務本放了自己，脫逃後馮慈明隨即奉表江都及致書東都，報告李密軍中形勢。後來，馮慈明得到機會，逃亡至雍丘，為李密屬將李公逸所獲，送回到洛口李密營中，李密仍以他有忠義之心，釋而不問。但當馮慈明出行至軍營門口時，被憤憤不平的翟讓所殺，翟讓這一擅殺隋官的魯莽行動使李密心懷不滿。

　　翟讓居功自大，難以制馭的事情不僅單此一項。先前，當李密攻打洛口倉時，隋守倉官箕山府郎將張季珣竭力防守，圍城日久，糧盡水竭，士卒死傷相繼。他撫循勞問軍民，日夜匪懈，無一人叛離而去。自三月至九月城陷，季珣被擒，他見到李密不懼不屈，不肯跪拜，說：「天子爪牙，何容拜賊！」李密愛其忠勇，不怕死，能盡節，勸勉他歸降，張季珣毅然不受勸降。可是翟讓及其部屬向張季珣求索金寶財物不得所求，遂惱羞成怒，殺害了張季珣。由此，李密對翟讓的貪圖財物、擅殺隋官、不遵法度，心頭上又多了些不滿。大敵當前，東都未下。李密與翟讓雖有矛盾，但是小疵，不足翻臉無情。

　　王世充在休養士卒後於十月間主動整軍出擊。他夜渡洛水，紮營於黑石，分兵把守各營，自率精兵結陣於洛水之北，向李密軍挑戰。李密毫不示弱，領兵渡洛水迎戰，雙方又展開了一場惡戰。

　　東都援兵都是各道精兵，勇於作戰，此時立功心切，奮勇殺向李密軍營中來。李密軍迎戰大敗，幕府官柴孝和在兵敗退渡洛水時沉溺而死。李密為之傷心不已，只得率領麾下精騎渡洛水之南，其餘部東走，退入沿洛水興築的月城抗拒。王世充乘勝引軍圍擊，情況十分危急，李密採取直搗敵大營的戰術，自洛南策馬直驅黑石王世充的大營。大營內虛，慌忙不敵，接連舉起烽火六次，向王世充告急求援。王世充見烽火告警，只得放棄攻打月城之圍，匆忙返軍自救。李密乘機與城中兵合擊王世充退軍，斬首三千餘級。此役李密軍隊先敗後勝，士氣復又大振。王世充自洛北敗後，龜縮城中堅壁不出。越王侗遣使慰勞，世充惶懼不安，請戴罪立功。不久，復領兵向李密挑戰，雙方夾著石子河列陣，李密布陣南北長亙十餘里。翟讓領先鋒與王世充作戰，不利而退，王世充追擊，時李密與王伯當、裴仁基所統兩軍早已埋伏在隱蔽之處，這時從旁橫出，截斷王世充後軍，使前後不得相顧，李密則率中軍精銳向東都軍衝擊。王世充又一次大敗，退回都城。

第二十五回
王仁恭驕倨喪性命　劉武周馬邑稱皇帝

隋煬帝為防禦突厥入侵，保障北邊安全，於大業十一年（615年），起用了將門出身的王仁恭出任馬邑太守。

王仁恭，天水上邽（今甘肅天水市秦州區）人，少年時，即擅長騎射，為人剛強勇毅。弱冠以後，屢次從軍作戰，曾追隨楊素出擊突厥於靈武（今寧夏銀川市靈武市），又平定川蜀僚族的作亂。煬帝時，又隨楊素討伐漢王楊諒，作戰勇決，以功進位大將軍，拜呂州、衛州刺史、汲郡太守，在職以幹練而聞名。煬帝召見，倍加勞勉。當他自汲郡太守調任為信都太守時，郡縣吏民捨不得他調職，遮道扣馬，懇請留任，一連數日，不得出境。他有治績得民心，這在武將中是不多見的。

大業八年（612年），遼東之役，煬帝命王仁恭為軍將。大軍班師，王仁恭又奉命統軍殿後守護，擊敗了高麗的追兵。煬帝稱讚他忠勇可靠，說道：「往日諸軍戰鬥多有不利，公獨能夠以一支軍隊破敵。古人說：『敗軍之將不可言勇，諸將其可任乎？』」意思是說王仁恭是可以信任的戰將。在二次征遼東時，他被煬帝任命為前鋒將，率領軍隊去攻打新城（今遼寧撫順市境內有高爾山山城遺址），敵軍數萬名背城結陣，擺出決戰的樣子，王仁恭統率勁旅千人出擊，大破敵軍。大業九年（613年），楊玄感在黎陽起兵反叛，王仁恭由於其姪子虎賁郎將王仲伯為楊玄感同黨，被牽連進去，罷官去職。不久，煬帝以王仁恭是老成宿將，又多有戰功，為備防突厥，故命為馬邑太守，以加強對北方的警戒與防衛。

大業十一年（615年），始畢可汗與隋反目，率大軍數十萬圍煬帝於雁門，又分兵數萬進犯馬邑（今山西朔州市朔城區）。王仁恭簡料精銳迎戰，打

敗了突厥兵，斬殺其可汗子弟稱為「特勤」的大將二名。不久，突厥又進犯定襄（今內蒙古呼和浩特市和林格爾縣），王仁恭嚴守緊防，突厥無法攻入城池，只得後撤。王仁恭乘機奮力掩擊其後軍，殺敵千餘人，大獲牛羊六畜而歸。此時天下已大亂，百姓困於戰亂，饑荒乏食，通往兩京的道路已隔絕不通。王仁恭年老，已屆耳順之年，處事趨於保守，不求有功，只求無過，又沉醉於酒色，對其部眾亦多放縱，不加管束，讓他們收受貨賄，不聞不問。又墨守成規，不敢開倉賑濟饑餓貧民。由此，城中軍民對他產生了不滿情緒，這就被其親信劉武周所窺伺、利用，並給王仁恭帶來了殺身之禍。

劉武周係河間郡景城（今河北滄州市滄縣景城村）人，父輩時遷徙到馬邑定居。劉武周為人驍悍，善騎射，喜歡結交豪傑，少年時便遠離家鄉，到東都洛陽遊蕩。被招募為太僕卿楊義臣帳下充當一個小卒。煬帝征遼，他應募從軍，因作戰有功補上了建節校尉，成為小軍官，不久，調升到故鄉馬邑，任鷹揚府校尉，成為地方軍府中的將領。太守王仁恭以劉武周為州里雄健，頗加寵待，提拔他總統親兵，侍值閣下。

王仁恭有個侍兒頗有姿色，美媚動人。劉武周經常出入內外，兩人眉來眼去，日久生情，遂暗中相戀，彼此雙宿雙飛起來。但是兩人都害怕一旦私情暴露，被王仁恭發覺，難免會被處死，心中不免擔驚受怕，常日惴惴不安。

劉武周眼見天下已經大亂，饑荒連年，百姓乏食，手下有著一批死心塌地跟著他打拼的士卒，因此，勃發野心，陰謀把王仁恭搞下臺，取其位而代之。他設好計謀，在郡中散布王仁恭的壞話，向大眾宣言道：「今年饑荒，父老妻子們凍餒相繼，死亡的骨骸相枕於郊野。王府君不憐憫百姓艱苦，閉著倉庫中的食糧不開賑，這是何種道理？」劉武周用這話是為了激怒軍民，引起他們對王仁恭的不滿和憤慨。這一招果然有用，說王仁恭老朽無能、擁護劉武周的人日益增多起來。

陰謀既行，劉武周又策劃著走關鍵的一招。他欲謀殺王仁恭，奪其兵

權，據地稱王稱霸。他先是假稱有病，在家臥床裝作治病模樣，當眾豪傑相聚一起前往問疾時，劉武周乘機大擺宴席，椎牛殺牲，縱酒豪飲。席間，他向眾豪傑亮出了劫糧聚眾發動兵變的話，他說：「今日盜賊烽起四方，大眾又遭逢饑饉。壯士守本分就會死於溝壑。現今官府糧倉堆集，粟米卻腐爛在糧倉中，成何道理？誰能與我一起共同去取倉糧？」頓時間一呼百應，好亂的諸少年和眾豪傑，同聲回應，皆願跟從。接著劉武周乘王仁恭到郡衙上值毫無防備之際，率領著親信徒眾張萬歲等十餘人突入廳中。張萬歲乘王仁恭鬆懈無備，猛然從其身後揮刀殺死了王仁恭，拿著他的首級出堂示眾，郡中軍民無人敢說，也無人敢動。可憐一代戰將，守邊有功，竟殞身於自己所信賴的心腹手中。用人失慎，禍害無窮。

大業十三年（617年）二月，劉武周在殺害了王仁恭之後，立即開倉賑濟貧苦人家，藉此擴大起兵的影響力。他命人寫起文告，馳檄馬邑所轄屬城，諸城邑兵力薄弱，皆紛紛表示願意服從。劉武周乃樹起旗幟，募兵擴軍，不多時間，招得有上萬人。劉武周洋洋得意，自稱代替王仁恭為馬邑太守。此時突厥勢力強大，為解除後顧之憂，劉武周遣使去突厥，向始畢可汗稱臣，取得了突厥的支持，突厥表示願意以兵馬相助。

劉武周犯上作亂，立即引起了雁門郡丞陳孝意及虎賁郎將王智辯合兵圍攻，雙方在桑乾鎮（在馬邑郡城東南）展開激戰。劉武周搬請來的突厥騎兵突然馳出，與他共同前後夾擊王智辯軍。隋軍敗績，王智辯戰死，陳孝意狼狽奔還雁門。郡中豪傑惡少見陳孝意外無救兵，勢窮力挫，糧食吃盡，便乘火打劫，發動暴亂，把他殺害了，又把城邑獻給了劉武周作為投效的敲門磚。

劉武周得了馬邑、雁門兩郡之地，聲勢日盛，三月間又南下攻取毗鄰的樓煩郡，進據煬帝新造的汾陽宮，把宮中財物搶掠一空，又把掠取的美女送到突厥汗庭討好。始畢可汗大喜，酬報劉武周戰馬數千匹。劉武周又組織精銳騎兵，攻得定襄郡，占領了今山西的北半部。突厥見劉武周連得四郡，大有作為，賜以狼頭纛，得以專征，立他為定楊可汗，意為討定楊

氏所建的隋王朝。

劉武周野心既大，遂自稱皇帝，立妻沮氏為皇后，建元天興，以親信衛士楊伏念佐命有功，封為左僕射，又以妹婿苑君璋為內史令，共同掌管政事。苑君璋此人係馬邑豪族，以勇健聞名鄉里，劉武周起兵殺害王仁恭之際，苑君璋即參預其謀，此後攻略諸郡皆有功勞，故劉武周對他有此重任。又有上谷宋金剛，在劉武周舉旗之前即已擁眾萬餘人起義，與魏刀兒結盟連和，縱橫於燕趙之地。魏刀兒為竇建德所攻，向宋金剛求助一臂之力。金剛仗義，出兵相救，不料戰敗，率領餘眾退保西山。竇建德派人去招諭他們歸降，宋金剛執義不肯，他對部下說道：「建德殺魏王（指魏刀兒），我仗義故不能前往，諸君若往投附，可以取我首級去獲取富貴。」說罷，欲拔刀自刎，眾人見狀，急忙抱住宋金剛奪去他手中的刀，彼此相對哭泣。宋金剛得部下一心支持，便西行去投附劉武周。劉武周一直知道宋金剛是個仗義的人，善於帶兵，頗有智略，又得其傾心相助，大喜過望，封宋金剛為宋王，又分家財的一半送給其家，以作安頓。宋金剛窮途末路，得劉武周資助，亦盡心傾力支持劉武周取天下的事業。為了使劉武周相信自己，宋金剛還離棄自己的結髮妻子而娶武周的妹妹為妻，義兄弟加上聯姻，英雄識英雄，兩家遂成秦晉之好。政治上的聯盟和利益驅使他們彼此扭結在一起了。

宋金剛建議劉武周擴大兵源，南下與李淵爭戰，攻取太原這一戰略要地，造成聲勢以爭奪天下。劉武周遂授命他為西南道大行臺，使統帶諸軍，有權處置相關的軍政事宜。這樣，劉武周就有了苑君璋、宋金剛這兩位勇敢善戰的戰將在左右輔弼，猶如虎生兩翼，一發而不可制了。

第二十六回
占河西李軌逞雄豪　據金城薛舉稱霸主

隋朝末年，政治腐敗，民不聊生，饑民紛紛揭竿而起。地處西陲的關中和隴右一帶，一些地方豪強或隋朝官吏、將領也乘著隋政權統治空虛之機起兵，或據地自守，或擴大地盤，稱王稱霸，在隋政權統治的中心，群雄競相起兵，從根本上瓦解了隋朝的統治。

早在大業九年（613年），西北的靈武郡就有饑民首領白榆妄帶領民眾起兵反抗，搶奪地方政府牧場的馬匹，還聯合突厥的勢力，攻掠隴右很多城邑，他們殺害富豪主人，取其財物，故被隋政權蔑稱為「奴賊」。隋廷派遣將軍范貴討伐，連年不能攻克。又有扶風郡和尚向海明自稱彌勒佛出世，宣傳能脫人們的苦難，凡是歸附他的人都會有好的結果。長安附近的三輔民眾受其影響，紛紛信奉。向海明遂號召民眾起兵反抗隋朝，部眾盛時多達數萬，自稱皇帝。

大業十年（614年）春，有扶風豪強唐弼擁立李弘芝為天子，聚眾十萬人，自稱為唐王。未隔數月，散居於陝西北部延安郡的農民首領劉迦論自稱皇王，建年號為大世，聚眾十萬人，與今山西省西部與陝西省北部已漢化的匈奴人被稱為「稽胡」的部族互相呼應，進行攻掠。隋左驍衛大將軍屈突通發兵攻擊他們，在上郡展開了大戰，斬了劉迦論和他的將士一萬餘人，俘虜了他們的家屬數萬人之後撤回。半年之後，盤踞在離石的稽胡酋長劉苗王與他的弟弟劉六兒聚眾起兵，苗王自稱皇帝，以六兒為永安王，擁有部眾數萬人，與隋將軍潘長文進行交戰，雙方相持不分勝負。

大業十二年（616年）七月，馮翊郡（今陝西渭南市大荔縣）義軍首領孫華起兵反隋，成為關中各支義軍中勢力較為強大的一支，他在李淵進軍長

安途中投靠李淵，受到重視。後在攻取長安城的戰鬥中英勇犧牲。

　　大業十三年（617 年）二月，在今陝西靖邊縣北的朔方郡前鷹揚郎將梁師都暗中結合郡中徒黨數千人，殺郡丞唐世宗，據郡自立，自稱大丞相，北連突厥以求發展。不久，梁師都擊敗隋將軍張世隆，攻取了雕陰、弘化（今甘肅慶陽市慶城縣）、延安等郡，勢力既盛，被群下推戴即皇帝位，國號梁，改年號為永隆，突厥始畢可汗賜以狼頭纛，號為大度毗伽可汗。

　　同年，左翊衛衛士蒲城（今陝西渭南市蒲城縣）人郭子和因犯罪被發配到榆林郡，他利用郡中發生嚴重饑荒的有利時機，暗中交結敢死士十八人攻打郡城，活捉了郡丞王才，揭露他不撫恤百姓的罪過，將王才處死，打開糧倉賑濟饑民。郭子和自稱永樂王，建年號為丑平，尊稱他的父親為太公，任用弟弟郭子政為尚書令，郭子端、郭子升為左右僕射。他有二千多名騎兵，南面聯合梁師都，北面依附突厥，兩面各送一個兒子作人質以增強外援。突厥始畢可汗改封劉武周為定楊天子（原為定楊可汗），封梁師都為解事天子、郭子和為平楊天子。郭子和兵少地狹，堅決推辭不敢當，突厥可汗便改封他為屋利設。設乃是突厥高級領兵官，大略相當於漢官的宗室諸王，地位在特勤之上。

　　五原通守張長遜因為中原大亂、孤立無援，以五原郡依附於突厥，憑藉其勢力以自立，突厥封張長遜為割利特勤。

　　除了以上所舉的各地烽火之外，大業十三年初，在今甘肅及青海東部的河西、隴右地區，崛起了兩股強大的割據勢力：武威（今甘肅武威市涼州區）的李軌和金城（今甘肅蘭州市城關區）的薛舉。他們與新占領長安的李淵，因處地的遠近關係，發生了政治上和軍事上的種種摩擦與鬥爭。李軌是武威郡鷹揚府司馬，家財富有，好行俠義。大業十三年，李軌和同郡的曹珍、關謹、梁碩、李贇、安脩仁等商議說：「占據金城作亂的薛舉必然要來侵擾，郡官昏庸而又膽怯，決不能作有效防禦，我們和妻子老小怎能束手被人俘虜呢？不如大家同心協力加以抵抗，保據河右地方，等待著天下發生變化。」大家都以為很對，想推舉一個做首領，但都互相謙讓，不肯當

此重任。曹珍說:「我久聞圖讖上說,李氏應當為王,現在李軌也參與我們的謀劃,這是天命所定的。」大家商議結果,一同參拜李軌,奉戴他為主。到了七月,李軌聯絡郡中豪傑之士共同起兵,抓住虎賁郎將謝統師、郡丞韋士政。眾豪傑焚香立誓,推奉李軌為河西大涼王,建元安樂,設置官府僚屬,推翻煬帝新政,恢復隋文帝開皇時的舊制度。關謹等人想把隋官全都殺害,分掉他們的家產,李軌說:「大家既推舉我為主,就應聽從我的號令,現在興起義兵是拯救百姓於水火,若殺人越貨,這就成了盜賊,怎麼能夠使事業成功呢?」眾人聽命。於是李軌任命謝統師為太僕卿,韋士政為太府卿。西突厥的一部也向李軌請求投附。

果然不出所料,李軌起義後不久,薛舉為擴大領地,派他的部將常仲興渡過黃河攻擊李軌防地,李軌派部將李贇迎戰,常仲興全軍覆沒,李軌乘勝出兵攻占張掖、敦煌、西平、枹罕(今甘肅臨夏回族自治州臨夏市),據有河西五郡的地方。李軌勢力的迅速擴張,使他的左右親信欣喜過望。到了這年(大業十三年)的十一月,李軌在眾豪傑的再一次擁戴下由河西大涼王進位為皇帝。

就在李軌稱王稱帝的同時,金城薛舉亦擁眾起兵。薛舉,河東汾陰人,僑居金城,容貌魁梧,無比勇猛,善騎射,家有萬貫家財,喜好結交英雄豪傑,在西部邊陲一帶頗有名氣,任職金城府校尉。大業末年,隴右地區反隋義軍蜂起,金城令郝瑗募了幾千人為兵,派薛舉率領去討伐。當郝瑗打開府庫發給新募兵士武器、擺設酒席犒勞將士的時候,薛舉與兒子薛仁杲以及同黨十三人手持兵仗劫持郝瑗,囚禁郡縣官吏,並打開糧倉賑濟百姓。薛舉被推戴為西秦霸王,改年號為秦興,於是張榜招募饑民,搶奪官家的牧馬以充實軍隊。另一支義軍首領宗羅睺見薛舉勢盛,率領部眾前來歸順,使薛舉力量大增,薛舉封他為義興公。不多時間便占有隴西全部土地,擁有軍隊到十三萬人。此後,僅過了三個月,薛舉從稱王進位稱秦帝,立妻子鞠氏為皇后,兒子薛仁杲為太子。為了霸業有成,薛舉東向發展,越隴山、攻扶風,要與李淵爭奪關中地區的控制權。

第二十七回
眾驍果思鄉起逆心　隋煬帝命喪江都宮

　　大業十二年（616 年），隋煬帝到了江都，感到財政匱乏的他接見前來拜謁的江淮地方官，專問獻禮多少，獻禮多的超升郡丞、郡守，獻禮少的一律給予停職的處分。江都郡丞王世充獻上銅鏡屏風，便提升他為江都通守；歷陽郡丞趙元楷獻上美味食品，便提升他為江都郡丞。榜樣既立，從此江南郡縣的地方官爭著搜刮百姓財物來充實貢獻。百姓們外遭盜賊掠奪，內受郡縣逼稅，生計斷絕，再加上饑荒斷糧，開始採剝樹皮樹葉，或是搗碎稈草，或是煮土而食，諸物都吃光了，便自相食。然而官府貯存的糧食還是充足的，地方官吏畏懼犯法，沒有敢賑濟貧民。王世充祕密替隋煬帝挑選江淮民間的美女進獻，因此更加受到寵幸。

　　這時跟從隋煬帝到江都去的驍果們遠離鄉土、家室，人心不安，隋煬帝十分憂慮，向裴矩詢問對策。裴矩回答說：「人之常情，沒有配偶，難以長期獨處，請聽任軍士在這裡娶親成家。」隋煬帝批准了這一建議。命令把江都境內的寡婦、處女都召集到宮殿下面，任憑將士選取，在這之前通姦的，聽任自首匹配。裴矩的這一建議大得驍果人心。此後，驍果叛亂，隋煬帝的親信大臣悉數被殺，只有裴矩倖免於難。

　　驍果是隋朝軍隊中的精銳之師。早在大業九年（613 年），煬帝二征高麗時為了擴充軍隊，除徵發府兵外，又招募新軍。這批新軍多是關中人，他們大多是來自民間的驍勇之士，身強力壯，驍勇善戰，故稱為「驍果」。此次煬帝下江都時，以虎賁郎將司馬德戡統領一萬餘驍果隨行，屯於江都東城，驍果成為專門保護皇帝安全的禁衛軍。驍果因為是皇家近衛，所以匹配的都是御廐駿馬，裝備騎槍和馬刀，身穿血色的明光鎧甲，頭戴赤金

豹頭盔，左臂上刺有血鷹，可說是威風凜凜。隋朝時期的軍隊士兵，大多是農民，他們不願長期在外，思鄉情緒比較濃烈。後來屈突通和劉文靜作戰時，潼關敗退，手下兵士不願跟隨屈突通東去洛陽；李密手下軍隊多為關東人，不願跟隨李密西進關中等都是這個緣故。

　　隋煬帝在江都，眼見四方烽火漫天，群雄稱王稱帝，心情煩躁不安，生活更加荒唐無度。他在宮中設置了一百餘間遊樂房，各房裝飾豪華，陳設帷帳用具專供遊宴，內居美人多人，每天由其中一房美女做主人，由江都郡丞趙元楷專掌供辦酒食，煬帝與蕭后以及寵幸的妃嬪按照次序到房中飲宴，酒杯不離口，跟從的美女也常常是晝夜昏醉。然而，這樣安排都未能使隋煬帝心境平靜，仍是整日發慌不能自安，退朝之後便戴上幅巾，身穿短衣，拄著手杖，徒步遊蕩，走遍所有的樓臺館舍，不到黑夜不會停歇，環顧四周的美景，唯恐看不盡看。隋煬帝曉得占候卜相，好說吳地的方言，常常在夜裡擺上美酒，仰觀天象，對身旁的蕭后說：「外面很多人都在圖謀儂（吳人自稱為「儂」）的皇位，可是大不了像陳後主那樣封個長城公，愛卿也不失為沈皇后，且不管他，咱們還是一同飲酒作樂吧！」說罷斟滿酒杯痛飲直至沉醉。一次煬帝照著鏡子用手摸著脖子，回頭對蕭后說：「好頭頸，不知該誰來砍它？」蕭后驚問緣故，煬帝強笑道：「貴賤苦樂，輪迴轉換，又有什麼好傷感的？」

　　隋煬帝看到北方戰亂不息，北回難期，便有割據江南一隅的打算，已無心北還兩都了。他有意要在丹陽（今江蘇南京市建鄴區）建都，又欲在會稽（今浙江紹興市越城區）另建別宮，企圖劃江而治，保據江東一隅之地自守，便命令朝臣商議此事。內史侍郎虞世基係江南人，贊同煬帝南遷；右候衛大將軍李才以為不妥，要求車駕北還長安，與虞世基在朝堂爭吵起來，憤憤地拂袖而出。門下錄事李桐客，是北方信都郡衡水縣人，他附和李才建議，說道：「江東地勢低平，氣候潮濕，土地險狹，多江湖山嶺，對內要供奉皇帝及其左右大批人員，對外要供養內外軍隊糧餉，百姓不堪供應，最終結果亦難免會導致離散、作亂！」御史看皇帝的眼色說話，見此情景，

便彈劾李桐客所說的話是誹謗朝政。這樣，公卿百官不再說話，皆附和朝廷意旨，紛紛說道：「江東百姓盼望著南幸已經很久了，陛下若過江撫臨，這是大禹的事業啊！」大禹是古代聖王。這馬屁話深得煬帝之心，即日下詔修治丹陽宮，準備擇日起駕遷都。

這時江都的糧食已將吃光，跟從御駕的驍果多是關中人，長期客居在外思念家鄉，見隋煬帝根本沒有西返的意思，許多人都在謀算著叛逃回去。不久，郎將竇賢帶領部屬逃走，隋煬帝派騎兵追殺了他們，可是逃亡的人還是相繼不斷，隋煬帝因此而憂心忡忡。虎賁郎將扶風人司馬德戡一向受隋煬帝寵幸，被委派統領驍果勇士駐紮在東城，司馬德戡跟好友虎賁郎將元禮、直閣（宿衛宮殿閣門的領兵官）裴虔通密謀說：「現在驍果人人都想逃走，我想去報告，恐怕首先被殺頭；不去報告，事發之後也逃脫不了滅族的禍殃。未知如何為好？又聽說關內已經被攻陷了，李孝常在華陰叛變，皇上囚禁了他的兩個弟弟，正準備殺掉呢。我們的家屬都在關中，能沒有這種憂慮嗎？」元禮、裴虔通二人都慌了，忙問道：「可有什麼對策嗎？」司馬德戡說：「驍果如果逃亡，不妨和他們一起逃走算了。」二人都說：「好主意。」於是互相串聯、招引同夥。內史舍人元敏、虎牙郎將趙行樞、鷹揚郎將孟秉、符璽郎李覆、牛方裕、直長許弘仁、薛世良、城門郎唐奉義、醫正張愷、勳侍楊士覽等人都與他們同謀。白天夜裡聚在一起，相互結盟定約，有時甚至在大堂廣座之中也公開討論叛逃的計畫，絲毫無所畏懼。有個宮人覺察到，上告蕭后說：「外面人人都想反叛。」蕭后說：「隨你去上奏。」宮人對隋煬帝說了實情，煬帝聽了大怒，認為不是宮人應當說的話，竟然處死了她。在這之後又有宮人上告，蕭后說：「天下事一朝到了這種地步，已無可挽救，用不著去上告了，免得白讓皇帝憂愁。」從此之後，再沒有人告變。朝廷中上下阻隔，煬帝已成為孤家寡人了。

隨煬帝一起到江都的左翊衛大將軍宇文述在到達江都後不久，便一病身亡，煬帝痛惜失掉一員親信大將。宇文述，代郡武川人，鮮卑族，本姓破野頭，後過繼給宇文氏，從宇文姓，但和北周皇帝宇文氏家族沒有任何

血緣關係。宇文述一生戰功卓著，在平陳戰役、討伐遼東、鎮壓農民起義等戰爭中都立有戰功。宇文述善於察言觀色，煬帝為晉王時便侍從宿衛，他幫助隋煬帝取得太子位，故而受到重用，權傾朝野。

宇文述總共有三個兒子：宇文化及、宇文智及、宇文士及。只有宇文士及比較有才能，娶隋煬帝女兒南陽公主為妻，為當朝駙馬，和李淵關係密切，李淵稱帝後他成為唐朝宰相。宇文化及是個無賴不法之徒，宇文智及則狡猾多智。宇文化及在東宮侍奉時為太子的隋煬帝，煬帝對他寵幸親近，即位後任命他為太僕少卿。大業初，宇文化及與宇文智及違背禁令私自與突厥人交易，差點被隋煬帝下令斬首，已經解開了衣服和辮髮，過了一會兒煬帝怒氣稍息才釋放了他們，示意給宇文述做奴僕以作懲戒。宇文士及因為娶了公主為妻的緣故，又恃自己聰敏有才學，常常輕視智及，故化及與智及兄弟倆很親近。大業十二年十月，宇文述去世前，向煬帝乞請赦免化及、智及之罪，奏稱：「化及，臣之長子，早年就奉侍東宮，願陛下哀憐！」煬帝思其一生有功於己，乃任命宇文化及為右屯衛將軍，任命宇文智及為將作少監。隋唐小說和影視劇中的宇文化及老奸巨猾，跟隨隋煬帝左右出謀劃策，倒有點正史中宇文述的影子。另外，宇文成都、宇文成龍都是杜撰的人物。

司馬德戡等人密謀率領驍果逃亡，虎牙郎將趙行樞也參與密謀。趙行樞又與宇文智及一向交往密切,同時參與密謀的楊士覽是宇文智及的外甥。他們把密謀告訴宇文智及，宇文智及聽了心中大喜。司馬德戡等人約定在次年三月十六日結夥西逃，宇文智及說：「皇上雖然無道，威權命令還能行使，你們要逃走，是像竇賢一樣自取滅亡罷了。現在上天實在是要滅亡隋朝，英雄豪傑同時起事，同心叛離的已經多至數萬人，可趁機舉大事，這是成帝王的大事業。」司馬德戡等人認為言之有理，趙行樞、薛世良於是請求讓宇文智及的哥哥宇文化及做盟主。盟約確定之後，便告知宇文化及，宇文化及是個能力低下，性情兇險而又怯弱的人，初聽說後嚇得變了臉色，急出了冷汗，不久想到能得眾人推戴，一生榮華富貴，又欣然同意了。

　　司馬德戡等進行了周密的安排。先派許弘仁、張愷進入備身府，告訴認識的人說：「陛下聽說驍果們想要叛逃，準備了好些毒酒，打算趁宴會把他們全都毒死，只與南方人留在這裡。」此謠言一傳，驍果們都非常害怕，互相轉告，謀反就更加急迫了。接著司馬德戡把所有驍果的軍吏全部找來，告知他們要做什麼，大家都說：「只聽從將軍的命令。」當天氣候陰霾，刮起了大風，昏天暗地。天黑之後，司馬德戡盜取了御用的寶馬，暗中磨利了兵器。晚間由元禮、裴虔通在閣下值班，專門主管殿內。唐奉義主管關閉城門，與裴虔通約定好，諸門都不上鎖。到了三更時分，司馬德戡在東城集中兵眾數萬人，舉火把與城外相呼應。隋煬帝望見起火，又聽到外面喊叫聲，問：「外面有什麼事？」裴虔通回答說：「草坊失火，外面的人正在一起救火。」這時宮廷內外已經隔絕，煬帝便信以為真。宇文智及與孟秉在江都城外也集中了一千餘人，劫挾了巡夜的候衛虎賁馮普樂，布置兵力分別守衛街巷。這時煬帝之孫燕王楊倓發覺形勢不妙，就連夜穿過芳林門旁的水洞潛行到玄武門詐稱：「我突然中風，生命危在旦夕，請求面見皇上辭別。」裴虔通立即把他扣押起來。這時司馬德戡已把集中起來的驍果交給裴虔通來替換諸門的衛士，裴虔通率領數百騎兵來到成象殿。宿衛的士兵傳呼有賊，裴虔通便返回來，關閉各城門，只留下東門，把殿內宿衛的士兵驅趕出殿，衛士們都紛紛扔下兵仗離殿而去。這時，右屯衛將軍獨孤盛問裴虔通：「是些什麼兵，形勢怎麼大不一樣？」裴虔通回答說：「事勢已經這樣了，不干將軍的事，將軍請謹慎，切勿亂動。」獨孤盛大罵道：「老賊！這是什麼話！」來不及披掛甲衣，便帶領身邊的十幾個隨從衛士抵擋，被亂兵殺死。這時千牛（皇帝的親身護衛）獨孤皇后之侄獨孤開遠聞變率領殿內的士兵數百人跑到玄覽門，急敲閣門請求說：「兵器還齊全，足能打敗叛軍。陛下如果出來親自觀戰，人心自然安定，不然的話，大禍就要到來了。」殿內寂然，竟沒人回答。軍士們漸漸散離，叛軍捉住了獨孤開遠，佩服他的君臣大義而釋放了他。先前隋煬帝選擇驍勇健壯的官奴數百人安置在玄武門，稱為「給使」，以防備非常的情況發生，給他們的待遇特別優

厚，甚至把宮女賜給他們。司宮魏氏也受到隋煬帝的信任，可是卻被宇文化及等人收買為內應。這天，魏氏假傳詔命，把給使們全部放假出宮，因此倉促之際竟沒一個人在場守衛。

司馬德戡等人領兵順利地從玄武門進入殿中，這時隋煬帝聽說外面發生叛亂，急忙改換便服逃到西閣。裴虔通與元禮進入左閣搜查，在魏氏的指點下他們衝進了永巷，追問：「陛下在哪裡？」適有美人走出來，指示煬帝躲藏的方向。校尉令狐行達拔刀出鞘直前衝上去。隋煬帝隱身在窗槅後面對著令狐行達說：「你想殺我嗎？」回答說：「臣不敢，只想奉陪陛下回西京罷了。」說著便扶煬帝下閣。裴虔通本是煬帝做晉王時的左右親信，煬帝看見是他未免吃了一驚，說：「卿難道不是我的老友嗎？有什麼怨恨使你反叛？」回答說：「臣不敢反叛，只是將士們思念西歸，想奉陪陛下回京城罷了。」隋煬帝說：「朕正想西歸，只是由於上江的運米船隻沒有到達，現在我就和你們一起回去。」裴虔通不答話，命令士兵看守著他。

到了天亮，孟秉帶著裝甲騎兵前來迎接宇文化及。宇文化及來到了宮城門，司馬德戡出來迎接，引進朝堂，群逆上尊號稱他為丞相。裴虔通對隋煬帝說：「現在百官都在朝堂上，陛下必須親自出來慰勞。」並進獻帶來的坐騎，逼迫他上馬。煬帝嫌棄馬鞍和韁繩破舊，給他更換了新的，才肯騎上去。裴虔通牽著馬韁繩，挾著刀出了宮門。叛軍們看見，歡呼跳躍，驚天動地，宇文化及揚言道：「用不著把這個老東西拉出來，趕快弄回去殺掉算了。」煬帝問道：「虞世基在哪裡？」叛軍首領馬文舉說：「已經砍頭了。」於是把煬帝帶回到寢殿，裴虔通、司馬德戡等人拔刀露刃站在兩旁監視他，煬帝感歎道：「我犯了什麼罪，到了這種地步？」馬文舉說：「陛下背棄宗廟不顧，巡遊四方沒完沒了，對外屢次徵兵討伐，對內極度奢侈荒淫，使青壯男子都死在刀箭之下，女子弱小填塞在溝壑之中，士農工商都喪失了生業，盜賊蜂擁而起，又專門信任奸臣，文過飾非，拒不採納正確的意見，還說什麼無罪！」隋煬帝說：「我實在對不住百姓。至於你們這些人，跟著我享盡了榮華富貴，為何這樣對待我？今天的事為首的是誰？」司馬德

戡回答說：「普天下同心怨恨，何止是一人。」宇文化及讓封德彝揭露隋煬帝的罪狀，煬帝說：「卿是讀書人，為何也幹這種事？」封德彝羞愧地退到後邊。煬帝心愛的小兒子趙王楊杲十二歲，這時站在煬帝的身邊啼哭不止，裴虔通當著隋煬帝的面一刀砍死他，鮮血濺到御服上。叛軍正要殺死隋煬帝，煬帝說：「且慢，天子自有死法，怎麼能動用鋒刃，拿鴆酒來！」馬文舉等人不許可，讓令狐行達強按著隋煬帝坐下，煬帝自己解下白絲巾帶交給令狐行達，就這樣隋煬帝被縊死了，終年五十歲。當初，隋煬帝自知早晚躲不過要遇難，經常把一瓶毒酒放在身邊，對他寵幸的美女們說：「如果賊人來了，你們要先喝下去，然後我也喝下去。」等到叛亂發生了，回頭找毒酒瓶，左右的人都逃散了，竟然沒找著。蕭后與宮人撤下漆床板，做成小棺材，把楊杲和隋煬帝一起埋葬在江都宮西院的流珠堂。

　　隋煬帝每次出外巡遊，經常把弟弟蜀王楊秀帶在身邊。這次隨行，楊秀被囚禁在驍果兵營。宇文化及殺死隋煬帝後，想要尊奉楊秀為帝，大家議論認為不可，便殺死楊秀和他的七個兒子。至此，隋文帝的五個兒子全部短壽而終。造反的驍果們又殺了煬帝次子齊王楊暕和他的兩個兒子以及燕王楊倓，隋氏宗室無論年幼年長的全部被處死，唯獨楊俊之子秦王楊浩一向與宇文智及有往來，宇文智及利用他的地位掩耳盜鈴，遮蓋弒逆之名。齊王楊暕一向不受煬帝喜愛，被廢後居住江都宮外，父子互相猜疑。隋煬帝聽說發生叛亂，看著蕭后說：「莫非是阿孩搞的鬼？」當宇文化及派人到府第殺楊暕時，楊暕還認為是煬帝派去的使者抓捕他，要求說：「奉詔的使者暫且寬緩兒，兒沒有對不住國家的！」叛兵把他拉到大街上斬首，楊暕竟然不知道下令殺他的是誰，他們父子一直到死也沒弄明白。叛兵又殺了內史侍郎虞世基、御史大夫裴蘊、左翊衛大將軍來護兒、祕書監袁充、右翊衛將軍宇文協、千牛宇文晶、梁公蕭鉅等人以及他們的兒子。

　　叛亂將要發動時，虞世基的同宗人虞伋對虞世基的兒子符璽郎虞熙說：「形勢已經惡變了，我想把你暗中送到江南去，不然一齊殉死有何益處？」虞熙說：「丟棄父親，背離君主，到哪裡能求生，感謝你的好意，我們從此

永別了。」

虞世基的弟弟虞世南抱著虞世基號哭，請求替兄去死，宇文化及不允許，因念他是個文人，未加追究。黃門侍郎裴矩預見到必將發生叛亂，寬仁待人，即使是一般的雜役他都厚遇，又建議給驍果們娶當地婦女。發生叛亂時，叛兵們都說：「並不是裴黃門的罪過。」過了一會兒，宇文化及策馬來到，裴矩迎拜馬前，才得免死。宇文化及因為蘇威不參預朝政，也免了他一條老命。

百官全都被挾到朝堂上去聽命，只有門下省給事郎許善心未到，他的侄子許弘仁急匆匆奔來告訴他說：「天子已經駕崩了，宇文將軍代理朝政，滿朝文武官員都集合在朝堂上。天道人事，自有它相互代替的道理，於叔父有何相干，為何猶豫到這種地步？」許善心聽了很生氣，堅不肯去，許弘仁只得上馬哭泣著返回去。宇文化及派人把許善心擒到朝堂，數落了一番釋放了他，但許善心並不表示謝意，揚長而去。宇文化及見他不舞蹈謝恩，發怒說道：「這個人太負能使氣。」又派人把他追回殺掉。他的母親范氏九十二歲，撫著兒子的靈柩不哭，說道：「能為國難而死，這才是我的兒子。」便整天躺著不吃東西，過了十餘天也去世了。

沐猴而冠的宇文化及被擁立為大丞相，總理一切政務。他把蕭后安置在後宮，並以皇后的命令立楊浩為皇帝，監居在別殿，這不過是行障眼之法，只是讓他當個政治傀儡，發布詔書而已。為推行新政令，宇文化及任命他的弟弟宇文智及為左僕射，宇文士及為內史令，裴矩為右僕射，執掌朝政。

隋煬帝被弒之後，歷代都把他和秦始皇相提並論，當作暴君的典型，認為煬帝一無是處，他的殘暴統治導致隋朝的滅亡。實際上，秦始皇做過的很多事，如多年外出巡遊、修長城、開運河，對周邊少數民族戰爭等，隋煬帝多半也做了；但是他沒有焚書坑儒，相反，還編輯經典，重視儒士，開進士科等。隋煬帝做過的事，唐太宗多半也做了，如爭奪皇位、征高麗、對北方少數民族政權的戰爭等，但是唐太宗沒有開運河，而隋煬帝開通運

河，成為南北交通大動脈，對溝通南北經濟起了很大的作用。歷史上對秦始皇、唐太宗的功績多有肯定，認為是「千古一帝」，但談到隋煬帝時卻多是惡語連篇。這是什麼原因呢？

　　隋文帝諸子中，隋煬帝楊廣確實是佼佼者。早年在南下平陳戰役中，就有戰功。做皇帝後，有很大的政治抱負，想做一個像秦始皇、漢武帝一樣在歷史上有影響力的皇帝。為此，他銳意改革，在政治、經濟、文化、軍事、對外關係等方面採取了一系列的措施。隋煬帝做皇帝以後十四年，只在長安城裡住了十個月，一直在外面奔波，他的許多活動帶著蓬勃向上的時代氣息。西巡之外，還有北狩、建洛陽、修馳道、築長城、開運河、下江南等等。他以極大的魄力和強度發瘋似地幹了十幾年，創立了很多可垂永久的制度，修建了一些造福後代的大工程。但是，他做事情過於求快、求好、求多，而要求又嚴急，常年在外巡守，築長城、修運河、征高麗，許多大事情一塊上。車駕出動，則千乘萬騎。農民賦役繁重離開了土地，造成了民不聊生，人不堪命。再加上其殘暴的性格，過於自信和自負，拒絕諫諍，閉塞言路，最後終於造成眾叛親離，命殞江都。

第二十八回
用計謀李密殺翟讓　受擁戴楊侗稱皇帝

　　兩次大敗王世充，使李密的自信心有點膨脹，他自信攻占洛陽、滅亡隋朝應該為時不遠了。然而在此時，瓦崗軍內部出現了矛盾。翟讓心腹部眾對李密大權在握有點不放心，而李密對他們的猜忌不是採取措施化解矛盾，反而聽信讒言，設計謀殺了翟讓，使瓦崗軍元氣大傷，也為以後的失敗埋下了隱患。

　　隨著李密權力的增加，最早跟隨翟讓的部將害怕李密將來權大難制。翟讓的司馬王儒信勸翟讓自任大冢宰，總管軍務，奪取李密的大權，翟讓並沒有聽從。翟讓的哥哥柱國、滎陽公翟弘是最早跟隨翟讓起兵的元老之一，為人粗魯愚昧，說話毫無忌諱，對翟讓說：「天子應該自己做，為什麼讓給別人，你如不願做天子，讓我來做。」翟讓聽後只是大笑，沒有放在心上，可是有人把這話告訴了李密，李密聽說後，很厭惡翟弘。

　　翟讓雖然文化不多，卻是個豁達大度的人，深知自己的才能、地位均不及李密，只有幫助李密瓦崗軍才能發展壯大。但翟讓作為一個農民領袖，也有他的缺點，貪財、魯莽、恃勢逞強、氣量促狹。總管崔世樞原來是隋朝的官員，後歸附李密，翟讓把他囚禁於自己的府第，向他索取錢財，如不給錢財就要處他刑罰。又一次，翟讓找元帥府記室邢義期賭博，邢義期有所顧慮，遲疑未來，翟讓便把邢義期打了八十杖。還有一次，翟讓對左長史房彥藻說：「你以前攻破汝南時得了很多寶貨，只給了魏公李密，卻沒有給我。魏公是我擁立的，這事你怎麼不知道呢？」房彥藻聽了有點害怕，把這情況告訴李密，又約了左司馬鄭頲共同勸說李密：「翟讓貪婪，剛愎自用，又不行仁義，有滅你之心，應該早些設法除掉。」李密說：「現在我們

的安危還沒有確定，就互相誅殺，讓其他的人怎樣看呢?」鄭頲說：「毒蛇
螫手，壯士斷腕，是為了保全根本的緣故。等到他們先得了手，後悔也來
不及了。」一山不容二虎，李密便聽從了他們的勸告，在小勝東都軍之後，
李密做了一番布置，擺設酒宴，邀請翟讓及部下前來赴宴，翟讓毫不猶豫
就和他哥哥翟弘及侄子司徒府長史翟摩侯一同去見李密。李密與翟讓、翟
弘、裴仁基、郝孝德坐在一起，單雄信等人都侍立著，房彥藻、鄭頲來來
往往察看照顧。李密說：「今天和各位達官們飲酒，不需要很多人，左右的
人只留幾個人服侍就可以。」李密身邊的人都離去，翟讓身邊的人還在。房
彥藻向李密說：「今天正好飲酒作樂，天氣很冷，請給翟司徒身邊的人酒
食。」李密說：「聽從司徒的意思。」翟讓想也沒想便應聲說：「很好。」於是
房彥藻就把翟讓身邊的人都帶走，只剩下李密手下壯士蔡建德持刀侍立。
此時尚未進食，閒談間李密拿出一副良弓和翟讓討論射箭技巧。翟讓方拉
滿弓，蔡建德就從背後用刀猛砍翟讓，翟讓撲倒在床前，聲如牛吼，很快
就死去了。蔡建德又把翟弘、翟摩侯、王儒信等一併殺死。徐世勣想奪門
逃走，守門衛兵砍傷了他的脖頸，王伯當從遠處看見，大聲喝令止住。單
雄信眼看形勢不妙，跪地叩頭請求饒命，李密把他釋放。翟讓左右隨從都
十分驚恐疑懼，不知怎麼辦好，李密大聲說：「我和大家同起義兵，本是要
剷除暴虐。翟讓司徒專行暴虐，凌辱眾僚，不分上下尊卑，現在誅殺只是
他一家，和各位無關。」命人攙扶徐世勣，把他安置在帳幕中，親自為他敷
藥。翟讓的部眾喧嘩著要潰散，李密派單雄信前往傳達他的慰問，隨即獨
自騎馬來到翟讓的大營對翟讓部下加以安撫。他又命令徐世勣、單雄信、
王伯當分別統帥翟讓的部眾，表示對大眾的信任不疑。通過這些措施，李
密內外軍情逐漸穩定。翟讓性情殘忍，翟摩侯性多猜忌，王儒信貪婪驕縱，
所以他們被殺的那天，士卒們沒有人為此而悲哀，但是李密的將佐從此開
始有了猜疑不安的心理。當初，王世充知道翟讓和李密必然不能長久和睦
相處，希望他二人圖謀相鬥，自己可以得到機會乘虛而攻之，當聽說翟讓
被殺死，李密軍情穩定，不禁大失所望，歎息說：「李密天資聰明決斷，是

龍是蛇，實在無法預測啊！」

　　李密出身貴族名門，和翟讓等草莽英雄相處，始終存在著矛盾。李密雖然認識到這一點，但被勝利沖昏了頭腦，沒有採取措施化解矛盾。翟讓出身草莽，和隋朝官員有著天然的階級矛盾。李密掌握瓦崗軍政權後，重用一些有才能的隋朝舊官僚，如祖君彥、裴仁基、柴孝和、鄭頲、房彥藻等，在當時李密要想成就大事業，就必須這樣做。但重用隋朝舊官僚必然會引起翟讓及其下屬的不滿，如何在重用隋朝舊官僚及農民義軍領袖間掌握平衡，是李密成敗的關鍵。李密顯然沒有很好地解決這一問題，反而聽信讒言殺死翟讓而逐漸失去人心。李密一直在著手建立自己的部隊，建立四驍騎營，設置敢死隊等以加強戰鬥力，但李密部隊的主力盟軍還是農民軍，要想成大事，還需要得到翟讓舊部的支持，靠反隋的大旗來號召人民。翟讓是靠「義」來籠絡人心，李密殺翟讓使其舊部離心，戰鬥力大大減弱。和李密相比，同為出身貴族名門的李淵在晉陽起兵後，一方面招降納叛，重用隋朝舊官員；一方面對關中豪傑曲意籠絡，封官加爵，得其死力，取得成功。其成敗優劣昭然可見。

　　李密誅殺翟讓後，在大業十四年（即武德元年，618 年）春又與王世充打了兩次仗，同樣是先敗後勝，李密軍採取主動態勢，包圍了東都洛陽。五月，隋煬帝死信傳至東都。留守隋官段達、元文都等擁戴越王楊侗即皇帝位，實行大赦，改年號為皇泰。皇泰主楊侗眉目如畫，溫和仁愛，風度莊重。下詔以段達為納言、陳國公，王世充為納言、鄭國公，元文都為內史令、魯國公，皇甫無逸為兵部尚書、杞國公，又以盧楚為內史令，郭文懿為內史侍郎，趙長文為黃門侍郎，共掌朝政，時人稱之為「七貴」。在「七貴」中，王世充掌握著軍權，但不被皇泰主信任。另外，王世充和元文都、皇甫無逸、盧楚等其他掌權者之間也有矛盾。

　　段達是隋朝的將領，早在隋文帝楊堅擔任北周丞相時，他被任命為大都督，總領親兵，常常跟隨在楊堅左右，是楊堅的親信。隋文帝當上皇帝後，段達又成為楊廣的親信，幫助楊廣取代太子楊勇。大業初年，隋煬帝

因段達是自己的舊臣，任命他為左翊衛將軍。征討吐谷渾時，段達因功進位為金紫光祿大夫。大業末年，段達也參加了征高麗、鎮壓農民起義等戰爭，但勝少敗多，被隋煬帝認為怯懦。大業十二年（616年）七月，隋煬帝臨幸江都，命令段達與越王楊侗、太府卿元文都等人留守東都洛陽，共同負責管理洛陽事務。元文都等和王世充矛盾激化後，段達參與謀劃誅殺王世充的密議，但又害怕事情不成，自己遭到牽連，便向王世充告密，成為王世充的死黨，後又參與逼迫皇泰主讓位。王世充敗亡後，段達被李世民斬於洛陽。

元文都是北魏宗室之後裔。在隋朝，歷任內史舍人、尚書左丞、太府少卿等職，個性耿直有器幹，頗有能名。隋煬帝繼位後，拜御史大夫，在當時受到信任。隋煬帝在江都被弒後，元文都與段達等推越王楊侗為帝，任內史令、開府儀同三司、光祿大夫、左驍衛大將軍、攝右翊衛將軍、魯國公等官職，倍受重用。元文都鑑於王世充仗著兵權在手日益跋扈，入朝向楊侗進言須殺掉王世充，以整齊軍政，並與盧楚等謀劃趁王世充入朝時伏兵殺掉他。不料事泄，王世充奔往含嘉城，聯合段達發動兵變。元文都被殺，諸子亦全數遇害。

皇甫無逸，隋大業末年任淯陽太守，以政績顯著升為右武衛將軍。隋煬帝南巡江都，命他留守洛陽輔佐越王楊侗。後王世充殺楊侗，皇甫無逸逃出洛陽，到長安投奔李淵，被授刑部尚書，封滑國公。他在各個職位任上以清廉著稱，處理政務也非常小心謹慎。

盧楚少有才學，大業中為尚書右司郎，為官正直，嫉惡如仇，甚為公卿所憚。隋煬帝南巡江都，盧楚為東都留守官，東都官僚多不守法，盧楚糾舉查辦，無所迴避。後王世充作亂，兵攻太陽門，右武衛將軍皇甫無逸斬關逃難，呼喊盧楚一起逃走，盧楚不肯，他說：「我與元公（元文都）約定，若社稷有難，誓以俱死，今逃走是不義。」隨後被王世充殺害。

洛陽在李密的包圍之下，軍心不穩，內缺糧食，形勢非常危急。王世充新敗，只能龜縮城中。洛陽城中的大臣們惶惶不可終日，圖謀出逃和投

第二十九回
宇文化及揮師北進　李密稱臣兵援黎陽

宇文化及在江都弒殺隋煬帝後，自稱大丞相，總理一切政務。為掩人耳目，利用蕭皇后的命令立隋文帝兒子秦王楊俊之子、隋煬帝的侄兒秦王楊浩為傀儡皇帝。嗣後離開江都，在北進途中，把少皇帝楊浩安置在尚書省，命令衛士十多人看守他，派令史去他那裡取簽署的敕令，百官不再上朝參見皇帝。宇文化及任命他的弟弟宇文智及為左僕射，宇文士及為內史令，裴矩為右僕射主持朝政。

宇文化及在做了一些準備之後，任用左武衛將軍陳稜為江都太守，全權掌管留守江都的事宜。命令內外戒嚴，聲稱準備返回長安，皇后、六宮都依照舊式列成御營，都歸他所控馭。營前另設一軍帳，宇文化及在帳中處理政務，一切兵衛部伍，都擬照皇帝的御駕安排。接著又搜取了江都的民船，沿著運河水路取道彭城（今江蘇徐州市城區）西歸。宇文化及聚有兵眾十餘萬人，奉養與隋煬帝一模一樣。常常在帳中面南而坐。部下來報告軍政大事，他默不作聲，降下牙旗之後，才拿過啟奏的文書與唐奉義、牛方裕、薛世良、張愷等人商議決定。宇文化及的腐敗、淫虐、庸俗無能，引起部分將領的不滿和反叛。

首先反叛的是折衝郎將沈光。他被宇文化及任命統率驍果，讓他在禁中率領給使營。當北進隊伍行進到顯福宮時，虎賁郎將麥孟才、虎牙郎將錢傑與沈光商議說：「我們這些人受先帝厚恩，現在低著頭奉事仇人，受他的驅使指揮，有何臉面活在世間啊！我一定要殺掉他，死了也不怨恨。」沈光流著淚說：「這就寄希望於將軍了。」麥孟才便聯合友好舊交，率領部屬數千人，約定在第二天早晨御駕將要出發時襲擊宇文化及。結果密語洩露，

宇文化及當夜與心腹先出了御營，安排左右告知司馬德戡等人，讓他們討伐麥孟才一夥。沈光聽到營內喧鬧，知道事機洩露，立即襲擊宇文化及的御營，而營中已人去帳空，只殺了在營內值班的內史侍郎元敏等幾個人。這時司馬德戡領兵包圍了御營，殺死了沈光，他部下的數百人全部戰死，無一人投降，麥孟才也戰死。軍變以失敗告終。沈光是煬帝親自提拔的將領，煬帝對他推食解衣，賞賜優厚。麥孟才是煬帝征遼東時右屯衛大將軍麥鐵杖之子，為烈士後代。他們均為感煬帝知遇之恩而殉難死節的。

接著發動反叛宇文化及的是司馬德戡。當部隊進至彭城時，水路不通，宇文化及就奪取民間的牛車二千輛，用來載運宮人、珍寶，其他的兵器戰具全部命令軍士背負。道路遙遠，極為疲勞，軍士們怨聲載道。司馬德戡私下對趙行樞說：「您貽誤了我們！當今撥亂反正，必須依靠英賢。宇文化及庸劣昏暗，一群小人在他身旁，大事註定要失敗，怎麼辦才好？」趙行樞說：「決定在我們，廢了他有何難！」當初宇文化及掌政之後，給司馬德戡賜爵、加官，命他專門統領驍果。過了一些日子，宇文化及心裡疑惑他專兵，部署諸將分別領兵，把司馬德戡的官職改任為禮部尚書，表面上顯示美遷，實際上奪了他的兵權。司馬德戡因此氣憤怨恨，把所得到的賞賜都用來賄賂宇文智及。宇文智及替他說情，才讓他帶領後軍一萬餘人，但這一萬多人老弱病殘的居多，戰鬥力比較差。司馬德戡與趙行樞、李本、尹正卿等將領密謀，準備利用後軍襲殺宇文化及，改立司馬德戡為盟主，並派人到義軍首領孟海公那裡，欲結成外援，只待孟海公的回報，故把日子遷延下來沒有發動。許弘仁、張愷得知密謀，反去報告宇文化及。宇文化及派宇文士及裝成外出打獵，來到後軍，司馬德戡不知道事情敗露，出營迎接，因而被捉拿。宇文化及責備他說：「與你併力共定天下，甘冒天大的風險。今天事情始見成功，正希望共守富貴，你又為何反叛呢？」司馬德戡回答說：「本來痛恨昏主淫虐，殺他推立足下，而足下又甚於昏主，迫於人心，我也是不得已。」宇文化及下令縊殺司馬德戡及他的同夥十多人。孟海公畏懼宇文化及兵力強盛，為了保全自己的地盤，率領著眾人備好牛酒迎

接他。

　　東都皇泰主楊侗和屬下大臣聽說宇文化及率領驍果西向，大家都震驚而又恐慌，心中不知所措。有個叫蓋琮的官員，上疏請求楊侗招撫李密和他合力抵抗宇文化及，元文都贊成此議，他對盧楚說：「我們的兵力不足以報宇文化及弒主的罪惡，現在東都還面臨著李密的包圍，兩面受敵，形勢更加危險。莫若赦免李密的罪過，讓他改擊宇文化及，使兩敵互相鬥爭，我們可以坐等他們衰敗。等到破了宇文化及，李密的兵也疲憊不堪，他們的將士貪圖我們官爵和賞賜，就容易離間，借機還可以捉住李密。」盧楚等都認為可以這樣，即任命蓋琮為通直散騎常侍，讓他把新授李密的官爵及敕書送給李密。

　　宇文化及北進過程中，軍隊所向勢如破竹，到了滑臺（即東郡郡治白馬，今河南安陽市滑縣）留下輜重，任命王軌為刑部尚書，派他留守在那裡，自己領兵向北直指黎陽。李密的部將徐世勣據守黎陽，因為敵我力量懸殊，加上畏懼隋軍的兵鋒，徐世勣集中僅有的兵力退守西部的黎陽倉城。李密得到急報，率領步兵和騎兵二萬人前往救援，駐紮在清淇（今河南鶴壁市淇縣東南），舉烽火與倉城遙相呼應。又深挖壕溝，高築壁壘，不與宇文化及交戰，以老其師。宇文化及每次出軍攻打倉城，李密總是出兵從後面拖住他，李密隔著淇水向宇文化及喊話說：「你小子不過是匈奴賤隸破野頭罷了，你們父子兄弟都受到隋朝的恩典，世代富貴，舉朝獨一無二。國主失德，不能冒死進諫，反而亂行弒逆，還打算要篡奪帝位。你不追思諸葛亮之子諸葛瞻的忠誠，卻如同漢霍光之子霍禹叛逆作惡，你的行為天地也不會容忍！你想要到哪裡去？還是趕快歸附我吧！這樣還可以保全後嗣。」宇文化及聽了，一時之間默不作聲，待看了李密很久之後才瞪大眼睛大聲喊道：「與你論攻殺戰爭的事，何必用史書上的話！」李密對跟從他的人說：「宇文化及凡庸愚昧到這等程度，居然想要圖謀做帝王，我將拿著馬鞭把他驅趕走！」宇文化及軍大修攻城的戰具，進逼倉城，徐世勣軍在倉城外挖掘深溝固守，宇文化及軍被深溝阻擋，到不了城下。徐世勣軍又在深溝中

横挖地道，從地下出兵攻擊，把宇文化及軍打得大敗，燒毀了他所有的攻城器具。

當李密與宇文化及相持之際，適巧東都特使蓋琮來到，說明來意。李密大喜，立即上表表示歸順，並請求討伐宇文化及來贖罪，把所俘獲的宇文化及同黨雄武郎將于洪建送往東都，又派元帥府記室參軍李儉、上開府徐師譽等到東都朝見。皇泰主楊侗下令把于洪建處斬。元文都等以為李密是誠心歸順，以皇泰主命引見李儉、徐師譽各授官職，冊拜李密為太尉、尚書令、東南道大行臺行軍元帥、魏國公，命令他先平定宇文化及，然後再入朝輔政。徐世勣則官拜右武候大將軍。頒下詔書稱讚李密的忠誠，並說：「軍隊用兵方略，均由魏公李密調度。」元文都對李密不計前嫌答應和解深為欣慰，認為此後天下可以安定，在上東門擺酒席作樂，以表慶賀。王世充心中不滿，氣憤地說：「朝廷的官爵，竟送給強盜，這是想作什麼事？」元文都也疑惑王世充另有所圖，從此二人隔閡加深。

皇泰主皇泰元年（618年）秋七月，楊侗派遣大理卿張權、鴻臚卿崔善福賜給李密書信說：「今日以前的事都全不再論，從今以後彼此要真誠相待，國家大事，還有待你來匡救輔助，征伐大權，還委託你指揮。」張權到後，李密朝北參拜接受詔書。

李密降楊侗後，暫時解除了來自東都的軍事壓力，已無後顧之憂，可以把全部精兵投向黎陽方向對付宇文化及。李密了解到宇文化及軍糧快要吃盡，假意與他講和，宇文化及信以為真，十分高興，就不再限制士卒吃糧，以為李密能送給他軍糧作為酬報。恰巧李密部下有人犯罪，逃到宇文化及處，把李密的軍情說出，宇文化及十分氣惱，在糧食即將停炊的情況下，他急吼吼地指揮著軍隊渡過永濟渠，向李密軍營攻擊。李密迎戰，雙方在童山下展開大戰，自早晨一直戰鬥到傍晚，李密被流矢射中，從馬上落下昏暈過去，這時追兵將到，唯有親隨騎將秦叔寶獨自保護，李密因此得以逃脫。秦叔寶收集士卒與宇文化及力戰，宇文化及乃退兵入汲郡索求軍糧，又派使者到東郡拷打吏民，掠奪米穀，留守滑臺的東郡通守王軌不

堪忍受這種作法，派通事舍人許敬宗到李密處請降，李密便以王軌為滑州
（即東郡）總管。宇文化及聽說王軌叛降李密，十分驚慌，決定從汲郡出發
去攻打以北諸郡。他的將領陳智略率領嶺南驍果一萬多人，樊文超率領江、
淮的兵士，張童兒率領江東驍果數千人，都投降了李密。宇文化及只剩下
士兵二萬，向北進兵魏縣（今河北邯鄲市魏縣）。李密知道宇文化及不會有什
麼作為，便向西回到鞏洛一帶，仍留徐世勣在黎陽防守。童山之戰，儘管
最後宇文化及敗走，但李密也喪失了很多強兵好馬，士卒也疲勞多病，實
力受到重創，這為以後被洛陽王世充打敗埋下了隱患。

　　宇文化及到了魏縣，張愷等人商議要廢掉他。密謀之事洩露，被殺死。
宇文化及眼見心腹健將或死或散或叛變，戰士日日減員，軍事形勢一天天
地窘迫，他們兄弟想不出什麼對策，只是聚集在一起痛飲狂歡，演奏女樂
消解愁悶。宇文化及喝醉了酒，對著宇文智及埋怨說：「我當初不知兵變發
生，只是由於你強來找我。現在所向一事無成，兵馬一天天地走散，又背
著弒君的罪名，為天下所不容。今天遭到滅族的災禍，難道不是由你造成
的嗎？」宇文智及氣憤地說：「江都事成之初不見埋怨我，到了將要失敗的
時候才想歸罪於我，為何不殺了我去投降竇建德？」他們兄弟之間屢次相互
爭吵，說話不分長幼，酒醒過來又繼續痛飲，不醉不休，已經習以為常。
宇文化及自知註定要失敗，感歎道：「人生本來要死，豈不當他一天皇帝
呢？」於是橫下一條心，用鴆酒毒死了秦王楊浩，在魏縣即皇帝位，建國號
為許，改年號為天壽，設置百官。

　　竇建德軍對宇文化及軍隊進行攻擊，宇文化及軍無鬥志，連戰連敗，
不得不退保聊城（今山東聊城市東昌府區東北）。竇建德指揮大軍從四面急攻，
城陷，生擒了宇文化及。竇建德押解宇文智及、楊士覽、元武達、許弘仁、
孟景等叛臣一起，當眾處斬，把頭顱懸掛在軍門之外示眾，又用囚車裝載
宇文化及和他的兩個兒子宇文承基和宇文承趾到襄國（今河北邢臺市邢臺縣）
斬首。宇文士及有智謀，見化及大勢已去，暗中寫信給李淵求好，借著去
濟北（今山東聊城市東阿縣西）徵糧，設法逃到長安，被唐高祖李淵錄用。

第三十回
裴寂太原城論世事　李世民獄中訪英豪

因在山西河東慰撫大使任上作戰有功，大業十二年（616年）底，李淵受煬帝之命出任太原留守，成為山西地方的最高長官，奉命率兵征討歷山飛魏刀兒別將甄翟兒，與甄翟兒交戰於西河郡（今山西呂梁市汾陽市）的雀鼠谷，李淵大獲全勝。

突厥侵犯邊塞，隋煬帝詔命李淵北擊突厥。但李淵的兵馬很少，不滿五千，李淵便選出擅長騎射的兩千騎兵，吃住騎射仿效突厥兵，乘機出擊多次打敗突厥的遊兵。

李淵到了天下精兵彙集的戰略要地太原做軍政長官，因害怕被多疑的隋煬帝猜忌，便開始韜光養晦起來。他看到各地反隋起義不斷，隋朝統治搖搖欲墜，便又萌生了取代隋朝統治的想法。

早在大業九年（613年）李淵已產生了對隋煬帝的不滿。此年隋煬帝發動六十萬大軍第二次親征高麗，李淵在軍中督運糧草，他親眼看到征伐高麗造成民不聊生的破敗景象。李淵在涿郡（今北京市大興區）經常與好友尚輦奉御宇文士及兩人密談到深夜，商談當時的政治形勢和應對策略。大業十一年（615年）兩人在汾陽宮見面時，再次坦腹密議。宇文士及建議李淵利用自己高貴的出身，廣交豪傑，禮賢下士，積聚力量，待時機成熟便可立即應變。由於兩人所談內容在當時犯忌、有誹謗犯上之罪，兩人都守口如瓶，外人一無所知，直到後來李淵稱帝後，才講給大臣裴寂等人聽。

楊玄感於大業九年公開起兵反隋，許多官僚的子弟紛紛投附楊玄感。但是，李淵善察時變，沒有貿然行動。當時煬帝命他為弘化留守，兼管隴右十三郡軍事，他的妻兄竇抗曾勸說他乘機起兵，李淵審時度勢，認為時

機尚未成熟，並沒有答應竇抗的要求。只是回答他不要做出頭鳥，不要多胡言亂語，但心中多少已有了幾分取天下的念頭。

過了兩年，李淵奉命前往河東鎮壓農民起義軍（毋端兒），推薦好友夏侯端為副帥。夏侯端是前梁宰相夏侯詳之孫，他善於根據天象預測吉凶，又擅相面，對李淵說：「現在天上的玉床星正在搖動，帝座星也不安穩，歲星正運行在參墟區域（對應山西晉陽河汾地區），在這個分野將會有真命天子興起，不是您又能是誰呢？當今皇上猜疑狠毒，尤其忌恨諸李姓人，李金才（即李渾，李渾被處死事見第十四回）已經被處死，您若不知道變通，一定成為步他後塵的人。」夏侯端是借天象委婉地勸說李淵起兵，對於夏侯端的勸說，李淵記在心中，只是認為時機還不夠成熟，仍需等待。

大業十二年底，李淵被隋煬帝任命為太原留守。這時群雄割據，隋中央政府的詔命只能掌控少數地方，隋煬帝又偏居江都，遠離中原，起義的時機逐漸成熟起來。但最終促使李淵下定決心起兵反隋，主要是得到了晉陽宮監裴寂和晉陽令劉文靜的支持。

裴寂，字玄真，河東桑泉（今山西運城市臨猗縣西南）人。家中世代為官。父親裴瑜為絳州刺史。裴寂父親死得比較早，為諸兄所撫養，長得眉清目秀，才思敏捷。十四歲裴寂便補州主簿，後來曾經任齊州司戶、侍御史、駕部郎等職。隋煬帝大業年間任職晉陽宮副監。晉陽宮乃是煬帝設置在晉陽城內的離宮，宮中有宮女近千名，糧食、布帛庫藏豐富，又貯有甲冑軍械等物以備軍用，是北防後備的物資貯藏地。宮中之事務，悉由裴寂負責掌管。劉文靜，字肇仁，彭城人，世代居住在京兆的武功（今陝西咸陽市武功縣西），祖父曾任北周石州刺史，父親劉韶隋時戰死在戰場上，贈上儀同三司。劉文靜因為父親死難殉國世襲為上儀同三司，大業末年出任晉陽令。

裴寂與李淵早在長安就認識了，兩人都是貴族出身，並且關係很不一般。李淵留守太原後和裴寂的關係是老友加新知，在天下亂離情況下更加親密起來，二人常常在一起飲宴交談，有興致時就博戲取樂，有時也商討

天下大勢。裴寂是一個善於捕捉時機、討好主子的人，李淵也把裴寂當作心腹看待，對裴寂的話言聽計從。

裴寂與劉文靜同在一城共事，私交也很好。二人的出身地位相差不多，一為晉陽宮監，一為晉陽令，兩人常常在一起談論天下事。一日，兩人宿值晉陽衙中，裴寂看見城頭上高舉烽火，軍卒巡邏，天下戰亂不已，心中極為悲愴，不禁感歎道：「貧賤到了這種地步，又遇上社會動亂，靠什麼才能活下去！」用這種話來試探劉文靜心中的想法。劉文靜則充滿信心，胸懷坦蕩，微笑著說：「當前的形勢可以預料，你我二人互相合作，取天下亦是可能的事，還憂慮什麼貧賤？」後來劉文靜見到李世民，知道他是唐公二公子，對自己的前途有用，便主動與他交往，並對裴寂說：「李家二郎是個非凡的人，豁達大度，神奇英武，雖然年紀輕輕，將來必是濟世的大才。」裴寂起初並沒有相信劉文靜的見識，後來在劉文靜的游說下，才認識到李淵父子是奪取天下的合適人選。

劉文靜雖為小小晉陽令，卻是人中豪傑，有識人的眼光。他在晉陽做官多年，頗有人脈，也頗有潛力。雄據河南的李密與他有姻親關係，他廣泛關注散布晉陽城鄉的英雄豪傑，一旦天下有變，即可以號召、聯絡、聚集他們以圖變。

李世民天資聰明，智勇雙全，處事果斷，見識和器量都超群出眾。此時李世民已經十八歲，正值英年，他見到全國動亂紛起，群雄稱王稱帝，隋王朝即將崩亡，心中萌生起安定天下的志向。他有意網羅人物，盡心竭力地禮賢下士，分散財物結交賓客，得到眾人的愛戴和擁護。李世民娶右驍衛將軍長孫晟的女兒為妻，當時長孫晟的族弟右勳衛長孫順德和右勳侍池陽人劉弘基為了躲避遼東兵役，都逃命到晉陽投奔李淵，與李世民友好。

劉文靜因為與李密聯姻受到株連，被關進了太原監獄。此時李淵已有圖天下之意，授意李世民去獄中探望劉文靜。劉文靜心中明白李世民的來意，有意提示說：「當今天下已經大亂，非漢高祖劉邦、光武帝劉秀那樣的人才不能安定下來。」李世民接過話題應答道：「怎麼知道當今就沒有那種

人才，只是還不被人們認識罷了。我今天前來探望你並不是出於兒女情長，是想與你商議安定天下的大事，在你看來將運用什麼計策為妥呢?」劉文靜回答說:「現在皇上巡遊江、淮，遠在千里之外，李密正在進軍東都，各地的盜賊數以萬計，當此之時，有真正的英主親自駕馭這些人，那麼奪取天下將易如反掌。太原地區的百姓為了逃避盜賊搶掠都進到了城裡，我當晉陽令多年了，熟知他們當中的豪傑人物，一旦把這些人聚集起來，可以得到十萬義兵，令尊大人統率的軍兵又將近數萬，憑著這樣的武力發號施令誰敢不聽從? 率領這支強大的軍隊乘關中虛弱，攻進長安，號令天下，不過半年時間，帝業即可成功。」李世民聽了這番鞭辟入裡的話，興奮地說道:「您的這番話正合我的心意。」劉文靜的話實際上給李淵父子謀劃了取天下的策略和行軍路線。

李世民回到府衙，將與劉文靜的談話一五一十稟告了李淵。李淵又叫裴寂一起來密議，彼此取得了舉義太原的一致意見。於是一面囑咐世民與劉文靜祕密組織英豪，作起義的準備;一面則佯裝沉湎酒色，隱蔽真實的行動，用以迷惑外界，防止政敵的伺察與告發。因此，太原起義實際上是李淵自己在幕後進行指揮。

舉事反隋，這是十惡不赦的第一條罪，弄得不好不僅身家難保，而且還會使宗族親黨受株連，這不由得使李淵需要謹慎再謹慎，小心再小心。因此，對舉事的時間，李淵尚未作出最後的決定。李世民年輕氣盛，辦事希望一竿子到底，他連日來見父親不動聲色，已沉不住氣，便向父親李淵進說道:「當今皇上無道，百姓困頓窮乏，晉陽城外到處都是戰場。大人如果信守小節，那麼在下將面臨寇盜的搶掠，在上將遭受嚴酷的刑罰，危亡將很快到來了，不如隨順民心，興起義兵，這樣可以轉禍為福，這是天授的時機。」李淵聽了世民的話，不覺吃了一驚。他小小年紀，竟敢說出如此驚人的話，又是如此有理，不得不心生佩服兒子的政治敏銳，但仍警告世民說:「此話不是你應該說的，你要小心謹慎，切勿隨便出口。」李世民說:「兒子觀察天時人事成了這種樣子，所以才敢說出這話。當今盜賊日益增

多，遍布於全國各地。大人受皇上的詔命討伐盜賊，可是盜賊可以討盡嗎？要是不然，終究不能免於獲罪。況且世上的人們都傳言李氏應當為天子的讖語，所以李金才本無罪而一朝被滅族。假設大人能討滅盜賊，那麼功高不僅得不到賞賜，而且自身將因此會處在更加危險的境地。只有舉行起義，才可以解救禍難，這是萬全的計策，希望大人不要疑惑。」慎言慎行，這是辦大事前的沉著、鎮定，李淵這個政治場上的老手何嘗不知！

在與突厥小戰失利後，李世民與裴寂等人又向李淵建議道：「當今皇上昏暗，國家混亂，盡忠也是無用。將佐們失去約束（指高君雅、王仁恭戰敗的事情）而歸罪到明公（指李淵）身上，事情已經急迫了，應當及早起義，況且晉陽地區兵強馬壯，宮監掌握著億萬的積蓄，憑著這樣雄厚實力舉兵起事，還憂慮什麼？代王（楊侑）鎮守長安，年齡幼小。關中地區豪傑紛紛起事，正不知歸附於誰，你如果能指揮義軍大舉西進，安撫關中地區據為己有，如探囊取物而已。」

劉文靜也催促裴寂說：「先發才能制人，後發將受制於人，為何不及早勸唐公舉義兵，而推延不止。況且您作為宮監，卻利用宮女招待客人，你死了倒可以，為何要貽誤唐公！」

李淵尋思著，今郡中豪傑多擁戴自己起兵圖大事，兒子世民及裴寂、劉文靜又復日夜催促，審時度勢，天時、地利、人和三者對自己都比較有利，乃做出決策：起事反隋。這時李淵的大兒子李建成、小兒子李元吉尚在河東，女兒、女婿遠在關中，必須等他們一齊到來才能動手，便密派親信家人去河東、長安兩地報信，約他們見信後立即到太原會齊，共同起事。

為部署兵力，李淵命劉文靜詐稱有敕書自南方來，要徵發太原郡、西河郡、雁門郡、馬邑郡的民眾年齡在二十以上、五十以下的男子全部從軍，在年底前集中到涿郡去攻打高麗。李淵用此來發動群眾，激起民憤，果然此策起到了效果。文書一出，造成人心慌慌，打算作亂的人越來越多。這樣李淵在人心混亂的情況下，就能堂而皇之地招納人才，來壯大自己的隊伍。

　　到了大業十三年三月間，此時劉武周已殺王仁恭，取馬邑，又取得突厥的幫助，攻取了汾陽宮。情況已很緊急了，李淵乘機召集將佐，對他們說：「劉武周占據了汾陽宮，我們不能制服他，論罪當要滅族，如何是好？」副留守王威、高君雅等人都非常懼怕，連聲向李淵請求對策，李淵答道：「朝廷用兵一向是進退動止都必須察報，聽從聖上指揮，現在盜賊在數百里之內，而江都在三千里之外，再加上道路艱險，又有其他盜賊據守阻隔，我們僅憑這些只能據城防守而不知變通的薄弱兵力，來抵擋奸猾的盜賊們奔突亂竄的攻勢，顯然是不能保全了。這真是進退兩難的處境，怎麼辦才是呢？」王威等人異口同聲地說：「唐公的門第親近皇帝而又賢德，同國家休戚與共，如果事事等待奏報哪裡來得及乘機行事？平定盜賊是最重要的，請您就專權決定好啦。」此話正合李淵之意，他表面上還是裝出事不得已，勉強地答應了先集合兵力，事實上則積極行動起來，命李世民與劉文靜、長孫順德、劉弘基等心腹立即分頭去招兵買馬、擴充軍隊。在他們的努力下，招募工作取得了很大成績，很快在十多日的時間裡，便召集到近萬名的隊伍，日夜加緊操練，為起兵做好軍事準備。李淵又派親隨李思行去長安密探京城動靜、打聽消息，以便擇日起兵。

第三十一回
斬王威晉陽舉義師　開軍府三軍盡開顏

　　李淵在得到晉陽宮監裴寂和晉陽令劉文靜的支持後，決心發動反隋起義。為此做了一些軍事準備，接著他要掃清起義障礙，清理軍隊中隋煬帝的親信軍官副留守長官王威和高君雅了。連日來兩人看到李淵勢力迅速擴張，疑心李淵懷有二心、陰謀叛變，便對管理軍隊器械的長官武士彠說：「長孫順德、劉弘基都是討伐高麗時的逃兵，早就應該處決，私自留下尚且不可，怎麼能夠使他們帶領軍隊！」他們和武士彠商量，打算逮捕長孫順德、劉弘基法辦。但王威等沒有想到武士彠早就和李淵是一夥的了。武士彠是個很實際的人，對上司都討好，李淵來太原不久，武士彠見天下已亂，就曾多次勸說李淵起兵。武士彠聽了王威、高君雅的話，勸解著說：「長孫順德、劉弘基兩人都是唐公的賓客，如果那樣，一定會激起軍隊的矛盾，對朝廷不利。」王威等才打消原意。留守府軍事參議官田德平打算向王威等建議調查招兵買馬的實情，武士彠又勸說田德平：「剿匪的軍隊，全隸屬唐公管轄的範圍，王威、高君雅不過是陪坐一旁的副職官員，有什麼力量可以調查？」一席話使田德平也打消了原意。

　　王威、高君雅知道，要正面和李淵較量沒有必勝的把握，左思右想，決定利用到晉祠祈雨的機會，發動兵變，把李淵除掉。李淵的親信晉陽鄉長劉世龍知道這個陰謀，便暗中警告李淵說：「王威、高君雅打算利用到晉祠祈雨的機會，對你採取行動。」李淵立刻先發制人，在晉祠祈雨的前夕，提前命李世民率領一支軍隊在晉陽宮城外設立埋伏，以作應變。

　　在做好了一系列安排之後，大業十三年（617 年）五月十五日早晨，李淵與王威、高君雅一同在留守大廳齊集辦公，劉文靜引導親信開陽府軍政

官劉政會站到庭院中，聲稱有祕密報告。李淵示意在一旁的王威去拿訴狀，劉政會不肯交出，說：「我告的是兩位副留守長官，只有唐公才可以看。」李淵假裝大吃一驚，說：「怎麼會有這種事？」等到把訴狀看過後，嚴肅地宣布說：「王威、高君雅暗中招引突厥前來攻城！」高君雅聽罷，十分憤慨，捲起袖子，高聲大罵說：「這是叛徒要謀害我！」當時李世民的軍隊已封鎖街道，劉文靜遂跟劉弘基、長孫順德等共同逮捕王威、高君雅，把他們囚禁在監獄裡。

　　事情經過二日之後，有諜報稱突厥軍隊數萬人進犯晉陽，輕騎兵從外城北門而入，再從外城東門而出。李淵命裴寂等動員軍隊備戰，把所有內城的城門都打開，突厥無法判斷虛實，不敢進逼而退。這突發事件使晉陽軍民深信王威、高君雅勾結突厥，事出有據，李淵於是把王威、高君雅斬首示眾。接著，突厥果然來攻，李淵派部將王康達率一千餘人出城迎戰，全軍覆沒，城中軍民大為恐懼。李淵採取迷惑之計，於深夜派軍祕密出城，第二天早上舉起旌旗，擂動戰鼓，從其他道路入城，表示增援部隊已經到來，突厥驚疑不定，留在城外兩天，大肆搶劫而去。

　　事情來得湊巧，突厥解圍後數日，李建成等抵達晉陽。原來在河東的李建成、李元吉接到李淵密使的消息後，把他們的庶出弟弟李智雲捨棄在河東家中，急急忙忙北奔太原。地方官府逮捕李智雲，押送首都長安斬首。李建成、李元吉在路上遇見李淵的女婿柴紹，三人一同北上晉陽。

　　為了免除後顧之憂，劉文靜建議李淵跟強大的突厥汗國結盟，利用他們的兵馬，增加自己的軍威聲勢，李淵考慮當前形勢，欣然接受建議。他親自寫了一封信，用謙恭的言辭、卑下懇切的態度，另加一份厚重的禮品，送給突厥最高統治者始畢可汗，信中說：「我打算發動正義之師，去南方迎接主上返回長安，同時再跟貴國締結姻親，如同隋文帝在位的時候一樣。可汗如果能跟我一同南下，請千萬不要搶劫人民；如果能接受和解條件，就可以坐等金銀財寶，這就任憑可汗選擇。」始畢可汗看到信，對著大臣們說：「楊廣這個人，我已把他看透，如果迎接他回來，第一步一定是先害死

唐公，第二步就是出兵攻打我們。假如唐公自己當皇帝，不管天氣多麼炎熱，我都願出軍援助。」就把這個意思寫信回覆李淵，不多時間後，使節回到太原報命。後方安定，又能取得突厥兵馬相助，將領們大為興奮。其中也有人請李淵接受突厥的建議，登基稱帝。李淵胸有成竹，認為在時機不夠成熟的情況下貿然稱帝，容易造成樹敵太多的局面，不利於發展；如果表面上打著尊隋的旗號，還能吸收朝中的一些文臣武將為自己所用，在時機成熟的情況下可再取而代之。因此，婉轉地拒絕突厥要求自己稱帝的提議。裴寂、劉文靜都說：「而今，義軍雖然集結很多，可是缺乏戰馬。我們可以不需要突厥的軍隊，但必須取得他們的戰馬相助，以增強軍力，如果因此拖延時間，恐怕後悔也來不及了。」李淵不稱帝，但又要做稱王稱帝的事業，這如何辦呢？他要想一個穩妥的辦法。裴寂等建議：尊稱隋帝楊廣當太上皇，擁護留守首都長安的代王楊侑當皇帝，用廢昏立明的號召來安撫隋王朝官兵。又傳令各郡縣，改用紅白相間的旗幟，向突厥表示獨立於隋朝之意。李淵聽罷，拍著手、微笑地說：「這可真正是掩耳盜鈴！可是，時局這樣，也就不得不如此。」大計既定，李淵立即派使節把這項決定馳報始畢可汗。

　　李淵所任太原留守管轄五郡兵馬，其中西河郡丞高德儒是隋煬帝的親信，他是靠欺騙賄賂才得到這一官職的，他拒絕接受李淵起兵反隋的號令。李淵決定先以這個郡小兵弱的地方開刀祭旗，取得勝利，以鼓舞士氣。六月五日，李淵派李建成、李世民率軍攻擊，命太原縣令溫大有跟他們同行，吩咐他說：「我的兒子年紀太輕，所以由你主持軍事行動，舉兵大事是成是敗，全看這次出征了。」當時士卒剛招募入伍，來自四面八方，又沒有經過訓練。李建成、李世民跟他們同甘共苦，遇到敵人奮勇爭先。道路兩旁的蔬菜瓜果，除非出錢購買，決不擅自取食，士卒有偷盜的，一定找出失主賠償，但也不追究偷盜的是誰，軍民都感激喜悅。大軍迅速進抵西河郡城下，城外居民有逃向城裡的，一律放行，高德儒緊閉城門堅守。

　　李建成、李世民的軍隊用了不到五天的時間便攻破城池，生擒高德儒

到大營。李世民責備他說：「你把野雞硬當作鸞鳳，妄稱吉兆，用來欺騙主上，換取高官，我興起正義之師，正是為了剷除你這一類說謊蒙上的敗類！」命左右牽出斬首，其他附從之人，一律不殺。軍紀嚴明，秋毫無犯，安撫店市商旅，使他們恢復營業。消息傳播開來，遠近人民歡欣，讚美義師。李建成等率軍回晉陽，往返只有九天，李淵欣喜地說：「用這樣的威勢前進，簡直可以橫行天下。」旗開得勝，李淵遂決定進軍關中、占領長安。

　　當時，全國都在鬧饑荒，為了得到人民的支持，李淵大開糧倉，賑濟貧民，投軍當兵的每天都在增加。用什麼名義來號召和指揮戰鬥呢？裴寂等議定尊稱李淵為「大將軍」，建立軍隊編制及其指揮官。六月十四日，正式設立「大將軍府」，在大將軍府下面分為三軍，三軍再分左右兩翼，實際為六軍，六軍各設統軍為指揮官，參加軍隊的士兵通稱「義士」。命裴寂為大將軍府長史，主管府事；劉文靜為大將軍府司馬，主管府中軍政；唐儉及前任長安尉溫大雅為記室，主管文書記錄；溫大雅、溫大有兄弟共同管理大將軍府機密；武士彠為鎧曹，主管軍械；劉政會及武城（今山東德州市武城縣西北）人崔善為、太原郡人張道源為戶曹，主管民政；晉陽縣長、上邽（今甘肅天水市秦州區）人姜謨為司功參軍，主管軍功考核；太谷縣長殷開山為府掾，主管祕書事務；長孫順德、劉弘基、竇琮及鷹揚郎將高平（今山西晉城市高平市）人王長諧、天水郡人姜寶誼、陽屯，分別為左右兩翼六軍左右統軍，分統所部。其他文武官員，依照他們的才幹，各自授予官職。又封李建成為隴西公、左領軍大都督，指揮左翼三軍；封李世民為敦煌公、右領軍大都督，指揮右翼三軍；各自設立官屬。另命柴紹為右領軍府長史，協助李世民開展府中工作。

　　李淵開軍府、設官分職，所任命的人多為親信。他們是太原首義的功臣，被李淵重用，個個摩拳擦掌，願效死力。在這些人中，裴寂、劉文靜是太原起兵時的核心領導者，是李淵周圍的重要支持力量和最重要的謀士。他們二人分別被任命為大將軍府長史和司馬，各取所長，各得其宜，互相合作，幫助李淵父子爭奪天下。殷開山、姜謨、趙文恪、姜寶誼、許世緒、

　　劉政會、張平高等人是作為李淵的下屬參加太原起兵的。他們在起義之前就追隨李淵，有的早就看出李淵有取天下的志向，多次向李淵獻言，勸李淵起兵反隋。唐儉、唐憲、溫大雅、溫大有、劉世龍、武士彠、武士棱、武士逸、張道源等人是作為太原當地勢力參加太原起兵的。他們有些是太原的土豪，有些名望很高，有些家財萬貫，各有優勢。還有長孫順德、劉弘基、竇琮、段志玄、李思行、李高遷等人或因避仇，或因遊歷，或因逃避兵役，或因犯法等等原因來到太原，他們統統被李淵父子所收留並被重用，在軍隊裡面被任命為各級指揮官。

　　風雲會合的英豪們，在「舉義兵」、「取天下」的旗幟下聚攏在一起，接下來就是出兵南向、旗指關中以爭天下了。

第三十二回
取霍邑計斬宋老生　下河東兵圍屈突通

　　李淵決定起義反隋後，隨即採取了一系列的措施，對內找藉口除掉了隋煬帝的親信王威、高君雅，又建立大將軍府，重用自己的親信，初步建立了以他為核心的政權；對外採納劉文靜的建議，與突厥連和。開府後不多時間，突厥派柱國康鞘利等送戰馬一千匹給李淵，讓李淵收購，還說要多少都可以，只看李淵需要，並承諾可以派遣軍隊護送李淵進入關中。

　　次日，李淵召見康鞘利等，接受始畢可汗的賜書，李淵態度卑屈、神色恭敬，饋贈給康鞘利等的禮物十分豐厚。在一千匹戰馬中，挑選出特別精良的，買下一半。此時李淵軍隊中戰馬非常缺乏，要想進軍關中，沒有善於長途奔襲的騎兵是很難取勝的；另外，運輸糧草、武器鎧甲等也需要大量的馬匹，因此，義軍將領們表示願出私錢買下另一半。李淵卻說：「突厥馬多的是，可汗又十分貪財。我們這次一下子買完，他們的馬會送來更多。如果這樣，我們將會因多買馬而財力枯竭。我所以買得很少，是表示我們貧窮，也表示我們的需要並不十分急迫。」李淵這種態度在外交上很成功。後李淵派劉文靜跟隨康鞘利北返，向始畢可汗請求派軍聯合行動，行前李淵祕密吩咐劉文靜說：「突厥騎兵進入中國境內，是人民一大災害。我所以需要突厥軍隊，只是怕劉武周聯合他們，會製造邊境災難。而且突厥使用騎兵，馬匹一路走一路吃草，不需要供應糧秣，只不過暫用他們壯壯聲勢，超過幾百人，就沒有用處。」無論是向突厥買馬、借兵，李淵都經過深思熟慮，從政治上考量其利弊得失。

　　七月初，秋高馬肥，風和日麗。李淵任命第四子李元吉為太原留守長官，後方重地全部由他負責鎮守。隨後親率士兵三萬人，從晉陽出發，行

前在營門前廣闊場地上與全軍盟誓，並傳檄軍隊所過郡縣，說明這次起兵的性質是廢昏立明，擁護代王楊侑。

李淵在進軍關中的過程中，採取了一系列的措施，個個擊中了隋朝的要害，使他在政治上取得主動，在軍事上進展順利。他採取以才任官，賑濟窮苦，以收攬人心。李淵起兵太原時，正是全國鬧饑荒的時候。儘管隋政權的糧倉遍布關中及山東各地，但官員害怕擔當責任，不敢開倉放糧，造成饑民反抗不斷。李淵起義時，就開倉放糧，獲得了太原居民的擁護。義軍到達西河郡後，李淵命令居民年齡在七十歲以上的都授予散官，散官雖無職權，但有地位；其餘青年才俊則根據他們的才幹委任官職。李淵當面口試對方的能力，立刻提筆記下所任命的官稱，一天之間任命一千餘人。被任命的官員來不及領取任官令，便拿著李淵寫的官稱紙條而去。

關於戰後的按功行賞，軍中有人認為以奴僕身分從軍的戰士，似不應跟一般從軍的戰士有同等待遇。李淵說：「飛石流矢之下，不分誰貴誰賤，評估功勳的時候，怎麼能有等級？應該平等相待，有什麼功，受什麼賞！」其後，李淵攻下霍邑，在接見霍邑官員及平民時，親自慰勞安撫，都依照西河郡前例辦理，並挑選青年壯士從軍，擴大軍力。關中戰士有打算返回鄉里的，一律加授五品散官銜名，送他們返鄉。有人規勸李淵，認為任官太濫，李淵說：「隋政府最捨不得官爵，因此失去人心，為什麼要去效法！用官位團結人民，豈不比用刀槍為好。」此外，李淵對隋朝舊官，採取團結政策，對於隋朝有才能的舊官只要他們降附，便加以重用，擴大政治上的影響力和號召力。

李淵在軍事上集中主力，長驅直入，以占領關中、奪取長安為自己的近期目標。代王楊侑在得知李淵太原反叛、率軍南下後，便與輔政官骨儀、衛文昇兩人相議，決定部署重兵北上阻擊，命令虎牙郎將宋老生率精兵二萬人，駐守霍邑（今山西臨汾市霍州市），左武候大將軍屈突通駐守河東郡，彼此呼應，聯合拒抗李淵。李淵在占領賈胡堡（今山西臨汾市汾西縣東北）後，南距霍邑僅五十餘里。霍邑地形險要，環山而建，易守難攻，是南下

河東、進取關中的必由之路。此時，正巧遇到連綿大雨，加上李淵軍隊中糧草所剩無幾，劉文靜聯絡突厥還沒有消息，在這種情況下，軍中出現了畏難情緒，李淵及裴寂等人商量欲率軍北返晉陽，後在李建成、李世民的堅決反對下才沒有成行。

八月三日一早，正好天氣放晴，李淵率軍沿著東南山麓小路，直向霍邑。李淵恐怕宋老生拒不出戰，李建成、李世民說：「宋老生有勇無謀，我們用單薄的兵力挑逗他，他就沒有理由不出戰。假如他真不出戰，固守城池，我們就造謠誣陷他意志動搖，將要向我們投降，他怕被左右同僚參劾，又怎麼敢不出戰！」李淵說：「你們的分析正確，宋老生不能趁我軍困在賈胡堡時發動攻擊，我就知道他是個無能之輩。」商議既定，李淵率數百名騎兵先到霍邑東數里地方，等待步兵主力，繼命李建成、李世民率數百名騎兵逼近城下，揚鞭指劃，好像即將發動圍城，同時又高聲詬罵，向城中挑戰。宋老生果然被激怒，率軍三萬人分別從東門、南門出擊。李淵派部將殷開山急往催徵步兵主力，主力部隊抵達，立即投入戰鬥。李淵跟李建成在城東，李世民在城南分別列陣，宋老生發動攻擊，李淵、李建成佯敗稍向後退。李世民跟部將臨淄（今山東淄博市臨淄區）人段志玄從城南率軍奔赴救援，直衝宋老生陣地。攻擊隋軍背後。李世民手殺數十人，兩把刀都出現缺口，血流沾滿衣袖，裹血再戰。李淵軍勢轉盛，乘勢大聲傳呼：「已經活捉住宋老生！」此喊話立時發生效應，隋軍在慌亂中潰敗而退。李淵軍先行衝向城門，城門緊急關閉，宋老生被隔在城外。他跌下馬背，跳入護城壕溝，劉弘基趕上，一刀砍下人頭。兩軍拼殺，屍體堆積好幾里。此時天色已晚，李淵一鼓作氣，下令攻城，當時缺少攻城武器，義軍以血肉之軀，強行攀登，遂把城邑攻克。

隋朝末年，政權已經非常腐敗，各地反隋起義風起雲湧。在鎮壓起義過程中，隋軍賞罰不明，軍隊戰鬥力大大削弱，一觸即潰。霍邑之戰，宋老生所率隋軍的精銳，一戰即爭前恐後地逃入城中，主將宋老生被殺，霍邑失守，這就大張了義軍的軍勢。

　　取得霍邑之後，起義軍直下絳郡、龍門。此時，劉文靜已徵取到突厥兵五百、馬兩千匹來助戰，士氣大振。是西向直接從龍門渡黃河入關中，取永豐倉粟濟軍？還是南攻河東堅城呢？李淵召集諸將商議。

　　軍將汾陰薛大鼎建議勿攻河東，而是從龍門渡河，據永豐倉，直取關中。諸將多數主張先攻河東。河東縣戶曹任瓌建議說：「關中的豪傑皆等待著義軍前往，我在馮翊郡做官多年，知道其中豪傑，請讓我先去招附他們，一定會望風歸附。義軍再從梁山渡過黃河，兵鋒直指韓城，進逼郃陽，郡守官蕭造是個文官，不曉習戰陣，一定望見征塵就請求歸降，馮翊的義軍首領孫華等徒眾皆會前來接應。然後，鼓行而進，直接占據永豐倉，雖未能立即取得長安，關中固已占領了。」

　　李淵引軍至汾陰，即以書信招安孫華。孫華在關中起義軍中勢力最強，他接信後立即回應，自郃陽輕騎渡河來見。李淵親加獎慰，拜以官職，授左光祿大夫，領馮翊太守。其屬徒各有授官，賞賜十分優厚。李淵決定讓孫華先回河西準備，繼之由統軍王長諧、劉弘基及左領軍長史陳演壽、金紫光祿大夫史大奈等率領步騎自梁山渡河，駐營於河西以等待大軍的到來。

　　李淵對王長諧說：「屈突通精銳部隊不少，跟我們相距只五十餘里，卻不敢出戰，說明他的部隊已經動搖；然而屈突通害怕朝廷對他處罰，又不敢不出戰。他如果西渡黃河向你們攻擊，則我就進攻他的根據地河東城，河東城絕不可能守得住；如果他不出戰，以全力守城，則你們就拆除黃河橋梁蒲津橋。前面扼住他的咽喉，後面痛擊他的脊背，他如果不逃走，就一定被我們生擒活捉了。」

　　得知義軍先頭部隊已經西渡黃河，屈突通派虎牙郎將桑顯和率驍果數千人，趁夜襲擊義軍王長諧等大營，王長諧等迎戰，情況不利。孫華、史大奈率遊騎兵攻擊桑顯和背後，大破隋軍。桑顯和逃回郡城，砍斷從河東渡黃河入關中的河橋蒲津大橋。李淵率軍包圍河東郡城，屈突通環城堅守。

　　李淵打算率軍西攻長安，但猶豫不決。裴寂說：「屈突通手握強大部眾，固守堅城，我們放棄此城不戰而去，如果不能攻下長安，一旦撤退，

便會受河東迎頭痛擊，腹背受到夾攻，情勢將險惡萬狀。不如先行攻克河東郡，然後西上。長安依靠河東作為外援，屈突通失敗，長安必將陷落。」
李世民說：「不然。軍事行動必須神速，我們擁有連戰連勝的餘威，安撫接納龐大的歸附部眾，擂起戰鼓，向西挺進，長安官民望風震恐，謀略來不及施展，勇士無法臨機決斷；奪取城池，猶如搖掉樹上的枯葉。如果逗留在堅城之下，自己把自己陷於疲敝之境，使長安得以有充分的時間進行籌謀守備，嚴陣等待。而我們卻坐在這裡消磨歲月，一旦士氣沮喪，軍心離散，大勢就會一去不返。而且，關中紛紛起義的將領都沒有隸屬，不可不早早招收到旗下來。屈突通只不過是一個能自守的敵官，不必憂慮。」

　　李淵對二人的意見全都採納，把部分將領留下來圍攻河東郡，自己則親率主力大軍西渡黃河，進取關中。

第三十三回
唐義軍渡河振軍威　諸英豪關隴風雲會

　　李淵率軍圍攻屈突通據守的河東城，久攻不下，準備率軍西渡黃河，直接圍攻長安；但又猶豫不決，唯恐遭到長安和河東的兩面夾擊，斷其糧運。這時，適逢華陰縣令李孝常派來密使，表示願意獻出永豐倉投降，並接應渡過黃河西進的諸路義軍，這可以說是幫了李淵的大忙。這樣就使唐軍得以順利入關，取得關中的大糧倉。隋廷要困李淵於河東、坐待其糧乏兵敗的戰略失敗，這使李淵不再猶豫，決心親率主力渡過黃河，圍攻長安，只留部分兵力繼續攻打河東。

　　很快，李淵率領諸路義軍順利渡過黃河。過朝邑（今陝西渭南市大荔縣朝邑鎮），住宿在長春宮（位於朝邑縣，隋煬帝離宮），關中地區的士民歸向義軍如同趕赴市場一樣多，馮翊及京兆諸縣亦多派遣使者前來請降。在此大好形勢下，李淵決定分兵兩路，派遣長子李建成和司馬劉文靜為東路軍，率領王長諧等諸路義軍數萬人駐紮在永豐倉，守衛潼關，以防備關東的敵軍；次子李世民率領劉弘基等諸路軍數萬人向渭水以北攻擊推進。

　　屈突通聽說李淵率大軍西進的消息，部署鷹揚郎將湯陰人堯君素領河東通守，派他守衛蒲阪（蒲阪即河東郡治，今山西運城市永濟市蒲州鎮），親自率領數萬大軍直奔長安，但遭到劉文靜軍阻擊。當時隋將軍劉綱戍守潼關，在都尉南城駐紮，屈突通打算向他靠近。可是義軍將領王長諧搶先一步，揮兵襲殺了劉綱，占據了南城。屈突通軍只好退守潼關都尉北城。

　　先前，李淵的三女兒李氏嫁給柴紹為妻，兩人居住在長安。晉陽起兵前李淵派人到長安，告訴他們準備起兵的消息。當時情況非常危急，兩人考慮到全家一起逃走目標太大，很容易被逮住殺頭。兩人商議決定柴紹隻

身從長安北赴太原，臨行前柴紹對李氏說：「尊公舉兵起義，現在我們一同去太原既不可能，留在這裡又將大禍臨頭，怎麼辦好？」李氏催促他說：「夫君只管快走，我一個婦人容易躲藏，我自有計策。」於是柴紹離開了長安，李氏回到鄠縣（今陝西西安市戶縣）的別墅，分散家財，召集南山中亡命之徒共有數百人以自保。李淵的堂弟李神通為逃避官府捕捉也從長安逃亡到鄠縣山中，和長安的大俠史萬寶等人一起招兵回應李淵。這時進入司竹園（今陝西西安市周至縣東）的西域胡商何潘仁亦起兵自保，聚眾數萬人，又挾持了前尚書右丞李綱為長史，替他操辦政事，提高聲響。李氏派她的親信奴僕馬三寶勸說何潘仁與李神通聯合共同舉兵進攻鄠縣，很快就攻占了縣城。李神通的義兵迅速擴展，超過了一萬人，他自稱關中道行軍總管，任用前樂城長令狐德棻為記室官。李氏又派馬三寶勸降關中群盜李仲文、向善志、丘師利等人，他們都樂意接受，率領兵眾歸附。李仲文是李密的堂叔父，丘師利是丘和之子。李氏以回應李淵為號召，具有很大吸引力，所率義軍紀律嚴明，禁止剽掠，因此遠近民眾多來投奔，其威名震撼關中，西京留守楊侑屢次派兵討伐何潘仁等人，都被他們擊敗。李氏先後派兵攻略盩厔、武功、始平等地，占領了這些地方，兵眾很快發展到七萬人。

李氏收編的這幫義軍龐大而又複雜，隊伍和兵源來自原本不相統屬的系統。她能夠在短時間內收編一批烏合之眾使之成為一支遠近聞名的勁旅，足見李氏的組織能力和指揮能力是出類拔萃的。

這時在京兆郡藍田縣（今陝西西安市藍田縣）也興起一支義軍，由李淵的另一個女婿段綸所領導。段綸是兵部尚書段文振的兒子，他為了逃避官府捉拿，逃到藍田，聚集民眾，擁有義兵一萬餘人。李淵率領大軍渡過黃河之後，李神通、李氏、段綸等人聞訊都各自派出使者前去迎接，李淵任命李神通為光祿大夫，他的兒子李道彥為朝請大夫，又任命段綸為金紫光祿大夫，又派柴紹帶領數百騎兵去會合夫人李氏。至此何潘仁、李仲文、向善志以及關中地區的群盜都歸於李淵麾下。李淵一一加以慰撫，命令他們各自屯兵轄地，接受李世民的領導。

李世民進兵渭北，屯於涇陽（今陝西咸陽市涇陽縣）。所到之處，地方官民及群盜歸之如流水，士氣旺盛的大軍有九萬人。柴紹往會李氏，引精兵萬人與李世民會師於渭北。柴紹與李氏各置幕府，李氏所率軍中號為「娘子軍」。古有花木蘭女扮男裝、隻身從軍威名流傳，李氏以巾幗英豪統率數萬軍隊獨具一幟，「身執金鼓，功參佐命」，這在歷史上是少見的。「娘子軍」一詞亦由此而名垂史冊。唐王朝建立後，李淵將自己這位才略出眾的愛女封為「平陽公主」。據說平陽公主在山西駐守過葦澤關，此關位於今山西省平定縣東北的山上，為出入山西、河北的咽喉，形勢險要，因平陽公主率「娘子軍」駐守於此，後來才更名娘子關。她英年早亡，在唐軍占領長安六年之後的武德六年（623 年）二月初死去。她的喪葬禮儀十分隆重，有前後部羽葆鼓吹、大輅、麾幢、班劍四十人及虎賁甲卒。禮官提意見說女人下葬用鼓吹與古禮制不合，李淵反駁說：「鼓吹就是軍樂。從前公主親臨戰陣，擂鼓鳴金，參謀軍務，古時候有這樣的女子嗎？以軍禮來葬公主，有什麼不可以？」為此特地下詔破例以軍禮下葬平陽公主，諡平陽公主為「昭」，按照諡法：「明德有功曰昭」，可見李淵對女兒的功勳是很看重的。

此前，平涼郡（今寧夏固原市原州區）境有一股由奴隸為領導的義軍數萬人，被稱為「奴賊」，出沒關西，圍攻扶風郡（今陝西寶雞市鳳翔縣）。太守竇璡百般防禦，奴賊連攻幾個月也攻不下來，以致軍中糧食用盡。丘師利用計派他的弟弟丘行恭帶領五百人背負著米麥、帶著牛酒，來到義軍軍營中犒勞，奴帥作長揖表示感謝，丘行恭乘其不防，抽刀上前砍死了他，對他的部眾們說：「你們這些人都是良民，是什麼緣故侍奉奴僕當軍主，使天下人都稱你們是奴賊。」眾人聽了這番話，都俯伏在地請求說：「願意改過自新，從此侍奉麾下。」丘行恭收服這些兵眾後與丘師利一起到渭北進見李世民，李世民任命他們兄弟為光祿大夫。

此時又有隰城尉房玄齡也來到軍門前求見李世民。房玄齡，齊郡臨淄人，父親房彥謙隋時任司隸刺史。玄齡為人機警，有卓識，廣覽書籍，能寫出好文章。十八歲時舉進士，授羽騎尉，入值祕書省，得吏部侍郎高孝

基賞識，稱為「國器」，授任隰城尉。因受漢王諒反叛的政治牽連，謫徙上郡。他見中原大亂，身懷安天下之志。這時他策杖來見，世民與他一見如故，任用他為記室參軍，視為謀主。房玄齡也自認為是遇到了知己，願意盡心盡力為軍中謀劃。

李淵命令劉弘基、殷開山分兵兩路向西攻略扶風，一共出動了六萬大軍，向南渡過了渭水，駐紮在長安故城。西京城中的隋軍出城接戰，劉弘基率義軍擊敗了他們。李世民率軍直往司竹園，會合李仲文、何潘仁、向善志等軍，進駐阿城。阿城在長安城西面，即秦代阿房宮舊址。這時，李世民擁有一支士氣旺盛的義軍十三萬人，軍紀嚴明，絲毫也不侵犯民眾利益。

各路義軍計有二十萬人，雲屯霧聚，會合在長安周圍，只等李淵一聲令下，便可向隋王朝的政治中心展開總攻擊。

第三十四回
進長安一路行仁政　建大唐賞功又略地

　　李淵自長春宮進屯馮翊，先後收到建成、世民傳來的捷報，渭水以北的延安、上郡、雕陰都遣使向李淵請降。義軍迅速發展到數十萬，軍威壯大，形勢一派大好。李淵眼見時機已經成熟，令李建成選擇永豐倉的精兵進軍長樂宮；命在渭水南的李世民率領新附諸義軍，北向進軍長安故城。李淵親自率軍西行，一路上把所經過的隋的離宮、園苑一律廢除，放出宮女歸還給她們的親屬，表示自己是仁義之師。大業十三年（617 年）十月，李淵已到達長安城下，紮營在東面春明門的西北一帶，諸路義軍都會集在一起，合計達二十餘萬。

　　隋長安政權的刑部尚書兼領京兆內史衛玄，字文昇，是煬帝信任的宿將。曾以右禦衛大將軍出征高麗，後又與來護兒、宇文述等平定楊玄感的叛變，此時輔佐代王楊侑理政。楊侑待以師傅之禮，只是他年紀已老，得知李淵領兵殺奔京城而來，自知不能久守，心懷憂慮，臥病在床，未能執行政務，只有左翊衛將軍陰世師、京兆郡丞骨儀領導軍民環城拒守。陰世師、骨儀都是隋朝正直之臣，兩人俱受煬帝顧命之託，同心協力，誓死努力守城。

　　李淵在攻城前曾屢次遣使至城下，勸諭衛文昇等人，表示自己意欲尊隋的意圖。此掩耳盜鈴的策略難以掩人耳目，城中置之不理。及攻城時，與眾將約定：「任何人不得進犯隋七世祖廟和代王宗室家屬，違命者誅滅三族。」在攻堅戰中，義軍首領孫華奮勇作戰，不幸中流矢陣亡。軍頭雷永吉率先登上城頭，隨後義軍紛紛攀登上城，隋軍不能作有效抵抗，很快義軍就在十一月初攻占了長安城。此時，代王楊侑正在宮裡驚惶不定，左右侍

臣和衛士都逃散了，只有侍讀姚思廉還侍奉在他身邊。軍士將要登上殿堂，姚思廉厲聲呵斥說：「唐公興舉義兵，匡扶帝室，你們不得無禮！」正在往裡衝的士兵聽到後陡然一驚，見姚思廉獨自一人伴隨代王而立，面無懼色，心中也覺欽佩，不禁紛紛停立在臺階之下。李淵親自到宮中迎接代王，把他遷居到大興殿後，聽任姚思廉扶著代王走下殿閣，然後姚思廉哭泣拜別離去。目睹此事者都很感慨，稱讚他為忠烈之士。板蕩識忠臣，李淵、李世民父子由此賞識和重用姚思廉。後來姚思廉和杜如晦、房玄齡等十八人成為秦王府「十八學士」。

李淵從宮中又回到長樂宮居住，下令與關中的民眾約法十二條，廢除了隋煬帝苛暴的法令，恢復隋初的開皇之政。

李淵起兵之後，西京留守官發掘了他家的祖墳，拆毀了李氏的宗廟。西京城破，衛文昇已經去世，李淵逮捕了陰世師和骨儀等人，列舉了他們抗拒義師的罪狀，把他們全部斬首，一共處死了十多人，其餘一律不問罪。馬邑郡丞李靖，曾告發李淵有謀反形跡留在京城，被捕後李淵不以私怨殺人，釋而不問，縮小了打擊面。

占領長安之後，李淵大權在握，關中地區再也沒有一支力量可以和他相抗了。此時李淵考慮到隋室這個招牌在政治上還是有用處，既可以穩住洛陽隋軍避免樹敵，又可以繼續招降關中及其他地區的隋地方官，藉以安定人心、擴展疆土。為此，李淵準備好天子的車駕迎接代王楊侑到大興殿即皇帝位，是為隋恭帝，時年十三歲。並宣布大赦天下，改年號為義寧（617～618 年），遙尊隋煬帝為太上皇帝。然後李淵從長樂宮正式進入長安城，強使隋恭帝任命自己假黃鉞、使持節、大都督內外諸軍事、大丞相、錄尚書事，進封唐王。假黃鉞是加給權位最高的大臣稱號，寓意可代表皇帝親征，是權臣即位稱帝前的例行故事。李淵又在武德殿建置丞相府，改所下的「教」為「令」，每天在虔化門處理政事。不久李淵強迫隋恭帝下詔，一切軍國的機要政務不論大小、任命文官武將不分官位高低、制定法律規章以及賞賜懲罰，都全歸由丞相府決定，只有祭祀天地、宗廟四時的

祭祀可奏報皇帝。丞相府設置官屬，以裴寂為丞相府長史，劉文靜為丞相府司馬。據有司竹園的何潘仁遣李綱進見，被李淵留下，做丞相府司錄，專掌人才的選用。長安軍政大權全歸李淵掌控，隋恭帝楊侑只是供擺設的傀儡而已。

恭帝義寧二年（618 年）新春伊始，恭帝詔命授予唐王李淵佩劍上殿、參拜不稱名字的特權。又詔命再增封十個郡給唐國，任命唐王李淵為相國，總理一切政務，唐國設置丞相以下各級官員。李淵僚屬又準備要隋恭帝加給唐王九錫的殊榮。九錫是從王莽篡漢以來，權臣取代原來政權稱帝前的最後一步。魏晉以來，皆先封大國，加九錫殊禮，然後受禪稱帝。李淵推辭了一番，對僚屬們說：「這是諂媚阿諛的人所幹的事。我執掌朝廷的大政，卻給自己增加九錫，豈不是荒唐？一定想要遵循魏、晉時代的事蹟，可那些繁瑣虛偽的文飾，完全是欺天騙人。考察他們的實際所為還趕不上春秋五霸，可是求取名聲竟想要超過古代夏、商、周三代的賢王，這是我常常感到啼笑皆非的，心裡也替他們感到羞恥。」這倒是直白，說出了實情，於是有人提出說：「歷代所推行的制度，怎麼可以廢除？」李淵說：「唐堯、虞舜、商湯、周武王等歷代賢王都是根據各自所在的時代，採取不同的治國方法，都是推心至誠地上應天命下順人心的，沒有聽說夏、商的末期一定要效法唐堯、虞舜禪讓的作法。假使少皇帝楊侑有識見，他一定不肯這樣做；如果他沒有識見，我獨自尊大而修飾謙讓，這是我平生心中不願做的事。」李淵為表示謙讓，只是改丞相府為相國府，其他的九錫殊禮的擬議都退還給禮部。

實際上，假黃鉞和加九錫都是權臣試探朝臣對自己當皇帝的態度。李淵此時大權在握，朝中反對勢力已經不復存在，加九錫也就沒有必要了。

夏四月，隋煬帝被殺的消息傳到長安，李淵一心歡喜卻又假意悲哀痛哭，說道：「我面北為臣侍奉他不能救助，怎麼能忘記悲哀呢？」接著便緊鑼密鼓地籌備起做皇帝的事，到了五月間，隋恭帝就被迫禪帝位給李淵，退居到代王官邸，完成了他的歷史使命。李淵則在文武群臣的歡呼跪拜下，

在隋大興殿即皇帝位，派刑部尚書蕭造在南郊舉行告天的典禮，在全國實行大赦，改隋義寧年號為唐武德年號（618～627 年），改隋大興殿為唐太極殿，宣布新的王朝誕生了。

六月，李淵封遜位的隋朝第三任皇帝楊侑為酅國公，下詔說：「近世以來改朝換代，前代皇家親族都全被屠滅。王朝的興亡，豈在人力！隋皇族蔡王楊智積等子孫都交由有關單位，依照他們的才能任用。」

到了武德二年（619 年），秋季，年僅十五歲的楊侑逝世了，死因不明。李淵的話雖言猶在耳，但人們都可以看出楊侑是隨著隋王朝一起命喪黃泉的。

新朝建立，當然要在政治上對功臣進行封賞，提拔自太原起兵以來的元從文武官僚掌握各方面的權力。李淵稱帝後，立即任命趙公李世民為尚書令，黃臺公李瑗為刑部侍郎，相國府長史裴寂為右僕射、知政事，司馬劉文靜為納言，司錄竇威為內史令，李綱為禮部尚書、參掌選事，府掾殷開山為吏部侍郎，大將軍府僚屬趙慈景為兵部侍郎，韋義節為禮部侍郎，主簿陳叔達、博陵人崔民幹同為黃門侍郎，唐儉為內史侍郎，錄事參軍裴晞為尚書左丞。又任命隋民部尚書蕭瑀為內史令，禮部尚書竇璡為戶部尚書，新近歸順的蔣公屈突通為兵部尚書，長安令獨孤懷恩為工部尚書。李瑗是李淵的侄子，獨孤懷恩是李淵舅父的兒子，即李淵的表兄弟。

李淵又立長子李建成為皇太子，封李世民為秦王，李元吉為齊王，封宗室李白駒為平原王，李孝基為永安王，李道玄為淮陽王，李叔良為長平王，李神通為永康王，李神符為襄邑王，李德良為新興王，李博乂為隴西王，李奉慈為渤海王。李孝基、李叔良、李神符、李德良、李道玄都是唐高祖李淵的堂兄弟，李博乂、李奉慈是李淵的侄子。凡是李姓宗室皆一一封王拜爵。

在所有受到封賞的人中，李淵對待裴寂特別親密，群臣沒有能與他相比，李淵上朝時招呼他坐在一起，進入閣中就帶他進臥室，對他是言聽計從，稱他為「裴監」而不稱呼名字。把日常的政務委託給蕭瑀，政事無論

大小皆由他處理。蕭瑀也孜孜不倦、盡心竭力，制裁不法，糾舉過失，朝野上下都很畏懼他。李淵曾經下達命令而內史省沒有按時宣布，因此李淵責備蕭瑀處事遲慢。蕭瑀回答說：「大業時代內史省宣布的命令有時前後自相違背，弄得官員們無所適從，在前面發布命令非常容易，而在後頭要去糾改就非常困難。臣在內史省任職很久，熟知這種自相矛盾的現象。當今大唐的王業正處在開始的階段，各類政事都關係著國家的安危，一旦使遠方發生了疑惑，恐怕就會失去了機會。所以臣下每接受一道命令，一定進行比較，仔細審察，務必使此令與前令不相違背，然後才敢宣布。遷延滯留的過失，實在是這個原因。」李淵聽罷，虛心接納，說：「愛卿理政這樣用心，我還憂慮什麼。」

李淵占領長安後，在軍事上採取了一些措施：一是東向派兵守住潼關，防止隋洛陽軍隊或農民義軍入關；二是西向討伐稱王稱帝的薛舉父子，以鞏固關中地區；三是派遣使者出使招撫各郡縣，且設立行臺，代表朝廷專征，大規模地攻城掠地，擴大統治範圍。

李淵的招撫政策很快就取得了實效。他在剛到長安時就寫信招降了榆林、靈武、平涼、安定等長安以北諸郡。李孝恭又出巴、蜀，招降秦嶺以南三十餘郡。東起商、洛，南到巴、蜀，各郡縣的長吏、豪帥、氐人、羌人的酋長們，都爭先恐後地派遣子弟到長安進見請求歸附。李淵又派遣太常卿鄭元璹率軍出商、洛，招撫南陽地區，派遣左領軍司馬安陸人馬元規招撫荊、襄地區。

第三十五回
屈突通力竭歸唐廷　堯君素殉難河東郡

　　李淵在攻占長安的過程中，基本上沒有遇到隋軍的頑強抵抗。這一方面是因為隋政權的腐敗造成軍隊戰鬥力不足，一觸即潰；另一方面也在於李淵軍隊的戰略戰術正確。李淵在霍邑之戰勝利後，採用長途奔襲的戰術，渡過黃河，目標直指長安。同時南取華陰，東略潼關，防止隋洛陽軍隊支援長安。儘管長安失守，但在抗擊李淵的過程中，和一些貪生怕死、貪污腐敗的隋朝將領相比，屈突通和堯君素兩位將軍值得一書。

　　屈突通，京兆長安人，自幼性格剛直、堅毅，擅長騎射，且頗好武略。文帝時仕隋為虎賁郎將、右親衛大都督，煬帝時以功升任左驍衛大將軍。屈突通為人正直，秉公辦事，即便是親屬犯法，也依法制裁，決不包庇寬容。他的弟弟屈突蓋任長安縣令，也以綱紀嚴整而知名。因此民間順口流傳著：「寧食三斗艾，不見屈突蓋；寧服三斗蔥，不逢屈突通。」可見人們對他們的敬畏心理。此後，屈突通在鎮壓楊玄感起義及關中地區的農民起義中立下很多功勞，日益受到煬帝重用。煬帝行幸江都期間，屈突通受命鎮守長安。

　　李淵晉陽起兵後，屈突通受代王楊侑派遣，據守河東城。後被李淵軍隊包圍，但屈突通憑著城堞高峻，千方百計堅守，李淵沒有占到便宜，便兵分兩路：一路由自己親自率領渡過黃河，殺奔長安；一路由劉文靜率領，繼續包圍河東城。屈突通聞知李淵要攻打長安後，唯恐貽誤救援，留下鷹揚郎將堯君素繼續守備河東，自己率部將欲自武關（今陝西商洛市商南縣西）出藍田（今陝西西安市藍田縣）回救長安。軍隊行至潼關附近，被劉文靜部所阻遏，不得前進。時隋將劉綱守衛潼關，屯軍都尉南城。屈突通欲與劉

綱合兵,共守潼關,李淵左統軍王長諧率部搶先襲占都尉南城,斬殺劉綱,屈突通被迫退守都尉北城。

屈突通與劉文靜兩軍相持了一個多月後,急於進軍解長安之圍,派部將桑顯和夜襲劉文靜軍營。劉文靜與左光祿大夫段志玄全力以赴進行阻擊,經過一番激烈戰鬥,桑顯和戰敗逃走,由他所帶去的兵眾全部被俘。這樣一來屈突通的處境就更加艱難。有人勸說他投降義軍,他激動地說:「我歷侍兩位國主,得到的恩惠和顧遇非常優厚,受隋氏的俸祿卻要逃避隋氏的禍難,我不能這樣做。」他常常撫摸著自己的脖子說:「將要為了國家遭受一刀。」他慰勉將士作戰,未嘗不激動流淚,將士們也因此受到感動。李淵深知屈突通在軍中的作用,力求不戰而屈人之兵,派遣他家中的僕人攜信前往招撫,屈突通不為之動心,立即殺掉他。後來聽說長安城已被攻破,家屬全被李淵俘虜去,便留下桑顯和鎮守潼關,自己領兵出關,準備東赴洛陽。可是當屈突通剛離開潼關時,桑顯和就聯絡唐軍,獻出潼關投降。機不可失,時不再來,劉文靜派竇琮、段志玄等將領率領輕銳騎兵和桑顯和一起追擊屈突通軍,唐軍直到稠桑驛(今河南三門峽市靈寶市稠桑村)時才追趕上。此時屈突通已列開軍陣嚴守,竇琮派出屈突通的兒子屈突壽前去勸諭他,屈突通大罵道:「你從何處來?從前與你為父子,當今與你是仇敵。」命令左右的將士射擊他。這時桑顯和出馬對屈突通所率的兵眾們大聲喊話說:「現在京城已經陷落,你們全是關中人,離開關中要到哪裡去?」兵眾們聽到這個消息都紛紛放下了兵器投降。屈突通知道失敗已經不可避免,便翻身下馬,朝東南方向一拜再拜,大哭說道:「臣下力量至此已經用盡了,不敢虧負國家,天地神靈是知道我的!」唐軍捉拿屈突通送到長安,李淵任命他為兵部尚書,賜給他蔣國公的爵位,兼任李世民元帥府長史。後來屈突通跟隨秦王李世民南征北戰,戰功卓著,平劉武周、收復東都、消滅王世充,戰功居第一,成為圖畫凌煙閣二十四功臣之一。

李淵派遣屈突通到河東城下告諭並招安堯君素。君素見到屈突通,連聲歎息,悲傷不盡。屈突通也落下眼淚沾濕衣襟,對堯君素說:「我軍已經

失敗，如今義軍旗幟所到之處沒有不回應的，形勢已經是這樣了，你還是儘早歸降吧。」堯君素回答說：「公身為國家重臣，皇上把關中委託給你，代王把社稷託付給你，為何愧對國家，活著投降，還反過來替敵人當說客呢？你所騎乘的寶馬，就是代王賜給的，你今日有何臉面騎著牠啊！」屈突通歎了一口氣說：「君素，我已竭盡了全力呀！」堯君素義正詞嚴，高聲喊道：「當今我力量還沒有用盡，可不用多言了。」屈突通只得慚愧地退回去了。後來虞州刺史韋義節領兵攻打河東，堯君素堅守不懈，用兵很久也攻不下，唐軍屢次遭到挫折。李淵再改派工部尚書獨孤懷恩代替韋義節進軍蒲阪，可是行軍總管趙慈景卻被堯君素活捉，處死後把人頭掛在城頭表示決不投降。

河東城外被唐軍重重包圍，攻打甚是緊急。堯君素製作了木鵝，把表文裝在木鵝的頭頸裡，文中具體地論述河東的軍事形勢，讓木鵝隨水飄流到黃河，被河陽（今河南焦作市孟州市）守將得到，送到東都。皇泰主楊侗見到後歎息不止，命加堯君素為金紫光祿大夫。這時東都發生軍事政變，將軍龐玉、皇甫無逸從東都前來投降唐軍，高祖把他們派到河東城下，向堯君素陳述利害關係，堯君素還是不屈不撓。唐廷又賜給他金券，保證投降後不殺死他，他的妻子也被召來到城下對他說：「隋王室已經滅亡了，夫君為何自討苦吃！」堯君素對她說：「天下的名義不是婦人能知道的。」說完便拉弓把她射倒在地上。堯君素自己也知道郡城將陷，可是他志在堅持到死，每當談到國家未嘗不連聲歎息，對守城的將士們說：「我從前在藩王官邸時便已侍奉皇上（隋煬帝），為了君臣大義，我不得不效忠以盡死力。一定要戰到隋祚終結、天命決定歸屬之時，我會將斷頭交給諸君，聽任諸君拿它去取富貴。現在城池堅固，倉儲豐足，大事還沒有一定，不可心生邪念。」堯君素性格嚴明，善於治理眾人，部下不敢背叛。過了很久，倉中的糧食吃光了，開始人相食，又從俘獲的城外人那裡得知煬帝已在江都被殺的消息，堯君素部下薛宗殺死了堯君素投降了唐軍，傳首到京城。

在城陷之前，堯君素派朝散大夫王行本率精銳戰士七百人，駐紮在外。

王行本得到堯君素危急消息，回來營救已來不及，遂搜捕薛宗及其同黨數百人，全部誅殺，再登城拒守。後來劉武周南下，王行本投靠劉武周與唐為敵。

堯君素是一個忠於朝廷、忠於職守的人，十八年後李世民在蒲州回首往事，心裡生起的不是對往日強敵的仇恨，而是對一種偉大精神和不朽人格的敬意。他親筆擬就了一道聖旨，即〈贈堯君素詔〉，詔文說道：「隋故鷹揚郎將堯君素，雖桀犬吠堯，有乖倒戈之志，而疾風勁草，實表歲寒之心。可贈蒲州刺史，仍訪子孫以聞。」

屈突通與堯君素同為隋臣，一個力盡而降，一個寧死不屈，後代對此兩人有不同的評價。屈突通在隋文帝時因敢於諍諫使千餘人免去死罪，文帝欣賞他的誠心和剛毅的性格，提升其為將軍。李淵進入長安時，曾派其家僮勸降，屈突通覺得蒙國家重恩，歷事兩主，大不了為國捐軀，但最終仍是降唐了。而堯君素是一臣不事二主的硬漢，可是卻沒有想過自己所保的君主有沒有可保的價值。屈突通降唐後，去河東蒲阪城下招降原來的部下堯君素，堯君素一見昔日的上司，眼淚直流，屈突通也是悲從心生。可是堯君素仍堅持不降，屈突通慚愧而退。世人卻因此評說屈突通算不上是一個好臣子，因為他背叛了隋朝，相反認為堯君素卻是一個盡心盡瘁的忠臣。魏徵說過良臣與忠臣的區別：「良臣，稷契皋陶是也。忠臣，龍逢、比干是也。良臣使己獲美名，使國君受尊顯，使世間太平，使子孫相傳，福祿無疆。忠臣使己受誅戮，使國君陷大惡，家與國且不保，空負其名。兩者相去甚遠。」如此則誰是誰非也就顯而易見了。

第三十六回
安興貴計取武威郡　薛仁杲兵敗折墟城

　　割據河西五郡的李軌稱帝後，重用和他一同起兵的曹珍、關謹、梁碩、李贇、安脩仁等人，其中梁碩被任命為吏部尚書，此人機智有謀略，李軌很倚重他，用作為謀士。梁碩見內徙到隴西的各胡族勢力強盛，暗中勸李軌多加防備，因此便和被任命為戶部尚書的安脩仁產生了矛盾。安脩仁出身是涼州西胡望族，在當地有很大影響力。另外李軌兒子李仲琰曾到梁碩處議事，梁碩對他不太尊重，李仲琰心地狹窄，懷恨在心，於是和安脩仁結交，一起在李軌面前誣陷梁碩恃功自傲，想陰謀反叛，李軌聽信讒言用鴆酒殺死了梁碩。自此之後，李軌失去了一個能出謀劃策的謀士。

　　北邊人多崇尚迷信，有胡人巫師對李軌說：「上帝要派遣玉女從天而降。」李軌相信了他的胡話，發動百姓修築高臺，迎接玉女下降，花費很多資財和勞力。大業末年黃河以西地區饑荒連年，出現人吃人的現象，李軌用全部家財賑濟饑民還是不足，想要發放糧倉中的糧食，召集群臣進行商議。僕射曹珍說：「國家是以人民為根本，怎能愛惜倉中糧食而眼看百姓餓死呢？」謝統師等隋官不甘心權力被剝奪，祕密和胡人結約成夥，排斥李軌舊部下，責罵曹珍說：「餓死的人，都是因為他們瘦弱，強壯的人，怎麼也餓不死。國家倉裡的糧食，是用來防備意外的，怎能用來養活那些瘦弱的人？如果討好人情，不為國家打算，就不算是忠臣。」李軌認為他們說得對，對曹珍產生猜疑。從此以後，舊將們對李軌有了怨恨和離心，鬧內訌使李軌逐漸失去了民心。

　　李軌大將安脩仁的哥哥安興貴在長安做官，上表給李淵，願以利害關係去說服李軌來降。李淵說：「李軌憑藉險要，擁兵一方，我們若連結吐谷

渾、突厥，發兵去攻打，還恐怕不能取勝，你豈能用一番口舌就可使他歸附？」安興貴說：「臣家在涼州，累世豪門望族，為當地百姓和各族人所依附。弟弟安脩仁受李軌信任，我家族中還有十幾名子弟是李軌掌管機密的親近官員。臣前去說服李軌，李軌若能聽從，固然是好；如果不聽，就從他身邊親近人處著手圖謀，更為容易。」高祖大喜，決定派安興貴前去涼州。

安興貴到達武威，李軌以他為當地人望所繫，任命為左右衛大將軍。安興貴趁機勸李軌說：「涼州地方不過千里，土地瘠薄，百姓貧苦，如今唐從太原興起，奪取函、秦之地，東向控制中原，出戰必勝，攻擊必取，這大概是天意，不是人力所能做到的。不如把河西之地獻於唐，漢竇融歸附光武帝的功績可以在今天重現了。」李軌說：「我憑藉山河的險固、能征戰的精兵，唐雖然強大，又能把我怎樣？你從唐廷來，難道是為了替唐遊說？」安興貴連忙謝罪說：「臣聽說富貴不回故鄉，就像穿著錦繡衣服在夜裡出行不為人所知一樣。臣全家受陛下榮祿，怎會歸附唐廷來作說客？我只是把想法對陛下說一說罷了，至於行與不行就在陛下決斷了。」安興貴料到無法說服李軌投唐，便和安脩仁祕密聯合各胡部，起兵攻打李軌。李軌出戰失敗，退回到城中進行防守。安興貴向大眾宣告說：「大唐派我來誅滅李軌，誰膽敢援助，我將夷滅他的全族。」城中人回應安興貴的號召，便爭相出城投奔安興貴。李軌左右離散，無計可施，只得和妻子登上玉女臺，悲痛地擺酒話別，束手成擒。武德二年（619 年）五月間，安興貴把他捉住李軌的事報告唐朝。

李軌和他的兒子兄弟等被押送到長安後，全都被殺害，一場帝王春夢就此了結。唐高祖李淵任命安興貴為右武候大將軍、上柱國、涼國公，賜布帛萬段；安脩仁為左武候大將軍、申國公，用以酬賞平定河西的功績。

再說金城薛舉的事。大業十三年（617 年）秋七月，薛舉派遣太子薛仁杲率兵南下，攻占了天水郡，並把都城從金城遷到天水。薛仁杲勇武有力，擅長騎射，軍中號稱萬人敵。可是他生性貪婪殘忍，嗜殺成性，曾經抓住

大文豪庾信的兒子庾立，他憤恨庾立不撓、不屈、不投降，將他分屍放在火上燒炙，燒熟後切了給將士吃。他在攻下天水時，把天水富人召集在一起，倒吊起來，向鼻子裡灌醋，向他們索取金銀珠寶。薛舉常訓戒他說：「憑你的才能和智謀，是能辦好事情的，然而你太苛毒暴虐，對人不能施以恩惠，終究要傾覆我的家國！」

在攻下天水後的年底，薛舉為爭奪關中地區，派遣薛仁杲進掠扶風郡，當頭遭到在這一帶地區活動的反隋義軍首領唐弼的反抗，義軍守汧源（今陝西寶雞市隴縣）進行防禦。薛舉派遣使者招降唐弼，曉以禍福、誘以利害，唐弼便殺了李弘芝向薛舉請求歸降。哪知薛仁杲不懷好意，乘唐弼沒有防備之際，突然出兵襲擊，並取得汧源，收編了唐弼的全部部眾。唐弼率領數百騎到扶風請求投降，唐扶風太守竇璡不領情，殺了唐弼。這樣薛舉的勢力就越來越大，他的部眾號稱三十萬，已越過隴山挺進到關中的扶風郡，謀劃東向攻取長安。薛舉聽說李淵已平定長安，便率兵南下攻打扶風，但遭到李世民援軍的迎頭痛擊。

武德元年（618 年）六月間，薛舉進軍涇州（即安定郡，今甘肅平涼市涇川縣），唐任命秦王李世民為元帥，統帥八總管的軍隊前去抵禦。秋七月，薛舉進逼高墌（今甘肅慶陽市寧縣東南），遊兵到達邠（今陝西咸陽市彬縣）、岐（今陝西寶雞市鳳翔縣）二州一帶，距離長安僅有一百公里左右。薛舉兵精糧少，利於速戰，秦王李世民加深壕溝壁壘進行防守，但經不起薛舉屢次出兵挑戰，唐軍被激怒後列陣出戰。長史劉文靜、司馬殷開山等倚仗兵多勢大未能嚴設防備，便吶喊著出陣向薛舉的軍隊衝擊，哪知薛舉已祕密指揮精騎抄襲唐軍背後。激戰的結果，唐軍損失嚴重，八總管的兵都被打敗，士卒死傷了十分之六。此役李世民是主帥，只因他後來做了皇帝，史家有意替王者隱諱，便記載此役李世民適巧生病，把失敗的責任推諉給劉文靜和殷開山。這是不符合事實真相的。

薛舉乘勝占領了高墌城，其子仁杲揮軍向寧州（今甘肅慶陽市寧縣）一帶推進，關中一度處於危急狀態。可是好景不常，當薛舉準備乘勝攻打長

安時，突然在八月間因病去世，太子薛仁杲被屬下立為皇帝，駐軍在折墌城（今甘肅平涼市涇川縣東北）。薛仁杲當太子時，便因殘暴和大部分將領有些矛盾，他當皇帝後，大家心中都疑懼不安。薛舉死後，他的謀士郝瑗傷心過度，得病不治而死。從此人心不一，國勢逐漸衰弱。

李淵再度以李世民為元帥，重整軍旅出兵攻打薛仁杲。當李世民的軍隊到達高墌時，薛仁杲派宗羅睺領兵抵禦。宗羅睺兵強馬壯，屢次挑戰，這時李世民總結上次失敗的經驗教訓，堅守營壘拒不出戰。眾將都來請戰，李世民說：「我軍剛打了敗仗，士氣沮喪不振，敵人依仗得勝而驕傲，有輕視我軍的想法。眼前應該堅閉營壘等待有利時機，敵軍的驕傲能促使我軍發奮努力，最後必可一舉打敗他們。」乃命令全軍說：「有敢請戰的斬首！」這樣，兩軍相持六十多天。其間，薛仁杲軍糧食即將吃盡，其大將翟長懸、鍾俱仇、牟君才、梁胡郎等人相繼率領著部下來投降。李世民了解到薛仁杲將卒離心，已處於勢窮力弱的境地，以為決戰時機已到，便令行軍總管梁實在淺水原（今陝西咸陽市長武縣北）紮營，用來誘惑薛仁杲部下出戰。宗羅睺勇猛有餘，智計不足，知道後很高興，出動全部精銳進攻梁實。梁實守住險要堅不出戰。營地中沒有水源，好幾天人馬沒有水喝，飢渴難耐。宗羅睺進攻越發猛烈。李世民估計敵兵已經疲弊，便對諸將領說：「現在可以出戰了。」到天將亮時，李世民派右武候大將軍龐玉列陣在淺水原南，宗羅睺合兵攻擊龐玉，龐玉幾乎不能堅持。值此關鍵時刻，李世民率領精騎從淺水原北出敵不意進行攻擊，他帶領數十名驍勇騎兵先衝入敵陣，唐兵奮勇爭先，裡外奮力戰鬥，呼聲震地。不多時候，宗羅睺軍隊大敗，被唐軍斬殺數千，只得率領殘騎逃竄。李世民乘勝率領二千多騎兵緊追不捨，他的舅舅竇軌叩著馬韁勸李世民說：「薛仁杲還占據著堅固的城池，士兵眾多，雖然我們打敗了宗羅睺，但不可輕易冒進，請暫且按兵不動觀察一下敵人動靜。」李世民說：「此戰我考慮已經很久，我軍進攻勢如破竹，機不可失，舅舅不要再說了！」言罷，便揮動大軍向薛仁杲所在的折墌城推進。這時，薛軍已在城下列陣，李世民所率輕騎夜半急馳而至，依著涇水面對

薛仁杲軍營。薛仁杲手下猛將渾幹等數人到唐軍陣前來降，薛仁杲恐懼，帶兵進城守禦。天快亮時，唐大軍相繼到達，緊緊地包圍了城池，守城的人看到大勢已去，紛紛棄戈出城投降，薛仁杲制止不住，也只得領著屬官出城投降。唐軍俘獲薛仁杲所率的精兵一萬多人，男女五萬口。不久，宗羅睺也率部向唐投降了。

李世民將領都來祝賀，請問取勝的原因，說：「大王一戰就取得勝利，驟然捨去步兵，又沒有攻城的器具，領著輕騎兵直接到城下，大家都認為不能攻克城池，可卻很快就取得了，這是什麼原因呢?」李世民說：「宗羅睺的部下都是隴山以西的人，將領驍勇，士卒彪悍，我出其不意打敗了他，殺傷的不多，如果遲遲不攻擊，等他們進了城，薛仁杲加以撫慰再派他們作戰，城就不容易攻破了。如果我們迅速追擊，則這些士卒就會逃回到隴外去，折墌城空虛防衛又弱，薛仁杲嚇破了膽，還來不及進行謀劃，所以我們就把它攻克了。」大家聽罷，心悅誠服。

李世民以誠心對待降眾，他把投降的士兵全都撥給薛仁杲的部將宗羅睺、翟長懸等統率，和他們一起打獵，表示對他們沒有什麼懷疑和隔閡。這些人畏懼秦王的威嚴，又感受他的恩德，都願以死報效李世民。翟長孫後來跟隨李世民東征西討，成為唐初有名的戰將。李世民聽說薛舉的黃門侍郎褚亮的名氣，派人去約他相見，對他尊重厚待，用為王府的文學，後褚亮兒子褚遂良成為唐高宗初期的宰相，盛名於當時。

李世民班師回到了長安，李淵下令把薛仁杲及其親信酋黨數十人斬首於鬧市。薛舉父子自起兵隴西到滅亡，乍起乍滅，未滿二年，有史料說先後有五年，恐怕誤記了。

平定河西隴右，李淵的實力大大地加強。由是關中及其後方穩定，他可以騰出手來東向發展，與稱王稱帝的諸雄豪逐鹿中原了。

第三十七回
敗北邙李密走關中　齊軍政世充稱鄭帝

　　隋東都政權的將相們在招降李密和對待宇文化及作戰問題上，由意見分歧產生了隔閡和矛盾，隨著李密討伐宇文化及戰爭的勝利，雙方矛盾終於爆發。

　　「七貴」中的元文都、盧楚、皇甫無逸、郭文懿、趙長文等人認為久戰多難，天下即將太平，李密獻表稱臣應是真心投降。而王世充卻不以為然，他獨自對部下說：「元文都這些人，不過是掌管文書的小吏。我觀察形勢，他們必為李密所捉。我軍士卒屢次與李密作戰，殺死李密的士兵前後已經很多，一旦成為他的部下，我們這些人還能活命嗎？」王世充是想用這種仇恨的話激怒他的士兵。元文都聽說後，害怕權力被削弱和進一步被剝奪，心中十分恐懼，便和盧楚等謀劃先對王世充下手，待他入朝時埋伏甲士殺了他。段達生性膽小怯懦，恐怕事情不成功會連累自己，便派他女婿張志去王世充處告變。王世充立即做了一番部署後，便於一天夜裡乘著夜幕率兵襲擊含嘉門，進入宮內。元文都聞說發生變亂，便入宮侍奉皇泰主到乾陽殿，布置軍士自衛，命令諸將關閉城門進行抵禦。將軍跋野綱領兵出戰，遇見王世充，他震於王世充的權威，立即下馬投降，將軍費曜、田世闍在城門外交戰也失利了。元文都親自率領宿衛兵，準備出玄武門從背後襲擊王世充，可是長秋監段瑜找不到城門鎖匙，拖延了很多時間，天色快亮，元文都想領兵出太陽門迎戰，當他回到乾陽殿時，王世充已攻入太陽門了。皇甫無逸見大勢已去，慌忙中拋棄了母親和妻子，從右掖門衝出，向西逃奔長安而去。盧楚藏匿在太官署，被王世充部下捉獲斬了首級。王世充指揮軍隊進攻紫微宮門，皇泰主派人問王世充：「興兵入宮想做什麼？」

王世充下馬謝罪說：「元文都、盧楚等圖謀陷害臣下，請求殺了元文都，世充甘願接受刑罰。」這時段達已綁了元文都送來，元文都流淚向著皇泰主說：「臣今天早晨死，到晚上便臨到陛下了。」皇泰主亦悲傷痛哭送他出興教門，王世充號令把元文都殺了，並把盧楚、元文都二家也斬盡殺絕。政敵既除，段達以皇泰主命令迎接王世充入城，王世充所做的第一件事便是把宿衛的士卒全部換上了自己的人。皇泰主怒氣衝衝地對著王世充說：「你擅自舉兵殺人，不曾聞奏，這哪裡是臣下的作法？你想逞你的武力，膽敢刺殺我嗎？」王世充裝模作樣伏地謝罪說：「臣蒙先皇拔用，粉身碎骨也難以報答。元文都等包藏禍心，欲召李密危害國家，惱恨臣不同意，對臣猜疑產生嫌惡，臣迫於求生，沒有來得及奏報，如果臣心中懷有惡意，違背陛下，天地日月都可明鑑，讓臣全家滅亡。」說時聲淚俱下。皇泰主見他真心如此，便未作計較，令王世充上殿談話，又和他一起到內殿見皇太后。王世充披散頭髮發誓，聲稱不敢有二心，皇泰主便宣布詔令，以王世充為尚書左僕射，總管內外諸軍事。後來王世充又捉獲趙長文、郭文懿二人，也把他們處死了。東都「七貴」中的五人已經被王世充殺害或逃亡，段達則投靠了王世充，於是王世充大權在手，他把府署、住處從含嘉城搬到尚書省，用他哥哥王世惲為內史令，入居宮內，他的子弟個個都掌管兵權。他又把政事分為十頭，都用他的親信同黨主管。自此之後，王世充的威勢震驚內外，朝廷中大小文武官員莫不趨附於他，皇泰主只是拱手聽命而已。

　　自從李密殺了翟讓，瓦崗軍將士們軍心受到很大震撼。但李密屢勝之後，更加自信，倉庫裡糧穀雖多，但沒有錢幣布帛，戰士們立了功，沒有財物可用來賞賜，李密對新歸附的人又過於厚待，因此士卒頗有待遇不公的怨言。徐世勣曾因在宴會上諷刺過李密的短處，李密很不高興，把徐世勣外放黎陽鎮守，雖然名義上是委以重任，實際上卻是想疏遠他。

　　在取得洛口倉城之後，李密開倉散糧，但沒有具體專管的人，也沒有領米的憑證文券，取米的人隨意取多少就取多少，有的取米過多，拿不動就丟棄在路上。自倉城到外城門，路上積米有幾寸厚，被車馬踐踏。前來

就食的起義軍連同家屬在內的有將近百萬人口，沒有甕缸，就用樹條編成的筐來淘米，洛水兩岸近十里遠範圍內望去像白沙布滿大地一樣。李密看到後，不無高興地對賈閏甫說：「這可以稱得上是足食了。」賈閏甫勸他要珍惜糧食，加強管理，對他說：「國家的根本是百姓，百姓依靠糧食生存。今天百姓如流水一樣湧來，是因為有糧食在這裡，然而有關管理者卻毫不愛惜，這樣糟蹋下去，恐怕一旦糧米沒有了，老百姓也就散了。到那時明公靠什麼去完成大業呢？」李密聽了非常感謝，就讓賈閏甫去管理倉糧，但效果還是不明顯。

李密攻破宇文化及回來後，更加驕傲，自以為東都兵打了幾次敗仗，力量薄弱，而且將相之間不和，又自相殘殺，短時期內就可以平定東都。可是實際上李密喪失了很多強兵好馬，士卒疲勞多病，人數雖多，但戰鬥力大減。

王世充獨攬大權以後，便厚賞將士，修理軍械，暗中準備著進攻李密。當時隋軍缺乏食糧，李密的軍士缺少衣服，王世充請求互相交換有無，李密感到為難。長史邴元真等想要從中求私利，勸李密應允交換。原來東都每天都有幾百人出城投降李密，在得到糧食以後，投降的人越來越少。李密後悔，停止交換。王世充知道李密軍隊疲勞，準備主動進攻，消滅李密部隊，但又害怕人心不一，便謊稱衛士張永通曾三次夢見周公，讓他轉告王世充，出戰李密必將獲勝。造作謊言之後，便建立起周公廟，每次出兵就先向周公祈禱。王世充又命巫者宣稱：「周公想讓僕射（王世充）急速征討李密，當會打大勝仗，不然兵士會都染上瘟疫而死。」王世充的士兵很多是楚人，崇信妖言，都來請求出戰。王世充挑選精銳二萬多人，馬二千多匹，在皇泰元年（618年）九月出兵攻打李密，旗幟上都寫上「永通」二字，軍容經休整後很是強盛。王世充率軍到了偃師，在通濟渠南邊紮營，在渠上建了三座橋，準備渡水攻擊。李密聽聞王世充出兵，便留王伯當守金墉城，自己率領精兵到偃師北邊，依託邙山為屏障等待王世充軍。

戰前李密召集諸將商議，裴仁基說：「王世充領著全部兵力出來，洛陽

必然空虛，可以分兵把守要道，使他不得東進。另選精兵三萬，沿著黃河向西進逼東都，王世充若回兵，我們按兵不動；王世充若再出動，我們再進逼東都。這樣，我們保有餘力，而他們則疲於奔命，就必然能打敗他了。」李密說：「你說的很好，但現在東都兵有三個不可抵擋，一是武器裝備精良，二是他們有決心深入作戰，三是他們糧食吃完求戰心切。我們只要利用城池高峻，堅壁固守，積蓄力量等待時機，他想打而打不成，想退又無退路，用不了十天，就可拿到王世充的頭。」宇文化及舊將陳智略、樊文超欲立新功，他們和單雄信都說：「估計王世充戰卒很少，又屢次被打敗，都已嚇破了膽。兵法中說：『力量倍於敵方則戰』，何況我軍不止是一倍。今日江、淮新歸附的人士，正希望乘這個機會一展身手去建立功勳，何不利用他們的銳氣作戰，正可以獲取成功。」單雄信說罷，諸將大聲喧嘩，表示贊成，想打的人占有十分之七八。李密受到大家情緒的影響，決定出戰，裴仁基苦苦爭辯，未能說服大家，他用手拍地歎息說：「魏公如此決定，將來要後悔的。」魏徵對長史鄭頲說：「魏公雖然屢次打了勝仗，但是精兵強將死傷很多，士兵本身已倦怠厭戰，憑這兩點就很難應敵。況且王世充缺糧，志在決一死戰，這就難以和他爭鋒，不如深溝高壘加以防守，不過十天半月，王世充糧食完了必然自己退兵，再追擊他，沒有不勝的。」鄭頲是個主戰者，回應說：「這是老生常談。」魏徵反駁說：「這是奇策，怎麼說是老生常談？」說完拂袖而去。爭論的結果，便是李密的決定：出戰。

　　程知節帶領內馬軍與李密一同紮營在北邙山上，單雄信在偃師城北帶領外馬軍紮營。王世充派遣數百騎兵渡過通濟渠進攻單雄信營寨，李密派裴行儼和程知節為單雄信助戰。裴行儼率兵先進入戰場，中箭落馬，程知節救起了他，馳馬衝殺數人。王世充軍鬥志高昂，所向披靡，程知節抱著裴行儼騎馬奔回，被王世充騎兵趕上，用長槍刺殺過來，程知節轉身折斷了長槍，並殺了追趕的騎士，這樣才與裴行儼一起脫身，但兩人都身受重傷。這時正好天黑了，雙方都鳴金收兵回營，檢視之下，李密的勇將孫長樂等十幾個人亦身受重傷。李密的內馬軍和外馬軍都是精銳中的精銳，再

加上程知節、裴行儼、單雄信英勇善戰，理應取得勝利，但單雄信為了自保，沒有全力作戰，致使王世充軍所向無前，戰爭的勝負也就可知了。

戰前李密有些輕視王世充，不設置營壘防禦，也沒有有效的巡邏和偵查。王世充夜間派二百多騎兵偷偷進入北邙山，埋伏在山谷隱蔽處，命令軍士餵好戰馬吃飽飯。第二天早晨，準備開營出戰，王世充向將士們告誡說：「今日的戰鬥，意義不僅是爭勝負，死生就在此一舉。如果獲勝，榮華富貴不在話下；如果打敗，一個人也逃脫不了。我們生死共赴，這不單為了國家，希望大家各自努力。」及天色既明，王世充帶兵直逼李密營，李密出兵應戰，還未來得及列陣，王世充便縱兵猛攻。他的士卒，都是江、淮驍勇之人，出戰迅速如飛。王世充戰前先尋得一相貌類似李密的人，把他祕密綁起來藏好，等到了戰鬥激烈時，讓人牽著在陣前通過，大聲叫喊說：「已抓到李密！」士卒們聞聲都呼萬歲。先前埋伏山谷的騎兵一齊衝出，從高處馳下，奔襲李密大營，又放火燒了營幕，李密軍隊戰敗潰散，新附的將領張童兒、陳智略等都棄戈投降，李密只得率領餘部一萬多人逃往洛口。

臨近前線的偃師城由鄭頲把守，王世充乘勝連夜圍攻偃師，鄭頲部下貪生怕死，開城門放王世充軍隊入城。王世充俘獲了李密的將佐、大臣裴仁基、鄭頲、祖君彥等數十人。王世充不禁大喜，他抓住時機，立即躍馬揚鞭指揮兵馬向洛口進發，又俘到邴元真的妻子、鄭虔象的母親及諸將領的子弟，都加以安撫和慰問，命令他們暗中招呼各自的父兄前來歸降。

早年，邴元真當縣吏，因貪汙逃亡在外，隨從翟讓在瓦崗寨落草。翟讓因為他曾當過小吏，讓他掌管文書，後來翟讓推薦邴元真為李密的長史。李密西進阻擊王世充，留邴元真守洛口倉，對邴元真可說是推心置腹，可是邴元真為人貪婪鄙薄，看到李密大敗而回，便陰謀叛變李密。李密知道邴元真的陰謀，準備在進入洛口城後動手，除去內奸，哪知邴元真已祕密派人去招呼王世充大軍前來相援，李密知道後沒有聲張，準備等王世充軍隊半渡洛水時出兵攻擊。哪知王世充軍隊已搶先渡過洛水，單雄信不顧大局又領兵自保，李密自忖已不能堅持戰鬥，只好率領輕騎奔往虎牢，邴元

真和單雄信各自率領部下投降了王世充。

　　虎牢是四戰之地，不能久留，李密將去黎陽，有人說：「殺翟讓時，徐世勣差點死了，現在因戰事失利而去投奔他，怎能保證安全呢?」此時正值王伯當放棄金墉城渡河保據河陽，李密前往投奔。到達河陽後李密和諸將商議今後打算，李密提出南以黃河為險阻，北以太行山為屏障，東邊連接黎陽，然後再圖進取的主張。但諸將已無心再戰，都說：「現在我們剛剛失利，大家心中都有些膽怯，如果停留下來，恐怕用不了幾天人都要叛逃光了，而且人情不願，難以成功。」李密說：「我所依靠的就是大家，大家既然不願意，我就無路可走。」說罷萬念俱灰，便想要以自刎來答謝眾人。王伯當與李密情同手足，見此情形，也悲痛欲絕，抱著李密嚎啕大哭，眾人也都傷心落淚起來。李密繼之又說：「諸君幸不相棄，一起同去關中，我雖然徒勞無功，諸君必然保住富貴。」府掾柳燮說：「明公和唐公是同一宗族，又兼有過去的友誼，雖然不能隨唐公一同起兵，然而阻擋東都，斷絕隋的歸路，使唐公不戰而占領長安，這也是你的功勞。」大家異口同聲，都說：「確是這樣。」李密無奈只好帶領部下二萬人西入關中，投靠李淵，李密原有將領及擁有的州縣多半都望風而降，歸順於王世充。

　　王世充戰勝之後，收羅李密的美人、珍寶及將士兵卒十餘萬人回到東都，列陣在皇宮的高臺下向皇泰主獻禮。皇泰主為表彰王世充的功勞，封他為太尉、尚書令，總督內外諸軍事，又讓他開太尉府，備置官屬，選拔優秀人才。

　　皇泰二年（619 年）春，王世充讓隋朝顯官名士全都進入太尉府中任官，能臣杜淹、戴冑也在其中。王世充統攬朝政，有關軍政事情無論大小，都要通過太尉府，原有的臺、省、寺、監、署各官府都徒掛空名，無事可做。

　　當初，王世充殺了元文都、盧楚以後，擔心人心不服，還討好皇泰主，對他謹行臣禮，既謙讓又敬重，還請求做劉太后的乾兒子，尊稱太后為聖感皇太后。既勝李密以後，漸漸變得驕傲和蠻橫，皇泰主知道他最終不可

能甘當臣下，但自己也無力制裁他。王世充一會兒讓人獻給他印璽和寶劍，一會兒又說黃河水清了，想用此類造作的符瑞來眩惑眾人，為自己製造當皇帝的輿情。

三月，王世充召集文武官員議論接受禪讓帝位的事，僅有隋臣李世英、戴胄等少數人反對，王世充的親信長史韋節、楊續、太史令樂德融等勸王世充取代皇泰主稱帝。王世充命百官議論接受最高的尊禮九錫之事，戴胄又堅決勸諫，王世充發怒，把他貶出東都去做鄭州長史。王世充又唆使段達等人勸說皇泰主授給王世充九錫，皇泰主說：「鄭公新近平定李密，已經官拜太尉，從那以後，沒有特殊功勞，待到天下逐漸平定，再議論這事也不晚。」段達說：「太尉想加九錫。」皇泰主仔細地看著段達說：「任隨公的心意。」有了這句話，段達等人便用皇泰主的名義下詔任命王世充為相國，總理百官政務，進封爵位為鄭王，加九錫，鄭國設置丞相以下各官。這就為日後王世充當皇帝鋪平了道路。

東都道士桓法嗣，秉承王世充的意思，獻上緯書《孔子閉房記》，說相國應當代隋為天子。王世充非常高興，任命桓法嗣為諫議大夫。王世充又網羅各種禽鳥，在布帛上寫字，繫在鳥脖子上，作為符命而放飛，有人得到這些鳥來獻給王世充，也拜官封爵。於是段達用皇泰主的名義下令，給王世充特殊禮遇，王世充假意上表，三次推辭。這樣前前後後經過近一個月，到了夏天四月間，王世充已急不可耐了，他命令長史韋節、楊續及太常博士衡水人孔穎達等人制定禪代的禮儀，派段達、雲定興等十幾個人進宮勸告皇泰主讓位，遭到皇泰主的怒斥。王世充又派人對皇泰主說：「如今海內尚未安定，需要立年長的人做君主，等到天下安定時，一定公開恢復你的皇位，決不違背以前誓言。」接著王世充宣稱已受皇泰主的命令，隋禪位於鄭，派他的哥哥王世惲把皇泰主幽禁在別殿。王世充又派遣諸將領帶兵清理宮城，派方術之士在宮裡用桃湯葦火舉行除凶祈福的儀式。入宮的一切都辦妥了，王世充堂皇地用皇帝禮儀駕車進入宮城，即皇帝位，大赦天下，改年號為開明。立兒子王玄應為太子，王玄恕為漢王，他的兄弟及

宗族十九人都一一封王。皇泰主進位為潞國公。任命蘇威為太師，段達為司徒，雲定興為太尉，張僅為司空，楊續為納言，韋節為內史，王隆為左僕射，韋霽為右僕射，齊王王世惲為尚書令，楊汪為吏部尚書，杜淹為吏部侍郎，鄭頲為御史大夫。又任命國子助教陸德明為漢王王玄恕老師，讓王玄恕到他家中行拜師禮。陸德明是個儒家人士，頗知綱常道理，覺得給王世充兒子做老師是一種侮辱，故意服了瀉藥巴豆散，臥床稱病，當王玄恕進屋跪於床下時，陸德明不理不睬，並不和他說一句話。

第三十八回
徐世勣黎陽獻地圖　李玄邃隱身熊耳山

唐武德元年（618 年）十月，李密和王世充在邙山下大戰，李密戰敗，軍心離散，在走投無路的情況下，帶領屬下二萬人西走關中，投靠李淵。李淵聽說李密將到長安，連續派人迎接和慰勞，李密高興地對部下說：「我擁有百萬士兵，一旦解甲歸順唐廷，山東幾百座城鎮知道我在這裡，若派人去招降他們，也必會都來歸順，功勞應當不小，唐廷難道不給我安排一個宰相級別的官職？」等到李密到達長安後，有關部門給他們的供給逐漸差了，李密率領的部下連續幾天得不到飲食，大家心中很有怨氣。不久唐以李密為光祿卿、上柱國，賜爵為邢國公。光祿卿作為九卿之一，主要職責是專管皇室膳食。李密原來的希望未能得到滿足，朝中大臣們又多輕視他，有些掌權的人還向李密來索取賄賂，李密心中很不滿意。唯獨李淵對他表示友好，常呼李密為弟，並把舅舅的女兒獨孤氏嫁給李密為妻。

秦王李世民掃平薛舉父子回朝，高祖派李密前往邠州迎候。李密自恃自己有智謀和功業，現今要去迎接一名年紀比自己小得多的年輕小王，還要低三下四地匍匐在道旁，口口聲聲誇讚秦王英武，心裡面卻很不是滋味。

李密敗走之後，手下將領和郡縣大多歸附王世充，但徐世勣仍擁兵在黎陽，沒有歸附任何人。徐世勣早年參加了翟讓領導的瓦崗軍，因有勇有謀受到重用，成為瓦崗軍重要的軍事將領。自翟讓被李密殺害後，徐世勣跟隨李密，領兵十萬，鎮守黎陽。此時，中原最大的三股勢力是北面的竇建德，西面的王世充及關中的李淵。徐世勣自忖獨立難支，必須投靠一方，才能自保。正在躊躇之際，他的同僚好友魏徵自關中前來相見了。

魏徵隨李密到長安之後，由於他地位低微，才能不為朝廷知曉。為了

立功，他自薦請求到潼關以東地區招撫李密舊部，李淵覺得這是個有價值的人選，用他為祕書丞，乘驛到黎陽，致書給徐世勣，勸他早日降唐。徐世勣以為投唐最為上策，遂決定歸唐，對長史郭孝恪說：「這裡的百姓和土地都是魏公的，我如果上表獻上百姓和土地，是以主人的失敗當作自己的功勞以換取富貴，這樣做是可恥的。現在我把郡縣戶口、兵馬的數目登記造冊，上報魏公，讓他自己獻上去。」顯然這是一石二鳥的作法。決策既定，徐世勣便派遣郭孝恪到長安去陳情、獻地，又運糧食供應唐將淮安王李神通的軍隊。李淵聽說徐世勣派使者來長安但沒有上表章，只有文書給李密，感到奇怪。郭孝恪向李淵陳述徐世勣的意思，李淵歎息說：「徐世勣為人，不違背道德，不貪求功勞，真是個好臣子。」遂賜他姓李，以郭孝恪為宋州刺史，讓他和徐世勣處理虎牢關以東地區所得的州縣，委派他們選拔補充官吏。此後徐世勣便改姓名為李世勣，後來又因避太宗李世民的諱，史書上又稱為李勣。

　　李密作為義軍首領，稱魏王，叱吒風雲，一呼百應，長期以來位高權重，十分自傲；又自以為歸附唐廷有功，但朝廷給他的待遇菲薄，不符合他原來的希望，心中悶悶不樂。每次遇著大的朝會，光祿卿應當奉進食物，周旋公卿之間，強顏歡笑。他對這一切深以為恥，退朝後告訴時任左武衛大將軍王伯當，王伯當因自己有職無權，心中也鬱鬱不快，故對李密說：「天下事都在你的掌握中，現在東海公徐世勣在黎陽，襄城公張善相在羅口，黃河以南的兵馬屈指可數，怎能長久這樣下去呢?」李密聽罷，心中有數，不日便向高祖獻策說：「臣空受寵幸，安坐京師，不曾報效國家。山東眾軍都是臣過去的部下，若讓臣前去進行收撫，憑藉國家威力，捉住王世充如拾地下草芥一樣。」高祖聽說李密原來的舊將士多數沒有歸附王世充，也想派李密前往收撫。群臣大多向他勸諫說：「李密狡猾好反，現在派他去，像放魚入泉水、放虎歸山林，肯定不能回來了。」李淵還是要派李密東去。十一月詔令下達，派李密往崤山以東招撫他尚未歸附的餘部。李密請求和他的舊僚賈閏甫一起去，李淵答應了，命令李密和賈閏甫一起坐在御

榻上，賜給他們食物，並飲酒交杯，語重心長地說：「我們三人同飲這杯酒，用以表明同心。望二位能建立功勳，不負朕的所望。大丈夫許人一句話，雖千金也不能改變。有人確實不願讓兄弟去，朕和弟推心置腹，不是別人所能夠離間的。」李密和賈閏甫拜辭受命。李密又請求以王伯當作自己的副手一同去山東，也得到了李淵的同意。

十二月，李淵讓李密把他手下的人馬分留在華州（今陝西渭南市華縣），帶一半出關。長史張寶德在出行途中，恐怕李密逃走連累到自己，便向李淵密上奏章，說李密此行必叛。李淵亦心有所疑，想中途改變計畫，又怕李密受到驚動，於是降下敕書慰勞，命令李密留部下慢慢前進，一個人騎馬入朝，有要事商量。

這時李密一行出關已到陝州桃林縣的稠桑驛（今河南三門峽市靈寶市稠桑村），接到李淵的敕書，李密對賈閏甫說：「敕書派遣我去山東，無緣無故又召我回朝。天子曾經說：『有人堅持不讓我東去』，這可是讒言起作用了。我現在如果回去，必定要被殺掉，不如攻陷桃林縣，收取那裡的士兵和糧食，向北渡過黃河，等消息到了熊州（今河南洛陽市宜陽縣西），我們已經走遠了。假如能到達黎陽，大事就肯定能成功，你的意見怎樣？」賈閏甫說：「主上對待明公非常好，天下最終要統一，明公你既已歸順了，怎能又生別的意圖？史萬寶、任瓖據守熊、穀（今河南洛陽市新安縣）二州，我們若早晨在這舉事，他們的兵士晚上就會趕到。雖然能攻陷桃林縣，哪裡有時間徵集士兵？一旦被定為叛逆，誰又肯容納我們？我為明公著想，不如暫且按朝廷命令行事，表明根本沒有不軌之心，那些謊言就不起作用了，若再想出關前往山東，也可以慢慢思考怎麼辦合適。」李密堅持要走，賈閏甫哭著說：「近來觀察天意和人心，已經逐漸地不合適你了。現在海內分崩離析，人們都想自己獨斷專行、強者稱雄。明公你身處逃亡之境，又有誰能聽從你的調遣？況且自從翟讓被殺以後，人們都說你棄恩忘本，今天哪有人肯把自己的軍隊乖乖地交給你呢？他們必然懼怕你奪兵權，要加以抵抗，一旦失勢，哪裡會有立足之地呢？如果不是受特殊恩典的人，怎能深信不

疑呢？但願明公深加考慮，恐怕不會再有現在的福分了，如果明公有安身之處，闔甫又怎能怕死呢？」李密十分惱怒，舉刀要砍賈闔甫，王伯當一再勸阻，才放了賈闔甫。賈闔甫得了一命，便逃奔熊州去了。王伯當也勸阻李密不要起事，李密不聽，王伯當說：「義士的志向，不會因為存亡有所改變。明公一定不聽，王伯當與你同死就是了，不過恐怕最終也沒有用。」李密下定決心反叛朝廷，派人捉住李淵派來的使者，把他殺了，又向桃林縣官詐稱說：「我奉詔暫時回京城，請允許把家人寄居在縣衙裡。」乃挑選驍勇猛士數十人，穿著婦女服裝，戴著面罩冒充妻妾把刀藏在裙子下，李密親自帶領進入縣舍。過了一會，他們改變服裝衝出，乘機占據了縣城，驅趕縣裡的百姓，直奔南山，憑藉險要向東進發，另外又緊急派人騎馬通報舊將伊州刺史襄城（今河南平頂山市汝州市）張善相，命令他派兵接應。

　　得到李密反叛的消息，鎮守熊州的右翊衛將軍史萬寶對行軍總管盛彥師說：「李密是個驍勇的盜賊，又有王伯當輔助他，現在決心反叛，恐怕是不可抵抗。」盛彥師胸有成竹，笑著說：「請給我幾千兵馬去截擊，必然能砍了他的頭。」史萬寶問他：「你有什麼辦法？」盛彥師說：「兵法講究使詐，現在不能對你說。」隨即率領兵馬翻過了熊耳山，到山南占據要道，令弓箭手埋伏在路旁高處，又命拿刀盾的士卒埋伏在溪谷間，下令說：「等賊兵過河到一半時，一同出擊。」有人問他說：「聽說李密準備東去洛州，而你卻進了南山，是為什麼？」盛彥師說：「李密揚言去洛州，實際是想出人意外，到襄城投奔張善相。若賊進入谷口，我們從後邊追趕，山路險而狹窄，無法施展力量，只要有一人殿後，我們肯定沒辦法。現在我們搶先進入山谷，就必然能捉住他們。」

　　李密快馬加鞭過了陝州（今河南三門峽市陝縣），認為其他地方不足為慮，就帶著眾人向東南慢慢行進，果然翻過了熊耳山從南面出山。哪知盛彥師伏兵突起攻擊，李密士兵首尾被隔斷，不能互相救援，李密和王伯當皆被亂箭射死。盛彥師把首級傳送到長安，李密死時，年僅三十七歲。盛彥師因有功賜爵葛國公，拜武衛將軍，仍鎮守熊州。李世勣在黎陽，李淵

派使臣把李密的首級給他看，並告訴他李密反叛的情況。李世勣得訊，悲慟不已，乃向北遙拜，伏地嚎啕大哭，又上表長安請求收葬李密，李淵下詔把李密的屍首送給李世勣。李世勣按照君臣之禮給李密發喪，備辦了儀仗，全軍縞素，把李密埋葬在黎陽山上。

李密背叛李淵而被殺，落得個身首異處的下場，但其實殺死李密的真正兇手是李淵。李淵對農民義軍首領和隋末割據一方的領袖，只要他們曾經在社會上有點稱王稱帝的資本，不論功勞大小，李淵必是堅決殺戮，斬草除根，不允許有人對自己的帝位覬覦。此後李淵殺竇建德、殺蕭銑、殺杜伏威就是例子。李密進入關中渴望被重用，願意為唐廷盡力，但李淵對李密採取的策略是：先在晉陽起兵，進入關中時卑詞厚禮，抬高李密，讓他與東都王世充相爭，自己坐收漁翁之利。李密兵敗之後，又甜言蜜語遣使把李密召來；李密來了之後，有意怠慢李密，讓自己的大臣私下向李密索取貢獻或公開地羞辱李密。當知道李密有叛逃之心，卻將計就計，給李密一個叛逃的機會；當李密離開長安後，在半途上又要召回，迫使李密孤注一擲，同時又部署屬下將領伏兵熊耳山，把李密殺死，從而除去了自己的心頭大患。李淵知道，李密的為人性格，是難以駕馭的梟雄，李密叛唐是必然的事。他有理由除去李密，又可以向天下臣民及英傑們表白自己的正大光明，可說是計謀算盡。

李密作為隋唐之際的一位英雄，即使他不叛唐，他的才能也不為唐朝所容。有人歎惜李密，把他比擬為楚漢之際的西楚霸王，項羽雖失敗自刎，死於烏江，但成就了漢劉邦的帝業；李密大戰中原，使李淵乘虛奪取關中，進一步統一全國，二者情況十分相似。是非功過，又將如何看待！

第三十九回

群首領江淮競逐鹿　諸雄豪河北爭雄長

　　隋末，在杜伏威興起稍晚時間，江淮地區出現另一位武裝首領名叫沈法興。他是餘杭郡武康縣（今浙江湖州市德清縣武康鎮）人，他的父親沈恪是陳朝廣州刺史。沈家世代都是郡中著名大姓，宗族有幾千家。隋末沈法興做吳興太守，曾率眾討伐過隋兵叛亂。大業十四年（618年）宇文化及弒殺煬帝後，留大將陳稜鎮守江都，自己率十萬驍果北上，揚言返回長安。宇文化及以杜伏威為歷陽太守，杜伏威不接受他的任命，上表稱臣於隋洛陽皇泰主，皇泰主拜杜伏威為東道大總管，封為楚王。沈法興以討伐宇文化及為名起兵，直奔江都，一路上收納亡散隋軍，擁有精銳士卒六萬人，先後攻取了餘杭（今浙江杭州市餘杭區）、毗陵（今江蘇常州市城區）、丹陽（今江蘇南京市建鄴區），占據江表十多個郡，自稱為江南道大總管，按制度設置百官。沈法興開始也給皇泰主上表，自稱為大司馬、錄尚書事、天門公，後來自稱梁王，定都毗陵。這時，杜伏威據歷陽（今安徽馬鞍山市和縣歷陽鎮），李子通據海陵（今江蘇泰州市海陵區），他們都對江都虎視眈眈。

　　李子通先下手為強，在唐武德二年（619年）的九月，率領主力圍攻江都，陳稜兵微將寡，送人質向沈法興和杜伏威求救。兩人都不願意李子通占領江都，沈法興派兒子沈綸率兵數萬和杜伏威共同去救援。杜伏威軍隊駐紮在清流（今安徽滁州市城區），沈綸的士兵駐紮在揚子（今江蘇揚州市江都區），兩軍之間相距數十里。杜伏威和沈法興都只考慮各自的利益，都不願吃虧，彼此互有矛盾，兩軍皆觀望不前，誰也不想先動手幫助陳稜。李子通的謀士毛文深給李子通獻計，讓他抓住杜伏威、沈法興互不信任的弱點，募集江南士兵偽裝成沈綸的士兵，乘著黑夜襲擊杜伏威兵營。李子通照此

計而行，杜伏威果然中了計、吃了虧，心中很氣憤，也派兵襲擊沈綸兵營。因此杜、沈兩軍互相猜疑，誰也不敢搶先進軍，李子通就借此機會得以用全部精兵攻克江都，陳稜無奈只得帶領少數隨從去投奔杜伏威。

李子通順利地進入江都城，乘著大好形勢，揮兵攻擊沈綸，大破沈綸軍。三大勢力中本以杜伏威兵力最強，結果反而讓李子通取巧用詐占領了江都，杜伏威對此深惡痛絕，但大局已定，也只好憤憤收兵。李子通進入江都，勝利讓他頭腦發熱。他的欲望膨脹起來，覺得自己的力量可以在江淮割據一方了，乃在部眾的推戴下即皇帝位，建立吳國，改年號為明政。丹陽義軍首領樂伯通率領一萬餘兵馬歸附李子通，李子通任命他為左僕射。

這時的杜伏威審時度勢，認為唐政權已經鞏固了在關中的地位，可以用作自己的依靠，遂決定投靠唐廷。唐任命杜伏威為淮南安撫大使、和州（即原杜伏威根據地歷陽郡）總管。

李子通做了皇帝後，先拿實力比較弱的沈法興開刀，他指揮軍隊渡過長江進攻沈法興的轄地，奪取京口（今江蘇鎮江市京口區）。沈法興派遣他的僕射蔣元超抵禦，蔣元超被打敗，死於戰場。沈法興被迫放棄毗陵，逃奔吳郡（今江蘇蘇州市吳中區），於是丹陽、毗陵等郡都歸於李子通。李子通得到沈法興的府掾李伯藥，任命他為內史侍郎、國子祭酒。

杜伏威投靠唐廷後，派遣行臺左僕射輔公祏率領數千士兵進攻李子通，任命將軍闞稜、王雄誕為輔公祏的副將。輔公祏渡過長江進攻丹陽，在攻取丹陽以後，進軍駐紮於溧水（今江蘇南京市溧水區）。李子通率數萬兵馬進行抵抗，輔公祏挑選精銳甲士一千多人，手持長刀作為前鋒，又派一千多人跟隨在後，對他們說：「有退卻的立即斬首。」自己率領其餘兵馬跟在後面行進。此時李子通的兵馬列方陣前進，與輔公祏的前鋒一千多人進行殊死戰鬥。輔公祏又指揮左右翼的士兵夾攻李子通的方陣，李子通的軍隊抵擋不住，兵敗逃走。輔公祏帶兵追逐，反被打敗，回營後心中膽怯，堅壁營壘不敢出戰。王雄誕說：「李子通沒有營寨壁壘，又因剛打勝仗驕傲大意，乘他們不加防備，我們出兵襲擊可以打敗他。」輔公祏不聽。王雄誕帶

他自己的數百士兵夜晚偷襲李子通營寨，乘風勢放火，李子通大敗，棄營撤退，數千士卒投降。李子通糧草吃盡，放棄了江都，保守京口，江北大部分地盤都為杜伏威所得，杜伏威便駐軍於丹陽，擬向江南地區作進一步發展。

李子通不甘失敗，向東往太湖地區，收集逃散的士卒共有二萬人，襲擊沈法興於吳郡，大破沈法興軍。沈法興無力再戰，率領親近隨從數百人棄城逃走。吳郡義軍首領聞人遂安派遣他手下的將領葉孝辯迎接沈法興。沈法興反覆無常，在中途後悔，想殺了葉孝辯，改向會稽（今浙江紹興市越城區）逃奔，葉孝辯察覺到他的意圖。沈法興計策洩漏後非常窘迫，人眾離散，成為孤家寡人，自覺無顏便投江而死。李子通獲勝後兵力又重新強盛起來，率領他的群臣遷都到餘杭，把沈法興的地盤收為己有。於是北從太湖，南至五嶺，東面包括會稽，西面到宣城（今安徽宣城市宣州區），都歸李子通所有。

武德四年（621年）十一月，杜伏威派遣將領王雄誕攻擊李子通，李子通用精兵守衛獨松嶺（今安徽宣城市廣德縣和浙江湖州市長興縣之間）。王雄誕派遣將領陳當世帶領一千多人，登高占據險要之處，並多張旗幟，夜晚把火炬綁在樹上，布滿山崗和水澤。李子通張望四周高山、窪地火光連綿，不禁心生恐懼，燒了兵營逃奔杭州（即餘杭郡）而去。王雄誕用兵追擊，李子通在杭州城下又被打敗，窮途末路無計可施，請求投降。杜伏威抓住李子通及樂伯通，把他們押送到長安請功，李淵下令釋放了他們。至此杜伏威盡有淮南、江東地區，南至五嶺，東到大海。

武德五年（622年）七月，在劉黑闥敗亡後，秦王李世民出擊徐圓朗，攻下十餘座城池。因徐圓朗的地盤和杜伏威的江淮地區接壤，杜伏威感到了恐慌，向唐請求入朝。到了長安後，李淵請杜伏威坐於御榻上，以示榮寵，並拜官太子太保，仍兼任行臺尚書令，留在長安，位在齊王李元吉之上。以闞稜為左領軍將軍。在長安的李子通對樂伯通說：「杜伏威既然來長安，江東還未安定，我們可以前往收集舊日部下，以立大功。」遂和樂伯通

一起逃至藍田關（今陝西西安市藍田縣境），被官吏捕獲，俱伏法處死。

南方群雄，爭奪酣戰。這時在北方各地的酋豪亦各自爭權奪利，相互交兵。在河北、山東地區，自從竇建德打敗魏刀兒之後，合併了他的軍隊，接著乘機占領了易州（即上谷郡）、定州（即博陵郡）、冀州（即信都郡）等地。隨著竇建德的聲威日加壯大，他率領十萬兵力進犯羅藝所在的幽州（即涿郡）。夏軍來侵，羅藝準備應戰，將領薛萬均說：「敵眾我寡，出戰必然失敗，不如讓老弱殘兵背城臨水列陣，他們必定過河來攻打我們，請求給我精騎一百人埋伏在城旁邊，等他們一半渡過河時進行出擊，這樣就能打敗他們了。」羅藝聽從了他的意見。竇建德果然領兵過河，薛萬均馳騎截擊，大破竇建德軍。竇建德軍多次出兵交戰，始終無法靠近幽州城，便分兵掠奪霍堡（今北京市南）和雍奴（今天津市武清區西北）等縣，羅藝又領兵打敗了竇建德軍。雙方互相對抗一百多天，竇建德始終不能攻克幽州，只好退兵回到樂壽。

武德二年（619年）四月，竇建德探聽到王世充廢皇泰主自立為皇帝，立即和王世充斷絕了關係，自己稱皇帝，建立天子旗幟，出入實行警戒和清道，下達文書稱為詔。

竇建德稱帝後，開始了統一河北地區的戰爭，首先進攻唐控制的州郡。六月，竇建德率軍攻陷滄州（即渤海郡）。八月，竇建德率領十多萬大軍奔赴洺州（即武安郡），淮安王李神通聞訊，率領各路兵馬退保相州（即魏郡，今河南安陽市城區）。竇建德攻陷洺州，唐總管袁子幹投降竇建德。竇建德又領兵開赴相州，淮安王李神通聞訊，自知不敵，便率領軍隊到黎陽去投靠李世勣。九月，竇建德攻陷相州。十月，羅藝奉表歸唐，李淵賜羅藝姓李，封為燕郡王。羅藝奉詔出兵，支援李神通，在衡水（今河北衡水市桃城區西）打敗了竇建德。

竇建德每次行軍，經常把部隊分三路，輜重細軟放在中間，步兵騎兵布在兩邊，相隔三里多遠，竇建德親自率一千多騎兵在前。竇建德軍隊到了離黎陽三十里的地方，李世勣派遣騎兵將領丘孝剛率領三百騎兵偵察竇

建德軍情。丘孝剛勇猛善戰，擅長騎馬使用長槍，和竇建德相遇，便掄槍攻擊竇建德，竇建德軍隊有右邊騎兵救援，遂攻擊丘孝剛，並把他殺了。接著回兵進攻黎陽，黎陽很快被攻破，淮安王李神通、李世勣的父親李（徐）蓋、魏徵及李淵妹妹同安公主統統被竇建德軍隊俘虜，唯有李世勣帶領數百騎兵渡過黃河逃走。過了幾日，李世勣因父親被俘的緣故，返回黎陽投降了竇建德。衛州（即汲郡）得知黎陽陷落，也投降了竇建德。竇建德任命李世勣為左驍衛將軍，命他繼續鎮守黎陽，把李世勣父親李蓋帶在身邊作為人質，任命魏徵為起居舍人。

唐滑州刺史王軌的奴僕殺了王軌，帶著王軌的首級到竇建德營中投降，竇建德說：「奴才殺了主人，是大逆不道，吾怎能接受他投降？」立即下令斬了那個奴才，把王軌的首級送回滑州。滑州官吏和百姓都深為感動，當日便請求投降，附近的州縣和徐圓朗等都望風歸附竇建德（滑州即東郡，與衛州夾黃河而峙，此時竇建德勢力已推進至黃河南岸）。

武德三年（620 年）五月，竇建德再次派遣將領高士興襲擊唐幽州羅藝，沒有攻克，撤兵到籠火城（今北京市大興區西北）。羅藝出兵襲擊，重創高士興軍，斬首五千級。竇建德手下大將軍王伏寶，勇猛機智是全軍之冠，諸將都很嫉妒他，誣陷說他要謀反，竇建德未細加審查，輕信輕聽下令處死王伏寶。刑前，王伏寶說：「大王怎麼能聽信讒言，自己斷了左右手呢？」竇建德不聽。王伏寶被殺後，將領之間互相猜疑，竇建德軍事實力受到很大的影響。十月，竇建德再整軍旅，親自率領二十萬士兵攻打幽州城，雙方交戰十分猛烈。竇建德的士兵已攀登到城上女牆，薛萬均、薛萬徹率領敢死隊百人從地道出城，向竇建德軍隊背後進行突襲，竇建德兵潰敗逃走，唐軍斬首一千餘級。羅藝軍隊又乘勝迫近竇建德營寨，竇建德在營中列陣，並填平戰壕奮力出擊，大破羅藝軍。竇建德追擊到城下，不能攻克，只得撤回軍隊。十二月，燕郡王羅藝進行反擊，進攻竇建德所占據的籠火城，籠火城被攻破。竇建德的軍隊實力和數量數倍於羅藝，但始終無法攻克幽州，只好鎩羽而歸。

第四十回

劉武周南取太原城　尉遲恭兵敗投秦王

　　回首再說在山西一帶的戰事。大業十三年（617年）春天，劉武周殺死王仁恭，取得了馬邑郡所屬各城，又大敗雁門郡丞陳孝意和虎賁郎將王智辯。緊接著在三月間，又襲取了樓煩郡，並奪取了隋煬帝設置在這裡的離宮汾陽宮，把所獲得隋宮的財物美女用來賄賂突厥始畢可汗，始畢可汗則給他兵馬作報償。不久劉武周又攻取了定襄郡，突厥封劉武周為定楊可汗，賜給他狼頭旗。劉武周自稱皇帝，立妻子沮氏為皇后，改年號為天興。劉武周又率兵包圍雁門郡，陳孝意誓死用全力拒守，城被包圍一百多天，後終被攻陷。至此，劉武周擁有馬邑、定襄、雁門、樓煩等郡大片土地。

　　劉武周起兵後，勢力大盛，加上汾陽宮被占，李淵害怕因此獲罪，迫使他加快起兵反隋的進程。六月間，李淵傳檄諸郡，稱義兵，開大將軍府，與子建成、世民等率領大軍南下，攻河東，取京都長安，留四子元吉守太原。

　　武德二年（619年）三月，劉武周聽從了宋金剛南下攻取太原以取天下的計策，乘著李淵軍隊大批南下、太原城空虛的大好時機，發動了春季攻勢。夏四月，劉武周率領大軍及突厥部分兵馬，在太原東的黃蛇嶺（今山西晉中市榆次區北）紮營，來勢十分兇猛。警報傳來，元吉急派車騎將軍張達統率步卒前往拒戰，張達兵力少，禁不起敵騎的衝擊，在敵軍營前全軍覆沒。張達難以回來覆命，轉而投降了劉武周，替他作嚮導襲擊並攻陷了榆次（今山西晉中市榆次區）。劉武周軍進攻并州（即太原郡），元吉再度出兵抵擋，挽回不了敗退的局面。五月至七月，劉武周攻陷平遙（今山西晉中市平遙縣），進逼浩州（即西河郡），太原陷入了劉武周軍隊的包圍之中，岌岌

可危。

劉武周的軍隊，另一路由宋金剛為前鋒率領南下，他任命宋金剛為西南道大行臺，讓他帶領三萬兵馬進犯并州。宋金剛的軍隊沿著汾水河谷直趨晉州（即臨汾郡），一路所向無敵。接著劉武周又攻陷了介州（今山西晉中市介休市），情況相當緊急，唐下詔命左武衛大將軍姜寶誼、行軍總管李仲文率兵迎擊。劉武周的將領黃子英利用雀鼠谷（今山西晉中市介休市、靈石縣境內）的有利地形，多次用小部隊挑戰，兩軍剛一接觸，黃子英便假作失敗逃走。經過幾次三番這樣的挑誘，姜寶誼、李仲文出動全部兵力追擊，哪知劉武周早已設下埋伏，及唐軍入谷，劉武周的伏兵四起出擊，唐軍大敗，姜寶誼、李仲文都被俘虜，但不久又都伺機逃回。李淵赦免了兩人敗軍之罪，命令他們重新帶兵攻打劉武周。李淵因為劉武周進犯并州，軍情緊急甚是擔心，右僕射裴寂請求由自己帶兵前去抵禦，李淵乃任命裴寂為晉州道行軍總管，進援姜寶誼、李仲文，防備河東。前方軍事讓他相機行事。

秋七月，宋金剛進犯浩州。唐援軍在裴寂率領下北上，在九月間大軍已到達介州境內。宋金剛解浩州之圍，據守介休城進行抵抗。裴寂駐軍於度索原（今山西晉中市靈石縣東），宋金剛斷絕了營中飲用山澗中的水源，唐軍士卒乾渴難忍，甚是疲乏。裴寂想遷移營地另找水源，宋金剛乘機領兵攻擊，裴寂軍潰敗，幾乎全軍覆滅。裴寂經一日一夜奔馳，終於到達晉州，向長安上表謝罪，李淵安慰他以後，重新讓他出鎮河東地方。在這以前，劉武周派兵攻打浩州，唐浩州刺史劉贍及將軍李仲文先後共同守衛浩州，及裴寂戰敗，浩州無援亦告失陷，至此自晉州以北的城鎮全都陷落。

劉武周擊退來援的裴寂後，太原城形同孤城。唐將宇文歆眼見援兵不至，城池將要陷落，為保護年輕的元吉安全，與司馬劉德威商議，讓元吉突圍南逃。元吉乘著黑夜率領一支精銳騎兵，並攜帶妻妾老小南下奔回長安。李元吉剛離開，劉武周兵已到達城下，晉陽豪強薛深為保護家財、男女人口，把城門打開接納劉武周，太原陷落。敗訊傳來，朝野震驚。李淵

不勝憤慨，對禮部尚書李綱說：「元吉年幼力弱，不熟悉時事，所以派竇誕、宇文歆輔助他。晉陽有強兵數萬，糧食可支持十年，是振興王業的基地，竟然一下就放棄了。聽說宇文歆首先提出這主意，我一定要殺他。」李綱說：「齊王年輕，不曾帶兵打過硬仗，又驕奢安逸，百姓們都有怨憤，竇誕不曾有所規諫，反而替他掩飾。今日的失敗是竇誕的罪過。宇文歆把太原失守的實情上奏朝廷，乃是一個忠臣，怎麼可以殺掉呢?」李綱這番話說得有理，李淵聽罷，把宇文歆和竇誕一起赦免，那竇誕是李淵的女婿，自然是網開一面了。

劉武周占據太原，宋金剛一路也進展順利。九月間，攻取晉州，唐右驍衛大將軍劉弘基被俘。宋金剛乘勝又進軍逼近絳州（即絳郡），攻陷了龍門（今山西運城市河津市）。十月，宋金剛又攻克澮州（今山西臨汾市翼城縣），晉中南一帶烽火連天。負責鎮撫河東的裴寂性情怯懦，沒有做將帥的膽略，在宋金剛猛烈的攻勢下，只是不斷地派使者去附近州郡催促居民遷入城堡，焚燒積聚的物資，採取堅壁清野的辦法，作消極的抵禦，但這種措施又造成百姓驚恐不安和抱怨。夏縣土豪呂崇茂乘勢而起，聚眾數千，據城邑自稱魏王，回應劉武周，裴寂去討伐，結果反為所敗。唐下詔命令永安王李孝基、工部尚書獨孤懷恩、陝州總管于筠、內史侍郎唐儉帶兵討伐呂崇茂，未有成效。而替隋守河東的王行本，自堯君素被殺後堅守蒲阪，拒不投降唐政府，這時也和劉武周、宋金剛相呼應。山西北部淪陷，河東告急，關中震驚。身在長安宮殿中的李淵心急如焚，他親自御駕來到長春宮駐屯，觀察軍情並安排軍事對策。朝議中有人建議放棄河東以避劉武周的兵鋒，李世民上表說：「太原是王業的基礎、國家的根本，河東地區富足殷實，京城賴以供給。如果全都放棄了，臣深為氣憤，請求給臣精兵三萬，我將消滅劉武周，收復汾、晉這些地方。」李淵贊同他的主張，決定調動關中兵力擴充李世民的部隊，讓他出擊劉武周。

這時已屬冬令季節，黃河之水已結成堅冰，李世民帶兵從冰上越過了黃河，至龍門關。十一月，進軍駐紮在柏壁（今山西運城市新絳縣西南），和

宋金剛軍對峙。當時黃河以東各州縣都被搶掠一空，沒有糧食，人情懼怕侵擾，相聚進入城堡。徵集不著東西，軍中缺糧，李世民便發布命令，曉諭民眾各安其業。百姓聽說李世民率大軍前來，紛紛前來歸附，從近處到遠處，來的人日益增多。然後李世民開始徵收糧食，軍糧得以充足。李世民休兵養馬，只命令將佐從小道抄掠敵人，大軍堅壁不戰。這樣與宋金剛的軍隊在柏壁相峙了兩個多月，宋金剛銳氣受挫。

　　為了偵查敵情，李世民曾經親自帶領一支輕騎兵往前方偵察，隨從的騎兵四處分散探索，李世民身邊只帶一位隨從甲士登上山丘瞭望。不久宋金剛的偵騎從四面包圍過來，甲士驚覺，遂與李世民一起上馬，才奔跑百餘步，被敵兵趕上，李世民拉弓搭箭，用大羽箭射死衝在前面的敵將，敵人的騎兵不敢追擊退卻而去，李世民二人慢慢回到營地。

　　十二月，由于筠、李孝基、獨孤懷恩統率的唐軍渡河急攻守夏縣的呂崇茂，呂崇茂向宋金剛求救。宋金剛派他手下將領善陽人尉遲敬德、尋相帶兵去救援。他們很快趕到夏縣（今山西運城市夏縣），李孝基腹背受敵，打了敗仗，李孝基、獨孤懷恩、于筠、唐儉和行軍總管劉士讓等人都被俘虜。尉遲敬德名恭，先世為鮮卑族人，居朔州善陽（今山西朔州市朔城區）。隋煬帝大業末，尉遲敬德在高陽參加隋軍，其人驍健勇敢，有膂力，擅於使矟，以戰功授朝散大夫。劉武周起兵時，以尉遲敬德為偏將，出戰常為前鋒。他與尋相合力大敗唐將李孝基等人後，在返回澮州的路上遭到唐軍精銳的突襲，唐兵部尚書殷開山、總管秦叔寶等人在夏縣北的美良川一戰中，大敗尉遲敬德所率軍隊，斬首二千多人。不久，尉遲敬德和尋相又祕密帶著精騎兵到蒲阪援助王行本，李世民親自率領步騎兵三千從小路連夜趕到安邑（今山西運城市鹽湖區東北），進行中途截擊，又一次大破尉遲敬德、尋相的軍隊，俘獲了大批戰俘。李世民又重回到柏壁屯守，諸將領乘著戰勝餘威都來請求和宋金剛決戰，李世民說：「宋金剛孤軍深入，麾下集中了精兵猛將；劉武周占據太原，倚仗宋金剛作屏障。宋金剛軍中沒有物資儲備，全靠掠奪來供給軍需，利於速戰。我們關閉營門、養精蓄銳，可以挫敗他

的銳氣。分兵進攻汾州（今山西呂梁市汾陽市）、隰州（今山西臨汾市隰縣），衝擊他的心臟之地，待他糧食吃盡、無計可施，自然就會逃遁，等到那時再出戰也不為遲。」

武德三年（620年）春正月，唐將軍秦武通奉命攻打據守蒲阪的王行本。王行本外援斷絕，孤城難守，出軍迎戰又被打敗，不得不開城出降。

唐軍收復了河東，扭轉了頹勢。在晉州之北的浩州，劉武周與唐軍的對峙也出現了轉折。三月，劉武周將領張萬歲進攻浩州，被唐將李仲文打退，俘斬數千人。接著奉命支援浩州的唐行軍副總管張綸繼續在浩州打敗了劉武周的軍隊，俘斬一千多人。劉武周數次攻打浩州，都被打敗。

宋金剛軍隊的食糧將盡，夏四月，由太原到晉、絳的道路被阻斷，宋金剛收攏隊伍，向北撤退。李世民帶兵緊緊追趕。

李世民在呂州（今山西臨汾市霍州市）追上尋相，大敗他的軍隊，又乘勝追擊敗兵，一天一夜走了二百多里，交戰幾十次，到了雀鼠谷的谷口高壁嶺（今山西晉中市靈石縣南）一帶。這裡山高水急、路狹難行，總管劉弘基拉著李世民的馬韁繩勸他說：「大王打敗敵人，追趕到這裡，功勞已經夠了。若再深追不止，豈不愛惜自己的身體？況且士卒都已疲勞饑餓，應在此停留紮營，等兵馬糧草齊備，然後再前進也不晚。」李世民說：「宋金剛無計可施才逃走，他們軍心渙散，已呈現出很難成功而易於失敗的趨勢，現在是機會難得，轉瞬即逝，必須乘這有利機會消滅他們，如果我們再停留不前，他們就會有時間考慮對策，加強防備，就不可能輕易打敗他們。我竭心盡力報效國家，還顧惜什麼身體呢！」遂又拍馬揚鞭疾馳前進。將士們見主帥如此堅決，奮勇爭先，也不再喊餓。唐軍終於在雀鼠谷追上宋金剛的後軍，一天進行了八次交鋒，都打敗了無心戀戰的宋金剛，俘虜斬殺數萬人。當夜幕來臨時，追軍在雀鼠谷西原宿營，這時李世民已經二日沒有吃東西，三天沒有脫下甲冑休息睡覺了。全軍僅有一隻羊，李世民和將士們分著吃了。此役充分表現出李世民堅韌不拔、吃苦耐勞、英勇戰鬥的頑強作風。翌日，李世民北出谷口，領兵直赴介休，宋金剛退入介休城中，

還有兵馬二萬人。

　　決戰時刻到了。宋金剛出兵西門，背著城列成陣勢，南北有七里長，李世民派總管李世勣等引兵出戰。唐軍分為兩隊，從南北兩個方面進攻。李世勣、程知節、秦叔寶攻其北；翟長孫、秦武通攻其南。初戰時，唐軍稍稍退卻，敵人便乘機反攻。就在這雙方混戰之際，李世民率領精銳騎兵，突然從敵人背後衝擊過來，宋金剛軍大敗，斬首三千餘級。宋金剛率輕騎逃走，李世民追出幾十里，到達張難堡（今山西晉中市平遙縣西南）。唐守堡的將卒見了大軍到來，歡呼雀躍，高興得連眼淚都流了出來。左右隨從告訴守軍，秦王還沒進食，守堡將卒獻上濁酒和粗米飯，才算填滿了饑餓的腸胃。

　　尉遲敬德、尋相收集殘部把守介休，李世民派任城王李道宗、宇文士及前去曉諭他們，兩人無力再戰，乃以介休和永安（今山西晉中市介休市南）二縣降唐。李世民得到尉遲敬德非常高興，任命他做右一府統軍，並讓他繼續統率八千舊部。屈突通恐怕尉遲敬德會叛變，屢次向李世民建議，李世民沒有聽從，並對屈突通說：「昔日蕭王（即漢光武帝劉秀）推赤心置人腹中，並能使他們畢生效命，今日我委任敬德，又有什麼可疑！」李世民擢用敬德，乃是對他驍勇善戰的賞識，後來果收其效。

　　劉武周聽說宋金剛失敗，介休陷落，心中大為恐懼。考慮到太原勢難守住，便率左右隨從逃往突厥。宋金剛收拾殘部準備再戰，其部眾眼見大勢已去，都不願意跟隨他和唐作戰。過不多久，宋金剛率領一百多名騎兵逃往突厥求援，但突厥對敗軍之將宋金剛並不禮待。宋金剛野心不死，打算逃往最初起兵的上谷以便東山再起，中途被突厥騎兵追上抓獲，斬了首級。

　　李世民大軍到晉陽，劉武周任命的僕射楊伏念開城投降。至此，劉武周所占的州縣，全都為唐軍所收復。

　　劉武周向南侵太原時，他的内史令苑君璋曾規勸說：「唐主以一州的兵力，直取長安，所向無敵，這乃是上天所助，非人力能辦到的。晉陽以南，

道路險惡狹隘，孤軍深入，後無援軍，假如進軍不利，怎麼回軍？不如北邊聯合突厥，南面與唐廷結好，在此一方稱王稱霸，才是長久之策。」劉武周不聽，留苑君璋守朔州（即馬邑郡，劉武周的發跡之地）。劉武周失敗後，流著淚對苑君璋說：「不聽你的話，以至於到了這個地步。」過了些時間，劉武周謀劃要從突厥逃回馬邑，事情洩露，突厥把他也殺了。

　　李淵聽說并州平定，非常高興，設宴大會群臣，頒賜布帛綢緞，讓他們進入府庫中隨便攜取。恢復了敗軍之將唐儉的官爵，仍任命他做并州道安撫大使，讓他做好并州失陷後的恢復和善後工作。此外李世民還留下李仲文鎮守并州，他先後擊退突厥、劉武周的多次入侵，恢復攻克城堡一百餘所。唐廷論功，下詔以李仲文為代理并州總管，鎮守北疆，防止突厥的入侵。

第四十一回
諸英豪擇主紛投唐　王世充屢戰頻失地

　　自武德元年（618年）九、十月間，王世充大敗李密後，緊跟李密的文臣武將大多數都投降王世充。王世充對這些人示以友好，給以高官厚祿，不過心中多少也有所戒備和猜忌。至於來降的人，由於個人經歷不同，對王世充的態度也不是鐵板一塊，其中有些人對他死心塌地，願意為之效命，也有一些人看不慣王世充的為人，認為王世充不是一個有為明主，不是可以跟隨託付終生的人，因此暗中醞釀著脫離東都，轉投勢力強盛的唐政權。他們中先後有將軍秦叔寶、程知節、羅士信、王要漢以及文臣像鄭頲等人都和王世充貌合神離、虛與委蛇；更有部分原來王世充的將領也看到王世充江河日下，亦棄暗投明要投靠唐政權。這一系列的軍情演變對王世充來說無疑是一個沉重的打擊，使他一籌莫展。

　　武德二年（619年）初，王世充率領大軍進攻唐政權的穀州（今河南洛陽市新安縣）。王世充以李密舊將秦叔寶為龍驤大將軍，程知節為將軍，待他們非常優厚，但是二人對王世充為人奸詐、言而無信不滿。程知節對秦叔寶說：「王公器度淺薄狹隘，而且好說空話，喜好賭咒發誓，這是老巫婆的所作所為，哪裡是撥亂反正的君主呢？」二人決意離開王世充。正值王世充和唐兵在九曲（今河南洛陽市宜陽縣西北）交戰時，秦叔寶和程知節都帶兵在陣內，他們與心腹部下數十騎離陣向西奔走百餘步後，下馬對著王世充行禮說：「我們身受公的特殊優待，總想報恩效力，但公性情好猜忌，又喜聽讒言，不是我等託身之所，如今不能再奉事您，請就此拜別。」言罷遂躍上馬背馳向唐陣投降，王世充頓時呆了，但未敢追逼。李淵聽說後非常高興，讓他們跟著李世民作戰。李世民早已聽說二人的名聲，對他們十分尊重，

任用秦叔寶為馬軍總管，程知節為左三統軍。當時又有李密舊將驃騎將軍李君羨、征南將軍田留安也厭惡王世充的為人，先後率領部下前來投降，李世民引李君羨留置在身邊，任命田留安為右四統軍。

秋七月，王世充派遣將領羅士信再次進犯穀州，羅士信卻帶領他的一千多兵馬前來降唐。在這以前羅士信跟隨李密攻擊王世充，兵敗被擒，王世充對他優待有加，和他共寢同食，以示恩信。不久王世充又得到邴元真等人，也像對待羅士信一樣隆重對待他們。羅士信以邴元真出賣李密求榮，看不起他，且以此為恥。羅士信有駿馬，王世充侄子趙王王道詢想得到這馬，羅士信不給他面子，王世充強令羅士信把馬送給王道詢，羅士信很氣憤，因此在陣前投降唐軍。李淵早就知道羅士信是一位猛將，聽說他來歸順，非常高興，派人前去迎接和慰勞，賞賜布帛五千段，供給他軍士糧食，任命他為陝州道行軍總管。與此同時，王世充左龍驤將軍席辯和同僚楊虔安等都率領他們的部下來降唐。

到了武德三年（620年），王世充的將領及所轄州縣降唐已絡繹不絕，王世充無法禁止，只得採取嚴刑峻法，加重了法律處置。如果有一個人叛逃，全家無論長幼都殺死，父子、兄弟、夫婦互相告發可免去死罪。又把五家連結為保，一家逃跑，四鄰不知道，四家都牽連獲死罪。揚湯止沸，結果是殺的人越多，而逃亡的人反而越多。禁防的嚴格，以致打柴的人出入城門都有數量限制，這樣就引起上下的人都憂愁怨恨，民不聊生。王世充還把宮城作為監牢，平素犯罪遭忌恨的人，連同家屬一起都拘禁到宮裡。諸將若出城作戰，也要把家屬留在宮中作人質。被監禁的人經常不少於萬人，每天有幾十人餓死，造成東都城內人心惶惶，不可終日。

從此以後，王世充的軍隊軍心渙散、將卒離心，在和唐軍的作戰中逐漸處於下風，處於屢戰屢敗的境地。洛陽周圍的州縣紛紛被唐軍攻取，唐軍逐漸形成了對洛陽包圍的態勢。

在洛陽西面，夏四月，唐將羅士信領兵圍攻慈澗（今河南洛陽市新安縣東南），王世充派太子王玄應去救援。羅士信快馬上前，挺矛把王玄應刺下

馬，王玄應被人救起，才得僥倖逃脫。

　　在洛陽北面，唐懷州總管黃君漢在西濟州（今河南濟源市）也襲擊過王世充的太子王玄應，大破他所指揮的兵馬。在洛陽西面，唐熊州行軍總管史萬寶於九曲再一次截擊王玄應，又打敗了他。懷州總管黃君漢也可以說是隋唐之際的一位風雲人物。他最早是一個縣獄吏，為救翟讓投奔瓦崗，李密時期鎮守柏崖城。武德二年獻城歸唐，拜懷州刺史、行軍總管。武德三年以本軍參加李世民麾下攻打王世充。四年（621年），參加攻打竇建德的戰役，又參加李孝恭軍攻滅蕭銑的戰役。武德七年（624年），復又參加擊滅江東輔公祏的戰役。期間戰功赫赫，只因他不是秦王李世民的親信，又長期領兵在外，故其知名度比程知節等低了一籌。

　　并州既平之後的七月，李淵詔命李世民為東討元帥，率領各路人馬向王世充大舉進攻，王世充的洧州長史張公謹和刺史崔樞以洧州（今河南周口市扶溝縣）降唐。緊接著在八月間，黃君漢用水軍襲擊迴洛城（今河南洛陽市瀍河回族區），攻破城池，擒獲鄭的守將達奚善定，切斷了溝通黃河南北的河陽南橋，然後回軍攻克王世充的二十多個堡壘聚落。洛陽王玄應率領騎將楊公卿等進攻迴洛城，沒有攻克，便在城西邊修築月城，留下將士進行防守。九月，王世充顯州（今河南駐馬店市泌陽縣）總管田瓚以其所轄二十五州來降唐，從此駐守在襄陽的王弘烈軍和洛陽之間斷絕了消息。

　　李世民派右武衛將軍王君廓攻打轘轅（今河南洛陽市偃師市東南有轘轅故關），攻取了這個洛陽周邊的重要關隘，王世充氣急敗壞，忙派魏隱等將領攻擊王君廓欲奪回城邑。王君廓假意逃跑，在城外設下埋伏，大破魏隱軍以後，向東前進，一直攻擊到管城（今河南鄭州市管城回族區）。此前，王世充將領郭士衡、許羅漢侵掠唐境，都被王君廓設計打退了，李淵為此下詔慰勞王君廓說：「卿用十三人打敗賊兵一萬人，自古以來以少勝多，也沒有這樣的先例。」把王君廓大大地誇獎了一番。

　　王世充的尉州刺史時德叡率領他所轄杞（今河南開封市杞縣）、夏（今河南周口市太康縣）、陳（今河南周口市淮陽縣）、隨（今河南周口市鄢陵縣）、許（今

河南許昌市魏都區）、潁（今安徽阜陽市潁州區）、尉（今河南開封市尉氏縣）七州縣來降唐。李世民相機行事，命令歸附的州縣官吏按照王世充原來的官職和地位，不作變動。至此鄭的河南州縣相繼歸附。這是歷史發展的大勢，誰也阻擋不了，順之者昌，逆之者亡。

冬十月，唐行軍總管羅士信攻襲王世充軍隊所據的硤石堡（今河南洛陽市新安縣境內），很快地攻取了。羅士信又包圍千金堡，堡中人大罵羅士信，羅士信夜裡派一百多人懷抱著幾十個嬰兒到千金堡下，讓嬰兒啼哭喊叫，哄騙他們說：「我們是從東都來投奔羅總管的。」過一會互相說：「這是千金堡，我們認錯了地方。」馬上匆匆離去。堡中人誤以為來的人是從洛陽逃亡出來的，等到羅士信兵馬離去，便派兵出堡追趕。羅士信在路上設下埋伏，等到千金堡門一開，唐軍突然衝了進去，頃刻之間把堡中所藏的人屠殺殆盡。

當時，鎮守在虎牢的王玄應帶兵開赴管城，降唐的李世勣進行了阻擊，打退了王玄應，讓郭孝恪寫信勸說滎州（今河南鄭州市滎陽市）刺史魏陸歸降。王玄應派大將軍張志到魏陸處徵兵，哪知魏陸已祕密歸唐，活捉張志等四員將領，舉州投降。鄭陽城令王雄兵少難支，也率領諸堡來降唐，李世民派李世勣領兵接應，教令即以王雄為嵩州（今河南鄭州市登封市東南）刺史，由此嵩山以南的道路打通了。魏陸讓張志偽造給王玄應信，讓東路兵馬停止前進，命令領兵將領張慈寶暫回汴州（今河南開封市祥符區），又祕告汴州刺史王要漢殺了張慈寶投降於唐，王玄應得知麾下各州連續反叛，大為驚恐，只得率領少數兵馬逃回洛陽去了。

到了武德三年年底，王世充所轄的許、亳等十一州都請求降唐，王世充的隨州（今湖北隨州市曾都區）總管徐毅唯恐落在他人之後，亦舉州降唐。

次年正月，王世充的梁州（今河南商丘市睢陽區）總管程嘉會帶領部下前來降唐。這時，縱貫江淮的義軍首領杜伏威亦接受唐的招撫，被任命為東南道行臺尚書令，唐廷命令他率軍協助李世民攻打洛陽。至此杜伏威派遣他的將領陳正通、徐紹宗帶領精兵二千來與李世民會師攻打王世充。在

洛陽城外，李世民和王世充包圍與反包圍戰激烈進行著，大規模的遭遇戰先後發生過兩次。

李世民挑選精兵一千餘騎，全部身服黑衣黑甲，分為左右二隊，分別由秦叔寶、程知節、尉遲敬德、翟長孫統率，號稱突騎，所向無前。每次作戰時，李世民親自率領他們為先鋒，乘機馳擊，所向披靡，令敵人畏懼喪膽。一天，屈突通、竇軌所率軍隊和王世充遭遇，交戰失利，李世民帶領黑甲隊救援，直衝敵陣，左右夾擊，大敗王世充的鄭軍。唐軍俘獲王世充的騎將葛彥璋，俘虜和斬殺六千多人，王世充逃跑回城。太子王玄應率領幾千人，從虎牢往洛陽押解運糧，李世民派遣將軍李君羨截擊，大破王玄應軍，王玄應隻身逃脫。

武德四年（621 年）二月，唐大軍向東都進逼，李世民把軍營西移到青城宮抵禦，但一時間尚未修築好軍事堡壘。王世充搶先率領著二萬多兵馬從方諸門（洛陽西門之一）出擊。王世充憑藉著原有馬坊的牆垣溝塹，靠近穀水的有利地形來抵禦唐軍。唐營諸將見鄭軍傾巢出動，全都驚慌不定，李世民讓精銳的騎兵在北邙山列陣，親自登上北魏宣武帝陵展望鄭軍，對身邊人說：「敵軍傾巢而出，兵力已很窘迫，想僥倖打勝一仗，今天我軍若能打敗他們，以後他們就再也不敢出戰了。」於是命令屈突通率領步卒五千渡過穀水進擊王世充主力，並告誡屈突通說：「軍隊一交鋒便點起煙火來。」待到煙火升起，李世民認定時機已到，便身先士卒帶領騎兵從原上疾馳而下，向南和屈突通兵會合，奮力衝擊敵陣。李世民想了解王世充軍陣的兵力分布情況，帶領精騎數十衝入敵陣，一直衝殺到敵軍背後，飛騎所至，所向披靡，殺傷很多敵人。前行不久，途中遇見有一條長堤，這時李世民與隨從騎兵失散，唯有將軍丘行恭跟隨李世民。此時適逢王世充幾名騎兵打前哨，一眼瞥見，便彎弓搭箭，拍馬來追，李世民坐騎中箭倒下。在此危急之際，丘行恭心不慌，意不動，立即調轉馬頭拉弓搭箭，向追趕而來的鄭兵射擊，箭無虛發，每發必中，追兵畏懼，不敢向前。丘行恭下馬把自己的坐騎讓給李世民，自己在馬前步行護衛，手揮舞大刀，大跳大喊又

斬殺追來的敵軍數人，然後從容地回到唐營中來。此役王世充也率部下死戰，軍隊幾次打散了又集合起來，從早晨七八時一直戰到中午時分，王世充兵才開始退卻。李世民揮兵追擊，直到城下，俘虜和斬殺鄭軍七千多人，完成了對洛陽城的包圍。此役丘行恭救主、戰馬中箭受傷的情景，在李世民死後埋葬的昭陵墓前石刻六駿圖中就有所表現，圖中展現了太宗李世民坐騎名叫「颯露紫」的駿馬身上中矢，丘行恭在馬前步行護衛的戰鬥情況。

　　在這一場激烈的戰鬥中，唐驃騎將軍段志玄的機智奮勇也令人動心。當他和王世充士兵交戰時，深入敵陣，因坐騎受傷倒地，被王世充兵卒俘獲。兩個敵騎把他夾在中間，並抓住他的髮髻，準備渡過洛水，段志玄奮身跳起，兩個騎兵都在驚慌中掉下馬來。段志玄騎上敵馬快速奔回唐軍，後面有幾百騎兵追趕，但都不敢接近。他的英勇機智頗似漢武帝時飛將軍李廣。

　　眼見王世充大勢已去、無法挽回，曾為李密謀主的前隋官，這時已被王世充升任為御史大夫的鄭頲，為保全身家性命，再也不願為王世充效命，他告假有病不上朝參預政事，對王世充說：「我聽說佛有金剛不壞之身，陛下你就是這金剛不壞身。我很幸運，得以生在佛世，我願放棄官爵削髮為僧，服勤精進，以助你的神武。」王世充說：「你是國家的大臣，一向聲高望重，一旦進入佛門必然驚世駭俗，等到戰爭過後，一定尊重你的志向。」鄭頲再三請求，王世充堅不允許。下朝之後，鄭頲對妻子說：「我自幼年為官，一心嚮往名譽和節操，不幸遭遇亂世，落到如此地步，身處在這互相猜忌、危機四伏、將要滅亡的朝廷。我的有限智力，無法保全自身。人生在世總有一死，早晚又有什麼不同，姑且遂了我的心願，死了也沒有什麼遺憾了。」遂自行剃髮穿上僧服。王世充聞訊以為他奚落自己，擾亂軍心，大為震怒，向著鄭頲惡狠狠地說：「你以為我必然失敗，想借此逃脫一死嗎？不殺了你，怎麼能制服眾人？」把鄭頲拉到街市上斬首示眾。鄭頲在臨刑前談笑自如，旁觀者很佩服他的膽識，機智者則知道鄭國必亡。

第四十二回
屈突通東討王世充　單雄信挺矛刺秦王

　　王世充於武德二年（619 年）稱帝後，為收買人心、籠絡臣僚，在政治上採取了一些措施，但多數只是裝裝樣子、矇騙大家而已，其實際效果卻事與願違。

　　為了表明自己是親民而不是高高在上的好皇帝，王世充在朝堂之下和玄武門樓等處都設置有御座的床榻，親自受理官民的奏章和接受上表。有時候輕騎簡裝走在洛陽的大街上，出行時不擺鑾駕，也不清道，老百姓看到後躲在路邊讓路就行了。有時候還拉著馬緩慢行走，見到老百姓就說：「過去天子居住深宮內苑，民情無法上達，如今我不是貪圖皇帝的地位和享受榮華富貴，只是為了拯救現時的危機，就像一州長官刺史一樣，親自察看民情、過問政務，並要和官吏、百姓共同商量朝政，恐怕宮門有限制，所以在門外設座位聽朝，希望你們把了解的情況全都講出來。」又命令以西朝堂專門受理冤情，東朝堂受理直言極諫。初行之時群情踴躍，每日上書獻策的有數百人，數量很大，分門別類很麻煩，也很難親自普遍閱覽，臣民們所提出的獻策也很難在實踐上行得通。不多時間，王世充就不再出來相見，所頒布的親民詔令也成了一紙空文。

　　王世充對於投降的李密部將表面上好言撫慰，給予高官厚祿，而實際上卻加以防範和猜忌。他的虛偽奸詐引起這些將領的不滿和反抗，特別是殺死裴仁基、裴行儼父子之事，引起降將普遍不安。王世充手下大將不少，但能推心置腹、真正為其賣命的為數不多。

　　毒死皇泰主使其在政治上失去人心。王世充大權獨攬，唯恐有人打著擁立皇泰主的旗號和自己作對，接受了其兄王世惲的建議，決定除掉皇泰

主。他派侄子王仁則和家奴梁百年入宮用藥酒毒死皇泰主，臨死前皇泰主請求說：「麻煩你們稟告太尉，按照他過去允諾的話，不應該是這樣對待我！」王世惲不許。皇泰主又請求和皇太后訣別，王世惲也不理。皇泰主無可奈何，設席焚香向佛祈禱說：「我從今以後，願不再生於帝王之家。」飲完毒酒沒有立即就死，又被王世惲用布帛活活縊死。死時年僅十六歲，諡為恭皇帝。可歎生在亂世的皇親，真的不如普通平民百姓！

王世充能領兵打仗，也能甘言利口，談吐不休，但是由於沒有受過儒家道德的教育，不具備做皇帝的才能和威嚴。每次上朝聽政，都是殷勤訓示，言語重複、千頭萬緒，持續時間很長，令侍從的人非常疲倦。各部門政事事無大小，官吏都要奏報，讓人聽得勞累費神。御史大夫蘇良勸諫說：「陛下說的話太多，但不得要領，其實計議一下就可以了，何必反覆用那麼多口舌呢？」王世充沉默思量很久，未見答話，但也沒有怪罪蘇良。他的文化水準、治國才能、為人性格、語言囉嗦成為在朝的那些久經官場歷練的飽學之士的笑料。

在軍事和外交上，王世充自稱帝以後以洛陽為中心，初期尚向四周進攻，擴大地盤，但不久之後，北邊與竇建德的夏國因邊地的糾紛失和；西邊則與已奠定關隴，出兵東向爭奪中原地區的唐軍發生直接的衝突和交鋒。

大體說來，在武德二年到三年（619～620 年）的上半年，王世充主要是出兵攻打降唐後據守河南諸州郡的李密舊部，取得了一些局部的勝利。諸如武德二年四月陷伊州（今河南平頂山市汝州市），俘殺降唐的張善相；五月，攻陷義州（今河南新鄉市衛輝市），又侵犯西濟州（今河南濟源市），接著策反唐朝梁州總管山東道安撫副使的部下。十月間，王世充還親自帶領兵馬到滑臺（今河南安陽市滑縣），逼近黎陽（今河南鶴壁市浚縣），取得了唐尉氏（今河南開封市尉氏縣）、汴州（今河南開封市祥符區）、亳州（今安徽亳州市譙城區）諸地。同時，王世充的堂弟王世辯則東向攻打雍丘（今河南開封市杞縣），唐將李公逸派使臣向唐求救，然因為雍丘與關中間間隔王世充的占領地，唐廷無法相救。李公逸留下他的親屬李善行守衛雍丘，親自率輕騎入

朝，被王世充伊州刺史張殷抓獲，遭到殺害。

　　李淵在建唐之初要面對地處關隴的長安隋軍及李軌、薛舉等敵對勢力，接著又要用主要的軍力對付從馬邑南下的劉武周、宋金剛，因此唐軍對王世充的擴張多只能採取守勢。等到李世民發起反攻，取介休、克太原，劉武周逃奔突厥，并州告平，唐政權才有力量轉過身來，用優勢兵力向東都發起主動進攻了。

　　面對王世充咄咄逼人的攻勢，唐武德三年七月，李淵下詔命秦王李世民統率諸軍討伐王世充。唐陝東道行臺左僕射屈突通具有豐富的軍事政治經驗，也隨軍出征，但他的家屬和兩個兒子都在洛陽被王世充所控制。李淵害怕屈突通心有顧慮，對屈突通說：「朕讓你東征洛陽，你兩個兒子身在東都怎麼辦？」屈突通回答說：「臣已年老，不足以當重任。過去臣曾為俘囚，理應處死，陛下不但釋放了我，而且還施予很多恩惠，那個時候，我就在內心發誓，希望能在有生之年為陛下盡節，只是唯恐沒有效忠盡節的機會。如今能有機會當先驅效力，兩個兒子生死自有其分，臣決不以私情害公。」李淵讚歎道：「真是忠貞之士，實在難得！」這次東征洛陽，屈突通戰功第一，果然不負李淵所望。

　　王世充聽說唐廷派兵東來，也加強了東都的防備。他從各州鎮選拔驍勇之士集中到洛陽，設置四鎮將軍，又召募人分別守衛洛陽四城。派魏王王弘烈鎮守襄陽（今湖北襄陽市襄城區），荊王王行本鎮守虎牢（今河南鄭州市滎陽市汜水鎮），宋王王泰鎮守懷州（今河南焦作市沁陽市），齊王王世惲負責洛陽南城，楚王王世偉守衛洛陽寶城（即皇城）。太子王玄應守洛陽東城，漢王王玄恕守含嘉城，魯王王道徇守曜儀城（洛陽東城東邊）。王世充親自統帥作戰軍隊：左輔大將軍楊公卿率左龍驤二十八府騎兵，右游擊大將軍郭善才統領內軍二十八府步兵，左游擊大將軍跋野綱率領外軍二十八府步兵，總計三萬人用來防備唐政權進攻。

　　唐政權統帥秦王李世民在每次激戰時都身先士卒，衝鋒在前，並且親自偵查敵情。在征討王世充的戰爭中，他幾次遇到險情，都非常危急，但

憑藉著其英勇的精神和過人的膽略及部下的保護，都化險為夷。李世民派羅士信為前鋒率部隊進擊慈澗（今洛陽市新安縣東南），王世充親自指揮三萬大軍列陣營救。李世民帶領輕騎前往觀察軍情，突然和王世充軍相遇，兩軍交戰，因雙方兵力相差懸殊，道路狹隘險峻，被王世充軍包圍。李世民策馬飛馳，左右開弓射擊敵人，敵人都應弦而倒。唐軍抓獲了王世充將軍燕琪，王世充軍不敵退去。李世民回營時，已是灰塵滿面，部下認不出來，拒絕他進營，李世民摘下頭盔說了一番話後，才獲得放行，進入營中。第二天，李世民率領主力步騎兵五萬向慈澗進攻，王世充棄慈澗之戍，退回東都。李世民乘勢又派遣行軍總管史萬寶從宜陽（今河南洛陽市宜陽縣西）出兵向南進占龍門（今河南洛陽市洛龍區南有龍門風景區），派將軍劉德威從太行向東包圍王世充的河內郡（今河南焦作市沁陽市），王君廓從洛口（今河南鄭州市鞏義市東北）切斷王世充的糧草運輸線，派懷州總管黃君漢從河陰進軍攻迴洛城（今河南洛陽市瀍河回族區），李世民所率領的唐軍主力進駐在洛陽北面的北邙山，結成連營進逼洛陽。

王世充在青城宮（洛陽城南）列陣，李世民也佈置兵馬與他相對。王世充隔著河水對李世民說：「隋朝已經滅亡，唐在關中稱帝，鄭在河南稱帝，我王世充未嘗向西侵犯，秦王你忽然發兵東來犯鄭，這是什麼道理？」李世民讓宇文士及答復說：「四海之內都敬仰唐皇帝（李淵）的聲勢教化，唯獨閣下不講聲教，就是為這個而來的。」王世充說：「我們互相息兵和好，不是很好嗎？」宇文士及又回答說：「我是奉詔令來攻取東都，沒有命令來與你講和。」到了天晚，各自帶兵回營，雙方暫時處於相持態勢。

為刺探敵方軍情，李世民率領五百名騎兵在戰地觀察地形，登上北邙山上的魏宣武帝陵，冷不防王世充率領步騎兵一萬餘人突然來到，把李世民包圍住。王世充驍將單雄信舉長矛直奔李世民殺來，情況非常危急，這時被尉遲敬德瞥見，躍馬大喊而來，舉矛把單雄信刺下馬。驚疑間，王世充兵卒稍稍後退，尉遲敬德保護著李世民突出包圍圈。稍停片刻，李世民、尉遲敬德又重新率騎兵回擊，直衝王世充陣中，如入無人之境。繼之，屈

突通又帶領大軍隨後趕來，直殺得王世充軍大敗，潰不成軍。王世充隻身逃脫，唐軍活捉了王世充的驍將冠軍大將軍陳智略，斬首一千餘級，還擒獲排稍兵六千多人。自此戰之後，王世充只得龜縮在洛陽城內，日夜盼望著夏王竇建德能帶兵前來救援。

第四十三回
東都被圍乞師鄰國　夏王乘勝進軍虎牢

　　秦王李世民從武德三年（620 年）初秋開始討伐王世充以來，王世充手下將領紛紛投唐，到了武德四年（621 年）初，僅有半年多時間，王世充所轄土地不斷喪失，只剩下洛陽孤城一座，唐軍已對洛陽形成包圍之勢。

　　在洛陽城裡的王世充被嚇破了膽，再也不敢出城迎戰，但憑藉著堅固的城防、嚴密的防守、精良的軍械尚能勉強支持。其架在城上的大炮可射重五十斤的石頭，並能投出二百步遠；八弩箭杆像車輻一樣粗，箭鏃像斧頭一樣大，可射五百步遠。唐軍從四面攻城，晝夜不停，攻了十多天也未攻克，士卒傷亡慘重。當時城中有人想開城倒戈應唐，未來得及發動就被發覺處死。唐軍將士大多是關中人，離開家鄉半年多了，都已疲憊不堪，想要回關中。總管劉弘基等請求班師回朝，李世民對將士說：「如今大舉而來，應該一勞永逸，洛陽以東各州都已望風歸服，只有洛陽一座孤城，用不了多久就可望成功，怎麼能功虧一簣，放棄回朝呢？」為堅定攻城意志，李世民下令全軍說：「洛陽城不破，絕不班師，再有膽敢提出回軍的，一律斬首。」將士聽令，再不敢提出班師。李淵聽說攻城軍隊疲敝，也下令李世民還師，李世民堅持己見，上表說明洛陽必能攻克的理由，又派參謀軍事封德彝回朝面陳軍前的形勢。封德彝對李淵說：「王世充所得的地方雖多，都不過是籠絡羈縻而已，實際能聽從王世充號令的，只不過洛陽一城而已。如今王世充是智盡力窮，攻克洛陽就是早晚的事。現在如果回師，他的勢力就會重新振作起來，還會和各地互相聯合，以後再想消滅也就艱難了。」李淵終於聽從了李世民繼續攻城的意見。王世充的鄭州司兵沈悅，見東都大勢已去，派人到左武候大將軍李世勣處請求投降。左衛將軍王君廓在夜

晚帶兵攻擊虎牢，以沈悅做內應，唐軍順利地奪取了虎牢，捉住了王世充的守將荊王王行本和長史戴冑。

唐兵包圍洛陽，挖溝築壘固守，切斷了洛陽與外界的一切聯繫。洛陽城中缺糧，一匹絹僅值三升粟，十匹布僅值一斤鹽，服飾和珍玩賤得像土芥。民眾把草根樹葉都吃盡，又將澄濾過的浮泥混合米糠一起作餅充饑，百姓食後胃腸不適，身體腫脹，腳跟發軟，餓死的人相繼倒在路上。當初皇泰主遷移百姓進入宮城時有三萬家，到這時剩下不到三千家。即使地位高貴的公卿大官，這時連糠糝也吃不飽，尚書郎以下的官吏，需要親自去背負食物，往往也因無米可炊餓死在家。

被圍城的王世充走投無路，想起了據地河北的夏王竇建德，只有他前來救援，解東都之圍尚有一線希望。可是，當初王世充勢力強盛時曾出兵侵占了竇建德的黎陽，竇建德也攻破王世充的殷州（今河南新鄉市獲嘉縣）以作為報復，從此雙方關係惡化，互不通信、互不派使臣。至此為了能取得夏王的諒解，王世充只得低聲下氣地在武德三年十二月派他兄長的兒子代王王琬以及長孫安世到竇建德處報聘修好，並請求出兵救援。

且說此時的竇建德已占有河北大片土地，兵強馬壯，正處在鼎盛時期。竇建德自從敗薛世雄之後，建都樂壽，武德二年（619 年）敗宇文化及，獲其文臣武將，勢力大盛，又以誅宇文化及之事報送東都，皇泰主封其為夏王，遂號大夏。以隋黃門侍郎裴矩為尚書左僕射，兵部侍郎崔君肅為侍中，少府令何稠為工部尚書，朝廷秩序頗具規模。同年帶兵先後攻取邢、趙、滄、洺諸州之地，乃遷都於洺州，築宮號稱萬春宮。遣使與洛陽交好，又北聘突厥，士馬日益精強。

及王世充廢楊侗自立為帝，竇建德乃與他絕交，復舉兵侵相州，攻衛州，執唐河北大使淮安王李神通及李淵妹同安公主，俘唐黎陽守將李世勣，降齊、濟二州。山東義軍首領徐圓朗見竇建德勢力強大，聞風送款。此時李淵已奠定關中，正用全力對付自馬邑南下的劉武周，無暇顧及東方，遣使到竇建德處建議彼此交好。建德採取遠交近攻的策略，表示同意，優禮

送還以前被俘的李神通及同安公主等人。然後建德以主力東向對付羅藝，但雙方互有勝負，誰也占不到多少便宜，於是竇建德回師去攻打據在濟陰周橋的孟海公。

孟海公自大業九年（613年）以來，即已據濟陰起兵反隋。他擁兵有三萬餘人，基本上據地自保，並無多大野心，但有時亦出掠河南近境，以求得給養。竇建德親自率兵攻打孟海公，一路上夏軍勢如破竹，孟海公潰不成軍，被夏軍所俘。

及唐軍圍攻東都，建德中書舍人劉斌估量中原形勢，向竇建德獻上聯鄭攻唐之策。他說：「唐據關內，鄭王河南，夏有北方的冀州，這是鼎足三分之勢。今唐軍出入鄭境，先後已有三年之久，鄭兵勢力日弱。二國交兵不解，唐強鄭弱，勢必滅鄭，滅鄭則夏有唇亡齒寒之憂。為大王計之，最好是援鄭。使鄭兵抗其內，我軍攻其外，唐兵必解圍而退。唐兵退走，鄭則完城，然後我軍再等待時機變化，若鄭國可圖，即因而取之，合併二國之兵，乘著唐軍師老，我整齊軍隊，長驅西行，關中可以占有。」建德聽罷此言，正中下懷。便答應遣使聘鄭，約與連和，共同對付唐軍。正好王世充被圍，亦主動派代王王琬向建德乞師求援，建德滿口答應出兵救援。

竇建德先禮後兵，派遣禮部侍郎李大師到唐營去見李世民，請求唐軍停止進攻洛陽，撤兵回到潼關，退還侵占鄭國的土地，重修原來的睦鄰關係。面對新出現的形勢，李世民召集諸將議論攻守進退大計，諸將多數都請求避開竇建德兵鋒，原李密部下郭孝恪說：「王世充已是窮途末路，馬上將成為階下之囚，竇建德遠來救助，這乃是天意讓鄭、夏兩國俱亡，我軍當憑藉虎牢之險進行抵禦，待機而動，必然能打敗他們。」秦王府記室薛收接著說：「王世充保據東都，府庫充實，所統率的兵馬都是江、淮地區的精銳，當前所遇困難就是缺糧，因為這個緣故被我們拖住，使他想打打不了，想堅守又難以持久。如今竇建德親率大軍，遠來支援，當然都是精銳的士卒，想誓死來對付我們。如果放縱讓他們到此，兩股勢力聯合起來，轉運河北的糧食供給洛陽，這樣戰爭剛剛展開，不知什麼時間才能夠結束，統

一天下的日子就會是遙遙無期。現在應該分出兵力圍困洛陽，修固深溝高壘，如果王世充出兵，要積極防守，小心和他交戰。大王則親率驍勇精銳，搶先占據成皋（虎牢），整頓軍隊，訓練兵馬，以逸待勞，等待夏軍來進攻，屆時必然能戰勝他們。打敗竇建德後，王世充也就不攻自亡，這樣一戰就可以抓住兩國君主。」李世民十分贊成他們兩人的對策，但蕭瑀、屈突通、封德彝等抱著持重的態度，他們都認為：「我們的軍隊疲憊不堪，士氣低落，王世充憑藉宮城堅固進行防守，不容易很快就攻克。竇建德又挾勝利之勢而來，士氣高漲銳不可擋，我軍腹背受敵，這不是安全之策，不如撤退到新安（今河南洛陽市新安縣）再等待時機。」李世民考量著眾人所說的話，思前想後，終於作出決定，他接著說：「王世充現在損兵折將，食糧又吃盡，上下離心離德，我們不用花大力氣去攻，就可坐等他敗亡。竇建德剛打敗孟海公，將領驕傲而士卒疲憊。我們占據虎牢，等於扼住他的咽喉，他若要冒險和我們交鋒，我們就會輕易打敗他們；如果他們猶豫不決而不打，用不了十天半月，王世充就會自行崩潰。取城之後，兵力增強，士氣必然提高，一舉打敗兩個敵人，就在這一次。如不迅速進軍，竇建德若攻入虎牢，周圍各城又都是新歸附的，必然不能堅守。兩賊合併在一起，勢力必然強大，怎麼會有機可乘呢？我們計謀就這樣決定了。」

李世民把軍隊分成兩部分：由屈突通等協助齊王李元吉繼續圍困東都，李世民率領精銳驍勇三千五百人東赴虎牢，軍隊經過北邙山（洛陽城東北十公里處）抵河陽（今河南焦作市孟州市），取道鞏縣（今河南鄭州市鞏義市，虎牢約在鞏縣東北十公里處）而去。王世充登上洛陽城望見唐軍的行動，不知唐軍意圖，不敢出城交戰。

武德四年（621年）春二月，竇建德乘著攻克周橋（今山東荷澤市曹縣東北），俘虜孟海公的餘威，乘機向西攻擊前進，一路上勢如破竹，先後攻陷唐的管州（今河南鄭州市管城回族區）、滎陽（今河南鄭州市滎陽市）、陽翟（今河南許昌市禹州市）等州縣，水陸並進，運糧船沿著黃河逆流西進，前後相繼不絕。王世充弟弟徐州行臺王世辯派遣他手下將領郭士衡帶領數千兵馬

來與竇建德會合，夏軍共有十餘萬，號稱三十萬，大軍進駐在成臯的東原，在板渚（今河南鄭州市滎陽市北廣武山）修築宮室，並遣使和王世充聯絡，互通消息。

李世民在三月間率軍搶先進入虎牢。為偵查敵情，李世民率領驍騎五百人出虎牢東行二十多里，觀察竇建德的營地。沿路留下部分騎兵，讓李世勣、程知節、秦叔寶分別統領，埋伏在路旁，自己只帶四個騎兵前行。他對尉遲敬德說：「我攜帶弓箭，你拿著長槍跟著，就是有百萬大軍，能把我怎樣？」又說：「敵人看見我就返回，是上策。」不覺之間馳行到距離竇建德大營只有三里遠的地方，正值與竇建德的巡遊兵相遇，他們把李世民當作是通常的偵察兵。李世民出其不意大喊說：「我是秦王。」便拉弓射箭，射死對方一員將領。竇建德軍中大為驚駭，連忙出動五六千騎兵追趕，李世民的隨從人員見此狀況都嚇得變了臉色，李世民說：「你們按順序在前邊走，我和敬德殿後。」於是勒著馬韁繩慢慢行走，等到追來的騎兵快要追及時，便拉弓射箭，每發一箭都射死一人。追兵懼怕便停止追擊。過了一會，復又追來。這樣經過幾次，每次都有追趕的人被射死，尉遲敬德也殺死十幾個人，追兵就不敢再逼近了。李世民為誘敵中計，故意遲疑徘徊或後退，果然引誘追兵進入埋伏圈裡。李世勣等奮力戰鬥，斬竇建德軍三百多首級，俘獲猛將殷秋、石瓚而回。

竇建德連失二將，在虎牢受阻，寸步不得前進，這樣雙方對峙停留了兩個月，竇建德將士厭戰的情緒日增，人心思歸。

第四十四回
戰汜水竇建德成擒　困孤城王世充出降

　　竇建德在虎牢與秦王李世民相持了兩個月，由於兵士厭戰，士氣開始低落。

　　李世民採取了斷敵糧運的策略，派遣部將王君廓率領輕騎兵一千人搶奪竇建德的運糧隊，俘獲竇建德的大將軍張青特。面對強勁的唐軍，竇建德的謀士、國子祭酒凌敬向竇建德獻計說：「大王不如出動全軍渡過黃河，攻取懷州（今河南焦作市沁陽市）、河陽（今河南焦作市孟州市），使重將把守，再鳴起戰鼓揮動戰旗，翻過太行山進入上黨（今山西長治市城區），略地汾、晉二州，西赴蒲津（河東蒲阪與馮翊蒲津關間有蒲津橋，是自河東渡黃河進入關中的門戶）。走這樣的路線有三個好處：一是進入無人之境，取勝可以說是萬全；二是可以擴展土地，招收兵馬，增強勢力；三是可以震動關中及唐都長安，促使唐軍解除被圍的洛陽。這是目前最好的計策。」竇建德覺得言之有理，準備採納這個意見，可是王世充連續不斷派使臣來告急，王琬、長孫安世也日夜痛哭流涕，乞請解救洛陽，又暗中用金錢收買竇建德手下的將領，讓他們阻撓凌敬的計畫。諸將多不願繞道進攻關中，希望繼續打下去，他們都說：「凌敬是個書生，哪裡懂得戰爭的事，他的話怎能聽呢？」竇建德惑於眾議，便向凌敬解釋說：「現在大家士氣很高，是上天幫助我，乘這機會進行決戰，必能大勝，不能按照你的意見辦了。」凌敬一再建議，竇建德一再不聽，還命令左右把他架了出去。竇建德妻子曹氏聽說後，懇切地對竇建德說：「凌祭酒的話，應當聽納。今大王自滏口（今河北邯鄲市武安市南）出兵乘唐兵空虛，移師連營漸進，奪取山北等地，再借突厥之力向西抄襲關中，唐必然回師自救，鄭國的包圍何愁不能解除！如果在此停

頓不動，磨滅士氣又耗費財力，要等到哪天才能成功呢？」竇建德認為這是遠水救不了近火，說：「行軍大計不是女人能夠懂的，我們來是救鄭的，如今鄭處在危難之中，亡在旦夕，我們若放棄而去，既是畏懼敵人，又背信棄義，怎能這樣做呢？」

唐軍諜報來說：「竇建德探聽到唐軍糧草已盡，在黃河以北牧馬，近日將要來進擊虎牢。」為了誘敵，武德四年（621 年）五月，李世民派一支小部隊向北渡過黃河，從南逼近廣武山（今河南滎陽市北），偵察竇建德軍形勢，故意留下一千多匹馬在河中沙洲放牧，引誘敵兵來襲，晚間即返回虎牢。竇建德果然傾巢來攻，自板渚出牛口渚布陣，北邊靠著黃河，西邊臨近汜水，南邊倚恃鵲山，連綿二十里，播鼓向前行進。唐的將領見夏軍似潮水般湧來，十分恐慌，李世民登上高崗瞭望敵陣，對諸將說：「敵人從山東興起，未嘗見過強大的對手，這次據險而喧囂，是沒有紀律；逼近城外而列陣，有輕視我們的想法。我軍如果按兵不動，他們的勇氣自然就會衰竭；列陣時間長了，士卒們就會饑餓，勢必就會因饑乏自動退卻，那時我軍再乘勢出擊，必然就會取得勝利。我與大家打個賭，一過中午，必然可以打敗他們。」

竇建德果然輕視唐軍，先派三百騎兵涉過汜水，距離唐營一里停止下來，派人通報李世民說：「請選拔幾百名精兵前來較量較量。」李世民毫不示弱，派遣王君廓帶領長槍手二百人應戰。雙方相互交鋒，驟進驟退，互有勝負，各領兵而回。王琬耀武揚威地騎著隋煬帝的坐騎青驄馬，鎧甲兵器都很鮮明亮麗，往返於陣前進行誇耀。李世民對左右說：「他所騎的真是匹好馬。」尉遲敬德請求出陣把駿馬奪來，李世民制止說：「怎能為了一匹馬而失掉一員猛將？」尉遲敬德不聽，和高甑生、梁建方三騎衝入陣中，活捉王琬，牽著他的坐騎回到唐營，敵陣中沒人敢出來阻擋。

竇建德軍列陣，自早上辰時到中午時分，一直都站立著，士卒們饑餓疲倦，便排著坐下來，又爭著喝水。正當竇建德進退兩難之際，李世民命令宇文士及帶三百騎兵衝向敵陣西邊，察看其陣勢厚薄，告誡他說：「敵人

如果不動，你就帶兵回來；敵人若是出動，便帶兵向東出擊。」當宇文士及到竇建德陣前時，竇建德軍陣果然動了。李世民認為時機已到，這時放牧在黃河灘上的誘敵馬匹也已到達軍營，於是下令大舉出擊。李世民率領輕騎先進，大軍緊跟在後，向東渡過汜水，直撲竇建德大營。這時竇建德正在朝見群臣，看到唐的騎兵突然襲來，朝臣們慌張地跑向竇建德一邊。竇建德召集騎兵抵擋，騎兵因為朝臣擁擠在一起，行動很不方便，進退之間唐兵已衝到大營陣前，竇建德被迫指揮部隊後退，夏軍依著東邊山坡，與唐將竇抗交戰，混戰中李世民率領精騎飛馳而來，所向披靡。淮陽王李道玄挺身衝入陣中，身上中箭如刺蝟一樣，勇氣始終不衰，被他射中的敵人都應弦而倒。李世民讓他跟隨自己一齊殺向敵陣，於是各軍奮戰，塵土飛揚，遮天蔽日。唐騎將史大奈、程知節、秦叔寶、宇文歆等捲起旗幟衝入敵陣，直透敵方陣後，再張起唐軍旗幟。竇建德將士看見唐軍旗幟在陣後飄揚，無心戀戰，迅速崩潰，唐軍追擊三十里，斬首三千餘級。竇建德被長槍刺中，逃竄匿藏在牛口渚，唐軍車騎將軍白士讓、楊武威追趕上來，竇建德傷重落馬，白士讓挺槍欲刺，竇建德說：「別殺我，我是夏王，獻上我能使你得到富貴。」楊武威下馬捉住他，來見李世民。李世民斥責竇建德說：「我軍討伐王世充，與你有什麼相干？你竟越過邊境，來與我軍交鋒！」竇建德不卑不亢地回答說：「現在我不自己來，恐怕以後還要勞你遠途去攻取。」

　　主帥被擒，竇建德的將士們都紛紛潰逃。唐軍俘獲夏軍士卒五萬人，李世民當天就遣散他們回鄉。竇建德妻曹氏與左僕射齊善行領數百騎兵渡河逃回洺州，後來齊善行和僕射裴矩、行臺曹旦感到已無再起的可能，決定率領百官，偕同竇建德妻曹氏，奉上傳國的八個璽印，以及攻破宇文化及時所得的珍寶，向唐請求投降，李淵用齊善行為秦王左二護軍。竇建德的領地全部平定。

　　虎牢大捷使李世民大喜過望、笑顏逐開。他於五月間押解竇建德、王琬、長孫安世、郭士衡等人到洛陽城下給王世充看。王世充流著淚和竇建

德談話。李世民讓長孫安世等人進城說降，王世充還不死心，召集諸將商議突圍奔往襄陽以圖再起，諸將都說：「我們所依靠的是夏王，現在夏王已被俘，我們雖能突圍，終究也是無法成功。」王世充無奈，只得穿上素服，率領他的太子、群臣二千多人到軍營門前投降。當李世民接受他們投降時，王世充低頭伏地，汗流浹背，李世民說：「卿以前常常把我當作兒童看，如今見了兒童，為何這樣謙恭呢？」王世充叩頭謝罪。

清宮之後，李世民進入洛陽宮城，命令記室房玄齡先進入中書、門下兩省收集隋的圖書典籍、制令詔書，但多數已被王世充銷毀。又命令蕭瑀、竇軌等人封存隋的府庫，收集金錢布帛，賞賜給有功將士。收捕王世充心腹同黨段達、王隆、崔洪丹、薛德音、楊汪、孟孝義、單雄信、楊公卿、郭什柱、郭士衡、董叡、張童兒、王德仁、朱粲、郭善才等十幾個人在洛水岸邊斬首。老百姓怨恨朱粲殘忍，大家爭投瓦塊磚頭打砸他的屍首，不久就堆積成墳。

瓦崗軍時期，李世勣跟單雄信都是翟讓手下大將，感情最親密，兩人曾經向天盟誓願同生共死。洛陽陷落之後，李世勣向李世民求情，稱讚單雄信驍勇絕倫，願意用自己的官爵換取單雄信的性命，被李世民拒絕了。李世勣一再請求，都沒有用，只得流淚哭泣退出。單雄信悲傷地說：「我早就知道你不會一起去死。」李世勣說：「我並不珍惜剩下來的殘餘生命，願跟你同死，但我已把此身奉獻給國家，無法兩全其美。而且，我死之後，誰照顧你的妻子兒女？」說罷拔刀把大腿的肉割下一塊，讓單雄信吃下，說：「使我身上的肉，隨同你一齊化為塵土，勉強算作不負從前誓言吧！」李密戰敗以後，投降王世充的瓦崗軍將領只有單雄信死心塌地為王世充賣命，最後兵敗被殺。隋唐小說多寫王世充招單雄信為駙馬，歷史上並沒有這回事。

七月，李世民身披黃金甲凱旋回到長安，齊王李元吉及李世勣等二十五員戰將在後面隨從，鐵騎萬匹，甲士三萬人，分前後兩部擊鼓奏樂，把俘虜的王世充、竇建德和隋的車駕等御用物品，都呈獻於太廟。李淵見到

王世充，數說他的罪行，王世充說：「臣的罪固然該殺，但是秦王允許我不死。」李淵下詔免王世充為庶人，把他和他的兄弟、子侄們安置到蜀地去。當王世充一行被安置在雍州官衙房舍內時，被王世充所殺的獨孤機的兒子定州刺史獨孤修德，帶領兄弟們到王世充住所，假稱有敕令傳呼鄭王。王世充和他哥哥王世惲走出門來時，獨孤修德等人持著兵刃把他們一一殺死。唐高祖以獨孤修德擅自殺人，但情有可原，只是下詔罷免了他的官職。王世充其餘的兄弟子侄等也在途中以謀反罪而被處死，竇建德亦被李淵下詔斬於市上，死時年僅四十九歲，從起事到夏國滅亡，先後經過了十一年。

　　竇建德雖然身死國亡，但他的舊將們仍在，他們不滿於唐的殺戮政策，此後又引起了一場經歷三年之久的重大變亂。

第四十五回
起貝州劉黑闥反唐　戰洺水羅士信殉難

　　武德四年（621 年）五月，竇建德敗亡以後，他的手下將領有不少人盜竊庫中的財物，隱名埋姓在民間藏了起來。他們大多蠻橫暴虐，橫行鄉里，成為百姓的禍害。唐的官吏對他們繩之以法，有時用鞭子鞭打他們。竇建德的舊將都驚恐不安，其中高雅賢、王小胡的家在洺州（今河北邯鄲市永年縣東南），打算暗中帶家眷逃跑，被官吏追捕，高雅賢等人逃亡到貝州（今河北邢臺市清河縣），恰好李淵徵召竇建德的舊將范願、董康買、曹湛及高雅賢等人。范願等人相互商量說：「王世充以洛陽投降唐廷，他的將相大臣段達、單雄信等都被滿門抄斬，我們應召要到長安，也必定逃不脫砍頭。自從大業十年（614 年）以來，我們這些人身經百戰，要死也早就死了，現在為什麼還吝惜餘生，而不用有生之年幹一番事業呢？況且夏王捉住淮安王李神通以客禮相待，唐廷捉住夏王卻立刻殺了他，我們這些人都是夏王的親信，現在不為他報仇，以後拿什麼去見天下的人？」酒過三巡，怒從心起，便謀劃反叛。占卜之下，以立姓劉的為主吉，於是大家一起來到漳南縣，見到竇建德的舊將劉雅，把謀劃告訴了他。劉雅說：「天下剛剛安定下來，我打算從事耕桑到老，不願再起兵了。」大家聽了都很生氣，恐怕劉雅把計畫洩露，便殺了劉雅。原來竇建德封的漢東公劉黑闥這時也在漳南隱居，諸將領前去拜見，把計謀起事告訴了他，劉黑闥很高興地聽從了。

　　劉黑闥，貝州漳南（今河北衡水市故城縣故城鎮）人，少年時與竇建德為同鄉和知己好友，勇猛而性格狡猾，好賭博和喝酒。後跟隨郝孝德參加起義，接著投靠李密為瓦崗軍偏將。李密被王世充打敗後，劉黑闥被王世充俘虜，王世充任命他為騎將，讓他守衛新鄉（今河南新鄉市城區）。劉黑闥看

不起王世充，暗地裡嘲笑王世充的所作所為。後李世勣敗降於竇建德，竇建德讓他攻打新鄉，俘虜了劉黑闥，獻給竇建德。竇建德看到小時候的好友非常高興，任命他為將軍，賜爵漢東公，並命他率兵東西襲擊，他常常趁敵方麻痺大意，乘機奮擊，多所克獲，軍中號為神勇。竇建德敗亡後，劉黑闥隱居於漳南，此時眾人來見，說明情由，劉黑闥爽氣地答應了立他為首領的提議，此刻他正在菜園中種菜，立即殺了耕牛搬出酒罈和眾將領一同吃喝，只吃得杯盤狼藉，相互枕醉，待到天色大明才醒了過來。起義的大計既定，很快便集合了一百餘人，秋七月，他們正式起事，順利地襲據漳南縣。唐政權聽說劉黑闥作亂，便鄭重其事，在洺州設置山東道行臺，在魏州（今河北邯鄲市大名縣東北）、冀州（今河北衡水市冀州市）、定州（今河北保定市定州市）、滄州（今山東濱州市陽信縣西南）等地設置總管府，任命淮安王李神通為山東道行臺右僕射，作為鎮壓叛亂的軍事統帥。

劉黑闥進軍神速，八月間攻陷鄃縣（今山東德州市夏津縣），唐魏州刺史權威、貝州刺史戴元祥先後與他交戰，都戰敗陣亡。竇建德的舊部傳聞到捷報也都漸漸出來投附於他，不多時隊伍迅速擴大，已擁兵有二千多人了，於是在漳南築壇，祭奠竇建德，打著為竇建德報仇的旗號召集兵馬，劉黑闥自稱大將軍。李淵下詔發關中步騎兵三千人，由將軍秦武通、定州總管李玄通率領進擊劉黑闥，又下詔命幽州（今北京市大興區）總管羅藝帶兵合力攻擊劉黑闥。

劉黑闥很快攻陷歷亭縣（今山東德州市武城縣東北），捉住並殺害了唐屯衛將軍王行敏。當初洛陽平定後，徐圓朗請求投降，唐授他為兗州（今山東濟寧市兗州區）總管，封為魯郡公。劉黑闥反叛，祕密與徐圓朗聯繫，李淵派將軍盛彥師到河南進行安撫，盛彥師走到任城（今山東濟寧市任城區）被徐圓朗捉住。徐圓朗亦舉起反唐旗幟，自稱魯王，回應劉黑闥。

淮安王李神通率領關內兵到了冀州，他和羅藝的軍隊會師征討劉黑闥。唐軍各地兵力共五萬餘人，在饒陽（今河北衡水市饒陽縣）城南與劉黑闥會戰，列陣長達十多里，劉黑闥兵少，只能沿著河堤單行列陣來抵擋唐兵。

時值天氣有大風雪，李神通乘風進攻，但不久風向逆轉，劉黑闥乘勢奮擊，李神通大敗，兵馬和物資損失三分之二。羅藝在西邊攻打高雅賢，取得勝利，並追趕出幾里，聽說大軍失利，便撤軍退回。劉黑闥用得勝之兵攻打羅藝，羅藝餘氣已失，也被打敗，手下大將薛萬均、薛萬徹都被俘虜。羅藝吃了敗仗，垂頭喪氣地帶兵返回幽州去了。

劉黑闥軍威勢大振，乘勝於十月間攻陷瀛州（今河北滄州市河間市），殺了刺史盧士叡，觀州（今河北滄州市東光縣西北）百姓捉住刺史雷德備，開城投降劉黑闥。毛州（今河北邯鄲市館陶縣）刺史趙元愷性情急躁、管束嚴屬，百姓不能忍受，州民董燈明等人起來暴動，殺死趙元愷以回應劉黑闥。

冬十一月，劉黑闥又攻陷定州，捉住唐總管李玄通，劉黑闥愛惜他的才能武藝，想任命他為大將，李玄通不幹，被囚禁起來。他的舊部降人送給他酒肉吃，李玄通說：「各位可憐我身受囚禁之辱，幸以酒肉來開導安慰我，我不辜負大家，要一醉方休。」酒喝到酣處，他對看守的人說：「我能舞劍，請借給我刀。」看守把刀給了他。李玄通舞完，歎息說：「大丈夫受國家厚恩，鎮撫一方，不能保全所守的領地，還有什麼臉面見世上的人？」便握刀剖腹而死。李淵聞訊為他落淚，拜他兒子李伏護為大將。

劉黑闥繼之又攻陷冀州，殺死唐刺史麴稜。在打敗淮安王李神通的軍隊後，劉黑闥寫書信給身居趙州（今河北石家莊市趙縣）、魏州一帶的竇建德舊部，號召他們共同抗唐，果然他們紛紛起兵殺唐的官吏，回應劉黑闥。

劉黑闥帶領數萬兵馬逼近宗城（今河北邢臺市清河縣西），駐紮在這裡的唐黎州（今河南鶴壁市浚縣）總管李世勣棄城走保洺州。劉黑闥猛追，大敗李世勣軍，李世勣在喪失步卒五千人之後，隻身狼狽逃脫。洺州豪強立即翻越過城牆響應劉黑闥。在取得大捷恢復夏的舊都後，劉黑闥召集三軍將士在城東南築壇，祭告天地和祭奠竇建德。以後過了十日，劉黑闥又帶兵攻陷相州（今河南安陽市城區）、黎州、衛州（今河南鶴壁市淇縣東）、邢州（今河北邢臺市邢臺縣）、趙州、魏州、莘州（今山東聊城市莘縣），先後經過半年時間把竇建德失去的舊地全部恢復。

劉黑闥軍勢大振，乃在武德五年（622 年）春正月自稱漢東王，改年號為天造，定都於洺州。任命范願為左僕射，董康買為兵部尚書，高雅賢為右領軍，竇建德時的文武官員又都恢復原職位。劉黑闥的司法、行政制度都是效法竇建德那時的樣子。他作戰勇猛果敢這方面超過了竇建德，唐高祖看到劉黑闥勢力大增，命令秦王李世民、齊王李元吉率兵討伐劉黑闥。

李世民率軍到獲嘉（今河南新鄉市獲嘉縣），劉黑闥主動放棄了相州，撤退到洺州進行保衛戰。李世民順利地收復了相州，進軍到肥鄉（今河北邯鄲市肥鄉縣），在洺水邊布營進逼劉黑闥。幽州總管羅藝奉命率領著數萬部隊和李世民會師，劉黑闥聞訊後留下一萬兵力由范願守衛洺州，自己率兵去截擊羅藝，軍隊夜晚到沙河（今河北邢臺市沙河市）宿營。唐將程名振發動佯攻，命部下帶六十面大鼓，在洺州城西二里處的堤壩上猛擊，鼓聲連城中地面都感到震動。范願有些驚慌失措，飛馬報知劉黑闥。劉黑闥揮師匆匆趕回洺州來，另派他弟弟劉十善和行臺張君立率領一萬兵馬去鼓城（今河北邢臺市寧晉縣）攻擊羅藝，雙方大戰於徐河（今河北保定市徐水縣境內漕河），彼此一場惡戰，劉十善和張君立大敗，死亡八千多人。

劉黑闥將領李去惑占據洺水城（今河北邯鄲市曲周縣東南）降唐，李世民派遣王君廓率領一千五百名騎兵赴洺水和李去惑共同守衛。二月，劉黑闥又帶軍攻打洺水，攻擊很猛烈，城西兩側都有水溝，寬五十多步，劉黑闥在城東北修兩條甬道用來攻城，唐軍三次救援，都遭到阻擊，無法前進。李世民恐怕王君廓守不住城池，召集諸將領商議救援之策，李世勣說：「如果甬道通到城下，城池必定失守。」行軍總管羅士信請求代替王君廓去守城，李世民乃登上城西南高崗，用旗語招示王君廓。王君廓見狀，乃率領部下奮力戰鬥，突圍而出。羅士信乘機率領二百多敢死之士進入城內堅守城池。劉黑闥晝夜不停加緊進攻，這時恰逢春寒凜冽，天降大雪，唐軍無法增援，經過八日的激烈攻防，洺水城終被攻陷，羅士信被俘。劉黑闥素知羅士信勇猛，不想殺他，羅士信面色不改，始終不願屈服，終被處死，死時年僅二十歲。

第四十六回
李道玄逞勇喪身命　李建成河北收群豪

　　劉黑闥攻陷洺水城，唐將羅士信被俘遇害。時隔不久，洺水城又很快被秦王李世民奪回。武德五年（622 年）三月，李世民與羅藝紮營在洺水南邊，又分兵駐紮在洺水以北，圍而不打。劉黑闥屢次出兵挑戰，李世民堅守壁壘不出應戰，卻派遣奇兵去切斷劉黑闥的運糧通道。劉黑闥任命高雅賢為左僕射，軍中舉行盛大宴會。李世勣帶兵逼近他的兵營，高雅賢乘著酒醉，單槍匹馬出營追擊，被李世勣的部將潘毛刺落馬下，隨從士卒急忙扶他回營，但未到營中就死在路上。

　　李世民和劉黑闥兩軍相持了六十多天。劉黑闥率兵暗中襲擊李世勣的營地，李世民帶兵救援，突然向劉黑闥背後襲擊，哪知反被劉黑闥兵包圍，危急之際尉遲敬德率領壯士衝破包圍圈，解救李世民和李道宗脫險。如此又相持多日，李世民認為劉黑闥的糧食已將吃光，必要前來決戰，於是採取水淹法攻敵，命人在洺水上流築壩切斷河水，對看守的官吏說：「等我和敵人交戰時，就把堤壩決開。」果然劉黑闥率領步騎兵共二萬人南渡洺水，逼近唐營列陣，李世民統率精銳騎兵應戰，大破劉黑闥軍，又乘勝用馬隊蹂躪他的步兵，與劉黑闥部隊進行殊死戰鬥。雙方自午間戰到黃昏，幾度交鋒，劉黑闥的軍隊多次被打散，但很快就集中起來繼續戰鬥，表現非常頑強，但最後不能再堅持下去。部將王小胡對劉黑闥說：「現在智力都已耗盡，不如乘早逃走吧！」遂和劉黑闥拍馬先跑。劉黑闥的將士們不知首領逃走，還在繼續奮戰，這時唐在上游的守吏決開堤壩，洺水迅猛湧來，水深一丈多，劉黑闥的軍隊大敗，斬首一萬多人，淹死也有幾千人。劉黑闥見形勢大惡，便和范願等二百多人騎馬逃奔突厥。由此唐平定了山東全境。

　　李世民自太原起義以來，所經惡戰不計其數，但所有敵人中，劉黑闥最為頑強，戰鬥也最為激烈。洛水大捷傳到了長安，李淵遣使召李世民回京，於是李世民把軍隊交給齊王李元吉統領。

　　夏六月，劉黑闥在取得突厥兵馬援助後捲土重來。七月，劉黑闥軍隊進攻定州，這時他的舊部曹湛、董康買亡命逃在鮮虞（即定州治所，今河北保定市定州市），打聽到劉黑闥重聚兵馬後欣喜萬分，立即糾合部隊，重新打出旗號，回應劉黑闥。

　　劉黑闥軍隊再起河北，必須撲滅。李淵任命淮陽王李道玄為河北道行軍總管進行討伐，不久又下詔讓齊王李元吉再次到山東討伐劉黑闥。

　　劉黑闥進軍神速而又猛烈，不到兩三個月，取定州，攻陷瀛洲，殺死刺史馬匡武。另一支部隊由劉黑闥弟劉十善率領在鄃縣（今山東德州市夏津縣）與唐貝州刺史許善護進行大戰，許善護全軍覆沒。緊接著李道玄和劉黑闥在下博（今河北衡水市深州市東南）又進行了一場大戰。當時李道玄和副將史萬寶率領三萬兵馬與劉黑闥交戰，李道玄率領著輕騎先衝入敵陣，命史萬寶率大軍隨後推進，史萬寶持重擁兵不進，對親信將領說：「我接到敕命，說李道玄年輕，缺少兵事歷練，不能有所作為，軍中大事都委任老夫主持。現在李道玄輕騎冒進，如果和他一起進攻，必然同歸失敗。不如用李道玄做誘餌引誘敵人，如果淮陽王敗退，敵人必爭先前進，我們堅守陣地等待，就一定能打敗劉黑闥。」哪知李道玄孤軍深入敵陣，戰敗陣亡。史萬寶帶兵準備出戰，士卒們已經沒有了鬥志，唐軍大敗，潰不成軍，史萬寶逃回。

　　李道玄是李世民的堂房弟姪，他屢次跟隨秦王征伐，死時年僅十九歲。李世民對他英勇戰死深為痛惜，對人說：「李道玄跟隨我征伐，見我深入敵陣，心中羨慕想仿效，所以才殞身疆場。」為他痛哭流淚。李道玄為人厚道，舉止文雅，但作戰非常勇敢，十五歲就跟隨李世民打仗了。武德三年（620年），李世民大戰宋金剛時，他第一個登上敵人城頭。武德四年（621年），李世民和竇建德汜水決戰，他跟隨李世民左衝右突，身上中箭如刺蝟

毛，但越戰越勇。李世民自從起兵以來，前後打了數十仗，經常身先士卒，輕騎深入敵陣，雖屢次瀕臨險境，但從未被刀箭所傷。這既是他的運氣，也因為他左右隨從都是百戰之餘的驍勇雄傑。

李道玄的失敗使整個山東都為之震驚，唐洺州總管廬江王李瑗放棄了州城西逃，附近州縣都紛紛反唐，歸附劉黑闥。十日之間，劉黑闥就收復了他原來的所有地盤，重新占據洺州。

齊王李元吉畏懼劉黑闥兵力強盛，不敢進軍。為了支援前方，唐太子中允王珪、洗馬魏徵勸太子李建成出討劉黑闥立功。他們說：「秦王功蓋天下，內外歸心，殿下不過是年長而居東宮之位，沒有大功可以鎮服天下之人。現在劉黑闥的兵力都是散亡的餘眾，剩下還不足萬人，又缺乏物資和糧食，如果用大軍征討，勢如摧枯拉朽，殿下親自去攻打可以獲得功勞名望，乘機也可結交山東豪傑之士，這樣就可以保得住自己的地位。」太子聽取了他們的意見，向高祖請求出兵，高祖答應了，下詔讓太子李建成以陝東道大行臺及山東道行軍元帥的名義出征，河南河北諸州都受李建成節制，可以隨機便宜行事。

劉黑闥乘勝繼續帶領兵馬向南進攻，唐相州以北的各州縣望風而降，都歸附了劉黑闥，唯有魏州總管田留安帶兵堅守。後來，田留安集中兵力攻擊劉黑闥，大破他的軍隊，並俘獲劉黑闥的莘州刺史孟柱，劉黑闥的將士和兵卒六千人投降田留安。田留安所以能獲勝，是因為他能善待士卒，撫恤百姓，對待下屬坦然無疑，有人密告事情，不論親疏，都聽任他們直接進入寢室內。他多次對吏民說：「我和你們都是為國家防禦敵人，自然應當同心協力，如有人一定要棄順從逆的，只管自己來殺了我的頭拿去。」他誓死守城的決心感動了下屬官吏，他們互相告誡說：「田公完全是用至誠之心待人，我們都應當盡心竭力的報答他，一定不要辜負他的信任。」有個叫苑竹林的人，本來是劉黑闥的黨羽，暗中懷有異心，田留安嚴防他卻不揭發，還委派他掌管府庫鑰匙，進行考察。苑竹林深受感動，自此之後便改變了歸屬之心，最終被田留安收留任用。後來田留安以英勇善戰、厚待將

卒，積功封為道國公。

太子李建成、齊王李元吉的大軍到達昌樂（今河南濮陽市南樂縣），劉黑闥帶兵阻擊，開始時雙方列陣，但都沒有交戰而罷兵。魏徵對李建成說：「前次打敗劉黑闥，他的將帥都預先寫上名單，處以死罪，妻兒遭受連累亦成俘虜，齊王前來雖然有詔書赦免，但是他們都不相信。如今應採取措施，把囚犯和俘虜全部都放掉，加以曉諭安撫，這樣就可以瓦解劉黑闥的鬥志，促使他的勢力分崩離析了。」李建成聽從了他的意見，效果很好。劉黑闥糧食已盡，部下紛紛逃亡，也有綁了他們的小首領前來投降。劉黑闥攻城不下，糧食又盡，害怕魏州城裡的守軍出來和唐的大軍內外夾擊，遂連夜向北逃遁到館陶（今河北邯鄲市館陶縣）。此時永濟渠上的橋會促間還未修成，劉軍不能快速渡河，李建成、李元吉已率領大軍趕到。劉黑闥讓王小胡背水列陣，親自監督把橋建成，遂匆匆過橋到西岸。可是他未渡的兵馬心慌意亂很快崩潰，士兵們為求生路，紛紛放下武器向唐軍投降。唐軍過橋追擊劉黑闥，才渡過一千多騎兵，橋梁便坍壞了，因此劉黑闥得以僥倖地和數百騎逃走。

為了不使劉黑闥有喘息機會，李建成派騎將劉弘基追擊劉黑闥。劉黑闥為官軍所逼迫，日夜奔馳不得休息，當他北奔到達饒陽（今河北衡水市饒陽縣）時，隨行的人零零落落，才剩下一百多人，久未進食，腹中十分饑餓。其部將饒州刺史諸葛德威出城迎接，請劉黑闥入城。劉黑闥唯恐有失，不肯進城，在諸葛德威再三懇請下，才勉強答應進城。可是正當他解甲休息就食時，諸葛德威早已埋下伏兵，乘機捉住了他，並把他押送去李建成軍營，邀功請賞。最後，劉黑闥和他弟弟劉十善一起被送到洺州斬首。劉黑闥在臨刑前歎息說：「我有幸在家種菜，卻被高雅賢等人召喚起兵，終於落到這個下場。」失意英雄身臨窮途末路，進行一生反思，才會口吐真言，說出這樣的大白話。劉黑闥被刑這時已是武德六年（623 年）正月。次月，依附劉黑闥的山東地區另一個首領徐圓朗因形勢窘迫，匆匆帶領著幾名騎兵棄城出逃，途中被鄉村民眾捉住殺死。他所占地區全部平定。

第四十七回
討蕭銑李孝恭出川　圍江陵李藥師獻計

　　早在武德元年（618年）四月，蕭銑在諸將擁戴下即皇帝位於江陵，設置百官，開疆拓土，建立起東至九江、西抵三峽、南到交趾、北至漢沔的割據政權，擁有強兵四十多萬。勢力既大，他便於次年中秋派遣手下將領楊道生西向進犯唐境峽州（今湖北宜昌市夷陵區），唐刺史許紹出擊並打敗了他。蕭銑又派遣部將陳普環率水兵溯行再次進攻峽州，謀劃攻取巴、蜀地區，許紹派他兒子許智仁和錄事參軍李弘節等人追到西陵峽（今湖北宜昌市西陵區），打敗並活捉了陳普環。蕭銑派兵戍守安蜀城和荊門城（兩城皆在今湖北宜昌市境內），和唐朝軍隊形成了對峙的局面。

　　在這之前，李淵派遣開府李靖去治理夔州（今重慶市奉節縣）。李靖自山南到夔州，必須路經峽州，但在峽州遭到了蕭銑軍隊的阻擋，遲遲不能前進。李淵惱怒李靖行進遲緩，密令刺史許紹殺了李靖。許紹愛惜李靖的才能，向高祖上奏請寬恕其罪，李靖得到赦免。

　　蕭銑雖是出身名門，是南梁的後裔，但畢竟是個破落貴冑，只是在隋末四海兵興的浪潮中被諸將擁立起來的。由於手上無強兵，未免性情狹隘，好猜疑人。他手下將領多係江湖綠林、帶兵強豪，依仗功勞，恣意蠻橫，又一味殺人，不守紀律，蕭銑由此深感不安。武德三年（620年）他宣布命令裁減軍備，興辦農業，實際上想藉此削弱諸將的兵權。大司馬董景珍是巴陵首謀起事的將領之一，功勞很大，他的弟弟也是統兵的將軍，他們對蕭銑暗奪諸將兵權的作法心懷不滿，因謀劃叛亂的事情洩露，被蕭銑殺死。當時董景珍手擁重兵鎮守長沙（今湖南長沙市城區），蕭銑下詔把他召回江陵，董景珍懼怕被殺，以長沙投降唐廷。唐高祖下詔讓峽州刺史許紹出兵

接應，許紹出兵南下，在年底攻取了荊門城。

蕭銑派遣他手下齊王張繡進攻長沙，張繡也是巴陵首謀起事的將領之一。董景珍對張繡說：「你難道不曉漢高祖劉邦醢彭越，又殺韓信這樣的事嗎？為什麼要互相攻殺？」張繡奉命而來，避而不答，進兵包圍了長沙。董景珍打算突圍出逃，結果被部下殺死。蕭銑乃任命張繡為尚書令。張繡履新不久，仗恃有功，驕傲蠻橫，無君臣之禮，引起蕭銑猜忌，又把他殺了。從此功臣和諸將都對蕭銑懷有離異之心，兵力也日漸衰弱。

武德四年（621 年）春，唐黔州（今重慶市彭水縣）刺史田世康先後攻取了蕭銑五個州、四個鎮，形勢一派大好。趁此時機，李靖向趙郡王李孝恭獻上攻取蕭銑十條計策，李孝恭上奏朝廷，獲得採納。詔命以李孝恭為總管，命他大造舟船兵艦，練習水戰，準備攻取蕭銑；又任命李靖為行軍總管，兼任李孝恭長史，軍事委李靖掌管。李靖勸說李孝恭徵召巴、蜀地區所有酋長子弟，量才任用，安置在身邊，對外表示引用提拔人才，實際是作為人質扣押。

六月，唐開始發動對蕭銑轄地的進攻，唐黃州（今湖北黃岡市黃州區）總管周法明攻取蕭銑的安州（今湖北孝感市安陸市），並俘獲安州總管馬貴遷。

九月間，唐正式下詔任命趙郡王李孝恭為荊湘道行軍總管，李靖代理行軍長史，統轄十二總管，從夔州沿長江順流向東進發。當時峽江水正在上漲，諸將領請求等到水勢降落後進軍，李靖說：「用兵貴在神速，現在我軍剛剛集結，蕭銑尚未得知，若乘著長江漲水，突然抵達他的城下，乘他沒有防備之際突然襲擊，這樣必能活捉住他，不可失去良機。」此建議獲得了李孝恭的贊同。十月，趙郡王李孝恭率領戰艦二千多艘沿長江東下，蕭銑以為長江正在漲水，未做防備。李孝恭率兵順利地推進到夷陵，蕭銑的將領文士弘率領精兵數萬在清江（清江於今湖北宜昌市宜都市注入長江）設防守禦。李孝恭出擊，大敗文士弘，繳獲戰艦三百多艘，殺死和淹死的敵人數以萬計。唐軍乘勝，一直追擊到百里洲（今湖北宜昌市枝江市境內）。文士

弘收集殘軍進行再戰，又被唐軍打敗，只得退入北江（今湖北宜昌市枝江市境內）防守。

蕭銑罷兵營農以後，僅留宿衛士卒幾千人，聽說唐兵到來，文士弘又被打敗，大為驚慌，倉促徵兵，可是所徵士卒都在長江、五嶺以南，路途遙遠，不能馬上集中趕來，只好以現有的兵力出來迎敵。李孝恭準備要乘勝進攻，李靖又獻計說：「敵方是挽救敗局的軍隊，倉促應戰，非早有決策，其勢不可能持久。不如暫且把戰艦停泊在南岸，緩一天進攻，他們必定分散兵力，或者留下阻擋我軍，或者回城防守，兵力分散，勢力就會削弱。我們再乘他們鬆懈時進攻，必然取勝。現在急於馬上出擊，敵人則會拼力死戰，楚兵剽悍勇猛，不易抵抗。」李孝恭不聽，留下李靖守大營，自己率領精銳部隊出戰，果然被打敗，向著南岸奔逃。蕭銑的部隊見狀，棄船去收掠唐軍丟下的物資，人人都背負很重的東西。李靖看敵軍混亂，揮軍奮力反擊，大破敵軍，乘勝進入江陵外城，又攻克水城，繳獲大量船艦。李靖讓李孝恭把這些舟艦全部散放在長江裡，諸將不知是何道理，不禁問道：「這是攻破敵人繳獲的戰利品，應當利用，為什麼還要丟棄給敵人？」李靖說：「蕭銑的地盤，南邊到五嶺以南，東邊到洞庭湖，我們孤軍深入敵後，如果攻城不下，敵人援兵四面集結而來，我們腹背受敵、進退不得，雖然有船艦，還有什麼用？現在放棄了舟艦，讓它堵塞江面，順流而下，敵人援兵看到，必然認為江陵已被攻破，就不敢輕易進軍，一定要先派兵前來偵察，這樣行動就會遲緩，只要爭取到十天半月，我軍取勝就有充分把握了。」此計果然生效，蕭銑的援軍見到漫江而下的舟艦，心生疑慮不敢前進。蕭銑的交州總管丘和、長史高士廉、司馬杜之松等準備去江陵朝見蕭銑，聽說蕭銑被打敗，全都到李孝恭軍中投降。

李孝恭的軍隊緊緊包圍住江陵，蕭銑內外都被阻斷，消息不通，其中書侍郎岑文本勸蕭銑投降，蕭銑悲切地對臣下說：「上天不保佑梁國，我們不可能再支持下去了，如果再等到力盡糧絕，百姓就要蒙受災難，怎能因為我一個人讓百姓塗炭呢？」於是蕭銑在太廟中祭告祖先以後，下令打開城

門，出城向唐軍投降。他帶領群臣穿上用麻布做成的服裝，到李孝恭營門前說：「應該死的唯有我一人，老百姓沒有罪，希望大軍不要殺燒搶掠。」李孝恭整齊軍容，進了江陵城，諸將想放兵搶掠，岑文本向李孝恭勸說：「江南的百姓，自隋朝末年以來受虐政殘害，又遭到群雄間的爭奪，如今能生存下來，都是在刀槍下逃出性命。他們都踮起腳跟、伸長脖子盼望著能有一個賢明的君主。蕭氏君臣和江陵父老們決心歸順，就是希望能得到安定和休養生息的機會，如果現在放縱士兵搶掠，必使士民大失所望，由此恐怕南方廣大地區不再有嚮往歸順之心了。」李孝恭連連稱是，立即下令禁止搶掠。諸將又說：「梁的將帥抵抗官軍而戰死的，他們罪惡深重，可籍沒他們的家產，用來賞賜將士。」李靖說：「王者之師，應該以仁義為先聲，他們是為自己的君主戰鬥而死，是忠臣，怎能以懲治叛逆的罪名來籍沒他們的家產呢？」由於李孝恭和李靖實行安撫，嚴明紀律，江陵城裡井然有序，秋毫無犯，南方各州縣聞訊，都望風歸順。蕭銑投降幾天後，他分散在江南的十幾萬軍隊來到江陵勤王，聽說江陵已經失守，都脫去戰袍放下武器投降。

　　李孝恭把蕭銑送至長安，高祖數說他的罪過，蕭銑說：「隋朝殘暴失去天下，天下人都起兵紛紛爭奪，蕭銑沒有受到上天的保佑，沒有福分擁有天下，所以才到今天這種地步，若陛下以此來定罪，我也不能逃脫於死。」蕭銑言語不卑不亢、字字有理，與唐政權又沒有深仇大恨，可是臥榻之下豈容他人酣睡，蕭銑已是一個政治上無用的人物，成為俎上的魚肉，任人宰割。唐高祖下令把他處死，蕭銑死時年僅三十九歲，稱帝江南先後凡五年。岑文本因有才識，被李淵留用，後來成為唐太宗時期的宰相，佐成貞觀之治。

　　再說江右一方自從張善安保據南康郡，對林士弘不滿而舉行兵變，以舟師沿江而下，焚燒豫章郡外郭城而去。異軍突起的蕭銑，在煬帝死後舉旗稱王，建國為梁，他為了擴張勢力，不失時機地派遣其屬將蘇胡兒發兵攻打豫章，以擴大地盤。林士弘內外受敵，勢力漸衰，自鄱陽郡退保至餘

干（今江西上饒市餘干縣），不久，又南遷至南康郡自守。期間土地大片喪失，僅占有今江西南部及廣東之循、潮等地的部分地區而已。及蕭銑失敗，其亡散士卒多有不願降唐，相率逃奔到林士弘處求其庇護。由此，林士弘的軍勢稍稍得以發展。

唐趙郡王李孝恭揮軍沿江一路東下，既平蕭銑，乃遣使郡縣，招撫未降者，循（今廣東惠州市惠城區）、潮（今廣東潮州市湘橋區）二州義軍相繼望風歸順。

唐高祖武德五年（622 年），林士弘在一段時間裡偃旗息鼓、休養士卒後，欲重振昔日威風，遣其弟鄱陽王林藥師率領部眾兩萬人南向進攻循州。但出師不利，藥師敗績，為降唐的義軍總管楊世略（一作楊略，避秦王李世民諱）所破斬。士弘勢窮力絀，逃入僻遠的山洞中藏匿，其所置的宰相王戎力不能支，被迫向唐請降，獻上南昌城圖。唐實行羈縻政策，即委王戎為南昌州總管。王戎獲知故主林士弘亡身安城山中，遣派密使迎接士弘回南昌，並藏匿在自己的家宅中，又招誘潰散舊部，企圖再次獨立、稱王稱霸，袁州百姓亦相聚回應。

此時，張善安已擊敗蕭銑大將胡蘇兒，取得豫章，以其地降唐。唐改郡為州，以豫章郡為洪州，即委派他為洪州總管。張善安得到情報，覺察到林士弘與王戎的活動，就替唐打先鋒，帶兵征討。冤家對頭相逢，分外眼紅，彼此多次交戰，士弘屢敗，積勞成疾，得病身死。其徒眾眼見大局已定，前途渺茫無望，也就紛紛四散逃離，奔回故鄉。王戎戰敗力竭，被張善安所俘虜，不屈犧牲。

林士弘自大業十二年（616 年）追隨操師乞於鄱陽起義，奮起江右，盛時擁眾二十萬，占地數千里，境跨今江西、廣東等地，獨樹一幟，揚名江表達七年之久，直到唐武德五年，才在統一兼併的過程中消亡。他的起落、浮沉，只是隋末群英的一個縮影，是大浪中的一朵浪花而已。

唐既除林士弘，張善安感到自己孤立，害怕唐奪其權；這時，輔公祏據蘇南反唐，尋求聯盟，派使者授張善安為西南道大行臺，使他攻略西南

諸州縣。張善安得到後援，發兵攻打南昌，生縛林士弘舊相、時已降唐的王戎。又發兵擊殺黃州總管周法明，江右地區烽火再起。唐為撲滅江南餘火，派遣李大亮為安撫使，李大亮一面發使喻降，一面發兵征討，蘿蔔大棒並用。

唐兵壓境而來，雙方隔著江水立陣。大亮遣使曉喻禍福，勸張善安歸降。張善安對使者說：「善安亦不是反叛之人，只是為部下所誤，今要我歸降，也非難事，但恐有詐，會身遭不測！如何處置，還望明喻。」李大亮回答道：「只要你真心歸降，我不會懷疑，可既往不咎。」

張善安勢窮力蹙，答應投降。大亮為表示誠意，親身單騎踰澗水進入張善安陣中，與張善安握手共話，表明自己毫無猜疑之意。善安見大亮形狀懇切，大喜過望，即允諾投降。哪知兵不厭詐，當張善安率領親信左右十餘騎來到大亮營帳時，大亮早已埋伏好勇士，突然出現在張善安面前，將他們一一擒縛起來。餘騎驚駭不已，慌忙拍馬逃出帳外，召集餘部來戰。大亮早有準備，告訴他們說：「你等主帥已歸降於我，不必再鬥。」善安餘部憤怒不已，罵道：「總管賣我。」遂四散奔潰。

李大亮得勝，把張善安囚送到長安。李淵召問究竟，善安自供說：「我未曾與輔公祏共謀反唐，只是受到部下所惑，身不由己。」李淵見此時江南未平，暫時饒過張善安的性命。等到了輔公祏敗亡，唐軍獲得張善安與輔公祏往來的書信，確證雙方勾結在一起，乃將張善安處死。至此，江右州縣悉平。

蕭銑平定後，丘和方得以歸朝，李淵下詔授予丘和交州大總管之職，封為譚國公，派遣其子師利前往迎接。到朝見之時，高祖因昔日故交，為他起身，引入臥內，話說平生，極為高興，演奏九部樂曲以佐宴饗，授職左武候大將軍。丘和時已年老，因稘州是其故鄉，高祖命他就任刺史以自頤養，不久加銜為特進。貞觀十一年（637 年）去世，時年八十六歲，贈荊州總管，諡為襄，陪葬於獻陵（高祖李淵陵寢）。丘和子行恭擅騎射，勇敢絕倫，追隨唐太宗討薛舉、劉武周、王世充、竇建德，戰功卓著。

第四十八回
杜伏威長安被殺害　輔公祏江南再起兵

　　武德二年（619年）秋冬之交，唐政權消滅了割據河隴的薛舉、李軌後，準備進取關東地區，對遠在江淮的杜伏威進行招撫。杜伏威見唐軍勢盛，採取事大政策，宣布歸降唐政權，被任命為吳王、東南道行臺尚書令等職。但這只是名義上的封官拜爵，實際上杜伏威還是一個雄踞江南的獨立軍事集團。武德五年（622年）夏，李世民率部大敗劉黑闥的反叛，割據山東的徐圓朗也很快覆滅。至此杜伏威感到日益增強的壓力，為了避免嫌疑，表示對唐的臣服，杜伏威應徵入朝。七月，他帶領大將闞稜等少數親信到達長安，唐高祖寵以高位，任命他為太子太保，位在齊王李元吉之上。但太保只是一個虛職，實際上杜伏威已經被唐廷困在長安，再也不能自由地回到江南去了。

　　杜伏威和輔公祏關係最好，彼此視同手足。輔公祏年齡大於杜伏威，有智略，軍中都稱呼他為輔伯，在軍隊中的威信僅次於杜伏威。但隨著權力的增大，杜伏威對輔公祏漸漸有所猜忌，他任命養子闞稜為左將軍，王雄誕為右將軍，提升輔公祏為尚書僕射，暗中奪取輔公祏的兵權。輔公祏知道後，心中很是不滿，但也沒有辦法，於是就採取不理政事、專心學道的辦法，和他的舊友左遊仙學習神仙術，不食五穀，用來掩飾自己對政事無有所求，其實是在等待著奪權的時機。

　　杜伏威深知自己到長安後，如果江淮穩定，他的日子就比較好過；如果手下造反，江淮不穩，自己必然受到連累。因此，在動身西行時，杜伏威便把管理丹陽的軍、政兩權分開，把行政權交給輔公祏，把軍權交給了王雄誕，並私下對王雄誕說：「我這次到長安，如果不失去職位，千萬不要

讓輔公祏發生變故。」杜伏威走後，頗具野心的左遊仙立即勸說輔公祏奪權謀反。考慮到兵權掌握在王雄誕手中，輔公祏乃假稱接到杜伏威的信，說王雄誕懷有二心。王雄誕是個直腸漢子，在戰場上勇敢善戰，但在政治上絕不是輔公祏的對手，他聽說自己受到懷疑，既沒有調查事情的真偽，也沒有向輔公祏辯解，而是聲稱自己有病以不管軍事來自證清白。這正好落入了輔公祏的計中。輔公祏因此乘機奪去王雄誕的兵權。

輔公祏積極準備謀反計畫，讓他的同黨西門君儀向王雄誕告知實情。這時王雄誕才醒悟自己上當，後悔不已，說：「如今天下剛剛平定，吳王又在京城長安，唐軍威力無比、所向無敵，為什麼要無緣無故自找滅族之禍呢？王雄誕唯有一死相報，恕不能聽從你的命令。我若隨從你倒行逆施，不過只能延長百日之性命罷了，大丈夫怎能因為愛惜生命就使自己陷於不義呢？」輔公祏知道王雄誕性格剛強、絕不屈服，為了替造反有理製造輿論，就藉口他陰謀造反，下令把他縊死。王雄誕善於安撫部下，能讓士兵為他效死力，對部下約束也嚴厲，每次攻下城邑，都秋毫無犯。王雄誕被處死的那日，江南軍中將士和民間百姓都失聲慟哭。

輔公祏又假稱杜伏威無法返回江南，密信讓他起兵，方針既定，於是便大肆裝備武器鎧甲，運糧儲備。到了武德六年（623 年）秋八月，輔公祏公開揭起反叛唐政權的大旗，在丹陽稱帝，國號為宋，把南朝時陳的舊宮殿修繕一新，移入居住，設置百官，任命左遊仙為兵部尚書、東南道大使、越州總管，與割據洪州（今江西南昌市城區）的張善安在軍事上進行聯合，以張善安為西南道大行臺。

唐高祖接到輔公祏反叛的消息後，下詔讓襄州道行臺僕射趙郡王李孝恭率水軍開赴江州（今江西九江市城區），嶺南道大使李靖帶領交、廣、泉、桂等州的兵馬開赴宣州（今安徽宣城市宣州區），懷州總管黃君漢率兵取道譙州（今安徽亳州市譙城區）南下，齊州總管李世勣取道淮水、泗水，各路齊進，討伐輔公祏。

冬十一月，唐軍黃州總管周法明帶兵進攻輔公祏，張善安占據夏口（即

江夏，今湖北武漢市江夏區）拒戰。周法明在駐紮荊口鎮（今湖北武漢市漢陽區境內）的戰艦上飲酒，張善安派遣刺客偽裝成捕魚的人坐小漁船到荊口鎮，刺客乘人不備突然登上戰艦，殺死了周法明，唐軍暫時受挫。十二月，唐安撫使李大亮進軍洪州出擊張善安。李大亮至九江，設計捉住了張善安，把他送到長安。高祖赦免了他的罪過，待到輔公祏失敗，便殺了張善安。

武德七年（624 年）三月，唐廷已攻取江陵，順勢招撫嶺南數十州。統一天下的大勢已定，乃命趙郡王李孝恭為行軍元帥征討輔公祏於壽陽（今安徽六安市壽縣）。李孝恭引兵趨九江，麾下有李靖、李世勣、黃君漢、張鎮州、盧祖尚諸名將。輔公祏聞唐軍壓境而來，派遣他的手下將領馮慧亮、陳當世率領水兵三萬駐紮在博望山（今安徽馬鞍山市當塗縣西南東梁山），陳正通、徐紹宗率領步兵騎兵二萬人駐紮在青林山（當塗縣東南），在梁山連接鐵鎖隔斷江中航路，又修築卻月城連綿十餘里，在長江西面修築壁壘抗拒唐軍。不久，李孝恭和李靖率領水軍推進至舒州（今安徽駐馬店市新蔡縣），李世勣率領步卒一萬人渡過淮河，攻克壽陽，駐紮在硤石山（今安徽淮南市鳳臺縣境內）。馮慧亮等人據險挑戰，李孝恭堅壁不戰，另行派遣突擊隊斷絕宋軍的運糧道。馮慧亮等軍中缺乏食物，夜半派兵逼近李孝恭的軍營，李孝恭鎮定自若，靜臥不動，諸將向李孝恭獻計說：「馮慧亮等擁有強大兵力，憑藉水陸天險，我軍進攻不可能很快就取勝，不如直接進逼丹陽，出其不備搗毀他的老巢，丹陽一旦崩潰，馮慧亮等人自然就會棄戈投降了。」李孝恭準備採納這個意見，唯獨李靖不贊成，他說：「輔公祏的精銳部隊有水陸二軍，他自己率領的軍隊也不算少，如今博望山的各個敵營尚不能攻破，輔公祏據守石頭城以自保，豈是容易攻克？進攻丹陽，若十天半月攻不下來，馮慧亮等緊隨在我軍背後，我軍將腹背受敵，這是很危險的。何況馮慧亮、陳正通都是百戰老將，他們並非不想出戰，乃是輔公祏既定計策要他們按兵不動，想用此拖垮我軍，我們現在主動向馮慧亮挑戰，一舉就可以破敵。」李孝恭欣喜採納，下令讓老弱殘兵先進攻敵軍營壘，誘其出戰，自己統率精兵嚴陣以待。及敵軍取得小勝出兵追擊時，遇上盧祖尚所

率唐軍，雙方交戰，馮慧亮大敗，退保梁山據守。此時，杜伏威大將闞稜隨唐軍出征，他在陣前摘下戰盔對宋軍說：「你們難道不認識我嗎？怎麼膽敢和我交戰？」敵軍中很多是闞稜舊部，見了闞稜仍在，已無鬥志，有的還對闞稜下拜，伏地求降，因此宋軍潰敗退走。李孝恭、李靖乘機追擊，轉戰一百多里，馮慧亮、陳正通等人逃回丹陽，被殺傷和淹死的有一萬多人。宋軍在博望山、青林山兩翼的部隊也都望風潰散。唐軍乘勝到達丹陽境內，輔公祏黔驢技窮，料想無法再對抗下去，便率領數萬兵馬丟棄了丹陽城東逃，打算到會稽依靠左遊仙。唐軍到達丹陽後，馬不停蹄，一路上窮追猛打。輔公祏兵敗如山倒，及退到句容（今江蘇鎮江市句容市）時，隨從的士兵才五百人，夜晚住在常州（今江蘇常州市城區），他手下將領反叛，謀劃要把他逮起來降唐，輔公祏察覺到有變，來不及攜帶妻子，只帶領著數十名心腹衝出城門逃走。當他到了武康（今浙江湖州市德清縣武康鎮）地面時，又遭到山民武裝的攻擊，西門君儀戰死，輔公祏被活捉送到丹陽，梟首示眾。唐軍追捕餘黨，一一肅清，江南地區全部平定。

　　江南收復，高祖李淵任命李孝恭為揚州大都督，李靖為都督長史。李淵讚美李靖平定江南的功勳，說：「李靖是蕭銑、輔公祏的剋星。」此役闞稜功勞較多，頗有自傲之色，李孝恭沒收輔公祏黨羽在江南的田地房產時，也把闞稜的財產一起沒收。闞稜很不自量，親自到李孝恭處申訴評理，觸犯了李孝恭，李孝恭很氣憤，以謀反的罪名殺了他。

　　輔公祏謀反，假稱是杜伏威的命令來欺騙部下。武德七年（624 年）二月，杜伏威在長安被毒死，年僅二十六歲。待到平定輔公祏後，唐廷又下詔追免杜伏威的一切官爵，籍沒他的妻子。待到太宗李世民即位，知道杜伏威被冤枉的實情，洗刷了他的罪名，又恢復了杜伏威的官爵。

　　自大業七年（611 年）杜伏威、輔公祏起兵反隋，此後併合各股起義部隊，割據江東先後十三年，其左右隨從大將王雄誕、闞稜、西門君儀等，先後隨杜、輔二雄的失敗而喪身亡命。風雲會合可幹出一番事業，但一朝失勢，也會頃刻土崩瓦解。時運勢轉，是不以個人意志和命運而轉移的。

第四十九回
論功勳秦王拜上將　天策府學士論古今

　　李淵在太原起兵時，建立大將軍府，設官分職，文有長史、司馬，武有左右統軍等官。長子李建成、次子李世民分別為左右領軍大都督，各置官署，建成、世民擁有了可以由自己組建的軍政機構。

　　占領長安後，李淵以大丞相封為唐王，建成為世子，李世民被任命為京兆尹、秦公。武德元年（618 年）李淵稱帝後，李建成為皇太子，李世民為秦王、尚書令。尚書令為尚書省最高行政長官，為宰相之首，總理全國行政事務。

　　此後，凡有戰事，多以秦王李世民為元帥出征。在出征前或獲勝後多加其他官爵以獎賞，李世民先後被任命為雍州牧、太尉、涼州總管等職。另外，為經營洛陽等關東地區，唐高祖設立陝東道大行臺，作為戰時的臨時行政軍事機構，大行臺下也仿照中央設立各種官職，權力等同於中央，李世民長期為陝東道大行臺的最高長官。

　　武德四年（621 年），秦王李世民連破竇建德、王世充兩大割據勢力，並俘獲二人至首都長安，為唐王朝統一北方奠定了基業。李淵大為高興，認為李世民已經位列秦王、太尉兼尚書令，封無可封，且已有的官職再無法彰顯其榮耀，因而特地設天策上將這一官職，位在親王及三公之上，並加領司徒，增邑二萬戶，開天策府，置官屬。另外，以齊王元吉為司空。

　　天策上將是軍將系列中的最高榮譽銜，地位在三公之上，是為李世民特設，以表彰其在統一戰爭中的特殊功勳。到了次年，李淵又任命世民為左、右十二衛大將軍，這使得任天策上將的李世民無論是在爵位上還是在職官上、也不管在文臣中還是武將中地位都是最高，僅次於皇帝李淵和皇

太子李建成兩人。但在實際上，由於李世民長期帶兵作戰，其在軍隊中的威望和所擁有的軍事實權則又超過了他的父親和哥哥。天策上將可以有權設府，自置官署，其人員多是從戰爭環境中挑選英俊才傑之士充當的。自置官屬的權力給予李世民招募人才許多方便，比如他就曾經在房玄齡建議下將杜淹招募到天策府，以免他投入太子李建成陣營。武德九年（626年），天策上將府內設立有：

官　　職	品　　第	職　　務
長　史（一人）	從第三品	統管府中各類事務
司　馬（一人）	從第三品	管理府中軍政事務
從事中郎（二人）	從第四品下	協助長史、司馬管理府中各類事務
軍諮祭酒（二人）	正第五品下	軍事參謀人員，同時負責贊相禮儀、接待賓客事務
主　簿（二人）	從第五品下	負責起草天策上將的教令、命令
記室參軍事（二人）	從第五品下	負責書、疏、表、啟等公文往來及天策上將發出的教令
諸曹參軍事 （每曹二人，共十二人）	正第六品下	功曹參軍事：掌管府中官員請假、出差、禮儀、醫藥、選拔、考課、工資、福利、鋪設等事 倉曹參軍事：掌管府中庫藏、食堂、廚房和通行證件的發放等事 兵曹參軍事：掌管府中士兵名冊、考勤 騎曹參軍事：掌管府中牲畜畜牧 鎧曹參軍事：掌管府中兵器 士曹參軍事：掌管府中建造和處罰府中士兵
參軍事（六人）	正第七品下	掌管出差及其他檢校之事
典　籤（四人）	正第八品上	協助掌管傳達教命、導引賓客之事
錄　事（二人）	正第九品上	協助掌管書疏表啟、傳達、執行教命

秦王本身就有王府官署，再加上天策上將府的官署，使秦王李世民手下的文武官員人才濟濟，儼然成為一個不易被撼動的政治軍事集團，並為其後發動兵變取得皇位創造了條件。

　　國家即將太平，秦王李世民雄心勃勃，著手為偃武修文作準備。他在武德四年拜天策上將，同時在京城之西開設文學館，召集四方人才，於此討論經籍、商榷古今，以講求當世的治道。文學館選址處地寧靜、風景幽美，無車馬喧鬧，館中所藏典籍充棟，有祕府蘭臺之盛。文學館置學士，計有十八人，他們中以房玄齡、杜如晦為首，其餘有于志寧、蘇世長、姚思廉、薛收、褚亮、陸德明、孔穎達、李玄道、李守素、虞世南、蔡允恭、顏相時、許敬宗、薛元敬、蓋文達、蘇勗十六人。此後不久，薛收早死，以東虞州錄事參軍劉孝孫補充入館，仍在十八人之數。李世民又為表彰禮賢敬士，命畫家閻立本為十八學士畫像，具題他們的爵里，命褚亮寫作贊文，稱為「十八學士寫真圖」。諸學士輪番入值閣下，每日引見，討論文章典籍，供給五品珍美膳食。當時被選入文學館者稱為「登瀛洲」，瀛洲乃是傳說中神仙居住的地方，意思是比喻進入學士之選其寵遇猶如神仙一般。

　　十八學士的人員構成很有代表性：杜如晦、房玄齡是李世民的心腹謀士；被推薦或從敵人陣營中進入秦王府屬的有虞世南、褚亮、薛收、薛元敬、蘇勗、蔡允恭等；當世名聞天下的儒士學者，如陸德明、孔穎達；能得到李淵信任的有蘇世長、于志寧、顏相時；代表地方宗法勢力的有李守素、李玄道。這些人多數是隋朝舊臣，如今為了共同的目標走到一起來了。這些人中間，數杜如晦、房玄齡是李世民最為倚重的人物，當時人稱譽房玄齡「善建嘉謀」，杜如晦「臨機能斷」，在李世民抗敵、奪權鬥爭中數出奇計、力挽危局，立下了蓋世功勳。

　　杜如晦，字克明，京兆杜陵（今陝西西安市長安區）人，出身官宦世家。隋末天下大亂，他不滿隋政，棄官隱居南山中。唐武德元年李淵平定關中，杜如晦被李世民引為秦王府兵曹參軍。他常從征伐，參與機要、軍國之事，剖斷如流。任陝東道大行臺司勳郎中，並以本官入文學館，為十八學士之首。武德四年，李世民建天策府，以如晦為從事郎中。他處理公務臨機決斷，事無滯留，僚屬與他同事讚歎他的才識「莫見所涯」。

　　房玄齡，別名房喬，字玄齡，齊州臨淄（今山東淄博市臨淄區）人，是

隋代知名人士、司隸刺史房彥謙之子。他從小博覽經史，工書善文，十八歲時舉本州進士，先後授羽騎尉、祕書省校書、隰城尉。隋末大亂，李淵率兵入關，房玄齡於渭北投李世民，兩人一見如故，署行軍記室參軍。此後他屢次隨從出征，參謀劃策，典管書記。李世民封秦王，他任秦王府記室，凡軍中軍符府檄，駐馬立辦，不打草稿，文理通順。他識見玄遠，每平定一地，別人爭著求取珍玩，他卻首先為秦王幕府收羅人才，暗中與諸將交結，使之成為願為秦王效命的志士。他和杜如晦是秦王最得力的謀士。

陸德明，名元朗，以字行於世，精通經學和文字學，隋煬帝時為祕書學士、國子助教。王世充稱帝欲以他為太子師傅，他告病歸家，婉言拒任。唐初，秦王辟為文學館學士，以經學侍讀講論。

孔穎達，字沖遠，冀州衡水（今河北衡水市桃城區西）人，孔子三十二代孫，著名經學家。隋大業初，選為「明經」，授河內郡博士、補太學助教。隋末大亂，避地虎牢，後入洛陽皇泰主政權中任太常博士，受王世充之命，制定禪代禮儀。洛陽平定後與陸德明一起歸唐，均任太學博士。

蘇世長，雍州武功（今陝西咸陽市武功縣）人，隋朝長安令、都水少監。武德四年，高祖平定王世充後，蘇世長帶著王世充轄地漢南圖籍來歸順，以天策府軍諮祭酒引入為文學館學士。

顏相時，表字睿，著名經學家顏師古之弟，博學通五經。武德年間，為李世民屬下天策府參軍事，引入為文學館學士。

李守素，趙州（今河北石家莊市趙縣）人，世代為山東名族，精通氏族譜牒之學，人稱「肉譜」，用通俗的話來說就是氏族譜牒之學方面的活字典。李世民擊敗王世充後，召署天策府倉曹參軍，引入為文學館學士。

李玄道，世代為山東冠族，隋朝時為齊王府屬官。李密據洛口，引為記室。李密失敗後，為王世充所用，署為著作佐郎。李世民平定王世充，選拔為秦王府主簿，入為文學館學士。

虞世南，越州餘姚（今浙江寧波市餘姚市）人，隋煬帝寵臣虞世基之弟，為江南人望，才學過人。隋末宇文化及弒逆之際，虞世基被殺，世南被執，

宇文化及以其文士，為人仁孝，為當時人所敬重，釋而不問，後從宇文化及北上至聊城。化及失敗，他又被竇建德重用，授黃門侍郎。竇建德滅亡後，為秦王府記室參軍，入為文學館學士。

褚亮，杭州錢塘（今浙江杭州市餘杭區）人，出身江南世家。少年時機警敏捷，聰明好學，博覽群書，善文工詩，喜交遊名士。入隋為東宮學士、太常博士。因與楊玄感友善，受到牽連，貶官西海司戶。大業十三年（617年），金城校尉薛舉割據稱王，以褚亮為當世名士，任為黃門侍郎，參與機密。十四年（618年），李世民消滅薛舉，收羅入秦王府，為秦王府文學。李世民征討四方，他在軍中常參預密謀，有輔助王業之功。開文學館時以文學入選。有子褚遂良，後成為高宗朝宰相。

于志寧，京兆高陵（今陝西西安市高陵縣）人，父于宣道，仕隋為內史舍人。隋大業末，于志寧任冠氏縣長，時山東大亂，他棄官歸鄉里。唐高祖入關，他率子弟迎謁於長春宮，授銀青光祿大夫，歷渭北道行軍元帥府記室，與殷開山共參謀議。李世民開天策府，任天策府中郎，引入文學館任學士。

姚思廉，本名簡之，字思廉，以字行於世，吳興（今浙江湖州市吳興區）人，陳吏部尚書姚察之子。陳亡，移家京兆。長於史學，尤擅《漢書》。大業十三年，任代王楊侑侍讀。李淵占領長安後，代王僚屬都驚駭走散，唯獨姚思廉依然服侍代王，不離左右。士兵見思廉獨自一人伴隨代王面無懼色，心中欽佩其忠，以他臨白刃，明大節，稱他為「忠烈之士」。他以秦王府文學入選文學館，後以修《梁書》、《陳書》著名於世。

薛收，蒲州汾陰（今山西運城市萬榮縣西南）人，隋內史侍郎薛道衡之子。隋末為隋河東守將堯君素的僚屬，脫身歸唐後被房玄齡薦入秦王府，授為主簿。後以祕書郎、天策府參軍、直記室引入文學館。他博學、文詞清麗，隨李世民討王世充，軍中事務繁多，須綜貫各個方面，他為秦王書寫露布文檄，馬上占辭，即刻寫就，其敏捷猶如早已構思成熟，且不修改。他還建議分兵圍困洛陽，派兵狙擊竇建德，最終致王世充、竇建德成擒。

後以平劉黑闥之功封汾陰縣男。武德七年（624年）早逝，年僅三十三歲，是故未能列入「十八學士寫真圖」中。

薛元敬，字子誠，隋選部郎薛邁之子、薛收的姪子。長於文學，與薛收及薛收族兄薛德音齊名，世人稱為「河東三鳳」，其中薛收為長雛、薛德音為鸑鷟，薛元敬為鵷雛。高祖武德初任祕書郎，李世民召為天策府參軍，兼直記室，引入文學館。

蓋文達，字藝成，冀州信都（今河北衡水市冀州市）人，自幼博覽群書，入唐以太學助教引入文學館。

蘇勗，字慎行，隋朝宰相蘇威之孫，武德中，為秦王府諮議、典籤，引入文學館為學士。娶唐高祖之女南昌公主，拜駙馬都尉。

蔡允恭，荊州江陵（今湖北荊州市荊州區）人，與虞世基兄弟相友善，隨煬帝從官江都。煬帝死後，相繼跟從宇文化及、竇建德，為其所用。入唐，經虞世南推薦為秦王天策府參軍。

許敬宗，其父許善心為隋禮部侍郎，隋煬帝被弑時，殉死國難。敬宗善屬文，少有文名。隋末，依李密於洛口，任記室，李密失敗後降唐。李世民開文學館，他以著作佐郎、攝天策府記室引入文學館。

總之，文學館的十八學士來自五湖四海，職位不高，但地位很重要。在唐初的政治舞臺上，十八學士是一個產生重要影響的文人集團。他們受到重視，也說明李世民治國理念的轉變，即由過去騎在馬上打天下轉向尊儒重教、依靠王道來治理國家。

第五十回
爭權位兄弟成仇敵　結朋黨內外暗爭鬥

　　在李淵建國的過程中，李建成和李世民功勞大略相當，他們各自帶領一支軍隊作戰；李元吉則留守太原，保護戰略大後方的安全。李淵稱帝後，以李建成為太子，長期留守京師，輔佐李淵處理全國政事；秦王李世民和齊王李元吉則帶領軍隊在外征戰。這一段時間，建成、元吉和世民兄弟之間和睦相處，互為倚輔，尚未勢不兩立。

　　李元吉在作戰中勝少敗多，在和劉武周作戰中甚至丟掉戰略要地太原，因而受到李淵的責備。李世民在作戰中有勇有謀、身先士卒，大多取得了勝利，軍功日益顯赫。武德元年（618 年）十一月，李世民率軍討平薛舉父子，這一戰役極大地提高了李世民的聲望。武德二年（619 年），太子建成開始嫉妒李世民功高，太子詹事李綱在向李淵上書中第一次提到了李建成「疏骨肉」，這可以說是建成與世民之間勾心鬥角的最早記載。但這時國家還沒有統一，內部鬥爭還是有所克制的。

　　武德四年（621 年）洛陽、虎牢之戰，李世民擒竇建德、降王世充，一戰而俘虜兩名王，名聲大震，中外矚目。他在戰爭中又集合了大批文武人才，使自己實力大增。此時的李世民位居天策上將，二人之下，萬人之上。天策府可以設置官署，又設立文學館收羅四方文士，成為李世民在政治上的顧問決策機構。他覬覦皇位，要仿效隋煬帝奪嫡的故事，最後取而代之。

　　李世民功高震主，不僅使太子李建成和齊王李元吉感受到威脅，甚至唐高祖李淵也認為李世民長期征戰在外，受到書生所教唆，不太聽自己的話。李建成逐漸感到了壓力，他要竭力維護自己的太子地位，對李世民百般挑剔，以削弱其權力。李元吉年少，實力不夠，且與大哥感情頗好，因

此站在了實力相對較弱的李建成一方，與李世民相抗。武德五年（622 年）劉黑闥第二次起兵反唐，太子中允王珪、洗馬魏徵勸太子親自掛帥出征，他們說：「秦王功蓋天下，中外歸心，殿下但以年長位居東宮，無大功以鎮服海內。殿下宜自擊之以取功名，因結納山東豪傑，庶可自安。」這時，李建成與李世民的矛盾已經公開化了。過去每次重大戰役都是李世民掛帥出征的，現在李建成主動掛帥出征，李淵也馬上批准建成出征，目的是壓制日益強大的李世民，以加強東宮的實力和地位。

武德六年（625 年），劉黑闥被消滅後，李建成與李元吉加緊聯合起來對付李世民的步伐。此時，國家基本統一，李世民再也沒有從前那樣顯赫的戰功了，並且遭到冷落和排擠。李建成和李元吉已經在計畫如何處置李世民了。李建成性格比較寬厚，他不想明目張膽地殺掉李世民，只是想限制李世民，使他不至於威脅自己的太子地位。李元吉則想利用一切機會把李世民殺掉。一次，李元吉勸李建成除掉李世民，說：「我替哥哥親手殺了他。」還有一次，李世民隨從高祖到李元吉府中去，李元吉派護軍宇文寶埋伏在寢室裡，準備刺殺李世民，李建成急忙制止，李元吉惱怒說：「我是為哥哥著想，對我有什麼好處？」此時的李世民也感到了自己不為兄弟所容。

武德七年三月，江南平定，雙方爭奪皇位繼承權的矛盾更加突出了。李建成為擴張武力優勢，招募長安和四方驍勇之士二千多人為東宮衛士，讓他們分別駐紮在左右長林門，號稱「長林兵」。李建成還厚待曾經在東宮值宿警衛的慶州（今甘肅慶陽市慶城縣）都督楊文幹，私下讓他募集勇士送到長安。六月，李淵將要到仁智宮去避暑，乃命建成留守長安，世民、元吉跟隨李淵到仁智宮。建成使郎將爾朱煥、校尉橋公山送給楊文幹盔甲，讓其裡應外合發動兵變奪權。二人反而上告太子使楊文幹舉兵奪權，李淵大怒，遣使者以他事要求建成立即離開長安到仁智宮來。楊文幹知道陰謀敗露後，遂舉兵造反，攻陷寧州（今甘肅慶陽市寧縣）。

楊文幹反叛的消息傳來，李淵立即召世民商量，世民認為只需要遣一將領就能抓住楊文幹，李淵認為形勢複雜得多，他說：「不然。文幹事連建

成，恐怕回應的人比較多。你應該親自去，平叛回來後，立你為皇太子。我不能效隋文帝自誅其子，當封建成為蜀王。蜀兵脆弱，以後如果能聽你的話，你應該保全他；如果反叛，攻取亦比較容易！」楊文幹反叛這件事，確實已威脅到唐王朝的安全，已經超出了兄弟不和的範疇。李淵確實非常惱火，從內心中想廢掉建成，立世民為太子，以換取世民親征平叛。

當世民率軍出發後，元吉與妃嬪們更迭為建成說情，加上大臣封德彝的勸說，李淵改變了主意，遣建成還京師居守，仍以建成為太子。最後把兄弟不能和睦共處歸罪於太子中允王珪、左衛率韋挺和天策府兵曹參軍杜淹，把兩宮屬官一併流放了事。

看來李淵面對三個兒子的紛爭，採取的是一種平衡的策略，力求使三個兒子各安其所，他既不願看到骨肉相殘的局面，更不允許世民奪取皇位繼承權，也決不支持建成和元吉的謀殺作法。李元吉多次暗中請求李淵殺掉李世民，李淵說：「他有平定天下的功勞，他的罪狀又不明顯，可沒有殺他的理由啊！」李元吉說：「秦王最初平定東都洛陽時，觀望形勢不肯回來，散發錢帛之物以樹他個人私恩，又違背陛下的命令，不是造反又是什麼？應該趕緊把他殺掉，何必擔心找不到藉口。」李淵當然沒有輕易答應。

通過楊文幹反叛這件事，李淵認為建成、元吉和李世民一起在長安難以相容，必然加劇紛爭，打算派李世民鎮守洛陽。李世民也認為洛陽地勢優越，一旦發生變亂，自己能離京據守此地，所以事先就讓行臺工部尚書溫大雅鎮守洛陽，派遣秦王府車騎將軍張亮率領親信一千多人前往洛陽，暗中結交山東的豪傑人士以待時勢的變化，並拿出大量金銀布帛供他們使用。當李世民準備出發時，李建成和李元吉互相商議說：「如果秦王到洛陽，擁有土地和軍隊，便再也不能夠控制了，不如將他留在長安，他只是一個獨夫而已，捕捉他也是很容易的。」商議既定，便暗中安排讓人祕密上封事給李淵說：「秦王身邊的人們得知前往洛陽的消息，沒有不歡喜雀躍的，察看秦王的意向，恐不會再回來了。」李淵身邊的大臣們也以世民去留的得失利弊勸說他，李淵最後改變了主意，這件事也就半途擱置了。

　　李淵晚年很寵愛身邊的嬪妃，諸子封為小王的就有二十人，這些小王的母親都爭相結交年長的王子來鞏固自己的地位。李建成和李元吉對高祖的諸妃嬪曲意奉承、討好獻諛，饋送贈予無所不有，希望通過她們求得皇上的寵愛。李建成和李元吉二人對高祖的張婕妤、尹德妃大獻殷勤，作為回報，諸妃嬪都爭著稱讚李建成和李元吉仁厚待人，而詆毀李世民高傲無禮。那時，李世民所發布的「教」與高祖發布的「敕」、太子發布的「令」同時通行。李世民平定洛陽，高祖讓寵幸的貴妃們到洛陽去挑選宮中美女和收取府庫所藏的珍貴物品，貴妃等人私自向李世民求索寶貴物品和為他們的親屬求官，李世民說：「寶貴物品都已登記在冊上報朝廷了，官位應該授給有賢德才能和有功勞的人。」沒有答應她們的要求，因此妃嬪們憎恨他沒有禮待。李世民因為淮安王李神通出征有功，賜給田地幾十頃，張婕妤請求高祖下手敕把這些田賜給她的父親，李神通以為李世民的教是先發的，堅決不讓給他，張婕妤便把這事告訴高祖說：「皇上敕令賜給妾父的田地，被秦王奪去給了李神通。」高祖發怒，責備李世民說：「難道我的手敕不如你的教嗎？」過了些時，高祖對左僕射裴寂說：「這孩子長期領兵在外，受書生們教唆，已經不是過去那個樣子了。」尹德妃的父親阿鼠很驕橫，有一次秦王府的官員杜如晦從他門前路過，阿鼠的家僮數人把杜如晦拉下馬毆打，並打斷一根手指，說：「你是什麼人？膽敢在我門前經過而不下馬？」阿鼠怕李世民告狀，搶先讓尹德妃對李淵說：「秦王的親信欺凌我的家人。」李淵又生氣、又惱怒，責備李世民說：「你屬下親信的人連我妃嬪的家屬都要欺凌，何況老百姓呢！」李世民反覆為自己辯解，李淵始終不相信。

　　還有一次，李世民在宮中侍宴，面對諸妃嬪觸景生情，便思念起母親太穆皇后死得太早，沒有得見高祖有天下，也沒有享受到厚福，便歎息流淚，李淵看見很不高興，諸妃嬪們乘機向李淵詆毀李世民說：「國家幸好太平無事，陛下年事已高，應該多舒適娛樂，秦王每次在座都獨自流淚，這是憎恨我們，陛下萬年以後，我們母子必定不為秦王所容！」因之互相哀憐哭訴，又為建成說好：「皇太子仁義孝順，陛下把我們母子託付於他，必能

得到保全。」李淵聽了不禁為之心動，對李世民漸漸疏遠，對建成和元吉則日益親近。

據記載，高祖到城南圍獵，讓太子、秦王、齊王都隨同前往。李建成有匹胡馬，膘肥體壯，但是性情悍烈，喜歡尥蹶子，他把這匹馬交給李世民說：「這匹馬跑得很快，能夠躍越幾丈寬的深澗，大弟善於騎馬，可騎上試試看。」李世民騎上去追逐野鹿，這馬忽然暴跳起來，李世民躍身跳下，站立在數步以外，當馬站立起來後，他又騎上這匹馬。這樣反覆三次。李世民對宇文士及說：「太子想借助這匹馬來殺害我，死生有命運主宰，難道他就能夠傷害我嗎？」李建成聽了，告訴妃嬪們，妃嬪們添油加醬對高祖李淵說：「秦王自己說，上天授命於我，正要讓我去當天下之主，怎會白白地死去呢？」李淵聽了非常生氣，先召來建成和元吉，然後召李世民入內，責備他說：「誰是天子，自然會有天命授予他，不是人的智力就可求得，你謀求帝位怎麼這樣急切呢？」李世民摘去王冠伏地叩頭，請求把自己交執法部門查訊證實，李淵仍怒氣不消。

又有一天夜間，李建成召李世民飲酒，李世民突然心臟暴痛，淮安王李神通扶持他回到西宮。高祖來到西宮詢問李世民的病，命令李建成說：「秦王素日不善於飲酒，從今以後你再不得與他夜間飲酒。」李建成是否想借喝酒製造李世民醉酒暴卒的場景，史家記載頗為曖昧。

以上兩件事未必可信，但反映了建成、元吉與世民的矛盾已經到了你死我活的地步。

在招攬人才為己所用方面，李世民獨得優勢，在他的幕府中，可說是謀士如雲、猛將如雨。李建成和李元吉也不甘心落在人後，他們各自樹立黨羽，拉攏和排擠李世民的文武屬官。李建成、李元吉因為秦王府中驍勇將領很多，便想方設法誘惑他們為己所用。秦王府左二副護軍尉遲敬德勇猛絕倫，建成把一車金銀器贈給他，並寫信與他攀交情說：「希望得到長者的眷顧，以便加深我們間布衣時的交情。」尉遲敬德嚴詞相拒說：「我尉遲敬德是蓬門小戶的人，遭受隋末戰亂，長久淪落在叛逆的環境裡，罪不容

赦。蒙秦王賜我再生之恩，在王府中注籍為官，唯有以死相報。我對於殿下未曾立下尺寸之功，怎敢接受這樣重的賞賜？倘若我私下與殿下交往，就是對秦王懷有二心，是貪圖財利而忘掉忠義，這樣的人對殿下又有什麼用處？」李建成大怒，遂和他斷絕往來。不久，李元吉派勇士在夜間去刺殺尉遲敬德，尉遲敬德知道後，把各重門都打開，安然倒臥在床而不動，刺客屢次到他庭院中探視察看，終不敢冒然進去。李元吉向高祖誣告左一馬軍總管程知節，高祖把程知節派往康州（今廣東肇慶市德慶縣）做刺史，程知節誓死不去，暗保秦王。李元吉又以金帛誘惑右二護軍段志玄，段志玄也不肯順從。李建成對李元吉說：「秦王府的智謀之士中，值得忌憚的獨有房玄齡、杜如晦了。」他們又向高祖進讒誣陷說房、杜二人圖謀兩宮，高祖下詔把他們驅逐出秦王府。

　　在排擠秦王李世民屬下的同時，李建成東宮內也有一些文臣武將，文官有王珪、魏徵等，武將有薛萬均、薛萬徹、馮立等，可說也是人才濟濟。另外，還暗中讓右虞候可達志向燕王羅藝調集幽州突騎三百人，暗中安置在宮東各坊市中，準備用來補充東宮宿衛以應變，為太子所依靠的親信燕王羅藝，以防備突厥為名出任邠州都督，作為近京外援，緊急時可以相倚。通過長期經營，李元吉的齊王府中也有一批精兵猛將。

　　面對太子李建成和齊王李元吉咄咄逼人的氣勢，秦王李世民一方面極力辯解，另一方面也在採取措施準備在時機成熟的時候發動致命一擊，奪取太子甚至是皇帝的位子。李世民重用十八學士中蘇世長、于志寧、顏相時等人，為其出謀劃策，又收羅宇文士及、杜淹等一些有才能的人到天策府兼官，使這些人既能為自己服務，又防止被太子利用。李世民還千方百計加強秦王府兵力，處心積慮地拉攏玄武門等皇宮的禁衛軍官為自己服務。

　　建成、元吉與後宮日夜向李淵說世民的壞話，李淵準備加罪世民，陳叔達進諫說：「秦王有大功於天下，不可廢黜。而且他的性格剛烈，如果加以挫抑，恐不勝憂憤，若由此不測之病，陛下悔之何及！」李淵聽此進說，暫時忍耐下來，沒有加罪深究世民。

第五十一回
玄武門外喋血陳兵　弘義宮內嬗位交權

　　太子李建成和齊王李元吉聯合起來與秦王李世民明爭暗鬥，到了武德九年（626年）六月，這種鬥爭已經白熱化了，且有不可調和的趨勢。

　　當時，李世民的心腹謀士房玄齡、杜如晦已經被高祖下令調出秦王府，秦王府大將尉遲敬德、程知節等也自身難保，即將離開秦王府，調任他職。秦王府裡面亂作一團，人心慌慌。反觀李建成、元吉兩兄弟，經過長期經營，已經得到了皇帝李淵的支持和信任，後宮妃嬪也全力支持他們，一有消息馬上通報他們。東宮和齊王府的精兵也遠遠多於秦王府，文臣武將王珪、魏徵、薛萬徹、馮立等也非等閒之輩。以上種種情況顯然對李世民非常不利，這使李建成、李元吉過於樂觀地估計了形勢，過於相信自己的實力，沒有在大好形勢下對李世民採取果斷措施。李世民感到情況不妙，在不得已的情況下，被迫採取冒險計畫，孤注一擲。

　　此時秦王府謀士只有長孫無忌尚留在秦王府中，另外還有他母舅雍州治中高士廉以及驍將侯君集和尉遲敬德等少數人，他們日夜勸李世民殺建成、元吉。適值突厥郁射設領數萬騎兵駐紮在黃河河套以南，進入邊塞包圍烏城（今寧夏吳忠市鹽池縣境內），李建成薦舉李元吉督軍北征，高祖聽從了，命令李元吉督率右武衛大將軍羅藝、天紀將軍張瑾等前去救烏城。李元吉請求帶領尉遲敬德、程知節、段志玄及秦王府右三統軍秦叔寶和他一起前往，檢閱並挑選秦王軍中精銳的將士來增強兵力。這是釜底抽薪的計謀，用以削弱秦王的軍事實力。這時太子率更丞王晊已被秦王收買過去，他祕密向李世民報告：「太子對齊王說：『現在你得到秦王的驍勇將領和精悍的士兵，擁有數萬大軍，我和秦王在昆明池上給你餞行，讓壯士在帳幕

裡把秦王殺死，然後上奏皇帝就說他是突然死去，皇上不會不相信，我再使人進宮勸說皇上，讓他把國家事務交給我。尉遲敬德等人既然被你掌握，就可以把他們捕捉後活埋，那時還有誰敢不服？」李世民把王晊的話告訴了長孫無忌等人，長孫無忌等人警覺到事情不能再拖而不決，勸說李世民在事情發生前就先下手殺掉建成和元吉。

　　李世民將此事詢問秦王府中的僚屬，他們與秦王利益一致，都說：「齊王兇暴乖張，終久是不能奉事自己哥哥的。近來聽說護軍薛實曾對齊王說：『大王的名字，合起來則成為一個唐字，大王終久是要主持國家祭祀的。』齊王歡喜地說：『只要能夠除掉秦王，奪取東宮是易如反掌。』他和太子謀劃作亂還未成功，就已有奪取太子的心思，他作亂犯上的心沒有得到滿足，還有什麼事情做不出來呢？如果讓這兩個人得逞，恐怕天下就不再歸大唐所有。憑著大王的賢能，捉住這兩個人如同從地上拾起芥草一樣容易，為什麼還要像平常人一樣考慮小節，把國家的大計都忘了呢？」正當李世民還猶豫未作出決定、準備命卜者占卜一下是否可以行動時，幕僚張公謹匆匆地從外進來，拿起卜龜扔在地上說：「占卜是為了決斷疑難，現在事實擺在眼前，還占卜做什麼？如占卜結果不吉利，難道不採取行動嗎？」這一舉動終於使李世民下定決心，並定下行動計畫。

　　計畫定下之後，李世民採取的第一步措施便是召集心腹智囊房玄齡、杜如晦到王府中來一道進行具體策劃。他先派長孫無忌祕密去召房玄齡等，房玄齡為了堅定秦王決心，故意激他說：「皇帝敕旨不允許我們再服事秦王，現在如要私自前去謁見，必要獲罪致死，臣今日未敢奉命！」李世民聽了回報，不禁大怒，便摘下佩刀交給尉遲敬德，並命令尉遲敬德說：「房玄齡、杜如晦難道要背叛我？你去看看情況，如果他們沒有要來的意思，你可以砍了他們的頭拿來見我。」尉遲敬德和長孫無忌領命，去見房、杜二人，並告訴他們說：「秦王決心已定，你們趕緊進王府一起商議大事。我們四個人分別行走，避免被人盯哨。」房玄齡、杜如晦乃換裝易服，改穿上道士衣服，和長孫無忌先後進入秦王府，尉遲敬德也從別的道路回到秦王府。

核心人士聚齊後，便立即商議舉事的一些具體細節。

接著，李世民暗中向高祖奏陳李建成、李元吉淫亂後宮嬪妃，並說：「臣絲毫沒有對不起兄弟的地方，現在他們打算殺死我，似乎是為王世充和竇建德報仇，我現在含冤而死，永遠離開父皇陛下，魂魄歸於地下，實在恥於見到王世充等那些賊人。」這話說得夠厲害，既是陳情表示冤屈，決不能「功將仇報」；也是破釜沉舟地痛下決心，表示自己與建成、元吉是誓不兩立了；至於淫亂後宮乃是亂倫犯上的大逆行為，更是從背後戳向高祖心坎的一刀。高祖心情沉重地望著李世民，頓時感到驚訝不已，回答說：「明日找他們兄弟倆審問此事，你及早前來參奏。」在得到高祖承諾明天早朝處理此事的訊息後，李世民趕快回到秦王府，策劃兵變準備。

李世民事先已經祕密收買了玄武門守將常何。常何原是瓦崗軍首領李密的心腹將領，在滎陽大海寺之戰中，他奮勇殺敵，曾立下汗馬功勞。後來李密失敗，他也隨李密投降了唐政權。李密叛唐被殺後，常何沒有被處分，反而被提拔為禁軍將領，委以把守宮城北門——玄武門的重任。玄武門位置十分重要，是進入皇宮的北門，也是禁衛軍的駐屯之地。因此，在李建成與李世民的鬥爭過程中，雙方都在爭取常何的支持。玄武門之變前，李世民祕密結交常何，就是為了今日之用。他祕密派遣心腹告訴常何嚴備宮門防衛，不得讓東宮及齊王府人員進入，常何奉命而行。這成為李世民發動玄武門變亂，殺掉李建成、李元吉的關鍵一招。

第二天凌晨，李世民率領長孫無忌等人，在玄武門內埋伏下秦王府精銳甲兵。早在前一天晚上，張婕妤已得知李世民的表章內容，急忙暗中告訴李建成。李建成召來李元吉商議，元吉說：「應當率領東宮和齊王府中兵力，託稱有病，不去上朝，等待觀察形勢後再作計較。」李建成說：「兵力的戒備已經嚴辦，我和弟弟應當一起入朝參見，親自探問消息。」議定之後，二人聯轡一同入朝，直奔赴玄武門。這時皇帝已召來大臣裴寂、蕭瑀、陳叔達等人，準備徹底解決這件事。

李建成和李元吉騎馬走到臨湖殿，覺察出氣氛有點不對，便緊扣馬腹

向東奔跑，準備返回東宮和齊王府。這時李世民帶領人馬已經緊跟了上來，在後面呼喊，李元吉回馬張弓搭箭去射李世民，由於心急，連續拉了三次弓都未能射出去。李世民僅用一箭就射死了李建成。這時尉遲敬德帶領七十多名騎兵相繼趕來，他身邊的將士把李元吉射下馬來。李世民的馬驚跑到樹林中，被樹枝掛住，墜地不能起身，李元吉拍馬趕到，奪過弓來準備扼死他。尉遲敬德躍馬趕來大聲叱責，李元吉大驚，只得步行去武德殿，被尉遲敬德追趕上射死，斬下首級。

　　玄武門內兄弟相殘殺的凶聞傳到了東宮和齊王府，建成心腹翊衛車騎將軍馮立聽說李建成被殺驚愕萬分，歎息說：「豈能生時蒙受他的恩惠，死了就逃避他的禍災呢？」於是和副護軍薛萬徹、左車騎謝叔方等糾集東宮、齊王府精兵二千人殺奔玄武門而來。秦王府將軍張公謹膂力過人，他親自率領左右關閉了玄武門，阻擋馮立等人進入門內。玄武門守將雲麾將軍敬君弘掌管宿衛兵駐紮於玄武門，他挺身而出準備交戰，和他親近的人阻止說：「事情還未見分曉，姑且觀察事態的發展變化，等到兵力集中、結成陣列再戰也不為晚。」敬君弘不聽，便和中郎將呂世衡大呼一聲奔向前去與二府將領廝殺，但寡不敵眾，全都被薛萬徹等所殺。由於玄武門將士的堅守，薛萬徹等奮力戰鬥持續好久，終未能攻入玄武門。薛萬徹播鼓呼喊著欲回兵進攻秦王府，秦王府將士們大為恐懼，這時尉遲敬德提著李建成和李元吉的頭顱出示給薛萬徹等人，並宣下高祖旨意叫他們罷兵各自回府。這樣東宮、齊王府的兵馬立即潰散，薛萬徹和數十騎逃亡進入終南山。馮立既殺死敬君弘，對他的手下人說：「這也可略微報答太子了。」遂丟下兵器，遁逃到村野中去安身。

　　玄武門內外格鬥正酣，高祖和手下大臣們正在皇宮內的海池中泛舟，等待著三個兒子的到來。不久，鼓噪聲、吶喊聲由遠而近，高祖不禁驚問外面在吵鬧什麼，可是高祖最後等到的卻是穿戴鎧甲、拿著長矛威風凜凜的尉遲敬德。尉遲敬德入宮的任務是擔任宿衛，也就是先控制住皇帝，防止節外生枝。高祖見到尉遲敬德帶領著一批勇士闖入禁中，大為震驚，知

道事情不妙，問道：「今天作亂的人是誰，卿到此來要做什麼？」尉遲敬德凜然回答說：「因為太子和齊王作亂，秦王已起兵殺了他們，秦王擔心驚動陛下，派臣前來警衛。」高祖聞聽此言，心裡面翻江倒海，悲痛不已，對著裴寂等人說：「不料今日竟然會出現這種事，怎麼辦才好？」蕭瑀、陳叔達看到事已至此，也就順水推舟，建議說：「太子和齊王原本就沒有參與反隋的倡議和謀劃，又無大功於天下，他們嫉妒秦王功高望重，在一起策劃罪惡陰謀。現在秦王已誅殺了他們，秦王的功勞可稱可頌，為全國各地人心所歸，陛下如果決定立秦王為太子，把國家政務委託給他，就不會再發生事端了。」高祖無奈，只得點頭說：「好，這是我向來的心願。」當時宿衛兵、秦王府兵與兩宮的親信交戰還未結束，尉遲敬德請求高祖頒布親筆敕令，命令各軍一併由秦王來處置，高祖聽從了這個意見。天策府司馬宇文士及從太極殿東上閣門出來宣布敕令，這樣大家才釋仗四散，局面遂安定下來。高祖又讓黃門侍郎裴矩前往東宮，告諭諸將士並解除職務。如此安排過後高祖乃傳召李世民前來，對他說：「近些日子以來，出現曾母誤聽曾參殺人而放棄織機逃走的疑惑。」意思是說，我誤聽了讒言，險些殺害你這個孝順兒子。李世民跪下來伏在高祖胸前，放聲慟哭了很久。

接著，李建成的兒子安陸王李承道、河東王李承德、武安王李承訓、汝南王李承明、鉅鹿王李承義，李元吉的兒子梁郡王李承業、漁陽王李承鸞、普安王李承獎、江夏王李承裕、義陽王李承度全遭誅殺，還取消他們在宗室屬籍上的名字。李世民還納了貌美的齊王李元吉的妃子為側妃。

殺了東宮、齊王所有的後裔，秦王府的將領們還準備把建成和元吉的一百多名親信將士都殺掉，並籍沒他們的家產。尉遲敬德力爭說：「罪過都在兩個元兇身上，既然已經伏法處死，倘若再連累他們的旁支黨羽，就不是謀求安定的作法了。」因此才停止了追殺。

高祖悲傷已極，再也無心聽政了，就在六月四日當天下詔說：「自今大赦天下罪囚，犯凶逆的罪名僅在於建成和元吉二人，其餘黨羽一律不加追問，國家各項政務全都聽候秦王處理。」聽到朝廷的赦令，馮立、謝叔方、

薛萬徹等都先後出來自首，李世民指示說：「這些人都是能忠於他所奉事的主子，他們個個都是義士啊！」於是把他們釋放並命有司量才錄用。李世民知道建成府僚王珪、魏徵很有才能，不僅沒有處以刑罰，反而以禮相待，任命魏徵為詹事主簿，任命王珪為諫議大夫，做他的隨侍諫臣。

　　玄武門之變過後幾天，高祖手敕立李世民為皇太子，又下詔說：「從今日起一切軍隊和國家的各項事務，無論大小，全都交付太子處理決定，然後再聽取奏報。」

　　秩序既定，到了初秋，李世民論功行賞，初步調整了朝廷文武兩班：以原來秦王府將領秦叔寶為左武衛大將軍，程知節為右武衛大將軍，尉遲敬德為右武候大將軍，侯君集為左衛將軍，段志玄為驍衛將軍，薛萬徹為右領軍將軍，張公謹為右武候將軍；以高士廉為侍中，房玄齡、宇文士及為中書令，蕭瑀為左僕射，長孫無忌為吏部尚書，杜如晦為兵部尚書，杜淹為御史大夫。「玄武門之變」後秦王府功臣全部位列朝廷重要位置。

　　八月，高祖李淵傳位於太子李世民。李世民即皇帝位於東宮顯德殿，是為唐太宗。李淵加尊號為太上皇，開始了退享晚年的生活。

第五十二回
高開道亡命奔突厥　反涇州羅藝遭伏誅

武德四年（621年），大唐既消滅了東都王世充及河北竇建德兩大稱王的勢力，河洛一帶已告平定，但在北方沿邊，烽火未息，戰鬥仍不時地爆發。

早在武德三年（620年）十月，竇建德進攻幽州，羅藝勢不能敵，向高開道求援，高開道率領兩千騎兵援助。此後，高開道決定通過羅藝降唐。這年冬天，李淵賜高開道李姓，封北平郡王，授蔚州（今山西大同市靈丘縣）總管。

武德四年冬，北方漁陽沿邊一帶發生饑饉，百姓凍餒。高開道所據幽州，倉庫積穀尚多；羅藝所在的漁陽，存糧不足，百姓嗷嗷待食。羅藝與高開道郡境毗鄰，希望他能接濟糧粟，遣使向高開道求助，高開道答應輸粟供應。不久，羅藝又發遣老弱男女，前往就食。開始時，高開道以禮厚待，十分慷慨，羅藝欣喜友鄰相助，鬆於戒備，不日又發兵三千、車輛數百、馬驢千頭再次前往幽州請粟。哪知高開道心懷叵測，居然把羅藝派遣來的車馬、人口留住不放，又北聯突厥，公開與羅藝斷絕關係，復稱燕王，又聯結河北的劉黑闥，雙方共同聯兵入侵羅藝轄境。高開道命將攻打易州，易州堅守，高軍攻打不下，設計遣將軍謝稜向羅藝詐降，請兵接應。羅藝應期遣將接應，突然遭到謝稜反擊，羅藝軍大敗。接著高開道為嚮導，引突厥騎兵為後繼，一齊向南推進。這時已歸順於唐的恆州、定州、幽州、易州等地先後遭到突厥鐵騎蹂躪，損失慘重。頡利可汗見高開道獲勝，軍隊又擅長攻城，約高開道聯手共同攻取軍事要塞馬邑。

唐軍集中兵力，進行大規模的反擊戰，相繼收復先前已失陷的諸州。

高開道眼見大勢已去，心欲降唐，但又自覺先前投唐後反覆、聯結突厥為敵，已經得罪於唐，又想恃仗著突厥勢力作為自己的後援，抱著僥倖希圖自立於一方，與唐繼續對抗。但是時過境遷，今日唐廷已平定大半江山，戰爭日消，和平日近。高開道的部屬多數是山東人，離開本土已久，思歸鄉里，不願與唐軍為敵繼續戰鬥下去，人心的浮動使高開道一籌莫展。

高開道的宿衛軍是由他從軍隊中挑選精銳勇健的兵士組成的，其核心則是他重點培養的數百名養子。高開道視之為親信，給以豐厚的待遇，使他們守衛閣門之下。劉黑闥失敗，其勇將張君立率部投奔於高開道，高開道以他驍勇誠信，命他與自己的愛將張金樹一起分別督領宿衛軍。兩人見高開道執迷不悟，不願投唐，彼此相議要棄暗投明，殺高開道向唐請功自保。

安排既定，張金樹暗中命令左右數人與高開道的養子以賭博作遊戲，使他們放棄警惕，鬆懈不作防備。到了晚上，暗中潛入至閣門之內，把高開道防身所用的弓弦拉斷，又把宿衛軍所用的刀矟搬移在所臥的大床底下。及至三更時分，天色昏暗，人跡稀有，張金樹率領所從徒黨鼓噪吶喊而進，把先前藏在床下的武器悉數搬出。諸養子見情況有異，準備戰鬥，奔至帳內尋找刀矟，可是刀矟已不見了。此時，張君立另率一部在外城以舉火為號作接應，內外俱起，火光燭地。高開道帳下大亂，養子們失去武器，難以作有效的對抗，在勢窮力竭之際，也就紛紛向張金樹繳械投降了。

高開道聽到亂哄哄的喧嘩聲，知道情況不妙，又見諸養子宿衛軍棄戈投敵，心想這一生完了。但他氣色不餒，身上披著盔甲，手中執著戈矛，據坐在大堂之上，身邊坐著妝飾齊整的妻妾，兩旁排列著一班女伎，吹奏彈唱著音樂，高開道自執酒尊，飲酒自如。張金樹進入帳中，見到高開道如此模樣，不覺心中一驚，他不敢向前，只命左右緊緊把守在閣門內外，等待高開道自斃。天色既明，高開道自料挨不過日子了，乃先縊死他的妻妾及諸子，然後橫刀一勒，自刎而死。張金樹率領親信士兵各處搜捉高開道的諸養子，把他們全部殺光，無一保留。緊接著，張金樹又火拼了張君

立部，把他斬首，歸命於唐廷。

高開道自起兵經過八年後而滅亡，唐以其地改稱嬀州，以張金樹殺敵獻地有功，封他為北燕州都督。

再說羅藝歸唐後多次出兵與竇建德交戰，屢有所斬獲。武德四年，唐軍攻打東都洛陽，竇建德為洛陽王世充盟友，親自率軍前來救援。氾水一戰，軍隊大敗，建德受傷被生擒活捉，唐廷處死了他。建德舊將劉黑闥不願附屬於唐，收集離散的軍隊，重新集結力量，從唐軍手中奪回以前失陷的郡縣。武德五年（622年），秦王李世民出兵討擊劉黑闥，羅藝奉詔，命其弟監門將軍羅壽統兵從秦王征戰，又自率數萬精兵破劉黑闥之弟劉十善及建德舊將張君立於徐河，俘斬八千人。次年，劉黑闥向突厥請兵援助，突厥發動大軍南下，以劉黑闥為前鋒，進寇河北諸郡縣。河北戰火復燃。

這次唐派遣太子李建成為帥，統兵前往河北討伐劉黑闥，羅藝奉詔率軍與李建成會兵於洺州。李建成為擴大自己的政治和軍事實力，對羅藝厚禮相待，且諷喻羅藝入朝。羅藝投桃報李，應允入朝長安，唐拜其為左翊衛大將軍，以酬助討劉黑闥及獻地之功。

羅藝自負對平定河北作出貢獻，又得到李建成的重視，官拜大將軍，權高位重，顯出自傲不恭的脾氣。他對唐廷的一些官員並不買賬，對秦王左右軍將亦不客氣，軍中或有犯事的人，他動輒厲聲斥罵，不講情面。高祖李淵見其踞傲難治，有意施壓，一度把羅藝關押起來以示警告，讓他能悔過自新。後來因突厥舉兵侵犯邊境，李淵需要久臨疆場有經驗的戰將統率軍隊指揮作戰，且欲藉羅藝的威名震懾突厥，遂命他以本官領天節軍將，鎮守涇州（今甘肅平涼市涇川縣）。太子建成亦欲借其外援之力，對抗李世民的搶班奪權。

武德六年（623年），李世民發動了玄武門之變，殺死其兄建成及弟弟齊王元吉，登基即位，是為太宗。羅藝是太子的黨羽，心中懷著憂懼，害怕被清肅而身家難保，暗中與心腹軍官密議，欲圖反叛唐廷以自救。乃詭稱閱兵，軍隊既集合完畢，他詐稱奉密詔入朝，遂拔隊南下。行到邠州（今

陝西咸陽市彬縣），州官治中趙慈皓出城迎候，羅藝突然劫持趙慈皓一行人等，擁兵入據州城，正式宣布反唐。

李世民得報羅藝造反的消息，詔命長孫無忌和尉遲敬德統兵出擊。大軍尚未到達邠州，趙慈皓與統軍楊岌共謀為唐軍內應，誅討羅藝。羅藝發覺，生縛趙慈皓，楊岌統軍駐守城外，聞變後立即率兵來攻。羅藝造反，出師名義不正，士兵知道真相後多不願跟從造反，成為犧牲品。羅藝雖有一身本領，勇於戰鬥，但軍心離散，不願再戰，故一觸即潰。羅藝戰敗，拋棄家小妻子，率從騎數百逃奔突厥帳幕而去。可是當他北抵寧州（今甘肅慶陽市寧縣）時，從騎日減，羅藝見大勢已去，走投無路，為其親信所殺，傳首於長安市以示軍民。其弟羅壽此時為利州（今四川廣元市利州區）都督，受到牽連，亦遭殺害。羅藝在隋末唐初英名蓋世，因參與建成和世民的內訌，最終以謀反伏誅，一世英名隨之毀敗，由英雄而淪為叛將。至於舊小說、戲劇中所演繹的北平王羅藝及其子羅成、其弟羅松的故事，則純屬於子虛烏有，不可當真而落入其套中。

第五十三回
梁師都敗亡朔方城　苑君璋降唐授官爵

梁師都在大業十三年（617年）於朔方郡（今陝西榆林市靖邊縣統萬城遺址）聚眾起兵反隋之後，自稱皇帝，又接受了突厥授給的大度毗伽可汗、解事天子的封號，以及專征的大旗狼頭纛。他有強悍的突厥撐腰作後盾，膽大氣粗起來，自告奮勇引著突厥軍隊入侵河套以南之地，攻占了鹽川郡（今陝西榆林市定邊縣）。武德二年（619年）梁師都又引兵攻靈州（今寧夏銀川市靈武市），又攻延州（今陝西延安市寶塔區），為唐行軍總管段德操所敗。及劉武周兵敗，梁師都手下大將張舉、劉旻等又降唐，梁師都見形勢不妙，急忙派遣尚書陸季覽去遊說突厥處羅可汗，言道：「近日中原喪亂，分為數國，勢孤力弱，所以比附突厥。今武周既滅，唐國益大，梁師都甘從破亡，恐亦次及可汗。願可汗行魏孝文帝故事，遣兵南下，梁師都願為嚮導。」處羅可汗被說動了心，準備發兵南侵，卻意外死亡，梁師都擬定的進兵之事，只好擱置下來。

到了武德五年（622年），北方大定，唐命李道宗為靈州總管守邊。梁師都派遣其弟弟梁洛仁帶領數萬突厥軍隊西向包圍靈州。李道宗拒守後出兵反擊，大破敵軍，乘勝追逐，把先前失陷的五原郡收復，開拓北邊疆土一千多里。

梁師都勢力日衰，其部將陸續降唐，但他野心不死，投靠突厥新立的頡利可汗，替他出謀劃策並充當嚮導。武德九年（626年），突厥鐵騎深入到渭北，前鋒進窺到渭水便橋，便是出於梁師都之謀。

貞觀初，天下大定。頡利可汗派遣使者來到長安，請求彼此和好，並提出用梁師都換回投唐的契丹。太宗對使者說：「契丹和突厥並不是同出一

族，今契丹來歸順大唐，你們有什麼理由討回他們？梁師都是中國的漢人，侵占我大唐的土地，欺壓我大唐的百姓，可汗接受他，還庇護他。我們出兵進行討伐，你們又轉過來救援他。現今梁師都已像魚游釜底，何怕他不被我軍消滅，即使一時得不到他，也終究不會用歸順的契丹百姓去交換。」在此之前，太宗知道突厥發生內亂，已不能庇護梁師都，便去信曉諭他歸順。梁師都已成過河卒子，執意不從。太宗派遣夏州都督長史劉旻、司馬劉蘭成尋機剿滅他。劉旻等人幾次派輕騎踐踏梁師都所占土地上的莊稼，又多次使人離間他們君臣間的關係，取得了效果。梁師都手下名將李正寶等密謀反戈，捉住梁師都，事情洩露，投奔唐朝。此後，梁師都內部上下之間互相猜疑日益增加。劉旻等見有機可乘，上表請求出兵，太宗派遣右衛大將軍柴紹、殿中少監薛萬均進攻，又讓劉旻等據守朔方東城加以進逼。梁師都帶引突厥兵到朔方城下，劉蘭成偃旗息鼓，按兵不出。梁師都勢窮力微，夜間開城出逃，劉蘭成以兵追擊，大破梁師都軍。突厥徵調大量兵馬來救援梁師都，與柴紹等所率兵馬在離朔方城幾十里的地方相遇，唐軍奮力拼殺，大敗突厥軍，進而包圍了朔方城。外援既斷，城中又絕糧，眼見無法再支持下去，梁師都的堂弟梁洛仁殺了梁師都以城投降，唐在此地建夏州。

在隋末群雄中，梁師都割據朔方先後十二年，歷時最久。但時勢如大浪奔流，泥沙俱下，梁師都認突厥為君，為其充當侵唐的馬前卒，畢竟落得兵敗身亡的可恥下場。

在北方沿邊，仍有劉武周大將苑君璋據馬邑（今山西朔州市朔城區）自守。苑君璋乃是馬邑豪族，久處邊地，很有人脈，為人勇敢矯健，有智有謀。劉武周興兵南下入寇唐境之際，苑君璋曾經進行勸阻，那時劉武周正當氣盛，軍鋒甚銳，野心勃勃，根本聽不進苑君璋相勸的話，只是派他把守馬邑，自己親引大軍南侵，一年間與唐軍多次激戰於山西中南部的汾水河谷。但是劉武周久戰不利，唐軍則援軍不斷增進，劉武周又運糧受阻截，軍隊乏食，士卒離心，部將陸續倒戈向唐軍投降。劉武周大敗計窮，只得

與苑君璋等少數心腹親信向北馳往突厥以求庇護。

劉武周既死，突厥以苑君璋為繼承人，命他以大行臺統轄劉武周舊部，使突厥小王郁射設監軍，與劉武周舊將高滿政一起，乘著黑夜偷襲代州（今山西忻州市代縣）。代州軍民堅守，苑君璋勢不能逞。唐廷乘苑君璋勢弱，遣使招撫，賜其免死鐵券，允許授以官職。苑君璋拒絕來使勸降，興兵再攻代州，且夕之間，未能攻下。高滿政分析天下形勢，已無再起的可能，他向苑君璋勸說道：「突厥是夷狄虎狼之輩，無禮可言，怎可向他北面稱臣？不如殺郁射設等，以部眾歸降於唐。」苑君璋以為這是背信棄義的行為，不從其說。

唐前并州總管劉世讓熟悉北方邊情，入朝長安，高祖問他備邊之策，劉世讓對答說：「突厥近來多次入侵，都是以馬邑作為休整進食的地點，若南下侵掠，則崞縣當其要衝。臣下建議派勇將戍守崞城，多貯存些金帛，若招到突厥部眾投降則給予厚賞；再經常派騎兵到他的城下搶掠，毀壞他的莊稼，破壞他的日常生產，不出一年，敵人沒有糧食，必然會前來投降。」高祖贊同他的計策，答道：「除了你，還有誰是勇將？」當即命令劉世讓北返出兵守崞城。劉世讓的威望使馬邑人很懼怕。當時馬邑人多不願意歸屬於突厥，只是懾於兵威。高祖又派人招諭苑君璋，高滿政勸說苑君璋把所有突厥的守軍全殺掉降唐，苑君璋不聽。高滿政利用人心所向，夜裡帶兵襲擊苑君璋，苑君璋發覺後，棄家逃奔到突厥請兵，高滿政殺了苑君璋的兒子及突厥戍守的兵士二百多人，向唐軍投降。苑君璋不甘失敗，在取得突厥的支援後，與突厥將領前來欲奪回馬邑。高滿政據城迎戰，打敗了來敵進犯。唐廷以他歸順有功，任命為朔州總管，封為榮國公，又派遣右武候大將軍李高遷協助高滿政守衛馬邑。

苑君璋再一次捲土重來，又率突厥一萬多騎兵到城下，高滿政出擊打敗了他。頡利可汗發怒，親自出動大量兵馬來攻馬邑。李高遷見突厥鐵騎似潮水般湧來，不覺心生恐懼，乘著夜幕帶領所部二千人開關出逃，遭到突厥追擊，兵馬失散和死亡半數。頡利可汗親自指揮攻城，高滿政百計抵

抗，有時一天戰鬥十餘回合。行軍總管劉世讓出動兵馬救援馬邑，部隊到松子嶺，再不敢前進，回軍退保崞城。恰好頡利派使節向唐求婚，高祖說：「解除馬邑的包圍，才可以議婚。」頡利可汗想撤軍，義成公主堅持要求進攻馬邑，頡利可汗拗不過她，因高開道善於製造攻城器具，便召來和他一起猛攻馬邑。頡利可汗誘勸高滿政投降，高滿政大罵頡利，堅守城池。可是馬邑城中糧食將要吃盡，救兵未到，高滿政想突圍南奔，右虞候杜士遠以為敵兵強盛，恐逃脫不了，便殺了高滿政及其下屬二十多人，投降了突厥。

苑君璋所部皆是山西、河北一帶人士，厭倦戰爭，欲南歸故鄉，因此，日有三五成群的人，叛逃歸唐。苑君璋明白形勢，自忖再堅持與唐為敵，必將成為孤家寡人，乃向唐請求投降贖罪，願率所部為唐北邊屏障，防禦突厥入侵。唐廷以苑君璋願意歸降，派遣雁門人元普帶著文書賜以金書鐵券，約其來降。此時適逢突厥頡利可汗也想利用苑君璋制約唐廷，亦遣使來到恆安（即北魏故都平城，今山西大同市城區，故下文郭子威言其曾為王都）向苑君璋勸說。苑君璋兩難之間舉棋不定，這時他的兒子苑孝政向他勸說：「大人允許投唐，又不忍背棄突厥，這是自取敗亡。今日糧食缺乏，一旦食盡，大眾必懷二心，不立即決定，恐怕禍生不測、變起肘腋了。」孝政不忍心看到禍到臨頭，即日打點行囊，單騎離開恆安，南奔投唐。

苑君璋還是下不了決心，遣密使勸兒子孝政北還，又召集部下諸將領商議對策。這時有恆安人郭子威以鄉土立場表態：「恆安是以前王者之都，山川地勢足以固守。突厥方強盛，我等若相援相助，可以觀察天下之變，為何要急急忙忙向唐求降呢？」苑君璋贊同郭子威的計策，擇日把唐使元普囚禁，送交突厥汗庭。頡利可汗以苑君璋忠誠可信，遣使賜以錦裘、羊馬等物以作犒勞。突厥部將中有嫌忌苑君璋得可汗寵信，行反間之計，寫了書信一封，投於苑君璋門上，內容中寫有「不早附唐，父子必誅」。孝政欲自歸於唐，被苑君璋拘禁起來。不久苑君璋與突厥連兵進犯馬邑以南及太原諸地，北邊百姓迭經戰禍苦不可言。

　　此後不久，突厥政亂，又逢大雪連綿，牛羊多死。苑君璋知突厥勢衰，必將滅亡，乃改弦更張，統率所部向唐請降。頡利聞訊，發騎兵馳追，不勝而返。苑君璋被召至長安，李淵封拜他為安州都督。他出身武人，不曉習書史，但天資明敏，曉習邊事，在職有惠政，在軍民百姓口中有聲譽。他守邊多年，直到貞觀時病故。

　　勢，猶如決河的水。天下大亂，戍卒、亭長、屠販、走卒，皆可成為英雄；天下太平，無論王翦、白起、韓信、陳平，皆無能為力。唐的統一，英雄盡入彀中，這就是勢。苑君璋經歷複雜多變的政治環境，初時依突厥為靠山，最後能為唐守邊捍寇，得享天年，這是他的幸運。

第五十四回
李世勣揮軍討突厥　侯君集西進取高昌

　　自大業十一年（615 年）始畢可汗把隋煬帝圍困在雁門，由於漠北諸部族的反叛以及各地勤王救兵到來，突厥才解圍而去。此後，煬帝南巡江都，北部邊防空虛，突厥乘各地戰亂，不斷壯大自己。隋沿邊各地守將或反隋的力量難以對付強大的突厥，只好向突厥可汗屈膝稱臣，聽其號令，藉以取得其人馬的支持，無論是劉武周、苑君璋、高開道、梁師都，都仰仗突厥的卵翼，即使是高祖李淵也不例外。當時處於北邊的中原百姓為躲避戰亂多逃入突厥，受其庇護，突厥因之更加強盛，東邊從契丹、室韋，西邊到吐谷渾、高昌各國都紛紛臣服於突厥，其兵力強盛，擁有控弦之士百餘萬。唐高祖最初起事時就曾向突厥稱臣，借突厥的兵馬，此後每年都要送給突厥的物品無法計算。突厥自以為對唐建國有功，態度十分傲慢無禮，每次派遣使臣來長安，大擺架子、蠻橫不講禮，求索無厭，李淵為顧全大局，都給予優待和寬容。

　　武德二年（619 年）仲春傳來了始畢可汗死亡的消息，突厥汗位由始畢的弟弟俟利弗設繼承，是為處羅可汗。不久處羅又死去，處羅的兒子奧射設長相醜陋、身體虛弱，突厥族人重雄武勇健，義成公主遂廢除他，改立莫賀咄設為可汗，號為頡利可汗。始畢可汗的兒子什缽苾號為突利可汗，地位次於頡利可汗，為突厥小可汗。

　　唐廷對突厥的態度，隨著國內的基本統一和群雄基本削平起了變化。由開始對突厥的稱臣、妥協求好逐漸趨向強硬、講求對等，減少了贈送給突厥的財物，這樣雙方矛盾激化了。武德七年（624 年）八月，頡利、突利兩可汗傾全國兵馬南向侵犯唐朝，李淵命秦王李世民帶兵馬抵禦。李世民

和突厥在距離長安僅有一百公里的邠州相遇，頡利統率萬騎推進至邠州城西，結陣在五隴阪高地，將士們見突厥來勢兇猛，多數人主張堅守以待，李世民以為不能示之以怯，乃親自率領精銳騎兵數百名馳往敵人陣前，告知他們說：「我國家已與可汗和親，為何要違背盟約，深入我國境內？我是秦王，如果可汗能夠出來與我相鬥，就請出來獨自和我相鬥，倘若可汗讓大部隊一齊上來鬥，我就只用這一百多騎兵來抵擋。」頡利可汗摸不清李世民的底細，疑心李世民行誘兵之計，用百名騎兵挑戰而暗中伏兵進行合擊，只是笑了一笑而不回答。李世民復又挽彎略向前進，派遣騎兵告訴突利可汗說：「你往日和我結盟，約定有急難時互相救援，現在你卻率領兵馬攻打我，怎麼連點香火、立盟誓的結義情分都不講呢？」突利惟恐頡利有疑，對李世民所傳的話不理不睬，也不回答。李世民再次馳馬前進，表示要渡過河溝，頡利可汗見李世民輕裝出戰，又聽到關於結盟立誓的話，疑惑兩人另有圖謀，便派人來阻止李世民過河溝說：「秦王不必渡河溝前來，我沒有別的意思，只是打算和你重申原有的盟約罷了。」此時適逢久雨天氣，霖雨霏霏，路上泥濘難行，復加以潮濕的氣候使弓弦受到影響，突厥長於騎射的有利條件頓失。頡利又知自己出師無理，唐軍已有準備，便指揮人馬後撤。李世民又不失時機派人向突利陳述和戰的利弊得失，突利很高興，願意講和退兵。頡利打算出戰，突利以為不可，頡利這才願意妥協，派遣突利和大臣阿史那思摩前來見李世民，表示和親通好，化干戈為玉帛，李世民答應他們，於是雙方各自退軍。

武德九年（626年）八月，李世民做皇帝僅兩個月，頡利可汗又一次入侵唐境，前鋒推進到離長安西二十五公里處的渭水便橋北岸，派遣他的心腹執失思力入京進見，就便觀察虛實。執失思力高調聲稱：「頡利、突利二可汗領兵百萬，現在已經來到。」太宗斥責他說：「我和你們可汗當面約定和親通好，又贈送金帛，前前後後都無法計算。你們可汗自己違背盟約，率領兵馬深入我國內地，對我難道不感慚愧？你們雖是戎狄異族，也應當有人心，怎能把對你們的恩惠全都忘了？還自誇你們強盛。我現在先殺了

你。」執失思力見太宗發怒，叩頭請求饒命，蕭瑀、封德彝也請求按禮節放他回去。太宗說：「如果我現在放他回去，突厥以為我懼怕他們，就會更加肆意侵凌。」於是把執失思力囚禁在門下省。

太宗親自出玄武門，和高士廉、房玄齡等六人騎馬來到渭水上，同頡利可汗隔著渭水對話，責備他背負盟約。突厥諸酋未料到太宗會親自到來，大為吃驚，紛紛跳下馬來，圍繞太宗下拜行禮。不久唐軍相繼前來，旌旗盔甲遮遍原野。頡利可汗見執失思力沒有回來，太宗親自挺身而出，軍容又整齊而盛大，臉色有些恐懼。李世民指揮各軍退出一些地方列陣，自己仍獨自要和頡利交談。蕭瑀等見皇上有些輕敵，便勒住皇帝坐騎再三勸阻，李世民說：「朕已周密籌劃過，卿等還不了解其中用意。突厥之所以膽敢傾全國兵力直抵京城郊外，是以為我國內部出現禍難，朕又是新近即皇位，我軍不能抵禦他們的緣故。如果我軍向他們示弱，關閉城門防守，突厥必然放縱他的兵馬大肆搶掠，我們就會被動而不能遏制他。所以朕輕騎獨自前來，是要顯示看不起他們的樣子，又可向他們炫耀我軍的陣容，是要讓他們知道我軍肯定會出戰。朕的行動出於他們的意料之外，是要讓他們失去主張。突厥已經深入到我國疆土以內，就必然產生恐懼心理，所以如果我軍與他們交戰必能取勝，再和他們通好言和便能夠鞏固，制伏突厥就在此一舉，卿等著看吧。」果然不出李世民所料，就在當天，頡利可汗便遣使前來請求講和。太宗下詔允許了，數日後駕臨城西和頡利可汗定盟約於便橋之上，突厥如願後便率領兵馬回去。

最初，突厥人性情淳樸敦厚，政令簡樸疏略。頡利可汗得漢人趙德言，加以重用，趙德言專斷有大權，把突厥舊有風俗大加改變，所行政令也多繁雜而苛刻，突厥百姓開始不滿。頡利可汗又重用其他西域人而疏遠本族人，胡人貪婪無厭、反覆無常，干戈連年而無寧歲，又趕上天下大雪，深達數尺，牲畜很多被凍死，連年發生饑荒，百姓飢寒交迫，頡利可汗揮霍無度難以補給，加重了對各部落徵稅，因此上下怨聲載道，各部落多有叛變，軍事力量漸趨衰弱。同時在突厥高層，頡利可汗和突利可汗矛盾加劇，

頡利可汗進攻突利可汗，突利兵弱，向唐朝求援，受突厥控制的契丹酋長率領他的部落來降。形勢不斷地變化，使唐反擊突厥的機會來臨了。

貞觀三年（629年）冬，當突厥侵犯河西地區時，唐朝任命并州都督李世勣為通漠道行軍總管，兵部尚書李靖為定襄道行軍總管，華州刺史柴紹為金河道行軍總管，靈州大都督薛萬徹為暢武道行軍總管，各軍合在一起十多萬人，皆由李世勣節制和調度，分路出擊突厥。

次年春，李靖統率驍騎三千人從馬邑進駐惡陽嶺（今內蒙古呼和浩特市和林格爾縣境內），夜裡襲擊定襄城（今和林格爾縣），取得大勝。頡利可汗沒料到李靖出兵如此神速，大驚失色說：「唐軍不是傾全國兵力北來，李靖怎敢孤軍深入到此地？」突厥兵一日之內幾次受驚，無奈便把牙帳遷徙到磧口（今內蒙古錫林郭勒盟蘇尼特右旗西）。李靖又派遣間諜離間突厥的心腹部將，頡利可汗的親信康蘇密攜帶隋的蕭后及煬帝的孫子楊政道來投降唐朝。

同時，李世勣從雲中出兵，在白道（今內蒙古呼和浩特市回民區）和突厥進行大戰，大破突厥兵。二月，李靖在陰山大破頡利可汗。在這以前，頡利可汗既已戰敗，便逃竄到鐵山（今陰山之北），殘餘軍士還有數萬，派遣執失思力入朝向太宗謝罪，請求傾國內附，並表示要親自入朝抵罪。太宗派鴻臚寺卿唐儉等前去安撫他，又下詔命令李靖領兵去迎接頡利可汗。頡利可汗表面上言辭卑遜，內心還是猶豫不決，想等草青馬肥以後，再逃入大沙漠北部重整旗鼓。李靖率領兵馬在白道和李世勣會合，互相謀劃說：「頡利可汗雖然被打敗，他的兵馬還很強大，若是逃過磧北一帶，依靠回紇九姓，道路險阻而且遙遠，恐怕就難以追擊。現在朝廷使者到他營地，頡利必然覺得寬慰，如果挑選精銳騎兵一萬人，帶二十日糧草前去襲擊，不戰就可以生擒頡利。」並把這個計畫告知張公謹，張公謹說：「詔書已經接受他們投降，大唐使者已經到他那裡，怎麼能出擊呢？」李靖說：「當年韓信就是靠偷襲打敗齊國的，唐儉等人不值得憐惜！」於是連夜率兵出發，李世勣軍隨後跟進。當唐軍行軍到陰山時，遇著突厥一千多營帳，立即把他們全部俘虜，使隨軍前進。

　　頡利可汗見到大唐使者唐儉前來慰撫，十分高興，內心便安定下來。此時李靖派騎將蘇定方帶領二百騎兵為前鋒，乘著大霧祕密前進，到距突厥牙帳七里時，突厥兵才發現。頡利可汗乘快馬先逃，等李靖大軍趕到，突厥部眾紛紛潰敗。唐儉及時脫身回營，李靖軍隊斬殺突厥一萬多人，俘虜男女十多萬，獲得牲畜數十萬頭。殺了隋義成公主，生俘她兒子疊羅施。頡利可汗率領一萬多人想渡過沙漠北去，李世勣軍已先期守住磧口，頡利可汗兵眾到此，通不過去，只得束手就擒，他手下大酋長也都紛紛率領士卒投降。李世勣俘獲五萬多口而回，擴展疆土從陰山北到大沙漠。

　　唐軍把突厥頡利可汗押送到長安。太宗召頡利可汗來見，責備他說：「你藉著父兄立下的功業，驕奢淫逸自取滅亡，是第一罪；你幾次和我訂立盟約而屢次背盟，是第二罪；你自恃強盛而崇武好戰，造成白骨露野，是第三罪；踐踏我大唐的莊稼，掠奪我人民，是第四罪；我原諒你的罪過，保存你的社稷江山，你拖延不來朝見，是第五罪。然自從在渭水便橋訂盟以來，你沒有大規模入侵寇掠，因為這一點免你一死。」頡利可汗痛哭著謝罪退出宮去，太宗下詔讓他住在太僕寺，供給他豐厚的食物。

　　太上皇李淵聽說捉住頡利可汗，洗刷掉過去稱臣的恥辱，不禁大喜過望，並贊歎說：「當年漢高祖被匈奴圍困在白登城不能報仇，現在我的兒子能滅掉突厥，證明國家託付得人，還有什麼可憂慮的呢？」李淵興高采烈之餘，還召集太宗皇帝和顯貴大臣十多人以及諸王、妃子、公主等在凌煙閣置酒慶宴，當酒飲到興起時，太上皇李淵親自彈奏琵琶，太宗翩翩起舞，公卿大臣紛紛起身為他們祝壽，酒席一直擺到夜深始散。

　　到了貞觀五年（631年），突厥突利可汗來朝，太宗設宴於兩儀殿，與侍臣們一起宴請突利，與席者有淮安王李神通、長孫無忌、房玄齡、蕭瑀等人。席間，太宗心情舒暢，詩興大發，即席與眾侍臣們共賦七言柏梁體詩：

　　　太宗云：「絕域降服天下平。」

李神通云：「八表無事悅聖情。」

長孫無忌云：「雲披霧斂天地明。」

房玄齡云：「登封日觀禪雲亭。」

蕭瑀云：「太常具禮方告成。」

柏梁體是七言詩的一種聯句式文體。相傳漢武帝在柏梁臺上置酒和群臣聯句，酬唱聚歡，共賦七言詩，每人一句，每句用韻，一句一個意思，世稱柏梁體，後人沿襲而用之。這詩意十分明白，意指今日天下太平，君臣共樂，太常寺具禮儀，將要登泰山行封禪，告成功於天地神祇。有人寫《唐太宗傳》把眾人聯句說成是太宗一人所賦詩，就是說錯了。

突厥滅亡後，其屬下部落有的北附薛延陁（薛延陀），或者向西逃到西域，其中投降唐朝的尚有十萬人，太宗把突厥投降的民眾安置在東自幽州、西到靈州的廣大地區，把突利可汗原來所屬之地設置順、祐、化、長四州都督府，又把頡利可汗的地方劃分為六州，左置定襄都督府，右設雲中都督府，用以統轄這些地區的民眾。歲月流逝，到了貞觀七年（633 年）十二月，太宗隨從太上皇在未央宮設置酒席飲宴，太上皇命令頡利可汗起來舞蹈，又命南蠻酋長馮智戴詠詩，開懷地笑著說：「今日胡越等族都是一家，這是自古以來也沒有的事！」

北部邊境隨著突厥降附而肅清，但隋末脫離王朝而獨立的高昌國卻阻遏著西域諸國入貢的道路。高昌，原是晉時設立的一個郡名，在南北朝時才立為國。其國位於玉門關外今新疆吐魯番東哈拉和卓堡（今吐魯番市東南有高昌故城遺址），地處天山南路，是中西交通的要道。其國王麴伯雅在煬帝平吐谷渾、經營西域時歸附於隋，隋末天下亂離，戰爭不息，麴伯雅乘機鬧起獨立。唐高祖武德六年（623 年），高昌王麴伯雅死，王位由他兒子麴文泰繼承。貞觀之初，麴文泰尚歸附於唐，且一度到長安入朝。後高昌國勢漸強，與西突厥交通合作，麴文泰始改變對唐的態度。他為了壟斷絲路貿易，多次阻止西域諸國經過高昌境界向唐入朝進貢。

　　太宗既平突厥，自然與隋煬帝一樣想經營西方。他希望高昌王麴文泰能夠悔過，放棄鎖國政策，便下了一道璽書，對他曉示禍福利害，徵召他入朝，麴文泰恐懼，藉口有病不能到唐朝來。貞觀十三年（639 年）十二月，太宗決定以武力解決，派遣交河道行軍大總管、吏部尚書侯君集，副總管兼左屯衛大將軍薛萬均等領兵進攻高昌。

　　高昌王麴文泰聽說唐朝發兵前來討伐，滿不在意地對他的國人說：「唐朝距離我處有七千里，其中沙漠就有二千里，地無水草，寒風刮起來如同刀割一樣，熱風吹起來如同火燒一樣，怎麼能派大軍前來呢？以前我去唐朝，看見秦隴以北城邑都很蕭條，不能和隋朝相比。如今唐朝派兵來征伐，發兵多則糧草供給不上，三萬兵力以下，我們兵力足能制勝。我們以逸待勞，坐等著他們戰敗。如果他們陳兵城下，時間最多也不超過二十天，糧食吃盡了必然撤退，然後我們就可以出兵俘虜他們，還有什麼可憂慮的！」唐朝飛速進軍，麴文泰哪裡料想得到。他色厲內荏，心懷恐懼，及聽說唐兵已到磧口，他日夜憂懼不知怎麼辦才好，最後發病死去，他的兒子麴智盛繼立為王。

　　唐兵出磧口到柳谷水（今新疆哈密地區哈密市東），便立即渡河西向進軍，軍隊到達田城（即田地城，在今新疆吐魯番地區鄯善縣境內）時，侯君集便下書告訴高昌軍將開城投降。高昌軍將不應。清晨時分唐軍發動攻城，到了午間，城池被攻破，俘虜男女共七千多口。取得田城後，侯君集揮動大軍，馬不停蹄連夜疾馳，直逼其都城，高昌王出兵迎戰，被打敗。

　　麴智盛勢不能支，只得以乞降延緩時日，他給侯君集寫信說：「得罪大唐天子的是先王，由於上天的懲罰，他現在已死。智盛剛剛承襲王位不久，惟請尚書諒宥。」侯君集限令他立即出降，回信對他說：「如果你真的悔過，應當束縛雙手到軍門來謝罪。」智盛還是不出來，侯君集決計攻城，飛石如雨下，城裡的人都躲在房屋裡。侯君集又命士卒作巢車，高十丈，可以俯瞰城裡行人走動和飛石所能擊中的目標，又命人在巢車上高聲喊話，告知唐軍城中的虛實情況。在這以前，麴文泰和西突厥可汗約定一方有急難時

互相援助，西突厥可汗派他的葉護屯兵可汗浮圖城（今新疆昌吉回族自治州吉木薩爾縣北庭故城遺址），作為麴文泰的援助力量。及侯君集所率唐軍到來，西突厥可汗西逃，駐守在可汗浮圖城的西突厥兵向唐軍投降。救兵不至，麴智盛窘急無奈，只好開城門出來投降。侯君集分兵占據各地，先後共攻下二十二個城邑，獲得 8,046 戶，共有 17,700 口人，土地東西八百里，南北五百里。此時，正值貞觀十四年（640 年）八月。唐廷將高昌改名西州，改可汗浮圖城為庭州，並各設所屬的縣。後來又設置安西都護府於交河（今新疆吐魯番地區吐魯番市西有交河故城遺址），留下兵力鎮守。

侯君集俘虜高昌王麴智盛及他的臣屬回到京城，至此唐的疆域恢復到隋煬帝時極盛時期的規模：東到大海，西至焉耆，南達林邑，北抵大沙漠，都設置州縣，東西 9,510 里，南北 10,918 里。太宗厚待麴智盛，任命他為左武衛將軍、金城郡公，在朝奉職。自此之後西域門戶復開，絲綢之路暢通，中西交通進入一個新時代。

第五十五回
靖北邊諸部上尊號　消煙塵寰宇再一統

　　貞觀四年（630 年）突厥滅亡後，其屬下大部分降唐，太宗把投降的民眾安置在東自幽州、西到靈州的廣大地區，剩下部分有的北附薛延陀，有的向西逃往西域各地。

　　吐谷渾自隋煬帝出兵西海之後，伏允可汗逃亡，竄伏深山之中，隋政權在其地設置郡縣。隋末，伏允可汗乘著政局動亂，收復故地，屢擾隋邊境。唐初伏允可汗雖一度遣使入貢，但仍與突厥結盟，屢次侵犯邊境，太宗為邊境安寧派使者多方曉諭禍福，伏允終究沒有悔改的心思。突厥既平，唐太宗在貞觀八年（634 年）下詔，對地處唐廷西陲的吐谷渾展開大規模的反擊，任命李靖為西海道行軍大總管，統轄各路大軍。兵部尚書侯君集為磧石道行軍總管、刑部尚書任城王李道宗為鄯善道行軍總管、涼州都督李大亮為且末道行軍總管、岷州都督李道彥為赤水道行軍總管、利州刺史高甑生為鹽澤道行軍總管，各道並進。唐軍還聯合突厥契苾部的兵力攻打吐谷渾。

　　貞觀九年（635 年），任城王李道宗在庫山打敗吐谷渾兵，可汗伏允把野草全燒了，親率輕騎逃入沙漠。唐各將領都認為戰馬沒有草料疲弊瘦弱，不可以孤軍深入敵境。侯君集主張乘勝深入攻擊，他說：「現在吐谷渾被打敗，士兵都鼠逃鳥散，候望的哨兵已撤離，君臣背離、父子相失，攻取他猶如拾芥那樣容易，喪失這個機會，以後要後悔的。」李靖贊同他的進軍方略，把軍隊分為兩路：由李靖和薛萬均、李大亮統率北路軍，由侯君集和任城王李道宗統率南路軍，分兵挺進合圍。李靖的部將薛孤兒在曼頭山（今青海海南藏族自治州共和縣西南）大敗吐谷渾，斬殺吐谷渾的名王，獲得大量

牲畜，用以充當軍隊補給。李靖軍先後在牛心堆（今青海西寧市湟中市境內）、赤水原（今青海海南藏族自治州興海縣東）打敗吐谷渾。侯君集、任城王李道宗率領南路兵馬在杳無人煙的地區行進二千多里，此時氣候惡劣，盛夏時也會降霜，軍隊經過破邏真谷時，地方無水，人馬都只能吃冰雪。五月，唐軍在烏海追趕上伏允，和他交戰，取得大勝，俘獲他的首領多名。薛萬均、薛萬徹又在赤海（今青海海南藏族自治州興海縣東）打敗天柱王。

伏允的嫡子大寧王慕容順，是隋煬帝的外甥，在隋為侍子，很久不得回吐谷渾。伏允立別的兒子為太子，慕容順回吐谷渾後無權，心情常悶悶不樂。恰好李靖攻破吐谷渾，國人都怨恨天柱王輕啟戰爭，便殺掉天柱王，擁立慕容順為可汗，舉國向唐請求投降。伏允大敗之後，率領一千多騎兵逃向沙漠，一路上士兵逃散殆盡，伏允被身邊的人殺死。李靖上奏太宗平定了吐谷渾，唐為息事寧人又復其國，立慕容順為西平郡王、吐谷渾可汗，以安撫其民。

鐵勒是居住在今天山及蒙古國一帶的少數民族各部的總稱，包括薛延陀、回紇、拔野古、阿跌、同羅、僕骨、白霫等十五部，風俗習慣大都和突厥相同，原隸屬於突厥，由於突厥頡利可汗對所屬各族的繁重剝削，造成薛延陀、回紇、拔野古等各部叛離突厥。在鐵勒各部中，最強的是薛延陀，唐太宗封其酋長夷男為真珠毗伽可汗，回紇、拔野古、阿跌、同羅、僕骨、白霫等部都受薛延陀統治，因而成為漠北的大國。回紇實力僅次於薛延陀，即今天的維吾爾族的前身。頡利可汗派遣他的侄兒欲谷設統領十萬騎兵去征討回紇，回紇酋長菩薩率領五千騎兵和他在馬鬣山進行大戰，大敗欲谷設軍。欲谷設倉惶逃走，菩薩追擊到天山，俘虜了他的大部分部眾，回紇從此興盛。薛延陀又打敗了突厥的軍隊，頡利可汗鞭長莫及，無可奈何。

突厥頡利可汗敗亡以後，北方地域空虛，薛延陀真珠可汗夷男率領他的部落在於都斤山（今蒙古國中部杭愛山）北麓、獨邏水（今蒙古國前杭愛省境內土拉河）南岸建立牙帳（今蒙古國前杭愛省哈拉格林），有兵馬二十萬，命他

兩個兒子拔酌、頡利苾分別統領南、北部。太宗因為薛延陀勢力強盛，恐怕以後難於控制，便在貞觀十二年（638 年）九月，立他兩個兒子為小可汗，各賜給鼓纛和旗幟表示優待和禮遇，實際是分散他的勢力。

突厥滅亡後，其部眾投降唐廷的有十多萬人。貞觀十三年（639 年）七月，太宗下詔立降唐的突厥酋長李思摩為乙彌泥孰俟利苾可汗，賜給鼓纛和旗幟，突厥人和胡人安置在沿邊各州的，都令他們渡過黃河，回到他們的舊部落牧地。同時還詔令薛延陀真珠可汗和突厥各守邊界，不要相互進攻。真珠可汗答應了太宗的要求。

貞觀十五年（641 年），薛延陀真珠可汗聽說太宗想要東去泰山行封禪禮，對其部下說：「大唐天子去泰山封禪，護衛兵馬都須隨從，邊境地區必然空虛，我乘這個時機攻取思摩，勢如摧枯拉朽。」政策既定，於是命令他兒子大度設徵發同羅、僕骨、回紇等各部落的兵馬，號稱三十萬，越過沙漠南下屯兵白道川（今內蒙古呼和浩特市北），據守善陽嶺（今山西朔州市朔城區境內），向突厥牧地進襲。

大唐領地，豈容染指。李世勣奉命帶領唐朝兵馬趕到，大度設十分恐懼，率領他的部下向北逃走。李世勣挑選麾下和突厥精銳騎兵六千人抄近道進行截擊，越過白道川，一直追到青山（今內蒙古呼和浩特市北青山），大度設奔走了數日，到諾真水（今內蒙古達爾罕茂明安聯合旗境內）沿岸調集軍隊準備迎戰，戰陣橫亙十里。突厥兵先和他交戰，失敗退回，大度設乘勝來追，遇著唐的兵馬。薛延陀軍中萬箭齊發，唐兵馬匹多被射死，李世勣命令士卒都下馬，拿著長矛，一直向前衝，薛延陀士卒潰散，副總管薛萬徹用數千騎兵來俘獲薛延陀軍中牽馬的士兵。薛延陀士卒失去馬匹，張惶失措而逃，唐軍縱馬追擊，殺死二千多人，俘虜五萬多人，大度設脫身逃走。薛延陀的部隊回到沙漠以北，正值天下大雪，人畜凍死的有十分之八九。

起初，真珠可汗請求以他的庶出長子曳莽為突利失可汗，居住東部，統轄各部族；嫡子拔灼為肆葉護可汗，居住在西部，統轄薛延陀，太宗下

詔答應他的請求，並按禮儀進行冊封。曳莽性情暴躁好動，輕於用兵，且和拔灼因利益糾紛而不和。貞觀十九年（645 年）真珠可汗死後，二人發生火拼，拔灼殺了曳莽，自立為頡利俱利薛沙多彌可汗。

薛延陀多彌可汗自即位後，妄自尊大，利慾薰心，日夜思量著占取黃河河套以南一帶。此時，唐右領軍大將軍執失思力領突厥兵駐紮在夏州之北，太宗命左武候中郎將田仁會和思力合兵出擊，思力引誘敵人深入到了夏州（今陝西榆中市靖邊縣統萬城遺址）境內時，便展開反擊，大敗薛延陀的軍隊。唐軍乘勝追擊，北逐六百多里，在沙漠以北耀武揚威而還。

多彌可汗性格偏狹急躁，對部下猜忌，沒有恩德，父親的舊臣廢而不用，專門重用自己親信的人，國中百姓多不願依附於他。多彌可汗又大肆殺戮，造成諸酋長惶恐不安。貞觀二十年（646 年）夏，太宗決定利用其內部矛盾，大張撻伐，下詔以江夏王李道宗、左衛大將軍阿史那社爾為瀚海安撫大使，又派遣右領軍大將軍執失思力領突厥兵，右驍衛大將軍契苾何力領涼州兵和胡兵，代州都督薛萬徹、營州都督張儉各率領本部的兵馬分路並進，出擊薛延陀。

薛延陀國中慌亂起來，人人傳說：「唐朝大兵到了。」頓時間各部落大亂，多彌可汗領數千騎兵出逃，被回紇殺死，他的宗族也幾乎被殺光。薛延陀餘部各首領又互相攻擊，爭著派使者來唐請求歸順，至此薛延陀平定。九月，天高氣爽、四境清寧，太宗車駕來到靈州視察邊防，鐵勒各部首領相繼派使者數千人到靈州，奉表上達誠意說：「非常希望大唐至尊天子做我等的大可汗，我等子子孫孫作為天子至尊的奴僕，死也無恨。」

貞觀二十年秋天，太宗巡行靈州，視察邊防，時已破薛延陀，鐵勒諸部遣使相繼入貢，請置官吏，北漠悉已平定。太宗回顧過去突厥縱橫萬里，沿邊東起幽、涿，西盡靈、夏、甘、涼，為其鐵騎蹂躪，邊民不得營生，四處逃竄，高祖為其牽制，不得已而屈尊稱臣；今日八荒上表稱天可汗，不禁喜從心中來，為此他親作五言詩一首，勒石記功於靈州，以序志其事。其詩中有句云：「雪恥酬百王，除凶報千古。」這首詩足以洗刷煬帝大業十

一年（615 年）被困雁門以來二十餘載諸割據北方者向突厥屈膝稱臣接受封號的恥辱，其胸懷滌蕩、英勃之氣，充塞於八表，真是四海同樂、大快人心！

貞觀二十一年（647 年）春正月，太宗下詔以回紇部為瀚海都督府，僕骨部為金微都督府，多濫葛部為燕然都督府，拔野古為幽陵都督府，同羅部為龜林都督府，思結部為盧山都督府，渾部為皋蘭州，斛薛部為高闕州，奚結部為雞鹿州，阿跌部為雞田州，契苾部為榆溪州，思結別部為蹛林州，白霫部為寘顏州，各以他們部落的酋長為都督、刺史，賜給金銀、繒帛和錦袍。鐵勒諸部大為高興，捧戴著歡呼跳躍，並參拜太宗而舞蹈起來，聲音遠近傳聞。等到各部首領返回時，太宗親臨天成殿設宴款待，設十部音樂送他們成行。諸酋長向太宗上奏說：「我等既作大唐的臣民，往來天子至尊處，就像拜望父母一樣，請求在回紇的南部、突厥以北地區開一條通道，名為『參拜天可汗道』，設置六十八個驛站，各設有馬匹和酒肉，以供給過往行人享用，我們每年進貢貂皮以充作租賦，仍延請能作文章的人，讓他們寫上表奏疏。」太宗一一答應他們的請求，從此北部邊疆荒漠之地完全平定。後來唐朝設置燕然都護府，統轄瀚海等六都督府、皋蘭等七個州，任命揚州都督府司馬李素立為都護。

隋唐之際，在西域與東突厥相峙的還有個西突厥王國。唐武德初，西突厥射匱可汗拓展疆土，東到金山（今阿爾泰山），西到海（今鹹海），北到三彌山（今天山山脈），建王庭於龜茲（今新疆阿克蘇地區庫車縣）。射匱可汗死後，他的弟弟統葉護可汗繼位，統葉護勇敢有謀略，向北吞併鐵勒，有控弦之士數十萬，據有烏孫舊地，又把王庭遷移到石國（今烏茲別克塔什干），北到千泉（今中亞吉爾吉斯境內一帶），西域諸國都臣服他。葉護分別派遣吐屯監理各國，監督徵收賦稅。其國勢強盛，疆土廣大，成為中亞一霸。

不久，西突厥發生內亂，統葉護為莫賀咄所殺，西突厥分裂成莫賀咄和肆葉護兩部分，互相攻擊。肆葉護戰勝莫賀咄，西突厥得到暫時統一，但不久肆葉護被部眾攻擊，逃亡康居，新立的咄陸可汗向唐請求內附，唐

對西突厥採取羈縻政策，冊封他為西突厥可汗。

　　唐太宗趁西突厥內亂之際，接受西突厥臣屬伊吾城主的內附要求，在伊吾設置伊州，這是唐經營西域的起點。貞觀十九年滅高昌，置西州，並在交河城置安西都護府。以後滅焉耆、龜茲，在龜茲設置安西大都護府，統轄焉耆、龜茲、疏勒、于闐四鎮，在天山南路確立唐的統治，為平定西突厥建立了軍事基地。此後，經高宗至玄宗時期，唐朝屢次出兵討伐西突厥，最後終於在這個地方建立了昆陵、濛池兩都護府和北庭、安西兩大都護府，分管天山南北兩路，使西域通道無阻，駝鈴之聲不絕。

第五十六回
論古今以隋為鏡鑑　懲前弊開懷納諫諍

　　唐太宗李世民自十八歲跟從父親李淵在太原起兵，不久討平薛舉父子及劉武周，二十四歲東向討伐，擒竇建德、王世充二王，二十九歲即大位，君臨天下。李世民與他的文武大臣們經歷了隋末唐初的亂世，比較了解民間疾苦，他們撫今追昔，以歷史為鑑，以隋代的滅亡為教訓，總結了很多統治階級的經驗和教訓。武德九年（626年），李世民坐上皇帝寶座後，就立即把從社會活動中汲取而來的思想和經驗教訓付諸實踐，開創了我國歷史上又一個盛世的局面。李世民可說是中國歷史上數得著的一個既能上馬打天下，又能下馬治天下的明君，其顯例主要體現鑑古明今和求諫、納諫等方面。

　　唐太宗首先很重視為君之道，即處理好君主與國家的關係。

　　貞觀初，唐太宗說：「作為開明的君主，必須以百姓為先，如果損害百姓利益用來滿足自己的欲望，就像是割大腿的肉來填飽肚子，肚子飽了，但是也活不長久。如果想天下安定，必須先使君主自身端正。」太宗是這樣說的，確實也儘量這樣做的。

　　一天，他問魏徵，何謂明君、暗君？魏徵答道：「兼聽則明，偏信則暗。隋煬帝偏信虞世基，導致各地群雄攻城剽邑，他也不知道。」魏徵希望唐太宗能兼聽各種不同意見，擇善而行。唐太宗聽了十分讚賞，命令五品以上的京官輪換在中書內省值班，屢次召集接見，詢問民間百姓的疾苦和國家政事的得失。

　　貞觀十年（636年），太宗詢問大臣：「開創國家和讓國家保持強盛持久穩定，哪一個更難？」房玄齡回答說：「天下大亂的時候，群雄並起爭奪天

下，打勝仗才能攻克一座城池，從這一點來看，開國創業很難。」魏徵說：「新的帝王興起，必定是承接舊的昏庸帝王的統治。由於他推翻暴政，所以百姓歸附新君，這是上天給他的時機，所以並不難實現。但是天下統一以後，帝王開始驕傲，生活腐敗，百姓想要休養生息，可是徭役不斷而來，於是百姓的家業開始敗落，國家的衰亡也是由此開始。由此看來，讓國家保持興盛更難。」太宗說：「現在開創國家的艱難已經過去了，而如何讓國家保持興盛持久，需要我們一起努力呀！」

太宗曾說：「作為一個君主應是大公無私，這樣才能使天下人心服。朕和你們每日的衣食，都是老百姓給予的，所以設官吏定職守，也都是為了百姓，理應選擇賢才，量才使能，怎能以新人舊人來作為選拔人才的次序呢？如果新人有賢德，舊人無才能，怎能放棄新人而採用故舊呢？」

高祖欲強皇室而遍封宗子，太宗認為：「天子養百姓，豈勞百姓而養己之宗室乎？」把宗室的郡王降為縣公。唐宗室人才之盛，歷代沒有能與之相比，唐朝保全宗室支庶而少猜忌誅殺之事，以後歷代皆不如之，這與唐太宗用人能廢私立公不無關係。唐太宗對宗室實施節省祿位、勸獎賢能的辦法，使宗室中出現一批英才擔任將相守牧，且能避免紈袴子弟濫竽充數而求仕進。

太宗對房玄齡等說：「為政之道，莫如公正無私。昔日諸葛亮外放廖立、李嚴於南夷之地，諸葛亮死的時候，廖立悲慟萬分，李嚴傷痛而死，如果不是大公無私能是這樣嗎？再如高熲為隋的丞相，為政公正無私，頗識治國之道，隋朝的興亡，與高熲的生死休戚攸關，朕既欽慕前代的明君，你們不可不效法前一代的賢相啊！」

太宗也很重視君臣關係，即要使君臣達到同德、同心、共治國家。

太宗說：「為朕養護百姓的唯有都督、刺史，朕經常把他們的名字書寫在屏風上，坐臥都可留心觀看，得知他們在任的善惡事蹟，均注在他們的名下，以備升遷和降職時參考。縣令尤其與百姓親近，不可不慎加選擇。」因此，他命令朝廷內外五品以上的官員各薦舉能勝任縣令職位的人，呈報

他們的姓名，作為自己用人的參考。

　　貞觀三年（629 年），太宗對侍臣說：「無論國家穩定還是混亂，安全還是危險，君臣都應該同舟共濟。如果君主能接受忠言，臣子能夠直言進諫，那麼君臣之間就會非常有默契。如果君主賢明，而臣子卻不匡正輔佐，想要不亡國是不可能的。君主要是失掉了江山，臣子也就不能保全自己的家族。」

　　貞觀十四年（640 年），魏徵上書說：「臣下聽說國君就像是一個人的腦袋，大臣就像是一個人的四肢，只有同心協力地配合起來，才能構成一個人的整體。缺少任何一部分，都不能算是一個完整的人。腦袋雖然高貴重要，但必須有四肢的配合，才能成為一個整體。國君雖然英明，但必須依靠大臣的輔佐才能把國家治理好。君臣要配合協調、相得益彰，自古以來就是一件難事。君臣能夠秉持公正的道義，讓天下人才發揮各自的才能，國君在內盡心盡力，大臣在外竭力輔佐，二者融洽得就像湯中的鹽和梅，堅固得就像金石一樣。達到這樣的境界，不是靠高官厚祿，而在於以禮相待。君主把臣子看成手足，臣子就會視君主如心腹；君主把臣子看做犬馬，臣子就會把君主視做陌路人；君主把臣子看做糞土，臣子就會把君主視做仇敵。」太宗對魏徵的話大加讚揚。

　　太宗認為君民關係是治理好國家的根本，因此，在當上皇帝之後，他很重視民生疾苦，實行輕徭薄賦和以人為本的政策。

　　貞觀二年（628 年），唐太宗對侍從的大臣們說：「任何事情都必須掌握根本。國家以人民為根本，人民以衣食為根本，經營農桑衣食，以不失時機為根本。要不失時機，只有君主不生事勞民，才能做到。假若連年打仗，營建不停，而又想不占用農時，能辦得到嗎？」大臣王珪說：「從前秦始皇、漢武帝對外窮兵黷武，對內大建宮室，人力既已用盡，災禍也就接踵而至，他們難道就不想安定百姓嗎？只是沒有使用安定百姓的正確方法。隋代滅亡的教訓距今不遠，陛下親自看到了隋朝遺留下來的弊病，懂得怎樣去改變，不過剛開始還比較容易，要堅持到底就很難。我真希望陛下自始至終

都能小心謹慎，從而善始善終。」太宗說：「你講得很對。安定百姓和國家，關鍵在於君主。君主能與民休息，百姓就歡樂；君主多私欲，百姓就痛苦。這就是我之所以不敢任情縱欲，而不斷克制告誡自己的原因。」太宗深知人民和君主的關係是水和舟的關係，水能載舟，亦能覆舟，因此太宗常能抑制自己的私欲，聽從侍臣們的良言，採取輕徭薄賦、去奢節儉的政策。

有一次，太宗與群臣討論預防盜賊的問題，有的大臣請求實行嚴刑峻法以禁防盜賊，太宗微笑著說：「老百姓所以做盜賊，是因為賦稅繁多、力役沉重，官吏們貪婪索賄，百姓饑寒交迫，所以就顧不了廉恥。朕主張應當杜絕奢侈浪費，輕徭薄賦，選拔任用廉臣循吏，讓百姓衣食有餘裕，自然就不去為盜賊，哪裡需要用什麼嚴刑重法呢？」君臣們有了這般的認識，由於實行了以農為本、輕徭薄賦的政策，過了幾年以後，出現了天下太平，路不拾遺，夜不閉戶，商旅野宿於外而不用擔心財物被盜的安寧局面。

皇帝要做到能「求諫」又能「納諫」，做官的能不畏「逆鱗」而大膽「進諫」，這在歷史上是很少見的。可是唐太宗卻主動「求諫」與虛心「納諫」，百官們也能打破顧慮犯顏直諫，終貞觀一朝，君臣間進諫、納諫蔚然成風。

貞觀初年，唐太宗的「求諫」心情是十分迫切的。他知道：即位後的形勢是國家未富、百姓未安、邊防未寧，要做的事很多，這不是光靠一個人的力量所能完成的。同時唐太宗還善於納諫，這與他始終忘不了隋煬帝亡國的歷史教訓有關。隋煬帝統治初期，國家殷富，兵甲強盛，「四夷來貢」，國家的威令風行於四海。可是隋煬帝卻自命非凡，認為自己是資兼文武、才略過人，容不得半點不同意見。這種狂傲自大的心理狀態，使他到處掩飾自己的過錯，拒絕臣下的進諫，其後果是正直的人被排斥、被打擊、被殺害，有些人只得鉗口結舌、沉默寡言；至於吹牛拍馬、阿諛奉承的人，則被提拔、被重用、步步高升，於是在輿論上造成一片阿諛順旨的風氣。農民起義已經風起雲湧，他還被蒙在鼓裡不知道，其結果是自己孤立了自己，落得個身死國亡的下場。這個教訓對唐太宗君臣來說是十分深刻的，

他們在議論時政得失時，常常以「隋亡為鑑」，這決不是沒有道理的。

太宗知道國家承隋朝的弊風，要百官進諫，提出自己的政見，很不容易。百官連上朝時都十分檢點自己的言行，唯恐有失禮儀，怎能使他們無所顧忌、對他面陳得失呢？因此，他見人奏事時總是和顏悅色，言事的人即使與自己意見相反，也讓人家把話說完。他懇切地對群臣說：「人欲自照，必須明鏡，主欲知過，必藉忠臣」、「明主思短而益善，暗主護短而永愚」，多方地鼓勵和啟發百官進諫。此外，唐太宗還定下制度，凡宰相入宮議事，諫官可以列席參加，隨時諫諍。

有求諫的良好願望，還必須有納諫的具體行動，否則便是一句空話。事實上，百官們對皇帝不僅聽其言，也要察其行。貞觀四年（630 年），唐太宗平了東突厥，北邊威脅解除，他想修治在隋末已被毀壞了的洛陽宮殿，以便於巡幸。修治的詔令已經下達了，給事中張玄素認為不妥，上書指出：天下剛剛安定，百姓承隋末離亂之後，財力、物力都已凋盡，修建宮殿必然要大動功役，這就會「役瘡痍之人，費億萬之功，襲百王之弊」。他要求唐太宗停工，認為如果要營造下去，百姓對朝廷的怨恨恐怕會超過隋煬帝時。這話說得十分尖銳、激切，唐太宗聽他言之有理，立即下詔罷役，並對張玄素特加褒獎。

太宗發現許多候選官員都假冒資歷和門蔭，敕令讓他們自首，否則即行處死。不久有人假冒被發覺，太宗想殺了他，戴冑上奏：「根據法律應該流放。」太宗大怒說：「你想以守法為由，而讓我失信於天下嗎？」戴冑回答說：「敕令是出於君主一時的喜怒變化，法律則是國家昭示天下誠信的規則。陛下氣憤候選官員多有欺詐，所以想要殺他，但是既然已知其不可行，又以法令為裁斷，這才是忍住一時的憤怒而昭示天下誠信的處理方法。」太宗說：「你如此執法，朕還有什麼憂慮的。」戴冑先後多次冒犯皇上而堅決執行法律，奏答時滔滔不絕，太宗從善如流，從此國內少有冤案。

太宗擔心官吏中多有接受賄賂的，祕密安排身邊的人去試探他們，有一個刑部下屬司門令史收受賄賂一匹絹帛，太宗想殺了他，民部尚書裴矩

向太宗進諫說：「官吏貪受賄賂，其罪誠然應該處死，但是陛下刻意派人送賄賂上門，這是有意誘使人去犯法，恐怕不符合孔子所說的以道德加以誘導、用禮義來整齊民心的古訓。」太宗聽了很高興，召集五品以上的文武百官，告訴他們說：「裴矩能夠在其位謀其政，當面諫諍，並不因在我面前就順從，倘若每件事都能如此，何愁國家不能治理。」司馬光認為裴矩在隋是佞臣，到唐成為能直諫的忠臣，究其原因是「君明臣直」。因為「君惡聞其過則忠化為佞，樂聞直言則佞化為忠」。人臣的忠奸和人主的明暗確實有著密切的關係呀！

皇帝的言行，對百官的影響是很大的。唐太宗的「求諫」與「納諫」，使百官中不論是大官、小官、文官、武官、外官、內官都有人敢於打破沉寂，直言上諫。貞觀八年（634 年），唐太宗認為國家已經安定，又一次下詔修洛陽宮，有個小官中牟縣丞皇甫德參上書說：「下詔修洛陽宮，這是勞民；把公地租給百姓種，多取課額，這是厚斂；婦女喜歡挽高髻，這是宮廷中傳出的奢侈之風，希望陛下能加以革除。」唐太宗覺得一個小小的縣丞居然干涉到宮廷的事，未免太放肆了，他心裡十分惱怒，便對左右說：「德參要國家不役一人、不收一租、宮人皆無髮嗎？」太宗要治他一個訕謗之罪。魏徵知道消息，立即進諫說：「自古以來上書的人言詞都比較激切，如不激切就不能回人主的心意，激切了就有點近似訕謗。希望陛下能體諒上書者的用心。」唐太宗聽了，轉怒為喜，下詔賜皇甫德參絹二十匹，又拜為監察御史，以示獎勵。至於魏徵的進諫，事例更多。他能不避嫌疑，犯顏直諫，說人所不敢說。他先後所上的奏疏有二百餘道，都是指摘朝政，批評唐太宗的過失。他的〈不克終十漸疏〉、〈居安思危疏〉等都是有名的奏章。

對魏徵的進諫，唐太宗也能克服自己的私欲和雄豪脾氣。有一次，他正在玩弄一隻雛鷂，魏徵來奏事了，他急忙把鷂兒藏在懷裡，唯恐被這老頭兒知道又要諫諍。魏徵奏事很久，這隻好玩的禽鳥竟被悶死在唐太宗的衣懷裡。又有一次，魏徵奏事與唐太宗的意見不合，唐太宗不加理睬，後

來乾脆拔腳走了，魏徵緊跟著，拉住唐太宗的衣服不放，一定要把事情評論清楚。還有一次，魏徵從外面回來，看到太宗皇帝車駕齊備，像是要出門，但見到魏徵卻突然又下命令將車馬驅回。魏徵不解，問道：「聽人說陛下要駕幸南山，外面都已嚴裝待命，卻突然不去了，這是為什麼?」太宗笑著說：「剛開始確實有這個想法，見到卿後，害怕你說這樣大規模出行不妥，所以就臨時改變了。」

太宗對長孫無忌說：「魏徵每次向我進諫時，只要我沒接受他的意見，他總是不答應，不知是何緣故?」未等長孫無忌答話，魏徵接過話頭說：「陛下做事不對，我才進諫。如果陛下不聽我的勸告，我又立即順從陛下的意見，那就只有依照陛下的旨意行事，豈不違背了我進諫的初衷了嗎?」太宗說：「你當時應承一下，顧全我的體面，退朝之後再單獨向我進諫，難道不行嗎?」魏徵解釋道：「從前舜告誡群臣，不要當面順從我背後又另講一套，這不是臣下忠君的表現，而是陽奉陰違的奸佞行為。對於陛下所說，為臣不敢苟同。」太宗非常讚賞魏徵的意見。

貞觀六年（632 年）三月，長樂公主將要出嫁長孫沖，太宗因為公主是皇后親生，特別疼愛，敕令有關部門置辦陪嫁的東西要比皇姑永嘉長公主（太宗的姊妹）增加一倍。魏徵勸諫說：「從前漢明帝想要封皇子采邑，說：『我的兒子怎麼能和先帝兒子相比呢?』均令分給楚王、淮陽王封地的一半。今給公主妝奩比長公主多一倍，豈不是和漢明帝的意思相差太遠嗎?」太宗覺得他的話很對，入宮告訴皇后，皇后感歎說：「妾總是聽陛下稱讚魏徵，不知是什麼緣故，如今見他能引徵禮義來抑制君主的私情，才知道他真是輔助陛下的棟梁之臣。妾和陛下是多年的結髮夫妻，曲意承順皇恩，每當說話時必先察顏觀色，不敢輕易觸犯您的威嚴。何況大臣和陛下的關係比我還疏遠，還能如此直言強諫，陛下不可不聽從。」於是皇后請求派宮中侍官去魏徵家中賞給四百緡錢、四百匹絹，並且對他說：「聽說你十分正直，今日得以親見，所以賞賜這些，希望你經常秉持此忠心，不要有所移改。」有一次太宗曾罷朝回宮，大怒說：「一定找機會殺了這個鄉巴佬!」皇

后問是誰惹怒陛下，太宗說：「魏徵在朝廷上羞辱我。」皇后退下，穿上朝服站立在庭院內，太宗驚奇地問其原因，皇后說：「妾聽說君主賢明臣就正直，今魏徵正直敢言，是因為陛下賢明的緣故，我怎能不祝賀?」皇帝便轉怒為喜。

貞觀十七年（643 年），魏徵死後，唐太宗悼念他說：「人以銅為鏡，可以正衣冠；以古為鏡，可以見興替；以人為鏡，可以知得失。魏徵沒，朕亡一鏡矣。」魏徵的死，使唐太宗十分悲痛，不覺為之涕下。

貞觀末年，太宗對侍臣說：「最近自立太子以來，遇到事物都要對他教誨曉諭。見他準備吃飯時，便問他：『你知道飯是怎樣來的?』他回答說：『不知道。』我說：『凡是播種、收穫的農事都很艱難辛苦，全靠農民努力務農，不去占用他們勞作的時間，這樣才常有飯吃。』看到他騎馬，又問他：『你知道馬是怎樣來的嗎?』他又回答說：『不知道。』我說：『這是能夠替人代勞的東西，要使牠既勞作又得到休息，不耗盡氣力，這樣就可以常有馬騎。』看到他乘船，又問他：『你知道船是怎樣運行的嗎?』他回答說：『不知道。』我說：『船好比君主，水好比是百姓，水能載船，也能翻船，你不久將做君主了，怎能不畏懼!』看到他在彎曲的樹下休息，又問他：『你知道彎曲的樹如何能正直嗎?』他還是回答說：『不知道。』我說：『這樹雖然彎曲，打上墨線就可以正直成材。做君主的雖然有時做出一些荒唐的事，但是虛心接受諫諍就可以聖明，這是古代名臣傅說講的道理，你可以對照自己作為鑑戒。』」

太宗一而再、再而三，以人、馬、舟船、樹木、古代賢相傅說「受諫則聖」的話來對太子勸諭告誡，也是對自己的自鑑、自勉。他確實是漢魏以來能自勉自責、接受諫諍的難得的英明君主!

第五十七回
論王霸太宗重儒學　行禮樂諸臣定法制

　　戰國、秦漢以來，歷朝統治者治理國家選擇的道路不同，結果迥異。秦始皇統一六國後，行霸道，二世而亡。漢代以來，霸道、王道並行，實際上是外儒內法、剛柔並濟，國家大治。南北朝以來，國家分裂，長期戰爭不斷，人們只有通過戰爭來取得功名，於是流行重武輕文，社會秩序混亂不堪。所謂霸道，是按照法家學說的主張，以戰爭和嚴刑峻法來擴張領土、治理人民；所謂王道，是按照儒家學說的主張，以道德教化來作為治理國家、教育百姓的首選。

　　唐太宗貞觀初年，國家基本得到了統一，社會秩序由大動盪趨向安定。在此背景下，怎樣使國家保持長治久安，成為唐太宗君臣面臨的一個極端緊迫的問題。

　　是行王道還是霸道呢？剛剛當上皇帝的唐太宗親自主持了一場關於「自古理論得失」的大辯論，力圖找到一條實現天下大治的途徑。大亂之後究竟能否大治？「人皆異論」，大多數大臣主張不能行王道，包括唐太宗在內也對王道缺乏信心。太宗說：「如今剛經過一場大劫亂，我擔心百姓不容易教化。」魏徵認為並非如此，他說：「長久安逸的百姓容易驕逸，驕逸則難以教化；經過喪亂的百姓易於憂患，憂患則容易教化。這猶如饑餓的人不苟擇飲食，饑渴的人不揀擇飲水一樣。」唐太宗贊同魏徵的觀點。封德彝不以為然，他說：「三代以來，人心漸趨澆薄奸詐，所以秦代專用法律，漢代以霸王之道雜之，正是覺得行仁義教化而不能奏效，否則怎麼會行效而不用呢？魏徵是個書生，不識時務，如果相信他這種空虛論調，必然致壞國家。」魏徵反駁說：「從前黃帝征伐蚩尤，顓頊誅滅九黎，成湯放逐夏桀，

周武王征伐商紂，均能達到太平盛世，難道不是承接大亂之後嗎？如果說上古人淳樸，後代漸變得澆薄奸詐，那麼到了今天，應當都轉化為鬼魅了，君主怎麼能統治他們呢？」駁得封德彝啞口無言。太宗最後採納了魏徵的建議，推行王道來治理國家、教化百姓。

貞觀元年（627 年）正月，太宗大宴群臣，席間演奏〈秦王破陣樂〉。太宗說：「朕從前曾受命專行率兵征伐，民間於是流傳著這個曲子。雖然不具備文德之樂的溫文爾雅，但功業卻由此而成就，所以始終不敢忘本。」封德彝說：「陛下以神武之才平定天下，豈是文德所堪比擬！」太宗說：「平亂建國，憑藉武力；治理國家保持已取得的成就，則需要仰賴文才。文武的妙用，各隨時勢的變化而有不同。你說文不如武，此言差矣！」封德彝磕頭道歉。這表明了太宗偃武修文、用文德來治理天下的決心。

太宗之所以能行王道的原因有如下幾個方面。長期戰爭之後人心浮詐，戰爭造成重武輕文的風氣，社會上流行靠戰爭來博取功名，這在和平年代是必須要改變的。當時出現了人心思治的歷史發展趨勢。另外，貞觀初期社會經濟凋弊尤甚，自伊洛之東到海岱之間，茫茫千里，人煙斷絕，雞犬不聞，道路蕭條，進退艱阻。既然無數飽嘗喪亂的人們生活在危困之中，掙扎在死亡線上，那就更加渴望有休養生息的機會。還有，行王道的原因還在於太宗本人就是靠戰爭取得天下的，他在大規模的戰爭結束後，認識到了讀書、教化的重要性，太宗為此採取了一系列尊儒重學的措施挽時風之弊。

早在為秦王時，李世民就在長安設立文學館，羅致四方文士，收聘賢才，最著名的「十八學士」即是李世民尊儒重學的標誌。武德九年，太宗宣稱：「朕雖以武功定天下，終當以文德綏海內。文武之道，各隨其時。」乃聚集經史子集四部書二十餘萬卷藏於弘文殿，並於殿旁設置弘文館。遴選虞世南、褚亮、姚思廉、歐陽詢、蔡允恭、蕭德言等國內精通學術之人，以原職兼任弘文館學士，讓他們輪流值宿。太宗在聽政之暇，召他們進入內殿，講論先哲言行，商榷當朝大政，有時要到午夜時分才結束。又選取

三品以上官員的子孫充任弘文館學生。太宗靠武力統一天下，平定各地的叛亂，跟隨左右的大多是西北地區驍勇善戰的將領。天下安定之後，唐太宗治理天下，卻主要依靠東南地區的文人儒士了。

貞觀二年（628 年），太宗下詔專門設置孔子廟堂，以孔子為先聖，以顏回為先師，按照舊典儀式，加以頂禮膜拜。貞觀四年（630 年），太宗下詔令，全國各州縣都置孔子廟。貞觀十一年（637 年），又下詔令，尊孔子為宣父，在兗州特設廟殿，專門撥二十戶人家維持供養。貞觀二十一年（647 年）再次下詔，以左丘明、卜子夏、公羊高、穀梁赤、伏勝、高堂生、戴聖、毛萇、孔安國、劉向、鄭眾、賈逵、杜子春、馬融、盧植、鄭玄、服虔、何休、王肅、王弼、杜預、范甯等二十二位先儒配享孔子廟。

在尊儒的同時，太宗非常重視對儒家經典的整理和校勘。為適應科舉考試的需要，太宗採取了兩個步驟來完成經學學術上的統一。

第一步是校勘「五經」定本，頒行全國，供學習考試及選士之用。顏師古利用「祕書省」所藏的大量經籍圖書，以晉、宋以來古今諸本為依據，悉心校正。這實際上是對魏晉南北朝以來「五經」版本與文字的一次大整理。貞觀十一年七月書成，頒行於天下。這樣，顏師古校的「五經」以封建專制政府法定的經典形式，頒行全國，作為中央朝廷至地方州縣各級學校的標準教科書。

第二步是編撰《五經義疏》，對南北經學作了一次大總結。貞觀十二年，唐太宗針對當時「儒學多門，章句繁雜」的情況，命令新任國子祭酒孔穎達主編「五經」義疏。經過兩年的努力，一百八十卷的《五經義疏》終於在貞觀十四年（640 年）二月編成了，太宗下詔改名為《五經正義》，並將它交付國子監，作為教材。

在唐太宗的重視下，學校教育逐漸完備，確立了中央、州、縣三級官學制。貞觀二年，原來的國子學改名為國子監，它的地位也提高了。國子監作為全國最高學府，下屬六種學校，即國子學、太學、四門學、律學、書學、算學。學生名額分別為三百、五百、一千三百、五十、三十、三十。

又十分重視各類學校教師的選拔，史稱唐太宗「大徵天下名儒為學官。」在
各類學校裡面學習的除了漢族學生外，還包括國內邊遠地區的民族如高昌、
吐蕃等地的貴族子弟，國外如新羅、百濟、高麗、日本等國統治者也仰慕
大唐文化，紛紛派遣子弟入唐留學。

行禮樂、定法制，這是唐太宗「偃武修文」的另一個重要方面。禮樂
的作用在於用道德來教化人心。古人說「禮別異，樂和同」，意思是禮是用
來別尊卑、序長幼的，通過禮的規定，來確立一種社會賴以穩定的等級秩
序，分別人們之間的階層和社會地位的不同；但如果只講究禮儀制度來表
明大家的階層和地位差別的話，那麼就會造成整個社會心理和情感失衡，
而樂將這些區分開來的階層再團結融合起來，以達到社會的和諧融洽。

太宗多次和大臣們討論禮樂的教化作用，他說：「禮樂，是古代聖人根
據人情的不同而施以教化的產物。國家政治的興衰隆替，難道也由此而發
生變化？」杜淹說：「北齊將滅亡時，產生〈伴侶曲〉；陳國將滅亡時，出現
〈玉樹後庭花〉，樂曲的聲調哀思綿綿，過路的人聽到了都悲傷落淚。怎麼
能說政治的興衰隆替不在於音樂呢？」太宗說：「不對，音樂能夠感動人的
心靈，所以高興的人聽到音樂則喜悅，憂傷的人聽了則悲哀，悲痛與喜悅
全在於人的心情，不是由於音樂引起的。將要衰亡的政治，百姓必然對其
感到愁苦，所以聽了音樂更加悲哀。現在這兩個曲子都還存在，朕為你們
演奏一下，你們難道會悲痛嗎？」魏徵接著說：「古人云：『禮儀難道僅指玉
圭束帛而言嗎？音樂難道僅指鼓樂鏗鏘而言嗎？』樂調的根本在於使人心和
睦，而不在於聲音本身。」太宗很贊同魏徵的意見。

又有一次，協律郎張文收建議「釐正太樂」，唐太宗不同意，他說：
「樂本緣人，人和則樂和。至如隋煬帝末年，天下喪亂，縱令改張音律，
知其終不和諧。若使四海無事、百姓安樂，音律自然調和，不藉更改。」在
這裡，太宗以隋亡為鑑，強調「人和」是「樂和」的前提，不愧為卓越的
見解。太宗和魏徵等的觀點實際上是主張「樂在人和」，反映了貞觀君臣們
民本論的思想特徵。

　　太宗親自主持創作了新的樂舞，即〈秦王破陣樂〉和〈功成慶善樂〉。貞觀元年正月，唐太宗宴請群臣，開始在殿堂上演奏〈秦王破陣樂〉。〈破陣樂〉是一支頌揚唐太宗顯赫戰功的讚歌，此後每有宴會，必定演奏。〈功成慶善樂〉創作於貞觀六年（632 年）九月，那時唐初大治已見成效，唐太宗親臨武功舊宅慶善宮，仿照漢高祖和光武帝榮歸故鄉賞賜閭里的作法。因重遊故里、觸景生情，不禁賦詩十韻，音樂大師呂才立即把他的詩譜之管弦，名為〈功成慶善樂〉。

　　貞觀二年四月，太常寺少卿祖孝孫認為南朝梁、陳的音樂雜入很多吳、楚的音調，而北朝齊、周的音樂雜入很多北方胡、夷音調，於是斟酌南北音樂，再考以古代聲韻，作〈大唐雅樂〉，總共八十四調，三十一曲，十二和。再加上從域外諸國流入的九部樂，唐的音樂大備。

　　在禮儀方面，唐太宗命房玄齡、魏徵、王珪等大臣主持修訂禮制，同時邀請一批著名學者如顏師古、孔穎達、令狐德棻、李百藥等參加，他們酌古今，據現實狀況定禮制，其中孔穎達起了重要作用。貞觀十一年，由房玄齡、魏徵上奏新定《五禮》一百三十八篇，太宗下詔頒行全國。此即後世所稱的《貞觀禮》。

　　在法制方面，唐太宗即位後指示群臣討論立法的原則，當時出現了寬嚴兩種截然不同的主張。有人主張「以威刑肅天下」，魏徵以為不可，遂以寬仁治天下為原則，而於刑法尤加慎重。

　　立法原則確定後，太宗開始著手律法的修定，修定的主旨是：「除煩去弊」、寬簡刑罰，即施行減刑、恤刑、慎刑，以達到「刑清化洽」，便於世俗人情。貞觀元年，太宗讓吏部尚書長孫無忌、房玄齡等人與學士、法官在舊《武德律》的基礎上重新議定律令，經過十年的努力，到貞觀十一年新定《唐律》修定完成，頒行全國，此即後世所稱的《貞觀律》。新定《唐律》規定寬減絞刑五十條，改為斷右趾，太宗仍嫌其苛刻，說道：「肉刑廢除已經很長時間，應當用其他刑罰代替。」房玄齡等人定律五百條，立刑名二十等，較之隋律減掉大辟（死刑）九十二條，減流放為勞役七十一條，舉

凡刪繁就簡、去除弊刑、改重為輕，不可勝數。又刪減武德以來敕、格，確定留下七百條，頒行天下。又定枷、鉗鎖、杖、笞等刑具，均有長短寬窄的規制。新定《唐律》的修定，保障了「貞觀之治」的實現，奠定了中國封建專制主義法律的規範。

法律是需要有正直的官員來執行，否則便會造成不公、徇私枉法。太宗認為兵部郎中戴冑清正耿直，提升他為大理寺少卿，管理刑獄。戴冑前後多次冒犯皇上依法執行刑律，太宗多聽從他的意見，國內很少有冤案發生。

太宗曾對侍臣說：「朕近來決斷事情有的不能盡如法令，你們認為這是小事，不再堅持啟奏。凡是事情無不因小而致大，這是危亡的禍端。過去夏桀時期的大臣關龍逄由於忠諫而死，朕常常覺得痛惜。隋煬帝因驕奢暴虐而滅亡，這是你們親眼看見的。希望你們經常為朕想著隋煬帝的滅亡，朕也常常為你們念著關龍逄的屈死，這又何憂君臣不能相互保全呢？」

太宗主張法律要具有穩定性，他說：「法令不可多次變更，屢變則法令煩苛，官員們難以記全，且又會出現前後不一致的可能，官吏得以鑽空子犯法。從今以後變更法令，都應詳加審慎，然後實行。」

大理寺丞張蘊古是太宗一手提拔起來的法官，由於他洩露禁中密語，有意包庇囚犯李好德，被太宗一怒之下處了死刑。自從張蘊古死後，法官都以減罪為戒，對犯罪者輕罪重責。太宗曾問大理寺卿劉德威：「近來判刑較多較重，是什麼原因？」劉德威答道：「這關鍵在於皇上，責任不在臣下。君主喜歡寬大則刑寬，喜好嚴刻則從重。律文寫道：『錯判人入獄的減官三等，錯放則減官五等。』如今錯判了人無事，錯放了人卻要獲大罪，所以吏卒為求自免，競相從重定罪，苛細周納，不是別人讓他們這麼做，而是畏懼犯罪的緣故。陛下倘若一律以法律為依據，則此風氣立刻改變。」太宗聽從這個意見，從此朝廷斷案大多平允公正。

貞觀五年（631 年）十二月，太宗對親近的大臣說：「朕以為死刑至關重大，所以下令三次覆議，正是為了深思熟慮以減少誤差。而有關部門在

片刻之間，完成三次覆議。另外，古代處決犯人，君主常為此停止音樂和
減少膳食，朕宮廷中沒有常設的音樂，然而常為此不食酒肉，但是沒有明
文規定。再者，各部門斷案判刑，只依據法律條文，即使其情有可原，也
不敢違犯法令，中間怎麼能一點都沒有冤枉的呢?」於是太宗下詔規定:
「處死刑的囚犯，兩日之內要五次覆議，下到各州的也要三次覆議。行刑
的當天，殿中監屬下的尚食局不得進酒肉，內教坊司和太常寺不得奏音樂。
上述規定的執行均由門下省監督，如有根據法律應當處死而情節可憐憫的
犯人，可上訴狀到內廷。」於是最後免於死罪的人增多。凡是五次覆議的，
在處決前一二日到處決當日，又要三次覆議。實行三覆議、五覆議之後，
可以最大限度地避免冤假錯案，力求司法公正。

　　唐太宗尊儒重學、行禮樂、立法制，是隋代王通的河汾之學在新局面
下的復起。記載王通言行的《文中子》一書囊括了六經要旨，敘述古今之
變及王道之推行，王通提出的尊王道、重儒統等主張直接或間接地被太宗
採用，成就了貞觀之治。另外受王通思想影響的弟子、門人及受教者杜淹、
李靖、竇威、薛收、房玄齡、魏徵、溫大雅、陳叔達等，都是活躍在隋末
唐初的英雄俊傑之士，他們對李唐的建國創業做出了很大的貢獻。唐太宗
「貞觀之治」對唐祚近三百年的延續起到了奠基的作用。

第五十八回
報太平有詔行封禪　褒功臣圖形凌煙閣

　　封禪是古代帝王取得大的成功後，祭告天地神祇，以感謝天佑地助的活動。在泰山山頂上築壇祭天稱為「封」，在泰山附近的小山上築壇祭地稱為「禪」，其實質是將政治與信仰融為一體，用以溝通上天與人間的國家祭祀大典。

　　在唐代以前，歷史上可知的有秦始皇、漢武帝、漢光武帝三位封建帝王先後在泰山舉行過封禪大典。漢武帝明確提出了封禪泰山的三個條件：必須天下一統、國家太平、祥瑞不斷顯現。封禪泰山的政治用意，一是借「封禪」之名誇耀功德、震懾天下；二是借「封禪」之行宣傳國威，以強本國之勢；三是循「封禪」之禮，求長生之術，延續禮樂文化權威。

　　早在唐高祖李淵時，全國基本上已統一，時有兗州刺史薛冑等上書，以為天下太平，請求登封告禪。高祖以為戰亂之後生產剛剛恢復，經濟有待發展，未肯答應。

　　唐太宗貞觀四年（630 年），全國糧食豐收，外出逃荒的人都回到故鄉，社會秩序也明顯好轉，這一年全國判處死刑的只有二十九人，出現了夜不閉戶、路不拾遺的景象。於是在貞觀五年（631 年），朝集使趙郡王李孝恭和利州都督武士彠等相繼上書請求封禪，唐太宗均以戰亂之後「民物凋殘，憚於勞費」而推辭。

　　到了貞觀六年（632 年），公卿百僚們接連上書，再次請求東封，太宗理正詞嚴地說：「你們都認為登泰山封禪是帝王的盛舉，朕不以為然。如果天下安定，百姓家家富足，即使不去封禪，又有什麼傷害呢？從前秦始皇行封禪禮，而漢文帝不封禪，後代豈能認為文帝的賢德不如秦始皇？而且

侍奉上天，掃地而祭祀，何必要去登泰山之頂峰，封築幾尺的泥土，然後才算展示其誠心敬意呢？」群臣還是絮絮不休地請求，太宗似乎已被打動了，他一面派中書侍郎杜正倫登泰山實地考察古帝壇的遺跡，一面召集朝臣聽取他們的意見如何，朝臣中多數人贊同封禪，唯獨魏徵認為不可。太宗問道：「你不想讓朕去泰山封禪，難道認為朕的功勞不夠高嗎？」魏徵答道：「夠高了！」再問：「德行不厚嗎？」答道：「很厚了！」又問：「國家不安定嗎？」答道：「安定了！」太宗有些不耐煩了，正色問道：「難道四方夷族未歸服嗎？」答道：「歸服了。」「年成沒豐收嗎？」答道：「豐收了！」「符瑞沒有到嗎？」答道：「到了！」緊接著太宗聲色俱厲地又問道：「那麼為什麼不可以行封禪禮？」魏徵坦蕩地回答道：「陛下雖然有種種理由，然而國家承接隋亡大亂之後，戶口沒有恢復，府庫糧倉還很空虛，陛下的車駕東去泰山，必須嚴備大量的騎兵車輦，一路上勞頓耗費，必然難以承擔。況且陛下封禪泰山，則各國君主都集中而來，遠方夷族首領也會跟從，如今從伊水、洛水東到大海、泰山，人煙稀少，滿眼草木叢生，這是引戎狄進入大唐腹地，展示我方的虛弱。況且賞賜供給無數，也不能滿足這些遠方人的欲望；免除幾年徭役賦稅，也不能補償老百姓的勞苦。像這樣崇尚虛名而實際對百姓有害的舉動，陛下怎麼能採用呢？」當時正趕上沿著黃河南北地區的州縣發大水，封禪之事也就停止下來。

　　到貞觀十一年（637年），群臣又屢次請求封禪。這時，突厥已降，國內安定，人口增長，經濟蒸蒸日上，太宗對封禪之舉萌然心動了，他命令臣僚先期擬定封禪禮儀。但自秦漢以來，存留的封禪遺物已很少，遺址久經滄桑，已剝蝕殘缺，無法窺知全貌。國子博士劉伯莊、睦州刺史徐令言等文博禮家紛紛上書討論封禪禮儀，他們互設疑議，各持己見，又採用新禮中的封禪儀注，仍顯得簡略不全。有鑑於此，太宗令祕書少監顏師古、諫議大夫朱子奢等與各地名儒共同參議。當時議者幾十家，相互駁難，難以裁決，最後由左僕射房玄齡、特進魏徵和中書令楊師道廣泛採納各家意見，兼取舊禮可行的部分進行議定，上奏朝廷，太宗下詔定為永式。

　　到了貞觀十四年（640 年），全國大定。經趙王李元景和百官臣僚再三請求，唐太宗遠慕秦皇、漢武封禪告天的想法再次被激發起來，他下詔允許他們的奏請，以太常卿韋挺為封禪使。次年，又有百官以及雍州父老到朝堂上表催請封禪，太宗俯從群議，答應明年二月東封泰山，以太常卿韋挺為檢校封禪大使，進行事先準備。到該年六月，一切均已齊備，太宗東封隊伍已行至洛陽了。這時，天象中彗星出現，太史令上言：「星孛於太微，犯帝位，未可東封。」朝散大夫、行起居郎褚遂良上疏也認為應暫停封禪，唐太宗相信天象休咎，乃下詔停封，他本人亦避正殿思過。

　　到貞觀二十一年（647 年），司徒長孫無忌先後三次上表，請求封禪，太宗接受群議，下詔定以明年仲春東封泰山、禪社首。事不湊巧，這年八月，由於擁兵萬餘的薛延陀初歸，國內土木之功屢興，河北數州遭受水災，泉州海溢等諸種緣故，太宗被迫又一次下詔停止封禪。直至貞觀二十三年（649 年）五月唐太宗去世，東封告禪的願望終未實現，這是他一生留下的遺憾。但是他直到晚年，仍能接受諫諍停止封禪，不務虛名而重現實，仍是值得稱道的。

　　唐太宗晚年，寰宇無警，百姓安定，社會秩序井然有條。太宗回想起生平事業，不禁思念起與之共同奮鬥的文臣武將們的風貌事蹟，為了紀念他們並使之垂範後世、訓育後人，太宗在貞觀十七年（643 年）春乃命時任主爵郎中的閻立本圖畫二十四名功臣像於凌煙閣。凌煙閣位於國都長安西北方皇城內之三清殿側，殿閣高峻，裝飾清麗。

　　古代帝王對輔弼良佐褒揚推崇其文治武功，常用的辦法是勒金石題名，書其功跡，或留形於圖畫丹青，以見其容貌。在唐代以前，西漢宣帝曾圖像功臣於未央宮之麒麟閣，開「圖畫功臣」之先例，接著東漢明帝又畫像功臣於南宮之雲臺。晚近，北周又有繪圖凌煙閣之舉。唐太宗在凌煙閣為功臣畫像，乃是效仿兩漢麒麟閣、雲臺圖畫功臣的故實，接續北周圖形之事，意在表彰在唐王朝建立過程中，追隨高祖和自己的這批佐命謀臣與大將，表彰他們締造大唐、平定天下的不世功勳。

這二十四名功臣的官爵、姓名是：司徒、趙國公長孫無忌，故司空、河間郡王李孝恭，故司空、萊國公杜如晦，故司空、太子太師、鄭國公魏徵，司空、梁國公房玄齡，右僕射、申國公高士廉，鄂國公尉遲敬德，衛國公李靖，宋國公蕭瑀，褒國公段志玄，夔國公劉弘基，蔣國公屈突通，鄖國公殷開山，譙國公柴紹，邳國公長孫順德，鄖國公張亮，陳國公侯君集，剡國公張公謹，盧國公程知節，永興郡公虞世南，渝國公劉政會，莒國公唐儉，英國公李勣，胡國公秦叔寶。

長孫無忌，出身於代北豪族，並且是皇親國戚。李淵太原起事渡河至關中，他進謁於長春宮。後從秦王征討，為玄武門之變的主謀者之一，他策劃機宜，名列首功。長期忠心耿耿，是太宗最為信任的大臣之一。太宗即位後，授吏部尚書，進尚書右僕射，掌機務。後受太宗託孤遺命，輔助高宗李治。

李孝恭，高祖從侄，為關隴軍事貴族世家出身。他在李淵起兵之際經略川蜀。武德四年（621 年）攻滅江陵蕭銑，武德七年（624 年）平輔公祐之叛，平定江南。在唐宗室中，軍功最高。

房玄齡、杜如晦，皆秦王府屬官，參贊帷幄，凡兵機祕要皆由二人分掌。他們是玄武門之變的主要參與者，功居第一，後長期擔任太宗朝主要宰相，「房謀杜斷」，共同經營王政，以成「貞觀之治」。

魏徵，隋末為李密僚屬，入唐為太子李建成的東宮洗馬、主要謀士，玄武門之變後為太宗所用，招撫建成、元吉兩宮人員有功，後任祕書監及宰相之職，佐成「貞觀之治」。其功勞主要是犯顏直諫、盡心忠君，使太宗避免過失。

高士廉，北齊宗室之後裔，因事坐貶嶺南，為交趾太守丘和司法書佐。入唐以太宗皇后舅父的關係，官雍州治中。他是玄武門之變的謀劃者之一，開國有功。後官拜吏部尚書，又掌機務多年，為官謹慎明達，曾參編《氏族志》，確立全國士族門第譜系，以李唐氏族為高門等第之首品。

尉遲敬德，初從劉武周，驍勇善戰，武德二年（619 年）舉兵投誠。

唐、鄭逐鹿中原之時，有單騎救秦王之功；討劉黑闥、破徐圓朗皆有功。為玄武門之變的得力幹將。

李靖，京兆三原人，隋末為馬邑丞。入唐後軍功卓著，協助李孝恭經營蜀中，克定江陵蕭銑、輔公祐。後大敗突厥、吐谷渾，令大唐揚威於漠北。

蕭瑀，隋朝煬帝蕭后之弟，李淵入關中，蕭瑀以河池太守入唐，拜民部尚書，從秦王領元帥府司馬，武德初拜相。玄武門之變前支持李世民，以鯁直忠誠被李世民所重用。

段志玄，太原起兵元從，與諸將迫降隋將屈突通，後長期跟隨李世民作戰，從討王世充、破竇建德。他是玄武門之變誅殺建成、元吉的參與者之一。

劉弘基，雍州池陽人，太原起義元從，隨李淵太原起兵、破宋老生、攻占長安、討薛舉及劉武周的主要將領之一。

長孫順德，係長孫無忌的族叔，仕隋為右勳衛，太原起義元從，李淵早期的主要軍事將領之一。從平霍邑、臨汾、絳郡有功，擊屈突通、定陝縣，又是玄武門之變參與者之一。

屈突通，隋朝將軍，為隋守河東，兵敗降唐，為秦王府行軍長史，長期跟隨李世民征戰，平薛仁杲、王世充、竇建德，有功論第一。後為玄武門之變參與者之一。

劉政會，太原起兵元從，以太原鷹揚府司馬率兵跟隨李淵，除王威、高君雅，立有大功。大軍南下，以丞相府掾留守太原。貞觀初，任洪州都督。

柴紹，晉州臨汾人，李淵女婿，太原起義之時，任右領軍大都督府長史，輔佐李世民，領騎兵下河東、平京師，累從征討，有功官拜右驍衛大將軍。後又征吐谷渾、党項，並領兵攻滅梁師都，為大唐建統一之功。

侯君集，邠州三水人，玄武門之變，計功第一等。貞觀四年任兵部尚書，後參議朝政。隨李靖掃平吐谷渾；迫降高昌，勒石記功而還，軍功卓

著。

張公謹，初為羅藝僚佐，後入東都為王世充將領。東都平，為李勣、尉遲敬德推薦入秦王府，為玄武門之變的參與者之一。

李勣，瓦崗軍首領之一，後歸李密，李密亡後降唐。追隨李世民攻滅王世充、平定竇建德、征討劉黑闥、消滅徐圓朗；與李靖滅亡突厥；後守邊十六年，擊敗薛延陀；從征高麗，被太宗倚為「萬里長城」。

程知節，濟州東阿人，初為李密驃騎將，入唐為秦王府統軍，從破宋金剛、竇建德、王世充，累有戰功。玄武門之變，從秦王殺建成、元吉。

秦叔寶，齊州歷城人，初為隋將來護兒帳內，後從張須陀。須陀死，投附於裴仁基，復降於李密。李密敗，歸王世充。入唐為秦王幕下。驍勇善戰，歷經征戰，每戰皆身先士卒。為玄武門之變誅殺建成、元吉的主要參與者。

張亮，鄭州滎陽人，李密署為驃騎將軍，隸屬李勣部下。入唐後房玄齡引入秦王府，拜車騎將軍。武德中，出鎮洛陽，陰結山東豪傑以待變。太宗倚以為重，貞觀初拜將軍，出為洛州都督，後以刑部尚書參與朝政。

唐儉，并州晉陽人，祖父唐邕為北齊著名宰相，父唐鑑與李淵友善，故唐儉在遊太原時與李世民交友，參預太原起兵之謀。唐軍入關，任渭北道行軍司馬、相府記室。秦王開天策府，唐儉任天策府長史。

殷開山，名嶠，世代居住江南，世家之子。陳亡北徙京兆，隋時為大谷縣長。為太原起兵元從，任丞相府掾，從秦王平薛仁杲、討王世充，在征劉黑闥途中病死。

這二十四名功臣大多都是在玄武門之變前後跟隨李世民的，他們的事蹟在本書的前後敘述裡都有詳略不等的交代，他們在新、舊《唐書》裡也都有列傳詳載，故這裡就不必一一具列他們的事蹟了。總之，這些功臣們或具棟梁之才，或有宏圖遠謀，或參贊帷幄，或經綸霸業，或學綜經籍，或道德明亮，或忠言直讜，或竭力疆場，或早從幕府，或一心表節，或百戰奇勇，或授命廟堂，或開闢疆土，或肅清邊氛，或遠宣王略，或勤勞師

旅，他們的功績在百官之上，有些已經過世身亡，有的現在朝廷，都是國之瑰寶。隋末唐初英雄豪傑無數，但大浪淘沙，二十四功臣乃是從四面八方湧現出來的英雄豪傑的集中展現。撫今追昔，令太宗不能忘懷，故使閻立本圖畫功臣形象，圖命名為「凌煙閣功臣二十四人圖」，而太宗自為之贊。

太宗通過圖形凌煙閣的方式表彰功臣，對唐朝以後的政局也產生了重要影響，自唐太宗李世民以降，功臣集團畫像凌煙閣成為一種重要的政治制度，其用意則在於表彰功績、垂範後世，促使李唐臣民以此為榜樣，從而保證大唐天下千秋萬世、長治久安。繼太宗之後的代宗、德宗、宣宗皇帝都先後為唐室之功臣群體畫圖，列於殿閣瞻仰，就是為了在政治上收人心相聚之成效。太宗為功臣圖形，垂範立制，其影響深遠。

美哉盛業！圖形凌煙閣的功臣們難道不是在天翻地覆、世事板蕩的階級大搏鬥中，經過血與火、刀與劍、生與死、成與敗的種種磨礪，從四面八方脫穎而出的一批批英雄俊傑嗎？不正是他們各逞才能、各競智慧，一齊彙聚在新建立的唐朝中，開創「貞觀之治」的盛世嗎？

附錄一
隋唐之際的英雄──從電視連續劇「隋唐演義」說起

　　隋唐之際眾多的英雄人物歷來被人們津津樂道。2012 年底，隨著 62 集電視連續劇「隋唐演義」在各家衛視黃金時間的熱播，眾多的隋唐英雄也更加直觀地被人們所了解。該電視劇由浙江永樂影視製作有限公司出品，由嚴寬、張翰、姜武、杜淳、王寶強等當紅明星連袂主演，投資 2.8 億元人民幣重金打造。一時間該劇好評如潮，據稱是「以現代觀念演繹的一部歷史巨作」，是一部「最接近隋唐之際歷史現實的古裝電視劇」。筆者全部看完該劇後，卻不敢苟同這個說法。該劇除了明星多、場面大、運用動漫等科技、清晰度高等看點之外，整個內容卻乏善可陳，劇情生編亂造，李世民、程咬金（知節）、寶建德、秦叔寶（瓊）、單雄信、羅士信等英雄形象與歷史事實相差甚遠，只能說該劇是比較接近清代褚人獲創作的歷史小說《隋唐演義》的情節內容而已。觀眾看該劇作為茶餘飯後的消遣還可以，如果要從該劇中了解隋唐歷史，那就大錯特錯了。「隋唐演義」與同期上映的另一部電視劇「楚漢傳奇」相較，後者內容則真實得多，真實地再現了楚漢之際眾多的英雄形象。

　　比「隋唐演義」稍早播出的 120 集電視劇「隋唐英雄」，據稱是以「隋唐宮廷戲和瓦崗寨為代表的草莽英雄的戰場戲、愛情戲三線交叉展開敘述」，但筆者觀看到三分之一時，已經沒有耐心再看下去了。該劇名為「隋唐英雄」，而事實上所演繹的「隋唐英雄」大多沒有英雄氣概，劇情更是胡編亂造，只能稱得上「電視速食」而已。

　　上世紀八、九十年代開始，隨著四大名著先後被搬上螢幕，以「隋唐英雄」為題材的電視劇也多了起來。有陝西電視臺與臺灣永真電視電影傳

播有限公司聯合拍攝，1994 年上映的 54 集電視劇「唐太宗李世民」（又名「新隋唐演義」）；北京大福陽光文化發展有限公司於 2003 年拍攝的 42 集電視劇「隋唐英雄傳」（由於種種原因，該劇只拍攝到 20 集）；山東影視劇中心、輝煌世紀公司於 2005 年拍攝的 44 集電視劇「開創盛世」；2006 年由張建亞導演的 50 集電視劇「貞觀之治」等。這些電視劇可能在技術、場面上不及 2012 年的兩部大劇，但在人物的塑造、故事的完整性等方面還是各有特點，但劇情大多還是有演義色彩。

以上關於隋唐之際英雄故事的電視劇，大多是根據有關隋唐的歷史演義小說和傳奇故事改編的。以隋唐故事為題材的小說，可分為歷史演義和英雄傳奇兩方面。歷史演義主要講隋亡唐興、改朝換代的歷史，著重表現隋煬帝窮奢極欲、造成隋朝滅亡，李世民是真命天子、有雄才大略，通過東征西伐建立了唐王朝。英雄傳奇主要以秦瓊等瓦崗英雄為中心，在隋末「十八家反王、六十四處煙塵」這種星火燎原的情勢下，著重描寫英雄人物成長史。從內容上看，除了大的輪廓符合歷史事實外，其他多為虛構。

隋唐故事中的英雄人物最早可追溯到中晚唐的說唱文學，如現存於《敦煌變文集》中的《韓擒虎話本》、《唐太宗入冥記》等，其故事大多無稽荒謬。宋元時期，隋唐故事已成為當時人們談論的一個重要內容。明清兩代，以隋唐故事為素材的小說逐漸成形，出現了多部影響比較大的小說。

十二卷一百二十回的《隋唐兩朝志傳》，傳為羅貫中著，從隋末寫到唐末，前面九十一回寫隋亡唐興的歷史，後面二十多回卻概述了唐貞觀以後的二百多年歷史，虎頭蛇尾，比較粗糙。

八卷八十九節的《唐書志傳通俗演義》，從隋煬帝大業十三年（617 年）寫起，至唐太宗貞觀十九年（645 年）止，主要講述隋朝滅亡和唐王朝建立的過程。

八卷六十四回的《大唐秦王詞話》，大概刊行於明萬曆、天啟年間。從隋煬帝大業十三年（617 年）頒詔李淵為太原留守寫起，以隋末群雄並起為背景，以李世民反隋統一天下為主線展開故事，直寫到李世民登基做皇帝、

與突厥訂立渭水之盟為止。

八卷四十回的《隋煬帝豔史》，敘述隋煬帝陰謀奪取帝位後，遊嬉後宮美色，荒淫無恥，窮奢極欲，任用奸邪，殘害人民，導致隋末天下大亂，英雄並起。

十二卷六十回的《隋史遺文》，明袁於令撰，它改變了以秦王李世民奪取天下為主要線索，按照《通鑑綱目》的編年順序來敷演隋末唐初歷史的寫法，而以瓦崗寨諸英雄，尤其是以秦瓊為中心人物，把小說寫成了秦瓊和瓦崗寨的英雄史，使隋唐小說系統發生了根本性變化，從歷史演義轉化為英雄傳奇。

二十卷一百回的《隋唐演義》，清褚人獲著，著重寫了三部分內容：秦瓊、單雄信等英雄故事；隋煬帝故事；唐明皇、楊貴妃故事，是明清時期關於隋唐故事小說的集大成者。

比《隋唐演義》稍晚出現的《說唐演義全傳》，它的前半部分又稱為《說唐前傳》，六十八回。從秦彝託孤、隋文帝平陳寫起，一直敘述到李世民削平群雄、登基做皇帝為止。該書大部分利用民間故事編寫而成，它的突出成就在於以瓦崗寨好漢為中心，塑造了隋末亂世英雄的群象。所謂隋唐十八條好漢的說法第一次在此書中出現，首創了伍雲召、雄闊海、裴元慶、李元霸等幾條好漢的形象，羅成、程咬金的形象在此書得到很大發展和完善。該書情節曲折，語言通暢，大筆描寫，粗線條勾勒，體現了民間文學樸素而剛健的風格。

二十世紀三十年代以來，隋唐故事再次成為文人創作的素材，許嘯天的《唐宮二十朝演義》、蔡東藩的《唐史演義》、李伯通的《唐宮歷史演義》相繼問世。他們均從隋唐故事中取材，而又輔之以正史紀傳，進行藝術加工，但這些著作線條較粗，流傳不廣。另外經說書藝人加工的隋唐書目也比較多，例如馬連登的《忠義響馬傳》（三十二回）、陳蔭榮的《興唐傳》（一百四十回）、單田芳的電臺版《隋唐演義》（一百五十回）、劉蘭芳的電臺版《大唐俠女》（六十回）等。還有劇作家改寫隋唐傳統劇碼、創造新的隋

唐劇碼，例如京劇《響馬傳》等。

自歷史演義小說產生開始，英猛勇武、文武冠絕的英雄便成了小說的核心，例如褚人獲在《隋唐演義》中，塑造了以秦瓊為核心的一幫救世英雄的光輝形象。他們起自平民，但大都才兼文武、矢志忠義，正是由於他們的存在，真命英主才能扭轉乾坤，人民才能脫離水火。他們形象奇偉，秦瓊「身長一丈，腰大十圍，河目海口，燕頷虎頭」。單雄信「身高一丈，貌若靈官」。程咬金則「雙眉剔豎，兩目晶瑩。疙瘩臉橫生怪肉，邋遢嘴露出獠牙。腮邊卷結淡紅鬚，耳後蓬鬆長短髮」。徐茂公「容貌魁偉，意氣軒昂」。王伯當「身長膀闊，腰大十圍，眉清目秀，虯髮長髯」。除了高大的形象外，他們還有高超的武藝、過人的膽量和智謀，如李密足智多謀、單雄信膽智過人、賈閏甫思慮周全、李靖多有謀略等。

在歷史上常常亂世出英雄，春秋戰國之際、秦末楚漢、東漢末年三國時期、隋末唐初、元末明初，都是英雄輩出的時代。隋唐英雄故事在民間幾乎與「三國」故事同時產生。就民間的影響力而論，秦瓊、程咬金、單雄信、羅成等英雄形象為人熟知的程度，不亞於劉備、關羽、張飛、趙雲等人。所謂「隋朝十八條好漢」，至今還為人津津樂道。一些故事例如「秦瓊賣馬」、「程咬金的三斧頭」、「半路殺出個程咬金」等，作為民間經典故事定型下來；秦瓊、尉遲恭（敬德）被視作驅邪保平安的神仙門神。但是，在人們的心目中，隋唐眾英雄的形象卻沒有「三國故事」、「水滸故事」裡面的英雄形象鮮明、固定。其原因一是「三國故事」、「水滸故事」各有一部名著小說《三國演義》和《水滸傳》的傳播和影響，而關於隋唐的英雄故事，雖然有很多文學作品傳播，但是沒有一部像《三國演義》和《水滸傳》這樣的名著。二是因為關於隋唐英雄故事的歷史小說和《三國演義》不同，如果說《三國演義》是三分虛七分實，關於隋唐英雄故事的歷史小說就是三分實七分虛。也就是說，「三國故事」真實度較高，隋唐英雄故事真實度很低。而且長期以來在民間和文學作品裡面描繪的隋唐英雄，大多人物個性不足，神話色彩太濃，與普通人的思想感情相距太遠，與真實的

歷史事實相差太大。例如，隋唐「十八條好漢」排定之後，好像隋唐之際
的歷史就是這十八個英雄的歷史了，有了李元霸就天下無敵，就能摧城拔
寨，最後李淵做皇帝就是理所當然的了。

　　長期以來，人們對於隋唐英雄的了解，一般是通過演義小說或據此編
演的傳統戲曲獲得的。然而，這類小說戲曲往往和歷史的真實情況相差甚
遠。例如在《說唐前傳》裡寫了許多英雄，並排定了次序，李元霸、宇文
成都、裴元慶、雄闊海、伍雲召、伍天錫、羅成和楊林這些名列前茅的英
雄與真實的歷史相比大相逕庭。

　　李元霸是唐公李淵的第四個兒子，長得尖嘴縮腮，十分難看，兼之脾
氣火爆、舉止粗魯；然而武藝高強、力大無窮，手持兩柄大錘，打遍天下
無敵手，後因雷擊而死。而按史書記載，李淵和元配竇夫人生有四子，分
別是長子李建成、次子李世民、三子李元霸、四子李元吉。據《新唐書》
記載，李元霸「隋大業十年（614 年）薨，年十六，無子。」李淵於隋大業
十三年（617 年）五月在太原起事，也就是說，李元霸在其父李淵起兵反隋
的前三年就死了。因此，關於傳說中的天下第一條好漢李元霸，除了姓名
大體不差、是李淵的兒子兩點以外，其他各種描寫和事蹟都屬虛假資訊。

　　《說唐前傳》中的宇文成都是宇文化及之子，長得身高一丈，腰大十
圍，金面長鬚，虎目濃眉，使一柄流金鐺，重三百二十斤，官拜無敵大將
軍，在隋朝算第二條好漢。但據《隋書》記載，宇文化及有兩個兒子，分
別叫做宇文承基和宇文承趾，都沒有什麼能耐，在宇文化及被竇建德處死
時一併被斬首。

　　《說唐前傳》中的裴元慶是隋室大將裴仁基之子，手持兩柄斗大的鐵
錘，和父親奉命進剿瓦崗軍，因監軍陷害憤而投降，成為瓦崗軍的大將，
後在攻打隋軍時，被隋將辛文禮設計燒死。據史書記載，裴仁基確是隋室
大將，也確有一個英雄了得的兒子叫裴行儼。他們父子也是因監軍陷害而
投降瓦崗軍，但是裴行儼並不是被燒死在山谷裡，而是和其父裴仁基一起
在洛陽被王世充殺死。

　　雄闊海、伍天錫、伍雲召在《說唐前傳》裡面都是英雄了得，雄闊海是伍雲召的義弟，伍天錫是伍雲召的族弟，而伍雲召是當朝太師伍建章之子，鎮守南陽關的主將。楊廣殺父屠兄篡位以後，因為伍建章不順從自己，殺了伍家三百餘口，又派老將韓擒虎掛帥征討南陽，消滅伍雲召。但是隋唐的史料中既無伍建章、伍雲召其人的記載，也沒有派韓擒虎掛帥攻打南陽的事實。雄闊海、伍天錫和伍雲召一樣，是小說家虛構的人物。如果非要從史書中尋找伍建章原型的話，伍建章的地位和高熲有點類似，都是位高權重，深受隋文帝楊堅的尊重，後被隋煬帝處死。

　　羅成也是一個虛構的英雄人物，他是大隋北平王羅藝元帥的公子，出身高貴，人長得漂亮，武藝又好。投唐後屢建奇功，後遭李建成、李元吉陷害，苦戰終日不許回營休息，被敵人誘入泥河射死。而在史書中有羅士信的傳記，但並無羅成其人。從少年英雄、武藝高強、死於非命這些方面來看，歷史上的羅士信和傳說中的羅成有些相似，也可以說羅士信是羅成的故事原型，但是羅士信跟貴為王侯的羅藝元帥一點關係也沒有。

　　楊林也是一個虛構的人物，他在《說唐前傳》中出場很早：「生得面如傅粉，兩道黃眉，力能舉鼎，善格飛禽，兩臂有千斤之力，身長九尺，腰大十圍，善使兩根囚龍棒，每根重一百五十斤，有萬夫不當之勇。」在真實的歷史中，這位顯赫的王爺並無其人。按史書記載，在隋朝末年，隋煬帝依靠來鎮壓起義軍的名將主要有三位：張須陀、薛世雄、楊義臣。從這三人的事蹟中都可以找到楊林的影子。按照《說唐前傳》的說法，秦瓊是楊林的部下，楊林和北平王羅藝有過交情，楊林又是鎮壓瓦崗軍等的主要將領，而史書記載的是秦瓊是張須陀的部下，薛世雄和羅藝駐軍相鄰，楊義臣、薛世雄、張須陀都是鎮壓起義軍比較賣力的隋朝將領。

　　還有就是小說演義中的主角秦瓊，他被說成是北齊將領秦彝的後代，他「馬踏黃河兩岸，鐧打三州六府，威震山東半邊天」，被稱為「神拳太保、小孟嘗」，為楊林的十三太保之一，後為瓦崗軍的兵馬大元帥，歸唐後成為李世民的戰將之一，是集忠、孝、勇、義於一身的英雄。而歷史上的

秦瓊只是一名勇將，是一個於萬馬軍中取人首級的傳奇式人物。他開始是隋將來護兒的手下，後來跟著張須陀攻打盧明月、孫宣雅、李密等反隋起義軍。張須陀在進擊瓦崗軍時身死，秦瓊率殘兵歸附了裴仁基，並跟著裴仁基投降了李密。李密敗亡後，秦瓊被王世充所得，因為厭惡世充奸詐，秦瓊與程咬金等人投了唐。秦瓊追隨李世民，討伐劉武周、竇建德、王世充、劉黑闥，為唐朝開國立下了汗馬功勞，先後被封為翼國公、胡國公，得到圖像凌煙閣的崇高待遇。

綜合以上所述，長期以來被人們津津樂道的隋唐英雄豪傑其實和歷史事實大相徑庭。那麼隋唐之際究竟有哪些人才能稱得上是英雄？隋唐之際的英雄到底有哪些事蹟值得後人了解和尊崇？隋唐之際的英雄形象到底是怎麼樣的？復旦大學歷史學系資深教授徐連達先生的新書《大業風雲──隋唐之際的英雄們》一一地回答了這些問題。

徐教授的這本書針對當前流行於電視、電影、小說、戲劇中對此一歷史階段人物的胡編亂製、以假亂真的情況進行糾正。全書正面敘述，力求還歷史的真實面貌。全書把學術性與通俗性結合一起，目錄行文以人所樂見的章回體呈現，目的是給讀者提供面目一新的隋唐之際英雄人物的真實面貌。

本書大體按照時間順序從隋文帝楊堅平陳寫起，到唐太宗李世民登上皇位、開創「貞觀之治」結束。全書分五十八回，約三十萬字。每一回敘述一個或幾個歷史故事，重點講述一個或幾個英雄人物。這樣整體來看，綱舉目張，既有歷史的整體性，又有單個歷史人物的英雄事蹟。

本書和傳統的隋唐小說和評書不同，它的一個基本特點，就是言必有據，論從史出。本書所涉及到的每一個故事和每一位英雄事蹟，都是根據歷史事實記載，絕不亂說臆斷。有的實在沒有史實可憑，書中也清楚表明是邏輯推理的。

和傳統的隋唐歷史小說所列的英雄人物不同，本書不囿於成見，被列為英雄的歷史人物眾多，包括以下各類英雄：隋末割據各地的草莽英雄和

梟雄；為維護隋政權、盡力鎮壓各地起義軍的隋朝名將；為唐朝興起和建立立下汗馬功勞的將領；擁有理想、以天下為己任的文人及正直敢言的文官等等。本書深刻地描述了王通、房玄齡、杜如晦、魏徵、裴寂、劉文靜、李綱、李淵、李世民、李建成、李元吉、李道玄、柴紹、平陽公主、秦叔寶、尉遲敬德、段志玄、程知節、薛萬均、薛萬徹、李靖、徐世勣、羅士信、侯君集、黃君漢、安興貴、楊玄感、王薄、翟讓、李密、竇建德、杜伏威、李子通、單雄信、王伯當、裴仁基、裴行儼、劉元進、朱燮、張金稱、高士達、林士弘、蕭銑、薛舉、李軌、劉武周、輔公祐、劉黑闥、羅藝、高開道、梁師都、苑君璋、張須陀、薛世雄、楊義臣、屈突通、堯君素等人的英雄形象，對王世充、朱粲等梟雄也著墨甚多。

本書不是人云亦云，它能從紛繁複雜的歷史人物和事件中提出自己的獨特見解，給人耳目一新之感。如對隋文帝統治的評價，本書肯定了其在位能自強不息、孜孜圖治、親行節儉、均平賦役、法令嚴峻，由此戶口滋長，社會安定，國家倉庫積貯的布帛粟米充盈。二十年間，天下無事，四民各安其業，可謂是個勤政求治的君主。同時又指出他出身於北邊將家，胸中無多少文墨，學術素養不佳。其取得帝位雖快，但遭內外反抗激烈，故性好猜忌、擅弄權術，不信任大臣，其開國的元勳及有功諸將，或誅殺，或貶退，能全身保命享有福祿的很少。又刻薄寡恩，不行寬仁之政，法令苛刻，犯有小罪即行處死；對官吏賄賂受贓的處置尤為厲害，有時且親臨處決。因此，保祿圖存、苟且偷安的官場作風蔓延，能盡忠竭力、正言直諫、維護朝廷利益的忠臣義士也就罕有其人了。文帝對文化事業亦不重視，所謂重教興文，徒有虛文。學校不設，禮樂不講，雅好符瑞，迷信佛教。及其末年，廢地方學校，京都僅存國子學，所存留僅弟子七十二人而已。故所用地方刺史縣令，率多武人出身，地方政績出色、廉潔正直有為者罕有，而殘暴酷虐的官吏不少。這些既是前代留下的遺產，也是隋文帝個人性格及其治國的環境所致。綜合以上徐教授的論點可知隋代短命而亡並不只是隋煬帝暴政導致的，隋文帝的治國政策實際上為隋朝的滅亡埋下了伏

筆。

　　又對李密的評價，李密在與王世充戰爭中失敗投唐後又叛變被殺，在歷史上被當成心胸狹窄窩裡鬥的人物，在演義中則成為小丑，這是不妥當的。本書認為李密是不折不扣的大英雄，是農民起義軍中的佼佼者，可以和項羽相比美。他出身名門，曾做過皇帝的侍衛官，了解隋統治集團的虛實，在楊玄感反隋的戰爭中，李密是核心成員中主要謀士之一，並且積累了一些政治經驗。楊玄感失敗後，李密在逃亡的過程中，與各地的農民軍有一定的接觸和了解。最後李密之所以失敗是有多方面原因的。一是李密和翟讓等草莽英雄相比，始終存在著路線矛盾，且有時不可調和。翟讓出身草莽，和隋朝官員有著天然的階級矛盾。而李密掌握瓦崗軍政權後，重用一些有才能的隋朝舊官僚，如祖君彥、裴仁基、柴孝和等，因為在當時要想成大事，就須這樣做，李淵也是靠此起家而有天下的。但重用隋朝舊官僚必然會引起翟讓及其下屬的不滿，李密沒有很好地解決這一問題。二是李密殺翟讓而逐漸失去人心。李密一直在著手建立自己的部隊，例如四驍騎，敢死隊等，但要想成大事，必須要得到翟讓舊部的支持，特別是翟讓是靠「義」來籠絡人心，李密殺翟讓使翟讓舊部離心，戰鬥力大大減弱。此後他在政治上的反覆則是其失敗的致命傷。

　　再如關於對玄武門之變李建成、李元吉失敗原因的分析，本書認為李建成、李元吉之所以失敗，並非是傳統觀點所認為李建成、李元吉沒有才能，是廢物一個；恰恰相反，李建成、李元吉在玄武門之變之前，幾乎謀劃成功，但二人過於自信，是過於自信的性格導致最後的失敗。建成、元吉二人聯合起來，實力並不差，文臣有王珪、魏徵，武將有薛萬均等，且有李淵的支持，並有後宮妃嬪的支持和通風報信，這一切都有利於兩人，不利於秦王李世民。在玄武門之變的前夜，雖然李世民搶先告狀，揭發李建成、李元吉淫亂後宮等罪狀，高祖李淵並不相信，要求建成、元吉與世民在第二天當面對質。當妃嬪們把消息祕密告訴了建成、元吉，兩人也作了一些安排。正是這種不利情況使李世民和他的謀士們感到了危急異常，

被迫孤注一擲，做出了狗急跳牆的決定，搶先派兵埋伏在玄武門和臨湖殿畔，實際上這樣做是很冒險的。可惜的是李建成、李元吉過於自信自己的力量，對最危險的狀況估計得不夠，最後落了個雙雙被殺的可悲結局。

本書的語言文字兼具典雅和通俗，可讀性強。內容情節也頗引人入勝。

上海大學張現國

附錄二
隋唐之際史事綱要（580～649 年）

北周大象二年（580 年）

- 五月，宣帝宇文贇崩。后父楊堅以假黃鉞、左大丞相輔政，總領百官。
- 六月，相州總管尉遲迥起兵討楊堅，其後青、榮、郧、益諸州皆反，至十一月陸續被討平。
- 十二月，楊堅自為相國，封隋王。大殺北周宗室諸王。命原改鮮卑姓者恢復舊姓。

隋開皇元年（581 年）

- 二月，楊堅稱帝，定國號隋，改元開皇，建都長安，是為隋文帝。北周亡。
- 文帝廢北周六官典制，行漢魏制度，建立中央政權機構五省、二臺、十一寺等，並設勳散官爵。下令減輕賦役，鑄五銖錢。初頒《開皇律》，至開皇三年（583 年）始定。

開皇二年（582 年）

- 正月，陳後主叔寶即位。
- 六月，隋建造新都大興城，次年（583 年）三月遷都。
- 突厥勢力壯大，雄踞漠北，隋全面防禦。

開皇三年（583 年）

- 三月，確立租庸調制，訪求天下遺書。
- 十一月，取消郡級政區，以州統縣。
- 廢除九品中正制。
- 隋出兵大破突厥，突厥開始分裂。

開皇四年（584 年）

- 正月，頒行《開皇曆》。

‧六月，自大興城至潼關開鑿廣通渠，以利漕運。

‧九月，突厥沙缽略可汗請和親於隋。隋以大義公主下嫁。

開皇五年（585 年）

‧五月，檢核全國戶籍，「大索貌閱」，搜括隱戶，得新附戶口百萬餘。

‧隋於諸州置義倉，行輸籍法。

‧突厥分立東西兩部，互相攻擊。東突厥沙缽略戰敗，寄居白道川。

‧隋於朔方、靈武築長城，長七百里，以備突厥。

開皇六年（586 年）

‧正月，党項羌來附。

‧二月，隋徵發民夫十五萬於朔方東，築城數十。

開皇七年（587 年）

‧正月，令諸州歲貢士三人，推行科舉取士制度。

‧二月，隋徵發民夫十餘萬修築長城。

‧四月，於揚州開山陽瀆以通漕運。

‧八月，後梁主入朝，留長安，後梁亡。

‧東突厥沙缽略可汗卒，弟處羅侯立，為莫何可汗，沙缽略子雍虞閭為葉護。後處羅
　侯卒，雍虞閭繼立為都藍可汗。

開皇八年（588 年）

‧十一月，以晉王楊廣為統帥，發兵攻陳。

開皇九年（589 年）

‧正月，隋軍攻入建康，俘陳後主，陳亡。至此結束南北朝以來分裂割據的政局，隋
　統一全國。

‧二月，於地方置鄉正、里長以治民，行鄉里制。

‧隋廢行臺制，設并、揚、益、荊四總管府。

‧朝野請行封禪，文帝不允。

開皇十年（590 年）

‧五月，罷諸軍府，以軍人屬籍州縣，墾田籍帳與編戶同，兵民共籍。

‧原南朝境內民眾不習隋法，至十一月，原陳朝境內婺、越、蘇、杭等州豪民起事反隋，文帝命楊素率兵討平。

‧嶺南冼夫人降隋。

開皇十一年（591 年）

‧高麗、吐谷渾及突厥聞隋平陳，皆遣使來朝致貢。

開皇十二年（592 年）

‧八月，命諸州不得專決死罪，須經大理寺覆案。

‧十二月，國家庫藏盈滿，減免河北、河東租調。

‧頒布均田令，均天下田畝。

開皇十三年（593 年）

‧五月，禁民間私撰國史，不得置藏緯候圖讖。

‧文帝建仁壽宮，工程浩大，兩年始成，多有勞民傷財之舉。

‧倭國聖德太子攝政。

開皇十四年（594 年）

‧四月，頒行新樂。

‧六月，命公卿以下皆給職田，不得治生，與民爭利。

‧八月，關中大旱，文帝率官民就食洛陽。

開皇十五年（595 年）

‧二月，詔除關中、緣邊之外禁止私造兵器。

‧隋裁撤鄉官，停止九品官人法。

‧六月，鑿中流砥柱（三門峽）以利通航。

開皇十六年（596 年）

‧六月，詔工商業者不得仕進為官。

‧八月，命決死罪者三奏後方可行刑。

‧隋於天下諸州設置社倉。

開皇十七年（597 年）

‧二月，南寧州、桂州夷帥抗命，文帝派兵分別平定之。

- 四月，頒行張冑玄《大業曆》。

開皇十八年（598 年）

- 二月，高麗侵擾遼西，隋發兵擊之，因軍中缺糧與疾疫流行敗還。

開皇十九年（599 年）

- 二月，東突厥內訌，處羅侯子突利可汗（染干）附隋，受封啟民可汗。

開皇二十年（600 年）

- 四月，隋派兵攻打西突厥，大破之。

- 楊勇被廢，文帝立楊廣為太子。

- 倭國遣使來朝。

隋仁壽元年（601 年）

- 六月，廢太學、四門與州縣學。次月改國子學為太學。至大業元年（605 年）得以
  恢復學校。

仁壽二年（602 年）

- 交州俚帥李佛子（即後李南帝）起事，旋被平。自李賁起義至李佛子降隋，凡六十
  二年。

仁壽三年（603 年）

- 文中子王通獻〈太平策〉十二條，然未被採納。

- 突厥內亂，鐵勒等部叛離，東突厥始盛。

仁壽四年（604 年）

- 七月，隋文帝崩，楊廣即位，次年改元大業，是為隋煬帝。

- 八月，漢王楊諒起兵反，楊素率軍討平之。

- 定洛陽為東都。

隋大業元年（605 年）

- 正月，廢諸州總管府。

- 三月，營建東京洛陽城。至次年（606 年）正月始成，遷都洛陽。又建顯仁宮，以
  珍奇寶物充實苑囿。煬帝徵發民眾開鑿通濟渠與邗溝，自長安至江都連成運河。

- 四月，攻破林邑國都。

・八月，煬帝從水路赴江都，河道船隻綿延相續二百餘里。

・重修雅樂，禮儀多有借鑑南朝梁、陳制度。

大業二年（606 年）

・二月，定輿服儀衛制，極盡華麗之能事。

・七月，詔百官不得以計考轉級，需考察德才賢能方可任用。

・置洛口倉與回洛倉。

大業三年（607 年）

・正月，突厥啟民可汗來朝，上表請變更服裝如華夏之制。

・三月，遣使者朱寬等出使流求國，求訪異俗。

・四月，改州為郡，恢復秦漢以來的郡縣二級制。更改官制，設五省、三臺、五監、十六府等。頒布《大業律》。

・六月，煬帝北巡至突厥轄地，奚、室韋等酋長來朝見。

・七月，發丁百餘萬築長城，死者逾半。高熲、賀若弼等被殺。

・隋使常駿至赤土國，其國遣使奉獻。

・吐谷渾、高昌、倭國皆遣使來朝。

大業四年（608 年）

・正月，徵發河北民眾百餘萬開鑿永濟渠。

・八月，煬帝祠祭恆山，西域十餘國前來助祭。

・百濟、赤土等國遣使奉獻。

・十月，赤土國王遣其子隨使者入貢。倭國遣小野妹子等人使隋。

大業五年（609 年）

・正月，改東京為東都。

・五月，煬帝發兵圍攻吐谷渾，降者甚眾。

・六月，煬帝至張掖，設西海、河源等四郡，打通西域道路。

・復行「大索貌閱」，整頓戶籍，國力達到鼎盛。

・東突厥啟民可汗卒，其子咄吉立，是為始畢可汗。

大業六年（610 年）

· 正月，洛陽發生彌勒下生之亂。煬帝盛情招待諸番酋長，誇盛炫富，極盡奢侈之能事。

· 二月，遣陳稜、張鎮周出使流求國，殺其王，俘眾以歸。

· 三月，煬帝再赴江都遊幸。

· 十二月，開江南河八百餘里。

大業七年（611 年）

· 二月，煬帝命舉國調兵徵糧，製造船艦，準備攻打高麗。

· 山東、河南受災，天下大饑，各地動盪不安，民不聊生。

· 王薄、劉霸道、高士達、竇建德等人占據山林，紛紛開始起義，反抗暴政。山東農民紛起反隋。

大業八年（612 年）

· 正月，隋出兵攻打高麗，號二百萬。

· 三月，隋軍攻打遼東城，久不能克。

· 七月，隋師敗績，損失甚重。煬帝下詔班師，以所得地置遼東郡。

大業九年（613 年）

· 正月，推行募兵，置驍果。

· 三月，煬帝赴遼東督師，再次攻打高麗，圍遼東城，不克。

· 六月，楊玄感起兵反叛，圍逼東都。煬帝班師，發兵討伐，楊玄感兵敗被殺。

· 各地起義此起彼伏，發展到全國範圍。雖多敗亡，然已漸成燎原之勢。

大業十年（614 年）

· 二月，煬帝第三次徵兵攻打高麗。至八月，高麗王請降，乃罷兵還。

· 各地起義稱帝稱王者不絕如縷。

大業十一年（615 年）

· 五月，各地起義紛起，民變兵變不斷。

· 八月，東突厥始畢可汗率兵圍煬帝於雁門。

· 李淵任山西河東撫慰大使，率軍平亂。

大業十二年（616年）

· 七月，煬帝三度巡幸江都。

· 十月，李密投奔瓦崗軍。

· 十二月，李淵任太原留守，抗拒起義軍。

· 各地起義之勢愈演愈烈，不斷攻城掠地，建立割據政權。

大業十三年（617年，義寧元年）

· 正月，杜伏威據歷陽，稱總管；竇建德據樂壽稱王，建元丁丑。

· 二月，朔方梁師都、馬邑劉武周皆起事，附突厥。李密、翟讓攻陷洛口倉，開倉賑民。李密建號魏公，建元永平，江淮、河南等地多附之，聲勢壯大。

· 三月，劉武周稱帝，建元天興；梁師都稱帝，建元永隆；郭子和稱王，建元丑平。突厥各封其人為可汗。

· 四月，瓦崗軍逼近東都，與王世充相持。薛舉父子、李軌起於隴西。

· 五月，李淵起兵於太原。

· 十月，羅川令蕭銑稱梁王。

· 十一月，李淵攻入長安，立煬帝孫代王楊侑為帝，改元義寧，遙尊煬帝為太上皇。李淵自為丞相，進封唐王。

唐武德元年（618年，隋大業十四年、義寧二年、皇泰元年）

· 三月，煬帝部將宇文化及等嘩變，殺煬帝於江都宮中，立秦王楊浩為帝，化及自為大丞相，引眾返關中。

· 五月，唐王李淵廢楊侑，稱帝，建國號唐，改元武德，是為唐高祖。洛陽留守諸官立煬帝孫越王楊侗為帝，改元皇泰。

· 六月，廢《大業律》，頒新格。於邊塞要州置總管府，以統數州之兵。宇文化及北上攻李密，李密降隋皇泰主楊侗。

· 七月，王世充發動兵變，殺隋官，擁軍專政。

· 九月，李密為王世充所敗，奔降唐朝。宇文化及殺楊浩，自立為許帝，建元天壽。

· 十一月，李軌稱帝，建元安樂。唐滅薛仁杲。竇建德改國號為夏，建元五鳳。

· 十二月，李密出亡，被殺。

武德二年（619 年，隋皇泰二年）

・閏二月，竇建德攻破聊城，殺宇文化及等人，稱夏王，奉表附楊侗。

・四月，王世充廢楊侗，自稱皇帝，國號鄭，建元開明。隋亡。

・五月，李軌為唐所滅，其安樂政權歷時不足一年。

・七月，唐置十二軍，隸屬關中諸軍府，實行府兵制，兵農耕戰合一。

・各地割據政權間拼殺不斷，此起彼伏。

武德三年（620 年）

・四月，秦王李世民率軍大破劉武周，收復并州。劉武周敗走突厥被殺，其天興政權歷時三年。

・九月，王世充所轄州縣多數降唐。

武德四年（621 年）

・三月，秦王李世民攻打王世充，圍東都，竇建德率兵來援。

・五月，竇建德兵敗被殺，其五鳳政權歷時三年。王世充亦降唐。

・七月，竇建德部將劉黑闥於河北起事，附近諸州多有附應，殺唐守將，攻陷城池。唐發大軍攻之，大敗。

・十月，以秦王李世民為天策上將，開府置官署。蕭銑降唐，遭處斬。

・劉黑闥與突厥聯合，聲勢大振，邊境諸州頗受其擾。

武德五年（622 年）

・正月，劉黑闥稱漢東王，建元天造，秦王李世民率兵攻之。

・三月，唐軍大破劉黑闥，劉黑闥奔附突厥，夏，劉黑闥引突厥兵襲擾河北等地。

・齊王李元吉進軍不利，使劉黑闥幾乎收復故地。至年末與太子李建成合軍，大敗劉黑闥。

武德六年（623 年）

・正月，劉黑闥兵敗被殺，其天造政權歷時僅一年。

・三月，詔分天下戶為上中下三等。

・八月，杜伏威餘部輔公祏據丹陽稱帝，國號宋，建元天明，又改乾德。至次年（624 年）三月敗亡。至此，唐朝基本平定割據群雄勢力。

武德七年（624 年）

·四月，頒《武德律》，定均田、租庸調制。

·突厥、吐谷渾屢次侵擾邊境諸州。

武德八年（625 年）

·下詔敘三教先後次序，以老為先，孔為次，釋最後。

·東突厥頡利可汗先後劫掠涼、恆、并、朔諸州，唐軍大敗。

武德九年（626 年）

·六月，秦王李世民發動玄武門之變，殺太子建成與齊王元吉及其諸子，李淵以世民為太子。

·八月，李淵傳位於李世民，自為太上皇，次年（627 年）改元貞觀，是為唐太宗。時東突厥頡利可汗與突利可汗合兵十萬，進軍至渭南便橋之北，長安大震。李世民輕騎出城與之盟誓，突厥退兵。

唐貞觀元年（627 年）

·二月，省併天下諸州縣，分全國政區為十道。

貞觀二年（628 年）

·四月，唐發兵擊梁師都，敗突厥援軍，梁師都敗亡，其永隆政權歷時十二年。唐朝平定隋末以來各地分裂割據政權，統一全國。

貞觀四年（630 年）

·三月，唐朝派李靖率軍大舉進攻東突厥，頡利可汗兵敗被俘，東突厥亡。四裔君長奉太宗為天可汗。

·令顏師古、孔穎達等考定五經文字，至貞觀七年（633 年）頒行天下。

貞觀十一年（637 年）

·正月，房玄齡等新定《貞觀律》，廢除嚴刑苛法，務求清簡慎刑。

·推行房玄齡、魏徵等所新定《貞觀禮》。

·群臣屢次上奏請求封禪。

貞觀十三年（639 年）

·高昌王麴文泰屢次阻絕西域諸國貢使，唐遣侯君集等率兵攻之。

貞觀十四年（640 年）

· 二月，孔穎達等編《五經正義》始成，頒行天下講習。

· 八月，高昌滅亡，唐以其地設西州。

· 九月，置安西都護府於交河城。

貞觀十五年（641 年）

· 薛延陀來犯，唐遣李世勣率軍擊之，大敗薛延陀。

· 詔明年二月舉行封禪，後因故取消。

貞觀十七年（643 年）

· 二月，唐太宗以功臣二十四人「圖畫凌煙閣」

貞觀十九年（645 年）

· 「鐵勒九姓」率眾降唐。

貞觀二十年（646 年）

· 薛延陀屢犯邊境，唐遣江夏王李道宗率軍大破之，薛延陀滅亡。

貞觀二十一年（647 年）

· 四月，置燕然都護府，統西北各部。

· 封禪再次因故取消。

貞觀二十三年（649 年）

· 五月，唐太宗駕崩。

復旦大學陳凱編

後　記

　　我寫作這本書的立意，早在歷史學界「五朵金花」高唱凱歌之際就開始萌動了。只是因為那時調門太高，始終未能動筆，後來在給黎新生所著的《新編唐朝演義》（1988年由上海文藝出版社出版）寫序言時，又有了一次寫作的欲求，只是那時事情較忙，就擱置了下來，這樣一拖就是數十年之久。到了去年春節前後，我在電視上看到有關隋唐英雄傳的連續劇，才再次觸動我去寫作這段時期的歷史。因為時過境遷，年紀雖已老耄，但精神狀態卻自由輕鬆多了，有了閒暇工夫，寫作起來雖然勞神費力，但亦能消遣漫長的日子，忘記了身上的小毛小病。

　　怎麼寫這本書？我在前言中已有交代，目的是以通俗的語言向讀者們述說隋唐之際英雄們的真實歷史故事。所謂真實只是相對而言，因為在官修史書中，史臣們已經把一些有忌諱的歷史事實隱瞞不寫甚至篡改過了。在這裡我只是以主觀的努力，儘量使它恢復一點點原貌而已。

　　此書的寫作是在上海大學出版社社長郭純生先生鼓勵下，是在上海大學張現國、復旦大學博士生陳凱以及上海東方衛視于沛聞諸同志的協助下完成的，在此一併表示由衷的感謝。本書的繁體字本承蒙臺灣三民書局慨允刊行，編輯部批閱校正，在此謹表謝意。

　　寫任何一本書都不可能盡全盡美、無疵無瑕。限於我的水準，不足之處敬請讀者及專家們不吝批評指教。

徐連達

甲午年仲夏脫稿、乙未年初夏校畢於同濟綠園

全新 歷 史 巨獻

中國斷代史叢書

穿梭古今 遨遊歷史

集合當前頂尖陣容，給您最精采、最詳實的中國歷史

◆ **先秦史** 朱鳳瀚 ◆ **遼金元史** 張　帆

◆ **秦漢史** 王子今　　　　　　　　◆ **明　史** 王天有、高壽仙

◆ **魏晉南北朝史** 張鶴泉　　　　　◆ **清　史** 郭成康

◆ **隋唐五代史** 王小甫　　　　　　◆ **中國近代史** 李喜所、李來容

◆ **宋　史** 游　彪

秦漢史——帝國的成立　　　　　　　　　　　王子今／著

　　秦漢時代「大一統」政治體制基本形成，「皇帝」從此成為中國的主人，秦始皇、楚漢相爭、漢武帝、王莽代漢的史事，在此輪番上演。在作者精心的串聯下，拼湊出秦漢時代的嶄新面貌。您知道為什麼認真的秦始皇底下會出現暴政？為什麼東漢神童特別多？本書將與您一同體驗歷史。

隋唐五代史——世界帝國·開明開放　　　　王小甫／著

　　隋唐王朝，是中國歷史上最璀璨的時代。文治武功鼎盛，「天可汗」的威儀傲視天下。經濟繁榮發達，社會活潑開放，繁華熱鬧的長安展現世界帝國首都的氣勢。這是唐太宗的帝國、李白的世界，出現中國歷史上空前絕後的女皇帝，氣勢恢弘的時代精神、富麗堂皇的藝術風格，為這「世界帝國」下了最佳註腳！

明史——一個多重性格的時代　　　　王天有、高壽仙／著

　　明代在政治上專制皇權進入前所未有的高峰，經濟上工商業的繁榮也帶動了社會、文化的活躍，但也使新的問題油然而生，成為明朝不得不面對的新挑戰。想知道朱元璋如何一統天下、鄭和為什麼七下西洋，瞧一瞧皇帝身邊最勾心鬥角的宮廷世界，群臣士大夫的力挽狂瀾，見識明代富庶、奢靡的生活情趣，那你千萬不可錯過！

中國近代史——告別帝制　　　　李喜所、李來容／著

　　鴉片戰爭以來，中國面臨了三千年未有的大變局。一方面是內外交逼，國將不國；另一方面是一代代的中國人投身救國救民的行列。清政府在變局中被動地回應外來的刺激，終於導致了自身的滅亡，宣告持續了兩千多年的皇帝制度從此在中國壽終正寢。儘管新的共和國風雨飄搖，但告別帝制，走向共和，已然是世界潮流，無法逆轉。

說史

歷史的線索——錦衣王朝

易　強／著

提到明朝的「錦衣衛」，您的腦海裡會浮現哪些畫面呢？會是明代殺人不眨眼的特務機構？還是他們身上所穿顏色鮮豔的「飛魚服」、「麒麟服」，佩帶的「繡春刀」？甚至是幾年前港星甄子丹所主演的古裝武打電影呢？錦衣衛到底是個怎樣的機構？它在歷史舞臺上到底扮演了怎樣的角色？本書作者易強將娓娓道來，帶您一揭明代錦衣衛的神祕面紗。